Alexander Glitsch

Geschichte der brüdergemeine Sarepta im östlichen Russland

während ihres hundertjährigen Bestehens.

Alexander Glitsch

Geschichte der brüdergemeine Sarepta im östlichen Russland
während ihres hundertjährigen Bestehens.

ISBN/EAN: 9783743637092

Hergestellt in Europa, USA, Kanada, Australien, Japan

Cover: Foto ©ninafisch / pixelio.de

Weitere Bücher finden Sie auf **www.hansebooks.com**

Geschichte
der
Brüdergemeine Sarepta
im östlichen Rußland
während ihres hundertjährigen Bestehens.

Nach archivalischen Quellen bearbeitet
von
Alexander Glitsch,
Schulinspector und Hülfsprediger.

Sarepta.
Selbstverlag des Verfassers.
1865.

Vorwort.

Den Plan einer kürzeren oder ausführlicheren Bearbeitung der Geschichte unserer Gemeine Sarepta, hatte ich seit mehreren Jahren im Auge, und suchte mich durch das Ordnen unserer Archive, wie durch das, wenn auch nur flüchtige, Durchgehen der Correspondenzen und verschiedenen Protokolle mit dem Gegenstand bekannt zu machen. Nachdem ich mancherlei Vorarbeiten beendet, kam ich erst Mitte des vergangenen Jahres zur Ausarbeitung im Brouillon, welcher die Ueberarbeitung für den Druck mit Beginn dieses Jahres folgte. Da es mir darum zu thun war, am Schluß unseres Säculums das Buch im Druck beendigt zu sehen, so drängte sich die letztere Arbeit in ziemlich kurze Zeit zusammen, was mich nöthigte, in vielen Fällen mich kürzer zu fassen, als es sonst vielleicht geschehen wäre. Die sehr knapp gehaltene

Schilderung des vierten Abschnitts hatte aber begreiflicher Weise nicht allein darin ihren Grund, sondern zum großen Theil in den Rücksichten, die der Schreiber einer Specialgeschichte gegen die Mitwelt nehmen muß, und in der Thatsache, daß die Jetztzeit für uns nicht das gleiche Interesse bietet, als die Vergangenheit. Dies zur Entschuldigung der Ungleichheit in der quantitativen Anlage des Buches.

Nicht umhin kann ich jedoch, noch einer anderen Ungleichheit zu erwähnen. Da meine Geschichte Sarepta's den Zweck hat, nicht bloß meinen Mitbürgern und Geschwistern ein Erinnerungsblatt zu sein, sondern auch aus dem Wunsch hervorgegangen ist, sowohl den Blick unserer deutschen Gemeinen auf diesen vereinsamten Zweig des Stammes zu richten, als auch einem Publicum, das, zwar außer uns stehend, sich doch für uns interessirt, Nachricht von unserem Entstehen, Wachsen u. s. w. zu geben, so mußte ich den, daraus hervorgehenden, Ansprüchen nach verschiedenen Seiten hin Rechnung tragen. Während einestheils den Mitgliedern unserer Sareptischen Gemeine die besonderen Schicksale derselben, die Erlebnisse verschiedener, dem Namen nach uns noch wohlbekannter, Persönlichkeiten vorwiegend interessant sein werden, während andererseits unsere deutschen Gemeinen von Kapiteln, wie den von der Mission handelnden, sich vorzugsweise angesprochen fühlen, werden diejenigen, die unserm Sinn und Wesen ferner stehen, sich mehr für die Theile, welche Nachrichten über Industrie und Gewerbethätigkeit enthalten, interessiren. — Ferner lag es in meinem Wunsch, nicht nur der Befriedigung eines gewiſſen Intereſſes, ſondern auch der Erbauung Stoff und Material zu bieten. Dieſe verſchiedenen Seiten, von denen jede zu ihrem Recht kommen ſollte, haben dem Ganzen vielleicht eine etwas bunte Färbung gegeben, werden aber, wie ich hoffe, die Klarheit des Bildes nicht ſtören. — Die Verſchiedenheit des Stoffs hat endlich eine gewiſſe Ungleichartigkeit der Behandlung hervorgerufen. Denkende Leſer werden bald merken, in welchen Fächern der Verfaſſer mehr zu Hauſe iſt, in welchen weniger, und mögen es ihm zu Gute halten, wenn in letzteren, beſonders in Bezug auf Motivirung, ihnen nichts Erſchöpfendes, ſondern mehr nur das Allgemeine geboten wird.

Reflexionen und Betrachtungen habe ich, ſo nahe ſie mir häufig lagen, abſichtlich vermieden, weil ich meine: Thatſachen ſprechen deutlicher als Worte; jedoch kann ich mich nicht enthalten, an dieſer Stelle über meinen Plan und Abſicht einige Worte zu ſagen. Mein Bemühen war, nachzuweiſen, wie die Kraft Gottes in unſerer Gemeine und inſonderheit in unſern Vorfahren mächtig geweſen iſt, weil ſie ſich als Schwache kannten, die nur durch Ihn für das Aeußere und Innere etwas vermochten; wie nicht das ihr Zweck war, die Gründer einer äußerlich blühenden Colonie zu werden, ſondern wie das Trachten nach dem Reiche Gottes und ſeiner Gerechtigkeit in erſter Reihe ſtand, dem alles andere dann, ſo zu ſagen, von ſelbſt in den Schooß fiel. Viel Arbeit, aber auch viel Gebet hat die Stätte gegründet, da wir wohnen. Unſere Väter hatten keinen anderen Plan, als dem Herrn, und zwar womöglich in der Heidenmiſsion zu dienen; der Herr gab es ihnen aber, daß sie auch Gnade vor den Menschen fanden, daß sie geachtet und geliebt wurden, daß ihr moralischer und finanzieller Credit ein fast unbegrenzter war. Als aber dieser Sinn bei den Nachkommen sich verlor, sank auch das äußere Ansehen und der Ruf unserer Gemeine. Sie erlebte überaus traurige Zeiten; es kamen Perioden, in denen ihr Untergang nicht nur von außen, sondern auch von innen herbeigeführt zu werden schien. Und doch erbarmte sich der Herr ihrer. Daß Sarepta durch alle jene Erlebnisse nicht zu Grunde gegangen ist, daß es heutigen Tages noch steht; daß es bis jetzt eine Brüdergemeine geblieben ist, scheint mir der augenfälligste Beweis dafür, daß der Herr noch nicht von uns gewichen ist.

Ebenso hat unsere Geschichte, meinem Urtheile nach, bewiesen, daß es unsere Bestimmung nicht ist, eine hervorragende Stellung im bürgerlichen Leben unseres Landes einzunehmen; wie klein an Umfang ist Sarepta in der langen Reihe von Jahren geblieben, wie wenig ist seine Bevölkerung gewachsen. Wir mußten stets die Erfahrung machen, daß es uns bestimmt sei, sobald wir das Haupt erheben zu können meinten, durch viele Schulen der Demüthigung zu gehen. Wohlleben und Ueppigkeit, die Anfechtung unserer Zeit, von der die Gründer Sarepta's noch nichts zu sagen wußten, ist dem Herrn an denen, die sich als seine Kinder bekennen, ein Gräuel, darum hatten seine Führungen mit uns den Zweck, davor uns zu bewahren. Als am Ende des vorigen, und Anfang dieses Jahrhunderts unser Ort im höchsten bürgerlichen Flor stand, trafen uns die großen financiellen Schläge, welche uns weit zurücksetzten; und nachdem diese einigermaßen überwunden waren, brachte uns die Feuersbrunst von 1823 tiefer in die Noth, als je vordem. Als wir endlich durch Gottes Gnade auch aus dieser Bedrängniß herausgekommen waren, und sichere Hoffnung für die Zukunft zu haben glaubten, wurden wir abermals von Verlusten betroffen, die uns darauf hinwiesen, daß es nicht unsere Sache ist, in fleischlicher Sicherheit und Selbstvertrauen, in Bequemlichkeit und Ueberfluß unsere Tage zu verbringen, andere für uns arbeiten zu lassen, und uns des Wohlstandes der Gemeine zu freuen, sondern unter des Herrn Segen das Unsere zu schaffen mit unsern eigenen Händen, und uns der seligen Armuth zu freuen, der nie das mangelt, was ihr Noth thut. Ja, ich möchte behaupten, daß, wenn eine Zeit käme, in welcher Sarepta frei wäre von solchen Bedrängnissen und Sorgen, uns dann die Gefahr am nächsten wäre, unseres Zweckes und geistlichen Berufes ganz zu verfehlen.

Schließlich noch eins. Des eben erwähnten Berufes haben wir nicht vergessen; Angeld auf diesen Dienst haben wir empfangen, wie die Capitel, welche von der Kalmückenmission handeln, beweisen. Daß Sarepta, nach hundert Jahren, der vielen ungünstigen äußerlichen Verhältnisse ungeachtet, noch als Brüdergemeine besteht, ist mir ein klarer Beweis, daß der Herr seinen Plan mit uns nicht aufgegeben hat, daß eine Zeit kommen wird, da uns die Thore geöffnet werden sollen, da er

sich aus uns Männer aufrufen wird, die bereit und willig sin
Träger seines Wortes zu werden. Bis dahin bleibe unse
Pflicht und Beruf, treu zu sein im Flehen, unermüdlich in de
Gebet: Dein Reich komme!

Sarepta, am $\frac{\text{27. April}}{\text{9. Mai}}$ 1865.

Alexander Glitsch.

Inhalt.

	Seite
Einleitung	1

Abschnitt I. 1765 bis 1774.

Erstes Capitel. Vorbereitende Schritte 11
Zweites Capitel. Reise der fünf ersten Ansiedler 27
Drittes Capitel. Gründung der Colonie Sarepta 32
Viertes Capitel. Der erste Winter 40
Fünftes Capitel. Reise und Ankunft der ersten Verstärkungs-Gesellschaft 48
Sechstes Capitel. Weitere Vermehrung und Verstärkung der Colonie in den ersten zehn Jahren 55
Siebentes Capitel. Aeußerlicher Ausbau der Gemeine 61
Achtes Capitel. Drohende Gefahren 66
Neuntes Capitel. Innerer Ausbau der Gemeine 77
Zehntes Capitel. Die Mission unter den Kalmücken 89
Elftes Capitel. Expeditionen in den Kaukasus 100
Zwölftes Capitel. Die auswärtigen Posten. — Besuche . . . 107
Dreizehntes Capitel. Plünderung Sarepta's durch Pugatschew . . 111

Abschnitt II. 1774 bis 1802.

Erstes Capitel. Oeconomicum der Gemeine. — Visitation des Bruders Fries. — Verhandlungen mit der Regierung und Bestätigung unserer Privilegien 127

Zweites Capitel. Wachsthum Sarepta's. — Aufsblühen der Industrie 135
Drittes Capitel. Der Catharinenbrunnen 142
Viertes Capitel. Begebenheiten des äußeren Gemein- und Communal-Lebens 146
Fünftes Capitel. Innere Gemeingeschichte 152
Sechstes Capitel. Die Mission unter den Kalmücken 165
Siebentes Capitel. Innere Mission 195
Achtes Capitel. Zweite Expedition nach dem Kaukasus . . . 208
Neuntes Capitel. Die auswärtigen Posten 227

Abschnitt III. 1802 bis 1823.

Erstes Capitel. Innere Geschichte der Gemeine 235
Zweites Capitel. Industrie und Gewerbe 248
Drittes Capitel. Gefahren und Unglücksfälle 254
Viertes Capitel. Das Oeconomicum 259
Fünftes Capitel. Die Außenposten Sarepta's 262
Sechstes Capitel. Anlegung einer zweiten Brüdergemeine in Rußland 273
Siebentes Capitel. Thätigkeit der Brüder in den Saratow'schen Colonieen 280
Achtes Capitel. Die Mission unter den Kalmücken 284
Neuntes Capitel. Die große Feuersbrunst 318

Abschnitt IV. 1823 bis 1865.

Erstes Capitel. Umgestaltung der äußeren Verhältnisse Sarepta's . 327
Zweites Capitel. Die Außenposten Sarepta's. — Thätigkeit in den Saratow'schen Colonieen 335
Drittes Capitel. Innere Gemeingeschichte 344
Viertes Capitel. Industrie und Gewerbe 358
Fünftes Capitel. Unglücksfälle und Gefahren 366
Sechstes Capitel. Interessante und wichtige Besuche 369

Anhang I. Gegenwärtiger Zustand Sarepta's 378
Anhang II. Statistische Notizen 390

Einleitung.

Wenn es auch weit ausgeholt zu sein scheint, bei einer Schilderung des 100jährigen Bestehens der Brüdergemeine Sarepta einige Jahrhunderte zurückzugreifen; obgleich ferner das, was aus jener Zeit kurz zu erwähnen ist, mit der Gründung unsers Orts in keinem speciellen Zusammenhang steht, so muß es doch für uns, die wir nicht isolirt dastehen, die wir nicht nur ein Glied der Unität sämmtlicher Brüdergemeinen sind, sondern auch durch die erneuerte Brüderunität mit der alten Unitas fratrum verbunden sind, von Interesse sein, zu wissen, von wenn wir die ersten Spuren von Beziehungen zwischen der Brüderunität und dem Russischen Reich, das uns gastlich in seinen Schooß aufgenommen hat, zu datiren haben.

Die erste Notiz in Bezug darauf erhalten wir durch des Amos Comenius Brüderhistorie, in welcher berichtet wird, daß im Jahre 1474 die alte Brüderkirche vier Deputirte aussandte, um den Zustand der Christenheit zu erkundigen, ob nämlich irgendwo eine von Irrthümern freie und nach der Regel Christi eingerichtete, lebendige Kirche anzutreffen sei, mit der sie sich vereinigen könnte." Einer dieser vier Deputirten: Maurus Hokonetz reiste nach Moskau und in andere Slavonische Länder. Alle vier aber kamen wieder, ohne das gefunden zu haben, was sie suchten.

Hundert Jahre später treffen wir ebenfalls einen Mann aus dem Brüdervolk im Russischen Reiche an. Das war der Consenior der böhmischen Brüder in Polen, Johann Rokyta, welcher als Prediger eine Gesandschaft des Königs Sigismund August II. von Polen an den Hof des Zaren Iwan Wasilyewitsch IV. begleitete. Wenn er auch nicht officiell von der Brüderunität gesandt war, sondern nur den polnischen Magnaten dienen sollte, so fand er doch Gelegenheit, vor dem Zaren und der versammelten Geistlichkeit ein unumwundenes Zeugniß von dem Glauben und Wesen der Brüder abzulegen, und sprach den freilich unerfüllt gebliebenen Wunsch und Hoffnung aus, daß noch durch seinen Mund die Wahrheit Gottes in diesem Volk ausgebreitet werden würde, wenn das anders so Gottes Wille und Wohlgefallen sei.*)

Endlich ist der Thatsache Erwähnung zu thun, daß ein gewisser Balthasar Frank, Prediger der Lutherischen Gemeinde in Moskau, auf seiner zweiten Besuchsreise der Lutheraner im Königreich Kasan und Astrachan, im Jahre 1709 über das Caspische Meer in die Stadt Terek (Tarki) gekommen sei, und dort vernommen habe, daß die Nachkommen der Böhmischen Brüder, welche unter Mathias von Ungarn 1481 aus dem Vaterland verwiesen, durch Ungarn, Siebenbürgen, Moldau und die Türkei gewandert, in das Kaukasus-Gebirge gekommen seien, und dort drei sehr große Dörfer angebaut haben sollen.

---

*) Vergl. Brüderbote 1864. erstes Heft.

Von dieser Auswanderung hatte sich auch die mündliche Ueberlieferung unter den Mährischen Exulanten in Herrnhut erhalten, wenigstens bezeugten mehrere noch 1770 lebende Mährische Brüder, durch ihre Väter von dieser Flucht ihrer Vorfahren gehört zu haben. Einige der Flüchtlinge seien zurückgekehrt, andere aber tiefer nach Asien hineingegangen. So unklar und unbestimmt auch diese Nachrichten waren, so wurden sie doch die Veranlassung zu einer Expedition, die 1774 von Sarepta aus unternommen wurde, um ihre Spuren aufzufinden, leider aber erfolglos blieb.

Weitere Beziehungen der Alten Brüder-Unität zum Russischen Reiche haben wohl nicht stattgefunden, wenigstens sind sie unserer Geschichte unbekannt geblieben, wir haben es daher hauptsächlich mit der Geschichte der erneuerten Brüderkirche zu thun, in wieweit sie Rußland berührt.

Was zunächst die erneuerte Brüderkirche mit Rußland in Verbindung brachte, war die Möglichkeit und der Wunsch einer Mission unter den Heiden des Russischen Reichs.

Zu diesem Zwecke wurde im Jahr 1734 David Nitschmann der Jüngere, der spätere Syndicus, von dem Grafen von Zinzendorf nach St. Petersburg gesandt, „um sich nach allen Straßen der Welt zu erkundigen, wie, wo, wie weit, wodurch u. s. w. wo etwas für den Heiland zu thun wäre." Auch hatte man dabei jene ebenerwähnten böhmischen Brüder im Kaukasus im Auge, und suchte nach Mitteln und Wegen, mit ihnen in Verbindung zu kommen. David Nitschmann, als der erste Pionier für die nord- und osteuropäische Mission, sammelte Nachrichten aller Art, die auf diese Zwecke Bezug hatten, und kehrte dann nach Deutschland zurück.

Da es ein ausgesprochener Grundsatz des sel. Grafen von

Zinzendorf und der erneuerten Brüderkirche überhaupt war, derjenigen Heiden vor Allem sich anzunehmen, um welche sonst Niemand sich kümmerte, so brauchte nur ein solches Volk genannt zu werden, um in einem oder dem anderen das Verlangen rege zu machen, demselben die gute Botschaft zu bringen. In diesem Geist erboten sich noch in demselben Jahre 1734 die Brüder: Andr. Graßmann, Daniel Schneider und Johann Nitschmann der Jüngere, einen Missionsversuch unter den Lappländern und Samojeden zu machen. Im Schwedischen Lappland fanden sie bereits Missionare, sie kehrten also nach Königsberg in Preußen zurück. An Joh. Nitschmans's Stelle trat Johann Miksch, und nun begaben sich die drei Brüder nach Moskau und von da nach Archangel, um von dort aus die Samojeden und Polarvölker zu besuchen. Als sie zu diesem Zweck sich Pässe von der Regierung ausbaten, wurden sie, weil man sie für schwedische Spione hielt, fünf Wochen im Gefängniß gehalten und endlich gegen die Bürgschaft des Predigers Plaschnik nach Petersburg entlassen. Hier gab ihnen Graf Ostermann einen Paß in das Ausland mit den merkwürdigen Worten: „Geht nur hin, ihr guten Leute, man braucht hier eures Dienstes nicht; vielleicht kommt die Zeit bald, daß man euch rufen wird." So unterblieb die Mission am Eismeer.

Ein ähnliches Schicksal wie sie hatten 1742 die Brüder Conr. Lange, Zach. Hirschel und Michael Kund, von denen ersterer den Chinesen und letztere den Kalmücken das Evangelium bringen wollten. Als sie sich in Petersburg Pässe ausbaten, wurden sie ebenfalls als verdächtig fünf Jahre gefangen gehalten und dann nach Deutschland entlassen.

Um derartige Hindernisse und das Mißtrauen, das man in die Missionsversuche der Brüder setzte, zu beseitigen, war schon

1739 der Magister Arvid Grabin, ein Schwede, mit einem Schreiben der Brüder-Bischöfe an den Patriarchen von Constantinopel gesandt worden, damit die Griechische Kirche eine zuverlässige Nachricht von der erneuerten Brüderkirche und ihrer Missionsarbeit erhielte. Zugleich wurde um ein Empfehlungsschreiben für die Heidenboten an die griechische Geistlichkeit Rußlands gebeten. Der Patriarch empfing Br. Grabin, als den Deputirten einer fremden Kirche, mit großer Achtung und ertheilte das erbetene Schreiben. Weil aber in demselben mehr stand, als wir beanspruchen konnten, indem von einer so vollkommenen Uebereinstimmung unsers kirchlichen Bekenntnisses die Rede war, wie sie in der That nicht stattfand, so mußte Br. Grabin, als ehrlicher Mann, das Schreiben zurückgeben, was übel vermerkt wurde.

Eine zweite Sendung übernahm derselbe Bruder, indem er 1743 ein Schreiben des Grafen von Zinzendorf an den heiligen Synod in St. Petersburg brachte, welches den Zweck hatte, von Seiten der griechischen Kirche eine Untersuchung des Wesens der Brüderkirche zu veranlassen. Grabin hatte gleiches Schicksal wie oberwähnte Kalmückenmissionare, er theilte mit ihnen Gefängniß und Internirung in der Stadt, und gelangte mit ihnen erst 1747 zur völligen Freiheit und Rückkehr nach Deutschland. Jedoch hatte er die Freude, einigen Erfolg seiner Sendung zu sehen; denn sein Schreiben wurde dem h. Synod übergeben, der sich zwar mit einer Untersuchung nicht befassen wollte, aber doch ein günstiges Gutachten an die Kaiserin Elisabeth gestellt haben soll. Mit einem Mitglied des h. Synods, dem Archimandriten und Bischof von Pskow und Narwa, Theodowsky, hatte Grabin eine Privatunterredung, und vernahm, daß der h. Synod sich auf nichts einlassen könne, da die Brüder, die er der Lehre nach für Lutheraner halte, nicht zur orthodoxen Kirche gehörten.

Er selbst, Theobowsky, habe in ihren Schriften keinen Unterschied von denen der Lutheraner gefunden, außer ihrer Kirchenzucht, wie sie ja Luther auch gewünscht habe. Wolle man sie vertreiben oder nicht ins Land lassen, so müsse man mit den Lutheranern ebenso verfahren.

Aber noch ein anderes Werk der Brüder hatte damals in den Gränzen des Russischen Reichs seinen Anfang genommen, und das war ihre Thätigkeit in Livland, die hier nur ganz kurz berührt werden soll, da sie in keinem anderen organischen Zusammenhang mit dem Sarepta'schen Werk steht, als dem durch das Ganze der Brüderunität vermittelten.

Schon in den Jahren 1729 und 1730 hatten Livländische Gutsbesitzer und Pastoren bei dem Unitätsdirectorium um Mitglieder der Brüdergemeine gebeten, welche sie theils als Gehülfen in der Seelsorge und Schule, theils zu anderweitigen bürgerlichen Beschäftigungen und Diensten gebrauchen wollten; auch hatten sich einzelne Brüder, wie z. B. der bekannte Christian David zeitenweis dort aufgehalten. 1736 reiste der Graf Zinzendorf auf den Wunsch angesehener Personen des geistlichen und weltlichen Standes nach Livland, um sich mit ihnen über Sache und Plan der Brüdergemeine, sowie betreffs seiner eigenen Person zu besprechen. Der Erfolg seiner Reise war die Veranstaltung einer billigen Bibelausgabe für das Volk in lettischer und esthnischer Sprache, sowie die Gründung eines Schullehrerseminars in Wollmarshoff. Großes Aufsehen machte eine, zum Theil in dieser Anstalt entstandene Erweckung, die sich in weiteren Kreisen verbreitete und die Veranlassung zu einer Untersuchung dieses Seminars durch eine kaiserliche General-Kirchenvisitation wurde. Das Urtheil derselben fiel günstig aus, indem sie Plan, Vortrag und Methode für gut und zweckmäßig erklärte.

Als späterhin durch Uebertriebenheit, besonders eines der Brüder, Unordnungen in dies Werk kamen, wollte Zinzendorf selbst 1743 nach St. Petersburg reisen, wurde aber in Riga aufgehalten und mußte im nächsten Jahre nach Deutschland zurückkehren. Die ihm abgenommenen Schriften und Bittschreiben an die Kaiserin, um gründliche Untersuchung und Beendigung der Sache hatten für jetzt wenigstens den Erfolg, daß dem Werk nichts Wesentliches in den Weg gelegt wurde. Ebenso war es für die livländische Sache von Wichtigkeit, daß das von Grabin überbrachte Schreiben an den h. Synod in die Hände der Kaiserin kam. Wenn es auch nicht die gewünschte Wirkung, eine Untersuchung der Brüderkirche, und ihres Antheils an jenen Unordnungen hatte, so war dieser Umstand doch für die Zukunft von Nutzen.

Zu erwähnen ist endlich die Gefangenschaft der, mit der Brüdergemeine befreundeten, livländischen Prediger: Gutsleff und Hölterhof, sowie der Brüder: Fritsch und Dr. Kriegelstein, in Folge einer falschen politischen Anklage. Gutsleff entschlief schon nach zwei Jahren 1749 im Kerker, die drei anderen wurden nach zwölfjähriger Gefangenschaft nach Kasan verbannt, wo Hölterhof und Fritsch am Gymnasium, Kriegelstein als sehr gesuchter Arzt thätig war. Die beiden letzteren vollendeten in der Verbannung 1760 ihren Lauf, Hölterhof erhielt 1762 seine Freiheit wieder, und diente später an der Universität zu Moskau als Lehrer der deutschen Sprache.*)

---

*) Mitglied der Brüderkirche in St. Petersburg war damals auch der reformirte Prediger Jeremias Rister, vorher und später ein treuer Diener der Gemeine in Deutschland. Er, sowie der Leibgarde-Chirurgus, später Hofrath, v. Köhler, nahmen sich, soviel es ihnen möglich war, der Gefangenen an.

Alle letztgenannten Ereignisse mußten nach des Herrn weisen Rath dazu dienen, das Werk, das er an der östlichen Grenze des europäischen Rußlands gründen wollte, vorzubereiten und demselben Eingang zu verschaffen, indem der Name der Brüder durch gute und böse Gerüchte am kaiserlichen Hof bekannt wurde. Das Wort des Grafen Ostermann: „Vielleicht kommt die Zeit bald, daß man Euch rufen wird," sollte in Erfüllung gehen.

Erster Abschnitt.

Die Zeit von 1765—1774.

Erstes Capitel.

Vorbereitende Schritte zum Anbau Sarepta's.

Schon unter der Regierung der Kaiserin Elisabeth hatte ein Würdenträger des Reichs, Iwan von Czernitschew, Bruder des General Zachar. von Czernitschew, auf die Empfehlung eines Generals, der die Brüdergemeine kennen gelernt hatte, dem Direktorium der Brüder-Unität in Herrnhut ein Etablissement auf seinem Gut Hieropolis bei Moskau angeboten. Man hatte dasselbe aber zurückgewiesen aus dem unverschwiegenen Grunde, daß es für uns nicht gerathen sei, darauf einzugehen, so lange nicht höchsten Ortes die Brüdersache gründlich untersucht und uns ein Zeugniß darüber ausgestellt sei. „Außerdem sei es nicht Weise der Brüder, sich „in irgend welchem Land ohne Wissen oder gar gegen Willen der „Regierung niederzulassen." 1762 bestieg Catharina II. den Thron. Das Bestreben dieser großen Regentin, unsrer Wohlthäterin, ging vom ersten Anfang ihrer Regierung dahin, den innern Wohlstand des Landes durch Cultur und Industrie zu heben und zu diesem Zweck tüchtige Kräfte aus dem Auslande ihrem Reich zuzuwenden. Dies ihr Streben bekundete sie schon am Ende ihres ersten Regierungsjahres durch die kaiserliche Ukase, die am 4. Dec. 1762 erschien. Die Hauptpunkte derselben waren folgende: 1. Allen Ausländern wird gestattet, sich in jedem Gouvernement des Russischen Reichs nach Gefallen niederzulassen. 2. Um ihnen dazu behülflich zu sein, ist in St. Petersburg eine Tutel-Kanzlei für Ausländer errichtet. 3. Unvermögende sollen Reisegeld von der Regierung erhalten. 4.—5. Alle haben den Eid der Unterthänigkeit zu leisten. 6. Es wird ihnen freie Religionsübung, in Flecken und Colonieen der Bau von Kirchen und Glockenthürmen verstattet. Doch haben sie sich vor dem Proselytenmachen zu hüten; unter den Muhamedanern ist ihnen die Mission verstattet. Sie erhalten a) Abgabenfreiheit in Hauptstädten auf 5, in Gouvernementsstädten auf 10, in Colonieen auf 30 Jahre; — b) eigene Civilgerichtsbarkeit, c) Freiheit von Militair- und Civildienst, d) Zollfreiheit für eignes Hab und Gut, e) freie Beförderung in entlegene Theile des Landes. 7., 8. Nach Ablauf der Freijahre sind die gewöhnlichen Abgaben zu entrichten und Landesdienste zu leisten. 9. Freie Auswanderung mit Erlegung des 5—10ten Rubels ist ihnen gestattet. 10. Wünschen sie weitere Privilegien, so haben sie sich an die Tutel-Canzlei zu wenden.

Nach dem Erscheinen dieser Ukase wurde das Anerbieten des Grafen von Czernitschew abermals an das Direktorium gestellt, man beharrte aber auf der früher gegebenen Antwort. Dies hatte zur Folge, daß die Sache **Ihrer Majestät der Kaiserin** zur Kenntniß gebracht wurde, welche befahl, mit Benutzung der Livländischen Commissionsacten und anderer dahin zielender Schriften die, so lange gewünschte, Untersuchung vorzunehmen, was nun auch geschah. Der auf Grund derselben gefaßte Beschluß **Ihrer Majestät** lautete: daß den Brüdern Gerechtigkeit widerfahren und sie der Gnade der Kaiserin und der Aufnahme in ihrem Reich versichert sein sollten. An die Direktion der Brüder-Unität gelangte dieser Beschluß durch den Kaiserlichen Hofrath von Köhler, der sich bei der Gefangenschaft der Brüder Kriegelstein und

Fritsche als ein Freund der Brüder beweisen hatte. Er traf im September 1763 in Herrnhut ein und begann die Verhandlungen mit dem Direktorium. Dieses beschloß daraufhin, durch zwei Deputirte, die Brüder Paul Eugen Layritz, Episc. und Johannes Loretz, assessor senioris civilis fratrum, **Ihrer Kaiserlichen Majestät** die ehrerbietigste Danksagung abzustatten, **höchst derselben**, wie auch den betreffenden Behörden, den Zustand der Brüderkirche nach Lehre und Verfassung darzulegen, und weiteren Beschluß abzuwarten*).

Diese Brüder reisten unverzüglich schon im October des Jahres mit Hofrath von Köhler nach Petersburg ab und wurden nach Ueberweisung ihrer Vollmacht durch den Grafen Orlow **der Kaiserin** vorgestellt. **Ihre Majestät** empfing sie sehr gnädig und versicherte sie, daß die Brüder im Russischen Reich wohl aufgenommen werden und die nöthigen kirchlichen und bürgerlichen Privilegien erhalten sollten. Eine Commission sei bereits ernannt zur Beurtheilung der Lehre und Verfassung der Brüder. Dieselbe bestand von Seiten des Russischen Hofes aus dem Grafen Orlow, von Seiten der Geistlichkeit aus dem Archhierei (Erzbischof) von Nowgorod: Demetrius, einem Mitglied des heiligen Synods. Die Wahl dieser beiden Männer war ebenfalls ein

---

*) Paul Eugen Layritz, zu Wunsiedel in Bayern geboren, Rector der Schule in Neustadt an der Aisch, später Inspektor verschiedener höherer Schulen der Brüdergemeine, wurde seiner Zeit zu den vorzüglichsten Schulmännern Deutschlands gerechnet. Sein äußeres Vorkommen, sein Charakter, Kenntnisse und Erfahrungen befähigten ihn vorzüglich zu den ihm aufgetragenen Verhandlungen.

Johannes Loretz (Bruder des langjährigen Vorstehers der Sareptischen Gemeine, Jakob Loretz) von Geburt ein Schweizer, wurde Offizier in holländischen Diensten, später Mitglied der Brüdergemeine, der er überhaupt, sowie auch bei diesem Auftrag, durch seine praktische Tüchtigkeit zu großem Nutzen war.

Beweis der kaiserlichen Gnade, da sich die Brüder in Ansehung der Unpartheilichkeit wol keine passenderen hätten wünschen können. Die Verhandlungen mit ihnen nahmen einen gedeihlichen Verlauf. Erzbischof Demetrius*), der erste Mann im h. Synod, berichtete an denselben der Wahrheit gemäß und in so günstiger Weise, daß dieser die Brüderkirche als eine alte, rechtmäßige Kirche anerkannte, und ihr das Zeugniß gab, daß sie eine Verfassung und Disciplin besitze, welche der der ersten christlichen Kirche nahe käme. Schon in einer Privatunterredung hatte Demetrius den Deputirten gesagt, daß ihre Wirksamkeit für das Reich Gottes sich nicht auf die Griechische Kirche ausdehnen dürfe; in Uebereinstimmung damit erklärte der h. Synod officiell, daß keinesfalls die Brüder sich darauf Rechnung machen dürften, je die Erlaubniß zu erhalten, Glieder der Landeskirche zu lehren, oder in ihre kirchliche Gemeinschaft aufzunehmen. Da die Absicht und der Plan der Brüder von vornherein diesen Zweck nicht gehabt hatte, so hatte diese Bemerkung des h. Synod keinen eigentlichen Bezug auf sie. Dagegen drohten alle bisherigen Verhandlungen an einem Punkt zu scheitern, der jetzt erst berührt wurde.

Die Aufforderung der Russischen Regierung an die Brüder, sich im Lande niederzulassen, hatte von Seiten ersterer keinen andern Zweck, als den der Cultur und Civilisation des Landes. Da man sich in Bezug auf Industrie und Fabrikwesen Erfolge versprach, wie die deutschen Brüdergemeinen sie aufwiesen, so war die Regierung zu allen möglichen Zugeständnissen auf politischem und bürgerlichem Gebiet bereit, wie die später gegebenen Privi-

---

*) Von der Gesinnung dieses Mannes giebt folgendes Wort Zeugniß: Als im Gespräch mit ihm die Rede kam auf die Feindschaft, welche auch die Brüder zu erfahren hätten, sagte dieser würdige Mann: „Liebsten Brüder, wundert euch das nicht. Wäret ihr von der Welt, so hätte die Welt das Ihre lieb. Indessen zweifelt nicht, noch werdet muthlos; der Herr ist mit euch."

legien beweisen. So lange sich die Verhandlungen auf diesem Gebiet bewegten, war ein Einverständniß leicht zu erreichen, zumal es den Brüdern ein wahrer Ernst war, dem Vertrauen, das die Regierung in ihre Gewerbsthätigkeit setzte, möglichst zu entsprechen. Nachdem selbstverständlich die Wünsche und Anforderungen der Regierung in erster Reihe besprochen, und das Mögliche versprochen war, nachdem man sich über die beiderseitigen vorläufigen Bedingungen geeinigt hatte, war für die Brüder die Zeit gekommen, den Zweck, welchen sie bei der ganzen Sache im Auge hatten, in den Vordergrund treten zu lassen, und dieser war das Missionswerk unter den Kalmücken. Anfänglich war man ihnen hierin von Seiten des Erzbischofs zwar nicht direkt entgegengetreten, nachdem sie aber bestimmt erklärt hatten, daß dies ihr Zweck bei der Sache sei, wurde ihnen der Zutritt zu ihm nicht mehr gestattet, was sie wohl befremdete. Endlich aber hörten sie als gewiß, daß der h. Synod Ihrer kaiserlichen Majestät die dringendsten Vorstellungen gemacht und verlangt habe, daß ein Verbot jeglicher Mission unter den Heiden des Russischen Reichs als Clausel an die zu ertheilende kaiserliche Concession angefügt werde. Als die Brüder dies vernahmen, erklärten sie auf das bestimmteste, daß sie unter diesen Verhältnissen sich ganz und gar außer Stand sähen, von den ihnen so gnädig angebotenen Freiheiten und Privilegien Gebrauch zu machen, und so den Absichten **Ihrer Majestät** zu entsprechen.

Die Regierung war jedoch nicht gewillt, auf diese Erklärung hin die Unterhandlungen abzubrechen, sondern führte sie mit dem h. Synod und unsern Deputirten fort. Diese hielten sich schließlich befriedigt durch eine an maßgebender Stelle ihnen mündlich gegebene Erklärung: „daß die Brüder eine Verhinderung der „Heidenbekehrung nicht zu befürchten hätten, im Gegentheil würde

„es **Ihrer Majestät** lieb sein, wenn all Ihre heidnischen Unter-
„thanen Christen würden."*)

Mit dieser, wie der Verlauf zeigte, privaten und rein persönlichen Erklärung mußten sich die Deputirten begnügen, und
thaten es auf Hoffnung. Das wenigstens hatten sie erreicht,
daß obenerwähnte Clausel, die das Verbot der Missionsthätigkeit
enthalten sollte, den Privilegien der Brüdergemeine in Rußland
nicht angefügt wurde.

Am 11./22. Februar 1764 erschien eine Ukase der Kaiserin
an alle Gouvernementsregierungen, in welcher das beifällige Urtheil
des h. Synods betreffs unsrer Lehre**) und Verfassung mitgetheilt und bekannt gemacht wurde, daß den Brüdern freie Niederlassung im ganzen Russischen Reich, vollkommene Gewissens- und
Kirchen-Freiheit, Freiheit vom Eidschwur, den Huldigungs-Eid ausgenommen, gestattet sei, und daß dieselben im ganzen Reich in
allerhöchsten Schutz und Schirm genommen werden sollten.

So war das Werk dieser Deputirten, wie es schien, zu einem
glücklichen Ausgang gediehen, und dieselben verließen nach einer
sehr gnädigen Abschiedsaudienz bei **Ihrer Majestät der Kaiserin**
noch im Februar 1764 mit Lob und Dank für die durch die
gnädige Leitung unsers Herrn erfahrene Gnade das Land, und
statteten dem Direktorium Bericht von ihrem Geschäft ab.

— —

Weil aber das Direktorium der Brüderkirche in einer Sache
von solcher Wichtigkeit selbstständig zu beschließen sich nicht getraute,
so wurde der endgültige Bescheid darüber der in demselben Jahr

---

*) Das Nähere siehe: Brüderbote 1863, pag. 153.

**) Merkwürdiger Weise urtheilte der h. Synod, daß wir in unserem
Bekenntniß mehr der reformirten als lutherischen Kirche anzugehören schienen,
wogegen später von Seiten der Brüder protestirt wurde. S. pag. 23 und 24.

zu haltenden Synode der Brüderkirche vorbehalten. Diese beschloß nun, nach reiflicher Ueberlegung, es auf die Anlegung eines Brüderetablissements in Rußland anzutragen, und da die Kaiserin in der Abschiedsaudienz auf das damalige Königreich Astrachan hingedeutet hatte, da ferner in demselben, wie man wußte, heidnische Kalmücken sich aufhielten, da man endlich hoffen konnte, von dort aus leichter zu den an den Grenzen wohnenden Ungläubigen, Türken und sonstigen Muhamedanern, gelangen zu können, in diesem Theil des Reichs eine Brüdergemeine zu gründen, die gleichsam das Hauptquartier sein sollte, von dem aus die Boten nach verschiedenen Seiten hingesandt werden könnten. Zugleich wurde der ledige Bruder Daniel Heinrich Fick (Presbyter) zum Vorsteher der anzulegenden Colonie und zum geistlichen Arbeiter der ersten sich dort niederlassenden Brüder bestimmt.

Der Mann, welcher nun beauftragt wurde, die speciellen Verhandlungen mit der Regierung weiter zu führen, war der Magister Peter Conrad Fries. Da sein Auftrag der verhältnißmäßig wichtigste war, da er einen Mann erforderte, der in sich Weisheit und Geschicklichkeit mit Aufrichtigkeit und Beharrlichkeit verband, da jener dieses Auftrags zu allseitiger Zufriedenheit sich entledigte, so ist es wohl am Platz, zunächst etwas über seine Persönlichkeit zu sagen.

Peter Conrad Fries war in Montbeliard 1720 geboren und empfand schon in früher Jugend den Trieb, sich und sein Leben dem Dienst seines Herrn und Gottes zu weihen. Er studirte demgemäß Theologie in dem Seminar zu Maulbronn in Würtemberg und später auf der Straßburger Universität. Durch mancherlei Versuchungen, insonderheit die des Hochmuths, führte ihn der Herr glücklich hindurch. 1746 wurde er Pfarrer in Héricourt bei Montbéliard. In dieser Stellung wurde er durch des Grafen von Zinzendorf Schriften mit der Brüdergemeine bekannt, welcher er sich 1758 als Mitglied anschloß. Sein erstes Amt war das eines Pflegers der ledigen Brüder in Neuwied, später wurde er Arbeiter an der Societät in Genf. Diese Stelle verwaltete er nur kurze Zeit nebst seiner Frau, mit welcher er 1763 verbunden war, denn schon 1764 wurde er durch Synodalbeschluß zum Agenten der Brüder in Petersburg berufen. Mit viel Gebet und Flehen zum Herrn hat er diesem Posten vorgestanden und wahrlich seinem Herrn Ehre gemacht. Nachdem seine Sendung ihren Zweck erreicht, wurde er 1767 in Nisky, Herrnhut und Neuwied in geistlichen Aemtern angestellt. 1775 wurde er Mitglied des Direktoriums der Brüder-Unität und hielt als solches eine Visitation der durch seinen Dienst gegründeten Gemeine Sarepta. Nach Deutschland (Barby) zurückgekehrt, blieb er in diesem Amt und Dienst bis an sein Ende, das 1783 erfolgte. Ein Zeitgenosse sagt von ihm: Was er that, das that er frisch und ließ nichts liegen. Sein Vortrag bei Verhandlungen war kurz und rund, sein zuverlässiges Gedächtniß kam ihm und Anderen sehr zu Statten. Was ihm aufgetragen wurde, das that er mit Treue, Angelegenheit, getrostem Muth, mit vielem Fleiß und Standhaftigkeit. In seinem Umgange war er bescheiden doch gerade. Anvertrautes war bei ihm begraben; je mehr man ihn kennen lernte, desto mehr Vertrauen konnte man zu ihm fassen. Er war gelehrt, suchte aber nicht zu glänzen; er hatte viel erfahren, schwieg aber lieber davon. Seinen Handlungen lag die Liebe Jesu zu Grunde.

Das war der Mann, welcher noch im Jahre 1764 als Agent der Brüder nach St. Petersburg geschickt wurde. Ihn begleitete Joh. Erich Westmann, ein Mann, der in früherer

Zeit bei Anlegung neuer Colonien in Amerika thätig gewesen und für dergleichen Geschick und Erfahrung besaß. Sein Auftrag war, dem Agenten mit praktischem Rath zur Hand zu sein, die nöthigen äußerlichen Vorbereitungen zu treffen, Einkäufe zu machen, die im nächsten Jahre eintreffende Gesellschaft von Brüdern nach dem Osten zu begleiten, mit ihnen den Ort ihrer Niederlassung zu bestimmen und interimistisch ihr Vorsteher zu sein. Nach Vollendung dieser Geschäfte sollte er nach Deutschland zurückkehren und dem Direktorium ausführlichen Bericht abstatten.

Nachdem Br. Fries seine, von dem Unitäts-Direktorium erhaltene Vollmacht dem Reichskanzler und Chef der Tutel-Kanzlei, Graf Orlow, überreicht hatte, präsentirte er dieselbe der Tutel-Kanzlei für Ausländer, mit welcher Instanz er hauptsächlich zu verhandeln hatte. Alle Schritte, welche er that, berieth er mit außerordentlicher Treue und Fleiß unter den Augen des Herrn, zuerst im engeren Kreis mit Br. Westmann und dem, den Brüdern freundlich gesinnten Hofrath von Köhler, der sich auf vielfache Weise in unserer Sache bemüht und verdient gemacht hat.*) Auch der alte Br. Ferber, der sich früher der gefangenen Brüder angenommen hatte, war ihm ein sehr lieber Freund und Berather. Der erste Schritt war, eine Bittschrift an **Ihre Majestät die Kaiserin** einzureichen, in welcher die Haupt-

---

*) Leider waren die Bemühungen Köhlers nicht frei von Eigennutz; denn bei allem Wohlwollen für die Brüder, bei aller Thätigkeit für sie, verfolgte er, dem Bruder-Namen nicht gemäß, den er führte, Pläne, die die Ehre und Auszeichnung seiner Person zum Zweck hatten, wodurch er sie in manche Verlegenheiten brachte. Sie mußten ihm gegenüber eine sehr feste Stellung einnehmen, um seinem manchmal unerträglichen Stolz zu begegnen. Er regierte gern Alles. Sein Wunsch war, von den Brüdern zu ihrem Tutor gewählt zu werden, er ließ es ihnen an die Hand geben und war gekränkt, als Fries es ablehnte.

punkte unserer Wünsche und Bedingungen für Anlegung eines Etablissements enthalten waren. Es waren folgende: 1. Uebergabe eines Landstrichs zwischen Zaritzyn und Astrachan von circa 4000 Dessjätinen.*) 2. Gleiche bürgerliche Rechte mit allen freien Besitzern im Russischen Reich. 3. Freiheit, Städte und Dörfer, unserer äußeren und inneren Einrichtungen gemäß, bauen zu dürfen. 4. Eigene bürgerliche Gerichtsbarkeit und Polizei. 5. Unbeschränkte Ausübung aller Gewerbe 2c. 6. Das Recht, keinen Fremden auf unserm Land seßhaft werden zu lassen, so wie das Recht der Annahme und Entlassung freier Ausländer. 7. Unweigerliche Gewährung von Reisepässen von Seiten des Gouvernements und der Reichscollegien. 8. Freiheit vom Militairdienst und andern Landesdiensten. 9. Dreißigjährige Freiheit von allen Abgaben und Steuern; dann aber soll jede männliche Seele, die Beamten und Unvermögenden ausgenommen, etwas Bestimmtes entrichten. 10. Zinsfreie Vorschüsse in Geld und Naturalien auf 10 Jahre. 11. Freiheit, jederzeit das Land zu verlassen. 12. Berechtigung, einen Agenten bei der Regierung in St. Petersburg zu halten, dessen Haus, wie die anzulegende Colonie frei von allen Landeslasten, Einquartierung 2c. sein solle.

An diesem Entwurf wurden jedoch von der Tutel-Kanzlei, welcher derselbe von **Ihrer Majestät** zur Prüfung übergeben worden war, so wichtige Ausstellungen gemacht, auch Forderungen gestellt, auf die sie nicht eingehen zu können glaubten,**) daß Br. Fries auf Anrathen des Hofraths v. Köhler bestimmt erklärte, daß sich die Brüderunität nie dazu verstehen werde, auf andre, als obige Bedingungen eine Colonie anzulegen; zugleich

---

*) Eine Dessjätine ist gleich 5¼ preußischen Morgen.
**) Z. B. die Unterhaltung einer Poststation, das Versprechen, 133 Familien ins Land zu bringen, von denen jeder sogleich 30 Dessjätinen abgemessen werden sollten 2c.

motivirte er diese Erklärung durch eine gründliche Beleuchtung jener Einwendungen. Darauf ließ er Se. Erlaucht den Grafen Orlow um eine Audienz ersuchen, welche ihm auch, nachdem man sich schriftlich über verschiedene Punkte verständigt hatte, gewährt wurde. Der Reichskanzler bewies sich bei derselben sehr gnädig und versprach, es so mit den Brüdern zu machen, daß sie jederzeit Gelegenheit haben würden, es zu rühmen.

Diese Audienz sowohl, wie noch zwei spätere, überzeugten den Agenten zwar von dem Wohlwollen des Staatskanzlers, trugen aber nicht dazu bei, die sich lang hinschleppenden Verhandlungen abzukürzen. Während dessen langte Br. Dan. Fick mit seiner Reisegesellschaft in St Petersburg an, und um deßwillen wurde, da auch der Junimonat bereits begonnen hatte, die Beschleunigung und der endliche Abschluß um so wünschenswerther, weil man fürchten mußte, daß im ungünstigen Fall die Brüder mit ihren vorläufig zu errichtenden Gebäuden des neuen Etablissements vor Winter nicht zu Stande kommen würden.

Endlich am 5. Juni ließ Graf Orlow von der Tutelkanzlei in Br. Fries's Gegenwart jene erste Bittschrift an die Kaiserin noch einmal vornehmen und genau durchgehen, man besprach sich über die einzelnen Punkte, bis alle einverstanden waren. Der 7. Paragraph wurde auf günstige Weise für die Brüder dahin erweitert, daß ihre Pässe für das Inland von ihren eigenen Vorstehern ausgefertigt werden könnten und ein 13. Paragraph wurde hinzugefügt, in welchem die Abgaben festgesetzt wurden, die während und nach den 30 Freijahren gezahlt werden sollten.

So hatten denn diese Verhandlungen ein Ende erreicht. Was sie durch Schuld der Brüder verlängert hatte, war das sehr berechtigte Verlangen, über alle Punkte gleich von Anfang an und an höchster Stelle, in vollkommene Klarheit zu kommen, um späterhin aller Berührungen und Unterhandlungen mit niederen Instanzen überhoben zu sein; und zu diesem Ziel war man gekommen. Der Anbau des neuen Orts hatte Grundlagen erhalten, auf die man sich verlassen konnte und welche dem Unternehmen Gedeihen verhießen. Man kann wohl sagen, daß, auf solche Bedingungen hin, ein Volk, dem Industrie und Erwerb Lebenszweck gewesen wäre, Glänzendes und Großartiges hätte leisten können. Daß ein solcher Erfolg sich nicht einstellte, (was bei Vielen, auch in den höheren Kreisen, Mißtrauen gegen die industrielle Tüchtigkeit der Brüder erweckte), hatte seinen Grund in dem, von so Vielen übersehenen, von so Wenigen verstandenen Zweck der Brüder, Boten des Herrn zu sein an die Heiden; sie wünschten und erstrebten eine, dem Russischen Reich Nutzen bringende Existenz, nur in der Absicht, die Mittel zu erhalten, jenem Zweck nachzukommen. Wenn andere eingewanderte Colonisten sich mit geringeren Privilegien begnügen mußten, so wurde dies aufgewogen durch die, von ihnen im Vergleich mit jenen, in viel geringerem Maße beanspruchten Geldunterstützungen, was ihnen auch nur durch den Zusammenhang mit dem Oekonomikum der Brüderunität möglich war.

Es hatte für unsern Agenten etwas Entmuthigendes, daß er während der Verhandlungen nicht dazu gelangen konnte, eine Audienz bei der Kaiserin zu erhalten; jedoch das konnte er bemerken, daß Ihre Majestät und Graf Orlow diejenigen waren, die den Brüdern trotz mancher Widerwärtigkeiten die Stange hielten; denn bis ins Kleinste gingen die wohlwollenden Bemühungen der Monarchin für das Gedeihen des Plans.*) Erst nach

---

*) Als die Kaiserin Proben von halbseidenen Zeugen, die in deutschen Brüdergemeinen verfertigt waren, sah, äußerte sie: Die Brüder möchten eine solche Fabrik anlegen, dann wolle sie selbst ein solches Kleid tragen, ihre Hofdamen veranlassen, dasselbe zu thun, und es den Herren zu Westen empfehlen.

Abschluß der Verhandlungen erhielt Br. Fries durch Vermittelung des Grafen Orlow eine Audienz bei der Kaiserin. „Sie empfing mich," schreibt er, „wie eine Mutter, reichte mir die Hand zum Kuß und bezeugte, wie ihr daran gelegen sei, daß es uns gut ginge. Auf meine Versicherung, daß Ihre Majestät durch Ihr Wohlwollen die Herzen der Brüder gewonnen habe, antwortete sie: „Wenn wir nur zufrieden wären, so wäre sie es auch." Nach nochmaligen Dankesworten entließ sie mich." Aber auch in Bezug auf den mehrfach erwähnten Missionszweck war Br. Fries nicht unthätig gewesen. Der erste Besuch, welchen er dem Archimandriten des Newsky Klosters Gabriel machte, war viel verheißend.

Dieser unterhielt sich mit ihm zwei Stunden lang über die wahre, an keine äußere Religionsform gebundene Kirche Christi. Als Fries die Bemerkung machte, daß die wahre Religion bei denen zu finden sei, die ihr Sündenelend fühlten, und ihre Zuflucht zum blutigen Verdienst Jesu nähmen, bekannte der ehrwürdige Mann mit thränenden Augen, daß dies Wahrheit sei! Er bat ihn, öfters wieder zu kommen und seinen schönen Garten zum Spazierengehen zu benutzen.

Leider aber mußte er bald erkennen, daß seine Hoffnung eine zu lebhafte gewesen sei, daß besonders von Seiten der Würdenträger der griechischen Kirche ein Mißtrauen vorhanden war, und daß man unserer Versicherung nicht glaubte, die Landeskirche unangetastet zu lassen. Die Versuche des Agenten, bei dem Metropoliten Demetrius vorgelassen zu werden, scheiterten; er begab sich daher noch einmal von dem reformirten Prediger Dilthey begleitet, zu dem eben erwähnten Archimandriten Gabriel, um ihm ein Schreiben des Direktoriums in lateinischer Sprache, unterzeichnet von den Bischöfen Johannes v. Wattewille,

Spangenberg und Petrus Böhler zu überreichen. Es enthielt die Erklärung, daß die Stelle in dem, von dem h. Synod gegebenen Gutachten, welche sie mehr der reformirten als der lutherischen Kirche angehörig bezeichnete, nicht zutreffend sei, und daß man vorzöge, gleich jetzt den h. Synod in vollkommene Klarheit über unsere Lehre und Verhältniß zu den andern Kirchen zu setzen. Er ward vorgelassen, aber schon nach den ersten Worten konnte er erkennen, daß die Stimmung eine ganz andere war, als vordem. Nachdem Br. Fries einiges über den Verlauf unserer Verhandlungen und über die erlangten Concessionen berichtete, erwiderte der Erzbischof: „Erlaubt ist euch eine Colonie anzulegen und nach eurer Ueberzeugung zu leben, aber andere zu lehren ist euch nicht gestattet, merkt euch dies wohl!" Auch der beabsichtigte Ort der Ansiedlung schien ihm nicht genehm zu sein, die Gegend sei ihm bekannt, da er sie bereist habe, sie sei aber unwirthbar und unsicher; er gab zu verstehen, daß an dem rechten Wolgauer Russen wohnten und daß er es nicht gern sehen würde, wenn wir uns unter ihnen niederließen. Als der Agent ihm obgedachten Aufsatz überreichte, fragte er scharf: Was wir dem h. Synod vorzustellen hätten, ob wir gesonnen seien, die griechische Kirche zu reformiren? Auf die Bemerkung, daß wir dem h. Synod unsere Gesinnung nur bekannt machen wollten, erwiederte er: „Wir wollen weder von euch, noch von euern Angelegenheiten etwas wissen; wir brauchen euch nicht; was haben wir mit euch zu thun?" Endlich verstand er sich dazu, die Schrift wenigstens durchzublättern, er kritisirte sie, aber in etwas gereizter Weise, mit Schärfe. Schließlich beruhigte er sich wieder, war aber nicht zu bewegen, dieselbe dem Synod zu übergeben, um, wie er sagte, den Agenten nicht den betrübten Folgen auszusetzen, die dieser Schritt haben könne. Schließlich rieth er wohlmeinend, die Brüder möchten sich wohl in Acht nehmen, der griechischen Kirche auch nur im geringsten nahe zu treten.

Unter diesen Verhältnissen war es dem Br. Fries natürlich unmöglich gewesen, auch nur ein Wort von der Heidenmission zu sagen.

Auch am Hofe schien man andrer Meinung geworden zu sein. Ihre Majestät die Kaiserin gab dem Hofrath von Köhler, ehe er mit den Brüdern in das Astrachan'sche Gouvernement abreiste, zu verstehen, sie habe gefürchtet, die Brüder hätten noch andre Absichten und würden noch um Verschiedenes Ansuchung thun; sie lasse sie Ihrer Protektion versichern, weil sie um nichts mehr gebeten hätten. Auch die Frage des Grafen Orlow: ob die Brüder gekommen seien, die Russische Kirche zu reformiren, bestärkte Br. Fries in dem Gedanken, daß jetzt nicht die Zeit sei, auch nur eine Anfrage in Bezug auf die Heidenmission zu thun. Andrerseits war man schon zu tief in den Plan eingegangen, um zurücktreten zu können, die ersten Ansiedler befanden sich schon auf dem Weg; es blieb daher nichts übrig, als die Sache dem Herrn, in dessen Namen sie begonnen war, zu empfehlen. War es sein Wille, so konnte bald die Zeit kommen, da diese verschlossene Thür geöffnet werden sollte, wenn nicht, so galt es zu warten.

Ehe wir jedoch die Brüder auf ihrer Reise nach dem fernen Osten begleiten, muß noch einiger ebenfalls durch den Agenten betriebener Geschäfte gedacht werden, die im Zusammenhang mit der Gründung Sarepta's standen.

Iwan von Czernitschew war derjenige gewesen, der den ersten Anstoß gegeben hatte, die Brüder in's Land zu rufen, indem er beabsichtigte, sie auf seinen Gütern bei Moskau anzusiedeln. Obgleich dieser Plan sich zerschlug, da mit demselben kein Missionszweck zu verbinden war, blieb er doch in Freundschaft und Verbindung mit den Brüdern. Dagegen erkannten diese die Nothwendigkeit, in den Hauptstädten des Landes Stationen zu haben, die als Ruhepunkte für die nach Sarepta Reisenden dienen sollten, und von denen aus man mit der Zeit die Industrieprodukte Sarepta's vertreiben könnte.

Viel Mühe machte es schon, in St. Petersburg in den Besitz eines Hauses zur Wohnung für den Agenten zu kommen, das wie alle Kronsgebäude lastenfrei und mit dem Privilegium, in demselben Gottesdienst halten zu können, begabt sei. Am liebsten hätte Fries das Haus gehabt, in welchem die Brüder Holterhof, Kriegelstein und Fritsche eine Zeit lang gefangen saßen. Die Regierung gab aber vor, dem Staatsrath von Köhler ein Haus abzukaufen und es den Brüdern zu schenken.

Noch mehr Schwierigkeiten hatten sie mit der Erlangung eines gleichen Hauses in Moskau. Die Tutel-Kanzlei war der vielfachen Bitten müde und auch Graf Orlow schien keine Nothwendigkeit dafür zu sehen. Br. Fries ließ sich aber dadurch nicht entmuthigen. Seine Bittschriften sind ein Muster von Bescheidenheit ohne Schmeichelei, von Beharrlichkeit ohne Schroffheit. Nach langen Verhandlungen wurde das Haus des Professors Hölterhof gekauft und die Exemption von Landeslasten dafür erlangt. Zu völligem Abschluß kam die Sache erst nach Br. Fries's Abreise durch die Bemühungen seines Nachfolgers. Als Hausvater wurde Br. Joh. Hüffel mit seiner Frau dahin berufen, der seinen Unterhalt durch Ertheilung von mathematischen und andern Lehrstunden verdiente, dabei die durchreisenden Geschwister herbergte, und zuweilen in den lutherischen Kirchen der Stadt predigte. Doch währte sein Aufenthalt nur drei Jahre.

Die letzte Arbeit des Bruder Fries in Petersburg war die Redaction des Donationsbriefes und der Privilegien, die im Wesentlichen die Punkte jener ersten Bittschrift enthalten. Im Februar 1767, nachdem sein Nachfolger Burchard Georg Müller in Petersburg eingetroffen, begab er sich nach Moskau, wo der Hof sich aufhielt. Dort wurde endlich das Instrument, nachdem es im Senat, in der Reichskanzlei, in der Tutel-Kanzlei geprüft und begutachtet war, am 27. März 1767 **Ihrer kaiserlichen Majestät** zur Unterschrift präsentirt und unterschrieben. Fries kehrte dann nach St. Petersburg zurück und hatte am 1. Mai eine Abschiedsaudienz bei seiner Erlaucht dem Grafen Orlow, bei welcher ihm derselbe seine Zufriedenheit mit seinem ganzen Verfahren aussprach, ihn seiner Liebe versicherte und den Brüdern seine fernere Gnade versprach. Nach russischer Sitte küßte er ihn zum Abschied und übernahm es, **Ihrer Majestät** die Ausdrücke der Erkenntlichkeit und Dankbarkeit von Seiten der Brüder zu berichten. Auch mit dem treuen Collegienrath **Wasiley Baskulow** verabschiedete er sich auf's zärtlichste, dann kehrte er nach Deutschland zurück, um dem Directorium der Brüder-Unität über seine zweijährige Thätigkeit zu berichten.

Zweites Capitel.
Reise der fünf ersten Ansiedler nach Zarihyn.

Fünf Brüder waren bestimmt worden, als die Erstlinge und Gründer einer Brüdergemeine im östlichen Rußland den übrigen voranzugehen. Dies waren die Brüder: Daniel Heinrich Fick, Chr. Friedrich Näbel, Nils Hoy, Ludwig Broberg und Jacob Brey*). Ersterer war, wie erwähnt, zum ersten Mann

---

*) Daniel H. Frid, 1721 zu Wittau auf der Insel Rügen geboren, wurde von gottesfürchtigen Eltern christlich erzogen. Zwanzig Jahre alt, trat

der zu gründenden Gemeine ernannt und sollte den ersten Ansiedlern zugleich als Seelsorger dienen. Als Reisebegleiter und zum interimistischen Vorsteher war ihnen Joh Erich Westmann,

er freiwillig in die dänische königliche Leibgarde zu Pferde ein, in der er einige Jahre diente. 1747 wurde er in Herrnhag Mitglied der Brüdergemeine, mit der er durch einzelne Glieder derselben in Kopenhagen bekannt geworden war. Vom Jahr 1750 an diente er in verschiedenen Erziehungsanstalten der Brüdergemeine als Aufseher; später wurde er Seelsorger der ledigen Brüder. Als Deputirter der Gemeine in Zeyst in Holland wohnte er 1764 der Synode zu Marienborn bei und wurde da beauftragt, in oben genannter Eigenschaft nach Rußland zu gehen. Er hat das Zeugniß, daß er die ihm übertragenen Aemter mit Anstand und Würde und doch auch in Demuth und Liebe bekleidete. Unerschütterliche Standhaftigkeit und ungebrochner Muth waren Grundzüge eines Charakters, der in der Liebe Christi sein Fundament hatte. Er endete seinen Lauf in Sarepta 1801.

Chr. Friedrich Räbel, ein Tischler, trat später in das geistliche Amt eines Pflegers (Seelsorgers) der ledigen Brüder und diente im weitern Verlauf seines Lebens als Pfleger der Verheiratheten in Sarepta und anderer Brüdergemeinen. Sein Leben beschloß er als Mitglied des Direktoriums der Brüder-Unität in Berthelsdorf. Er war unter anderem der Führer der später zu erwähnenden Expedition nach dem Terek (1773).

Nils Larsen Hoy, 1724 in Seeland geboren, war ein Bauersmann. Auch er wurde in Kopenhagen mit Brüdern bekannt und trat 1752 als Mitglied derselben in Herrnhut ein. Körperlich kränklich und die Strapazen der Reise mehr als andere empfindend, hatte er einen muntern und vergnügten Geist, durch welchen er seinen Gefährten oft zum Trost gereichte. Kindliche Liebe zu seinem Heiland war an ihm sichtbar. Er starb 1777 in Sarepta.

Ludwig Broberg, Sohn eines schwedischen Kriegsgefangenen, 1719 in Tobolsk geboren, verlor zeitig seine Eltern und wurde von einem in die Heimath zurückkehrenden Cameraden seines Vaters nach St. Petersburg gebracht. Bürgersleute in Wiborg nahmen sich seiner an, ließen ihn die Schule besuchen, und endlich die Weberprofession erlernen. In Livland machte er Bekanntschaft mit den Brüdern und gelangte, nach mannichfachen Kreuz- und Querzügen, in Herrnhag zur Aufnahme in die Brüdergemeine. Wegen einer Beschädigung seiner Hand konnte er seine Profession nicht treiben und wurde als Dollmetscher Carl Hüssy zugegeben. Ihnen gesellten sich zu: der Br. Chr. G. Busch, der zum Adjunkten des lutherischen Pastors Neubauer in Astrachan, und Abrah. Louis Brandt*),

daher zu verschiedenen Geschäften benutzt. Obgleich seine Kenntniß der russischen Sprache nur eine sehr dürftige war, konnte er doch den Ansiedlern als zweiter Dollmetscher aushelfen. Er war ernsthafter und stiller Art, pünktlich, willig, treu und thätig. Er ging 1789 in Sarepta aus der Zeit.

Jacob Brey, 1727 zu Suhl in Thüringen geboren, ein Leinweber, lernte 1757 die Brüder in Barby kennen. Auf einer Reise von Hamburg nach Zeyst kam er durch Schiffbruch zwei Mal in augenscheinliche Lebensgefahr und, dem Meer entronnen, endete er merkwürdiger Weise sein Leben, wahrscheinlich vom Schlagfluß getroffen, 1770 in dem angespannten Theil des kleinen Sarpa-Bachs. Auf der Reise diente er den Brüdern als Koch, dasselbe Amt hatte er eine Zeit lang in Sarepta, später wurde er Lichtgießer. Er hatte von Natur einen thätigen, feurigen Charakter und großen Diensteifer, lernte aber erst nach und nach, diese an sich guten Eigenschaften vom Herrn heiligen zu lassen.

*) Abr. Louis Brandt, 1717 in Neuschatel in der Schweiz geboren, Sohn eines Separatisten, begann mit dem Studium der Theologie. Ein Schaden am Knie machte ihn zum Krüppel, so daß er wegen Verkürzung des einen Beines nur am Stock gehen konnte. Er verließ sein früheres Studium und fing an zu zeichnen und zu malen, in welcher Kunst er es bis zu einer gewissen Geschicklichkeit brachte. Die meisten im Archiv zu Herrnhut befindlichen Portraite seiner Zeitgenossen in Oel sind von seiner Hand. Von 1740 an hielt er sich in Paris auf, arbeitete in seiner Kunst, und ging dann nach England. Dort lernte er durch Verwandte die Brüdergemeine kennen, deren Mitglied er 1743 wurde. In der Erziehungsanstalt für junge Adlige auf dem Katharinenhof in Hennersdorf beschäftigte er sich mit Zeichnenunterricht. Nach mannigfachen Reisen in Deutschland und England in direkten und indirekten Aufträgen des Direktoriums der Brüder-Unität, meldete er sich zum Dienst in Rußland. Er hatte einen überaus lebhaften Charakter, viel Humor bei hypochondrischer Anlage. Sein Eifer um's Haus Gottes war respectabel. Bei vieler Eigenliebe und aufsprudelndem, feurigem Wesen, genoß er die Liebe der Gemeine, die ihn schätzte, und der er gern diente. Er war nicht ganz frei von dem Sinne, mehr von sich zu halten, als sich gebührte. Alt, lebenssatt, fast blind, entschlief er 1797 in Sarepta.

der zum Gehülfen des Kaufmanns, Herrn Nic. Rentel eben=
daselbst, bestimmt war. Außerdem begleitete sie der von Seiten
der Tutel-Kanzlei ihnen beigegebene, schon erwähnte Hofrath von
Köhler, ihr Freund und Gönner.

Schon im Juni 1765 waren die Brüder in St. Petersburg
angekommen. Die Reise von Herrnhut nach Lübeck hatten einige
zu Wagen, andere zu Fuß gemacht; von dort fuhren sie mit einem
Segelschiff über die Ostsee. Wie sie nirgends ihre Art und
Weise verleugneten, so hielten sie auch während der Ueberfahrt
frei und ungestört ihre Erbauungsstunden, an denen öfters die
Schiffsmannschaft Theil nahm. In St. Petersburg logirten sie
im Haus des ihnen bekannten Bruders Ferber, und benutzten
den sich lang hinziehenden Aufenthalt zur Anschaffung von allerlei
Materialien und Geräthen; auch besuchten sie die Kasematten der
Festung, in denen Hölterhof und Gützleff gefangen gesessen,
sowie die Grabstätte des letzteren und der Schwester Hölterhof
auf dem Samson'schen Kirchhof. Nachdem sie die Specialconces=
sion für ihre Niederlassung, sowie Vorschuß zur Weiterreise und
zu Anschaffung von Baumaterialien von der Regierung erhalten
und den Unterthaneneid geleistet hatten, auch die ihnen vom Di=
rektorium der Unität nachgesandte Instruktion für den Anbau ihrer
Niederlassung in Empfang genommen, verließen sie St. Peters=
burg. In der Mitternachtsstunde vom 26. auf den 27. Juni
reisten sie in sieben mit 17 Pferden bespannten Wagen ab. Die
Unbequemlichkeiten einer Reise in Rußland, besonders zu damaliger
Zeit, hatten sie reichlich zu empfinden: Staub, Ungeziefer, schlechte
Wege, Brennen und Brechen der Wagenachsen schon nach den
ersten zurückgelegten Werften, und zu andern Zeiten wieder ei
Jagen in solcher Hast und Eile, daß sie fürchteten, alles würd
in Stücken springen. Der Plan, schon von Twer aus zu Was
ser weiter zu gehen, mußte aufgegeben werden, da sie dort ke

Schiff vorfanden, das nach Zaritzyn bestimmt gewesen wäre; sie mußten also die Landreise bis Nischny-Nowgorod fortsetzen. Eine kurze Pause der Erholung machten sie in der Hauptstadt Moskau (auf deren Stadtpflaster ihnen noch einmal die Achse brach), und wurden von dem ehrwürdigen Hölterhof in seinem „Sommerpalais" (wahrscheinlich einem Gartenhaus) einquartiert und liebreich verpflegt. Nachdem sie einige schwerere Stücke ihrer Effekten einem Kaufmann zur Frachtspedition übergeben hatten, reisten sie in ihren gründlich reparirten Wagen, mit Schießgewehren und Wachhunden versehen, weiter nach Nischny-Nowgorod. Die Nachtquartiere wurden in Ställen oder im Freien gehalten; Proviant hatten sie theils von Moskau mitgenommen, theils wurde er unterwegs eingekauft oder durch die Jagd beschafft. Den durch den Räuber „Nachtigall" in alten Zeiten und auch noch damals, wegen Unsicherheit berüchtigten Murom'schen Wald, passirten sie ohne Gefahr und Schaden. In Nischny-Nowgorod mietheten sie für 60 Rubel ein Schiff bis Saratow, auf welches die auseinander genommenen Wagen und ihre Bagage verladen wurden. Am 19. Juli Abends stießen sie vom Land, setzten sich abwechselnd mit den gemietheten Schiffern an die Ruder, da kein Segelwind war, und erreichten nach manchem Aufenthalt, Auffahren auf Sandbänken und dergleichen, in acht Tagen Kasan. Hier gingen sie an's Land, einer frommen Pflicht zu genügen. An den Gräbern der in der Verbannung entschlafenen Brüder Krügelstein und Fritsche hielten sie eine selige Liturgie und fühlten sich mit der vollendeten Gemeine auf's innigste verbunden; auch erhielten sie von einem gewissen Herrn Treptow, an den sie empfohlen waren, das Versprechen, daß er diese Gräber wieder restauriren und in Stand halten wolle.

Die Weiterreise war weniger mit augenscheinlichen Gefahren, als kleinen Widerwärtigkeiten verbunden, die wohl Gelegenheit zum „schelten, kritteln und brummen" gaben, aber doch nicht die Liebe und allgemeine Freudigkeit stören konnten*). In Saratof nahm sich der Wohwod ihrer treulich an. Er kaufte die bis hierher gemietheten Schiffe auf Rechnung der Krone zum Weitertransport, und übergab ihnen noch ein Schiff, auf welches die Offiziere, die als Feldmesser mitgehen sollten, quartiert wurden. Ein Commando von 10 Mann Kosaken, das bei der Landvermessung behülflich sein sollte, ging ihnen zu Land voran, um sie in Zariphn zu erwarten. Dort trafen sie am 12. August Abends ein, nachdem sie einige Tage zuvor in der deutschen Colonie Sebastianowka (Anton) den Senior, Pastor Janet, der Mitglied der Brüdergemeine war, im Vorbeifahren gegrüßt hatten. In Bezug auf ihre Ankunft war es die höchste Zeit, da ihr Fahrzeug schon seit einigen Tagen leck gewesen war, und auch wirklich, nachdem es ausgeladen war, zu Grunde ging.

Drittes Capitel.

Gründung der Colonie Sarepta

So befanden sich denn die Brüder in der Gegend, in welcher sie ihren künftigen Wohnplatz aufsuchen sollten. Manche der

---

*) Der 29. Juli war ihnen durch sieben unangenehme Umstände eindrücklich, die mit Humor im Reisediarium mitgetheilt werden. Im Flaschenfutter sprangen einige Flaschen; D. Fick verirrte sich auf der Jagd im Wald; Raebel fiel und biß sich in die Zunge; Brey stürzte mit einer Last Holz einen Berg hinunter und schlug sich die Schulter blau; dem am Feuer sitzenden Nils Hoy zündete ein Funke die Westentasche an u. s. w.

Vorstellungen, die sie sich von derselben gemacht hatten, stimmten freilich nicht mit der Wirklichkeit. Sie hatten geglaubt, ähnlich wie in Amerika, Urwälder anzutreffen, durch die sie sich Bahn hauen müßten, die ihnen aber auch zugleich den Vortheil gewährten, Bau- und Brennholz in der Nähe zu haben. Sie meinten, einen Fluß zu finden, den sie zu landwirthschaftlichen und gewerblichen Zwecken, zu Ueberrieselung, Canalisirung, wenigstens zu Schiffmühlen, benutzen könnten. In alle dem sahen sie sich getäuscht. Wohl lag ein mächtig großer Fluß zu ihren Füßen, aber in tiefem Bett, von hohem Ufer begrenzt, unfähig zur Ableitung, und allzu langsam im Lauf, um Mühlen zu treiben. Er umschloß eine Insel, die wohl bewaldet war, das Ufer selbst aber dehnte sich baum- und fast strauchlos hin, und stieg dann in einer Hügelkette an, deren Plateau denselben Anblick darbot. Am Abhang sah man Schluchten, die das Frühlingswasser gerissen hatte, aber auch sie waren größtentheils nackt und kahl. Wie ungewohnt, ja wie hoffnungslos war dies alles für ein an deutsche Fluren gewöhntes Auge. Der Anbau dieser Gegenden von Seiten der Russen war kaum der Rede werth; Kalmücken durchzogen mit ihren Heerden die Steppen, machten sie unsicher und verwüsteten gelegentlich die Felder und Anlagen der wenigen russischen Ansiedler. Und wo sollten sie ihren Stab niedersetzen, unbekannt, wie sie waren, mit den Verhältnissen, der Lebensweise, ja sogar der Sprache des Landes?

Von der Direktion der Brüder-Unität hatten sie die ziemlich bestimmte Anweisung, ihr Land zwischen Astrachan und Zaritzyn, doch mehr nach Zaritzyn hin, aufzusuchen. Dahin richteten sie zunächst ihre Blicke. Aber schon an ihrem Ankunftstage erhielten sie einen Brief von ihrem Freund, dem Kaufmann Rentel aus Astrachan, folgenden Inhalts: „Seiner Ansicht und Kenntniß des Landes nach könne eine Niederlassung zwischen Zaritzyn und

Astrachan kein rechtes Bestehen haben; daher rathe er ihnen, entweder in die Nähe der Stadt Astrachan zu kommen, oder zwischen den Flüssen Kuma und Terek, auf der Kaukasischen Landenge, sich einen Platz auszusuchen. An einem Seitenarm der Wolga, der Achtuba, sei zwar auch Land vorhanden, das durch Wald und Wiesenwuchs sich auszeichne, aber bereits an Russen vergeben sei. Jedenfalls aber möchten sie zunächst nach Astrachan kommen, da er für nöthig halte, daß sie zuvor mit dem Herrn Gouverneur Rücksprache nähmen, ehe sie Hand an etwas legten."

Wenn diese wohlgemeinten Rathschläge die Brüder auch veranlaßten, gründlich und reiflich die Sache zu überlegen, so hatten sie doch nicht die Wirkung, sie von dem einmal ihnen angewiesenen Plan abwendig zu machen. Ebenso wie die Direktion der Unität die Sache im Namen des Herrn und im Aufblick zu Ihm reiflich durchdacht und die bis jetzt gegebenen Bestimmungen, nach Seiner Anweisung durch das mit Gebet geworfene Loos, gemacht hatten, so ließen auch sie sich auf gleiche Weise in kindlichem Glauben anweisen, was zu thun sei. Sie erhielten die Auskunft, zunächst diese Gegenden, die sich noch in keinem Privatbesitz befanden, sich anzusehen, und die Verhandlungen mit dem Gouverneur von Astrachan durch den Hofrath von Köhler führen zu lassen, der ohnehin sich dorthin begeben wollte.

Nachdem diese Beschlüsse gefaßt waren, wurden die Brüder Fick, Westmann, Brandt und Nils Hoh, von Hüssy als Dollmetscher begleitet, ausgesandt, das Land anzusehn und zu untersuchen, und machten sich am 15. August in Begleitung des Hofraths von Köhler, des Landmessers Durow, mit vier Kosacken Nachmittags auf den Weg. Acht Werst von der Stadt fanden sie ein tiefes Thal, jetzt die große Zeltschanka genannt, nackt, kahl, steil und eng, von einem kleinen Bach durchronnen. Sie nahmen es in Augenschein, fanden es aber nicht ihrem Zweck gemäß. Hier lagerten sie sich, als die Nacht einbrach, und labten sich an Arbusen, die einige Einwohner der Stadt, welche hier Felder hatten, ihnen brachten. Am 16. brachen sie in aller Frühe auf, machten erst Halt, nachdem sie die große Biegung der Wolga umfahren hatten, und lagerten sich an einer Stelle, wo der die Wolga leitende Höhenzug der Ergheni-Berge sich von dem Fluß abwendet, um in südwestlicher Richtung nach der Steppe sich weiter zu ziehen. Aus einem Sandlager brach dort eine starke Quelle zu Tage, deren wohlschmeckendes Trinkwasser sie erquickte, und die ihrem Herzen ein Bild sein mochte von dem lebendigen Wasser, das vielleicht hier seine Quelle finden sollte, zu tränken ein durstiges Volk. Von Süden her, den Bergen entlang, floß in tiefem Bett ein Bach, die Sarpa genannt, der in die Wolga mündete. Dieser Bach, seine Ufer, die Hügelkette, das Land an der Wolga, alles wurde nun genau untersucht und geprüft, und man fand, daß das Land zum Ackerbau, Wiesenwuchs, zu Obst-, Wein- und Maulbeerplantagen dienlich sein könnte; zur Betreibung von Mühlen schien die Sarpa hinreichend Wasser zu haben. Thon und Sand zu Ziegeln fanden sich ebenfalls, und, da ihnen bekannt war, daß in der Richtung nach Astrachan das Holz auf der rechten Seite der Wolga nur spärlich vorhanden sei, so gedachten sie, fürs erste nicht weiter zu gehen, zumal sie gehört hatten, daß in einer größeren Bergschlucht, die nach Süden mündete (der Tschapurnick), Eichen einen kleinen Wald bildeten. Nachdem sie mit diesen vorläufigen Ueberlegungen zu einem Ende gekommen waren, traten die 5 Brüder in einer kleinen Schlucht zusammen und legten ihrem Herrn und Gott unter Gebet und Flehen die definitive Bestimmung zur Entscheidung durch das Loos vor. Diese lautete dahin, daß sie hier bleiben und zwar den größten Theil des Landes auf der linken Seite der Sarpa nehmen sollten. Eine nochmalige Untersuchung des Landes überzeugte sie, wie weise und gnädig der Herr sie hierin geführt habe, und mit dankbarem Herzen und inniger Freude über die Ausführung dieses wichtigen Geschäftes kehrten sie am Abend zu ihren Brüdern nach Zaritzyn zurück.

In den nächsten Tagen rüstete man sich zu der Uebersiedelung nach dem aufgesuchten Land. Dan. Fick nahm die ersten Vorschußgelder in der Commandantenkanzlei auf, ein Floß Bauholz wurde zusammengebunden, und am 10/21. August gingen fünf Brüder mit dem Hofrath v. Köhler, den Feldmessern und Kosacken dahin ab. Sehr verlegen aber wurden sie, als ihnen am nächsten Tag durch den Zaritzyner Commandanten v. Boberg der Befehl des Astrachanischen Gouverneurs, des Herrn v. Beketow, bekannt gemacht wurde, daß ihnen, da das rechte Wolgaufer der Kubanischen Tataren (Tscherkessen) wegen zu unsicher sei, nicht das von ihnen bestimmte Land, sondern ein Strich an einem linken Seitenarm der Wolga, der Achtuba, zugemessen werden solle. Da erklärte aber Dan. Fick dem Hofrath v. Köhler, der im Begriff stand, nach Astrachan abzureisen, um dort das Interesse der Brüder zu vertreten, daß ihnen auch nicht ein Gedanke kommen könne, von dem einmal bestimmten Land abzugehen, und daß die Brüder sich auf das Allerhöchst gegebene Versprechen verließen, unser Land nach Gefallen zu wählen. Um jedoch Sr. Excellenz gefällig zu sein, sei man bereit, auch die Gegend der Achtuba in Augenschein zu nehmen.

Da die Vermessung, dieses Zwischenfalls wegen, nicht vor sich gehen konnte, kehrten die Brüder, nach Köhlers Abreise nach Zaritzyn zurück, und warteten in Geduld der weiteren Entscheidung.

Die Reise nach dem Dorf Besrobnoi an der Achtuba, die Fick, seinem Versprechen gemäß, machte, überzeugte ihn aber, daß aus vielen Gründen jene Stelle zu einer Niederlassung nicht geeignet sei, worüber ausführlichst dem Commandanten von Zaritzyn Bericht abgestattet wurde.

Am 1. September erhielten die Brüder die frohe Nachricht, daß auf weiteren Befehl des Gouverneurs 4000 Dessjätinen*) diesseit und 1000 Dessjätinen auf einer Insel der Wolga ihnen zugemessen werden sollten. So war denn ihr Glaube an die Führung des Herrn nicht beschämt worden, und getrosten Herzens konnten sie am $\frac{3.\ \text{Sept.}}{23.\ \text{Aug.}}$ abermals nach der Sarpa aufbrechen.

Dort angekommen, fanden sie bereits das von einigen Brüdern geleitete Floß an der Mündung des Baches vor. Noch am Abend traten sie zusammen, hielten eine Liturgie, dankten dem Herrn, ihrem Gott, auf dem Angesicht für Seine bisherige Leitung, und weihten Ihm unter Gebet und Thränen das Land als eine Stätte, da Er wohnen, und von der aus Sein Name vielen heidnischen Nationen bekannt gemacht werden sollte.

Nachdem sie die erste Nacht in ihrer Wagenburg verbracht hatten, begannen sie am nächsten Morgen eine Hütte von Luppen (großen Baumrinden) zu bauen und zwei Erdhütten zu Placirung einer Küche und eines Backofens zu graben; nach zwei Tagen konnten sie erstere Hütten beziehen und kamen so mit ihren Habseligkeiten wenigstens unter Dach. Jedoch war ihnen die Nothwendigkeit klar, bald ein Haus zu bauen, da Wind und Regen ihr Obdach so hart mitnahm, daß es ihnen wenig Schutz gewährte, da sie nicht einmal ihre Effecten darin sicher bergen konnten. Auf die Forderungen, welche Russische Zimmerleute für den Aufbau eines Hauses machten, konnten sie nicht eingehen, und beschlossen daher, selbst das Werk zu beginnen, obschon sie keinen Zimmermann, sondern nur einen Tischler, den Br. Näbel, unter sich hatten.

---

*) 1 Dessjätine = $4\frac{1}{3}$ preußische Morgen.

Zunächst wurde über den zukünftigen Marktplatz der Niederlassung in gleicher Weise wie früher über die Wahl des Landes berathen und beschlossen. Es galt zwischen drei Plätzen zu wählen: erstens, einem Platz dicht an jener Quelle (die Stelle also, wo jetzt unser Vorwerk steht), zweitens, einem Platz zwischen der Berglehne und der Sarpa, und drittens, einem Platz zwischen der Sarpa und einer Gruft (dem jetzt sogenannten Lohgraben). Die beiden ersten Plätze wurden verworfen, der letzte gewählt und der Marktplatz sogleich abgesteckt. In 14 Tagen hatten auch die Feldmesser ihre Arbeit vollendet und kehrten nach Zaritzyn zurück. Da es aber den Brüdern klar war, daß sie, nur auf ihre Hände angewiesen, bei vollständigem Mangel sachverständiger Zimmerleute nicht im Stande sein würden, auch nur den ersten für die Dauer bestimmten Anbau vorzunehmen, so beschränkten sie sich auf die Errichtung der nöthigsten Hintergebäude. Zugleich aber beschlossen sie, daß Br. Westmann noch in diesem Herbst nach Deutschland zurückkehren, dem Unitäts-Direktorium Bericht abstatten und eine namhafte Verstärkung an Personal für das nächste Jahr anwerben und herführen solle. Am 3/15. September Nachmittags wurde der Grundbalken des ersten Hauses gelegt, unter dem Gesang des Verses: Der Grund, wo ich mich gründe, ist Christus und sein Blut! Mit inbrünstigem Gebet wurde die Stätte geweiht und Platz, Ort und die künftigen Einwohner dem Schutz der heiligen Dreieinigkeit empfohlen.

Um alles auf's Zweckmäßigste zu fördern, wurden die Arbeiten folgendermaßen vertheilt: Br. Dan. Fick besorgte die Correspondenz, das Diarium, das Rechnungswesen, die Kasse, wie auch die täglichen Gottesdienste; Br. Räbel war Bau-Inspektor und Tischler; Br. Brey Schlachter, Koch, Bäcker und Lichtgießer; Br. Nils Hoy hatte die Aufsicht über Knechte, Vieh, Wagen und Geschirr; außerdem verfertigte er in einer Semlänka (Erdhütte) die Schmiede- und Schlosserarbeiten. Br. Broberg besorgte die Botenfuhren nach Zaritzyn und schaffte Lebensmittel herbei. Br. Brandt, dessen Aufenthalt damals nur ein zeitweiliger war, zeichnete Risse und half im Uebrigen, wo er konnte. Der Hofrath Köhler, der von Astrachan zurückgekehrt war, half auf's treulichste und verschmähte es nicht, bei den schwersten Arbeiten mit anzugreifen.

Kurz, ehe letzterer mit Br. Westmann abreiste, mußten die Brüder sich noch einmal vor dem Einzug in das eigentliche Haus, das noch nicht fertig war, in eine Bretterhütte umquartiren, da eine ihrer Luppenhütten von Regen und Sturm umgeworfen, die andere des Daches beraubt worden war. Aber auch diese bot so wenig Schutz, daß man am Abend die häuslichen Beschäftigungen nur sehr mühsam verrichten konnte, indem Wind und Regen öfters die Lichter auslöschte und die schriftlichen Arbeiten verdarb. Br. Brandt verließ ebenfalls, aber nur auf kurze Zeit, die Brüder, um seiner Bestimmung gemäß nach Astrachan zu gehen, wo er neben seinen Arbeiten in Rentels Geschäft Commissionen der Brüder besorgen und als Agent bei der Gouvernements-Regierung dienen sollte. Da er aber für die Zeit dort nichts zu thun fand, kehrte er schon im December des Jahres nach der Sarpa zurück. So blieben sie denn, die 6 Brüder, mit den ihnen vom Gouverneur zum Schutz gegebenen 5 Soldaten und 2 Kosacken in der Wüste und Steppe, und hatten den Winter vor der Thür.

Viertes Kapitel.

Der erste Winter.

Wohl hätte den Brüdern damals der Gedanke kommen können, daß sowohl diejenigen, die ihrer spotteten, daß sie sich in dieser Einöde anbauen wollten, als auch diejenigen, die ihnen wohlmeinend den Rath gegeben hatten, den Winter über in Zaritzyn zu bleiben, und dort die im nächsten Jahre kommende Verstärkung abzuwarten, — nicht so ganz Unrecht gehabt hätten. Ihre Hände wollten für die Menge der Arbeiten, die noch vor Winter fertig werden sollten, nicht ausreichen, und doch geschah viel in der kurzen Zeit. Da die Sarpa so wenig Wasser hatte, versuchte man dasselbe mit Faschinen und Erde zu dämmen, und mußte diese Arbeit wiederholen, da ein starker Herbstregen den ersten Damm vernichtet hatte. Am steilen Wolga-Ufer mußte eine Auffahrt gegraben werden, um im Winter den Eisweg benutzen zu können; ein Gemüsegarten wurde abgesteckt und umgegraben, ein Stück Land unter den Pflug genommen, von dem die eine Hälfte jetzt mit Winterkorn besäet wurde, während die andere für das Frühjahr zum Sommerkorn fertig sein sollte. Daneben ging der Hausbau fort, bei welchem sie wohl die Hülfe von einigen russischen Zimmerleuten hatten, Fenster und Thüren aber doch eigenhändig verfertigen mußten. Bei all diesen Arbeiten standen die Brüder einmüthig zusammen, und keinem dünkte etwas zu gering oder zu schwer.

Endlich am 11. October konnte das Haus bezogen werden, dessen Fenster aus Mangel an Glas zum Theil mit Brettern verschlagen waren. Die Thüren waren theils aus Luppen verfertigt, theils mit Bastmatten verhängt. Und doch, wie dankbar waren sie ihrem Gott für dieses Obdach, da schon Anfang November der strenge Winter einbrach. Dieser brachte es ihnen erst recht zum Bewußtsein, daß sie in einer Wüste seien, da weder Weg noch Bahn zu finden, oder des Windes wegen im Schnee zu erhalten waren. Wochen lang wütheten so gewaltige Schneestürme, daß sie sich durch haushohe Schneewälle, die sich um ihre Hütte legten, graben mußten, um in den Stall und Keller zu kommen. Wölfe, Füchse kamen bis dicht an die Wohnungen und beunruhigten Vieh und Menschen. Die ausgehungerten Hunde der Kalmücken brachen oft zur Nachtzeit in Keller und Hütten ein, ja fielen gelegentlich Menschen an. Von Fremden wurden sie, öfters in großer Zahl, um Herberge angegangen (einmal von 30 Mann russischer Arbeitsleute), so daß sie manche Nächte in Besorgniß über solche Einquartirung schlaflos verbrachten. Brennholz hatten sie keines in der Nähe, sondern mußten es einige Werst weit aus der Tschapurnick oder von der Insel holen. Das Sarpawasser hatte einen brakigen, salzigen Geschmack, so daß all ihr Trink- und Kochwasser von der Bergquelle hergefahren werden mußte. Heu mußte ebenfalls in nicht geringer Entfernung gekauft werden, und ebenso waren sie mit dem Einkauf ihrer Viktualien auf das 28 Werst entfernte Zarityn angewiesen, und auch dort konnten sie nur schlecht geschrotenes Mehl erhalten. Ihre Lage war in der That eine schwere zu nennen, und doch wurden sie nicht muthlos. Lobend und dankend feierten sie in ihrer Einsamkeit die Weihnacht und den Uebertritt in's neue Jahr, zum erstenmal gleichzeitig mit der Landeskirche. Die kurzen und kalten Wintertage benutzten sie eifrig, um das Innere des Hauses, Fenster, Thüren, Möbeln auf europäische Weise herzustellen; auch an bestellter Arbeit fehlte es ihnen schon damals nicht.

Wir wollen versuchen, das Bild eines solchen Wintertages

„in der Brüderhütte am Sarpabach" (von wo sie damals ihre Briefe datirten) zu zeichnen.

Die spät aufgehende Sonne arbeitet sich nur mit mattem Licht durch die geölten Papier- und Fischhautfenster und beleuchtet einen Raum, der wohl den Eindruck großer Aermlichkeit, aber auch guter Ordnung macht. Die Wände sind aufgeblockt und in Ermanglung des Mooses mit einer Grasart gedichtet. An ihnen sieht man einige Bretter zur Aufbewahrung von Gegenständen, sowie einen gemeinsamen Kleiderrechen angebracht. Der russische Ofen in der Mitte nimmt einen guten Theil des Stübchens ein; Bänke und Tische, eine Hobelbank mit Werkzeug füllen den übrigen Raum.

Nach Brüderweise wird der Tag im Aufblick auf den Herrn mit Verlesung der Loosung und dem Gesang eines Verses begonnen, wobei man sich der auf den Tag fallenden Geburtstage unsrer Brüder in Deutschland erinnert. Dann geht es an die Arbeit. Br. Näbel hat an dem einen Fenster die Stücke eines zierlichen Schreibtisches unter den Händen, den der Zaritzyner Commandant, von Boxberg, bei ihm bestellt hat. Dan. Fick, oder wie er genannt wurde, Bruder Daniel, die Seele und der Leiter des Etablissements, sortirt an dem anderen Fenster bedächtig und sorgfältig verschiedene Schellacksorten, aus denen er Siegellack bereiten will, wonach ebenfalls schon Nachfrage ist, und er ist ein Meister in dieser Kunst. Jac. Brey hat in seinem Kessel in der Küche Fleisch über dem Feuer, und benutzt die Zwischenzeit, ein paar defecte Schürzen oder sonstige Kleidungsstücke, so gut es geht, auszubessern. Von drüben aus der Semlänka (Erdhütte) hört man hellklingende Hammerschläge. Sie beweisen, daß Nils Hoy auch nicht feiert, sondern an den Beschlägen zu Fenstern und Thüren arbeitet. Der arme Carl Hüssy ist auf seinem Lager geblieben, da seine Füße, die er sich bald im Anfang mit kochendem Wasser schwer verbrannt hat, gar nicht heilen wollen; um aber doch auch nützlich zu sein, sortirt er Sämereien, die im Frühjahr in die Erde kommen sollen. Broberg, der Finne, der zwar Dollmetscher sein soll, aber eigentlich gar keine Sprache, sondern ein Gemengsel von Deutsch, Russisch, Ehstnisch und Finnisch spricht, hat sich zwar an der Hand stark verletzt, das hindert ihn jedoch nicht, seine Botenfahrten zu besorgen, und da heut ein günstiger Tag ist, ist er richtig auf dem Weg nach Zaritzyn. Abr. Louis Brandt, der muntre Franzose, will auch beschäftigt sein, und da er, seines lahmen Beines wegen, wenig zu körperlichen Arbeiten verwendet werden kann, auch keine Pläne und Risse zu zeichnen sind, so ist ihm für die Zeit die Sammlung des Archivs und die Führung des Diariums übertragen, welches letztere er dann auch im ergötzlichsten Deutsch zu Stande bringt. Unter diesen Geschäften kommt der Mittag heran, und pünktlich, eher früher als später, treten die russischen Knechte und die Salvegarde in's Zimmer, um das Mahl ihrer Herren zu theilen. Br. Bretz hat nach Broberg's Anweisung versucht, einen Pirok (Fleischpastete) zu backen, und so wenig er auch als gerathen bezeichnet werden kann, wird er doch mit Appetit und Danksagung genossen.

Nach Tisch ruht man ein halbes Stündchen; Hamburger und Erlanger Zeitungen, die ihnen durch die Gefälligkeit des Generals von Ungern-Sternberg in Zaritzyn zugesandt worden, werden vorgelesen und besprochen. Dann wird die Arbeit wieder begonnen. Br. Daniel hat sich in eine Ecke zurückgezogen, die durch eine Scheidewand abgescheuert ist, und das zukünftige Vorsteher-Comptoir vorstellt, und zieht die Generalbalance der bisherigen Rechnungen, ungestört von dem Lärm der mit den Händen arbeitenden Brüder. Da werden Schaufeln und Hacken verfertigt, die alten Pflüge und Eggen ausgebessert, Fenster verglast, und die bereits fertigen Thüren mit starken Bändern versehen. Hoy feilt am Schraubstock an dem Theil einer Maschine, die zum Poliren des von Br. Daniel verfertigten Siegellacks bestimmt ist, und wer im Zimmer keinen Platz mehr findet, sucht sich denselben auswärts. J. Brey läutert Talg und gießt es in Formen, eine bis dahin in diesem Theile Rußlands unbekannte Methode, die aber solchen Beifall findet, daß die Bestellungen auf Lichte schon in die Pude gehen. Eben diese Lichte kommen ihnen selbst bei der Arbeit, die über die Dämmerung ausgedehnt wird, sehr zu Statten, und erst wenn die Ermüdung sie an die Ruhe mahnt, wird alles, was sich wegstellen läßt, bei Seite geräumt; man setzt sich nach dem Abendessen um den Tisch und Br. Daniel liest entweder eine Rede des Grafen von Zinzendorf oder hält selbst eine kräftige und praktische Ansprache. Dann unterhält man sich von der Vergangenheit und Zukunft, studirt und buchstabirt auch wohl über der Ukase, den Holzkauf betreffend, mit Hülfe eines Russischen A=B=C=Buchs, das ihnen der Adjutant des Generals Ungern geschrieben, bis die Uhr an's Schlafengehen mahnt. Noch einmal treten die Brüder zusammen, um eine Liturgie oder Singstunde zu halten, an der Br. Broberg, der eben eintritt, zu seiner Freude noch Theil nehmen kann; dann wird es still und Alle schlafen ruhig unter Gottes Schutz, wenn nicht die Einkehr von zu viel Fremden einen Bruder nöthigt, der Ordnung wegen Wache zu halten.

Anfang des Jahres 1766 sah sich Br. Fick genöthigt, dem Herrn Gouverneur Beketow in Astrachan seine Aufwartung zu machen; er wurde gnädig empfangen und mit dem Versprechen entlassen, daß Se. Excellenz nächstens die Brüder an der Sarpa besuchen wolle. Am 19. Januar erhielten diese einen brieflichen Gruß von ihm aus Zarityn, in welchem er sein Bedauern aussprach, wegen mangelnden Weges nicht zu ihnen kommen zu kön=

nen. Als „Brot und Salz*)" sandte er ihnen, wie er schreibt, „seine liebste Theetasse", die er aus Freundes Hand empfangen habe und in Freundes Hand niederlegen wolle. Der Schluß des Briefes lautete: „Trinket aus ihr, meine Freunde, zu meiner Gesundheit, vergeßt meiner nicht und liebet mich, wie ich euch hochachte, indem ich verbleibe 2c.**)

Zu den mancherlei Entbehrungen kamen Krankheitsnöthe, zum Theil bedenklicher Art; Br. Brandt lag so schwer darnieder, daß man eine Zeit lang an seinem Aufkommen zweifelte; man hatte fast kein Mittel, als den Aderlaß, den, wie es scheint, in den meisten Fällen Br. Räbel in Anwendung brachte. Ebenso wußte man sich gegen äußerliche Verletzungen keinen Rath, so daß Carl Hüssy sehr lange an seinen verbrannten Füßen zu leiden hatte, bis ihm von einem durchreisenden Chirurgen die Anwendung von Kaltwasser gerathen wurde, was denn auch half.

Es läßt sich denken, daß die Freude der Brüder nicht gering war, als der Schnee zu schmelzen begann und die Singschwäne als erste Frühlingsboten erschienen, denen dann anderes

---

*) Brot und Salz erhalten in Rußland als Glückwunsch diejenigen, die ein neues Haus beziehen oder eine neue Wirthschaft gründen.

**) Leider wurde diese herzliche Freundschaft später (1773) durch einen heftigen Auftritt gestört, den die Brüder mit diesem Herrn hatten. Bei seiner Anwesenheit in Sarepta stellte er nämlich an sie das Verlangen, sie sollten in Sarepta ein Erziehungs-Institut für Russische adlige Kinder, ähnlich dem Katharinenhof in Hennersdorf in Sachsen, anlegen. Da die Brüder aus vielen Gründen sich nicht im Stande sahen, diesem Wunsche zu entsprechen, und es vorzogen, dieses Sr. Excellenz auf eine bestimmte Weise zu erklären, so zogen sie sich dermaßen den Unwillen ihres früheren Gönners zu, daß derselbe ihnen ankündigte: er werde nach wie vor die Befehle Ihrer Majestät in Bezug auf Sarepta erfüllen, auf seine Freundschaft dürften sie aber nicht mehr rechnen. Als er den Ort verließ, soll er zum Zeugniß über Sarepta den Staub von den Füßen geschüttelt haben; er hat es auch nicht wieder besucht.

Federwild in unglaublicher Menge folgte und die Teiche förmlich bedeckte. Ueberraschend waren für sie die Schaaren von Fischen, die aus den oberen Sarpateichen herabkamen und an seichten Stellen des Baches mit den Händen gefangen werden konnten. Ebenso war der massenhafte Reichthum der Steppe an Tulpen und Lilien (Irisarten) ihrem Auge ebenso ungewohnt, als erfreulich. Aber auch Leben anderer Art stellte sich in der eben noch so todten Wüste ein. Ungeheure Viehheerden wurden von russischen Aufkäufern aus den Kalmückenhorden herbeigetrieben und später stellten sich diese selbst mit ihren Heerden ein, wodurch unsere Heuschläge, so wie das gehauene Gras bedeutenden Schaden litten, indem mehr zertreten als verzehrt wurde. Aber auch die Plagen dieser Gegend lernten sie kennen, die zahllosen Fliegen- und Mückenschwärme, gegen die sich zu schützen, sie erst lernen mußten. Heuschrecken bekamen sie auch später zu Gesicht, doch thaten sie ihrem Land keinen Schaden.

Sobald der Frost aus der Erde gewichen war, säumten sie nicht, zu graben, zu säen und zu pflanzen, soviel sie vermochten. Einige hundert Apfelbäumchen, die sie erhielten, wurden gepflanzt und gediehen; dagegen blieben mehrere tausend Astrachanische Weinreben, die in einer Anlage vereinigt waren, zum größten Theil aus. Der Garten wurde mit den verschiedensten Sämereien bestellt, welche wohl aufgingen, aber nur durch fortwährendes Begießen vor dem Verdorren geschützt werden konnten. Bei der großen Sommerhitze reiften die Gewächse sehr rasch, so daß schon im Juni die Heuernte, im Juli die Getreideernte vorgenommen werden mußte. Letztere fiel aber nicht vortheilhaft aus, so daß man sich wenig vom Ackerbau versprach, welche Ansicht auch die Folge bestätigt hat. Dagegen wurde von den benachbarten Kalmücken nach und nach eine bedeutende Viehheerde, aus Zuchtvieh, Zugochsen und Pferden bestehend, angeschafft, von der man sich zwar wenig Gewinn versprach, die aber zur Arbeit und zum Leben nothwendig war.

Mit dem Volk des Landes hatten die Brüder vielen Verkehr, und erhielten so häufigen Besuch, daß sie nur dadurch, daß sie kein Geld für Bewirthung annahmen, es vermieden, daß ihr Haus für eine allgemeine Herberge angesehen wurde. Man bewunderte ihre geringen Anfänge, als etwas dem Plan und der Ausführung nach Vorzügliches und wollte ihnen schon jetzt junge Leute zum Unterricht in der deutschen Sprache und zur Erlernung von Professionen übergeben, was sie aber höflichst ablehnten, als ihrer Einrichtung und Verfassung nicht gemäß. Dagegen hielt es schwer, die Wolgaschiffer zu bewegen, sich mit ihren Waaren bei hohem Wasser in die Sarpa hereinzuwagen, was für die Brüder den Vortheil gehabt hätte, daß sie des Umladens der für sie bestimmten Waaren in Zarityn überhoben gewesen wären.

Schon im März hatten sie ausführliche Nachrichten von Teutschland bekommen; unter andern war ihnen angezeigt worden, daß unsre Colonie, die bis jetzt das Etablissement der Evangelischen Brüder im Astrachan'schen Gouvernement genannt worden war, künftig den Namen „Sarepta", (im Andenken an 1. Kön. 17, 9.) führen solle, weil sie eben in dem Glauben an den gegründet war, der das Mehl im Kad nicht verzehrt werden und dem Oelkrug nichts mangeln läßt. Man säumte nun nicht, diesen Namen sowohl in St. Petersburg als auch an allen in Bezug zu uns stehenden obrigkeitlichen Stellen bekannt zu machen. Noch wichtiger aber war die Nachricht, daß sie im Lauf des Sommers eine bedeutende Verstärkung von Brüdern und Schwestern zu erwarten hätten. Für diese Gesellschaft von 51 Personen, welche schon am 18. Juni in St. Petersburg eintraf, mußte von den fünf Brüdern ein Unterkommen besorgt werden, und es läßt sich denken, daß es da nicht wenig zu thun gab. Sie hätten die=

ses Ziel auch nicht erreichen können, wenn nicht der Oberkommandant in Astrachan, General von Rosenberg, ihnen endlich acht Zimmerleute (Soldaten) zugeschickt hätte, zu denen späterhin noch andere aus Zarityn kamen, so daß zeitenweis 30 Arbeitsleute beschäftigt waren. Die Sendung des durch Br. Becher in Nischni-Nowgorod gekauften Holzes verzögerte sich so, daß sie drei Flöße in Zarityn kaufen mußten, um nur beginnen zu können. Da das Holz aber sehr schwach war, so konnte zunächst nur auf drei lange Stallgebäude oder Schoppen gedacht werden, die für den Anfang zu Wohnungen eingerichtet wurden. Drei Eiskeller und eine Bäckerei waren ebenfalls bis zur Ankunft der Verstärkung fertig. Diese Gebäude konnten sogleich bezogen werden, dagegen war der Flügel der künftigen Predigerwohnung, der des Schwesternhauses und ein Familienhaus noch in Arbeit, als die Gesellschaft ankam.

Fünftes Capitel.

Reise und Ankunft der ersten großen Verstärkungs-Gesellschaft.

Eine Gesellschaft von 51 Personen unter Anführung des Bischofs Johann Nitschmann und des uns schon bekannten Br. Westmann, meist aus ledigen, zum Theil aus verheiratheten Geschwistern bestehend, war am 5. Mai von Zeyst nach Amsterdam abgereist. Aber erst am 13. gelang es ihnen, indem sie in nicht geringer Gefahr gewesen waren, auf Klippen zu gerathen, den Texel zu verlassen. In den sechs Wochen, die sie bis Peters-

burg unterwegs waren, hatten sie sich zu einer förmlichen Schiffs-
gemeine constituirt. Durch eine bewegliche Querwand war der
Schiffsraum in ein Brüderhaus und Schwesternhaus abgetheilt
worden; nach Entfernung derselben hatten sie einen geräumigen
Saal, in welchem sie ihre täglichen Erbauungsstunden hielten.
Den Abendsegen hielt eine jede Abtheilung für sich. Der heitere
Ernst, der Gleichmuth, die unerkünstelte Freudigkeit, welche auch
die Schwestern zeigten, in die weite Ferne zu gehen, die ungeheuchelte Frömmigkeit, das Gottvertrauen, und ein gewisses, schwer
zu definirendes Etwas im Charakter, was den Brüdern eigen
war, verfehlte nicht, sowohl auf den Capitain, der selbst ein reli-
giöser Mann war, als auch auf die Schiffsmannschaft, einen Eindruck zu machen, so daß der Abschied in Kronstadt beiden Theilen
schwer wurde.

In St. Petersburg machten die Brüder Joh. Nitschmann
und Westmann, in Begleitung des Agenten, Br. Fries, dem
Staatskanzler, Grafen Orlow, ihre Aufwartung und wurden
auf die gnädigste Weise empfangen und behandelt. Die meisten
der Brüder und Schwestern hatten später im Sommergarten Gelegenheit, **Ihre Majestät, die Kaiserin** zu sehen und Ihrer Aufmerksamkeit gewürdigt zu werden. Nach einem vierwöchentlichen
Aufenthalt in dem, von der Krone für die Brüder gekauften
Hause, machten sie sich in 55 Wagen, die theils die Personen
und ihr Gepäck, theils ein Soldatencommando von 7 Mann und
2 Offizieren führten, auf die Weiterreise. Dieselbe war bei schö-
nem Wetter eine beschwerliche, da die Wagen durch das rasche
Fahren auf schlechten Wegen sehr litten, und häufig die Achsen
brachen. Da gab denn ein Schuß der sich lang hinstreckenden Karawane das Zeichen zum allgemeinen Stillstand. Lebensmittel
konnten sie meistens in den Dörfern zu Kauf bekommen; die
Nächte campirten sie unter zwei Zelten, vor denen zwei Brüder

unter Waffen die Wache hielten. Am 1. August langten sie in Terschok an, wo drei für sie bestimmte Schiffe in der Twerza lagen, die aber noch zum Theil ausgebaut werden mußten. Nachdem die Bagage auf die Fahrzeuge gebracht worden war, logirten sich die ledigen Schwestern mit Bischof Nitschmann und dessen Frau auf ein Schiff, das andere bezogen die ledigen Brüder, und das dritte, das kleinste, nahm Westmanns nebst zwei andern Ehepaaren und den Offizier, Herrn Wunsch, auf. Alles war nach Landesart bequem eingerichtet und ziemlich geräumig, denn in jedem Schiff befanden sich vier zweifenstrige Zimmer. Nach vier Tagen war der Ausbau vollendet, Ruderleute wurden gemiethet, und man stieß vom Land. Bei Twer kam man in die Wolga, die aber noch schmal und so seicht war, daß die Schiffe, und besonders das der ledigen Brüder, das entweder überhaupt das schlechteste gewesen, oder am mangelhaftesten geführt worden sein muß, öfters auffuhren, und letzteres während der ganzen Reise an einem Leck zu laboriren hatte. Segeln, Rudern, Ziehen wechselten nach den Umständen ab; die Brüder griffen überall wacker an, ja selbst die Schwestern waren gelegentlich auf ihren Ruderbänken anzutreffen. Küche und Wirthschaft der ganzen Gesellschaft befand sich auf dem kleinen Schiff, von welchem die Speisen für die Mahlzeiten per Boot auf die andern Schiffe gebracht werden mußten, was, wie es im Diarium heißt, zur Folge hatte, „daß bei Sturm und Regen dasjenige, was aus den Schüsseln herausgeschaukelt war, von oben reichlich ersetzt wurde, so daß an der Quantität nichts mangelte." Die Gottesdienste, welche gelegentlich durch Begleitung eines schönen Klaviers oder durch weitschallende Klänge von Waldhörnern anmuthig gemacht wurden, hielt man auf dem Schiff der Schwestern, und fühlte sich wie daheim.

Trotz der guten Einrichtung der Schiffe im Allgemeinen,

von der Bruder Johann (Nitschmann) meinte, sie seien zu kostbar für eine Pilgergemeine, fehlte es nicht an manchen Schwierigkeiten, daß z. B. bei heftigen Regengüssen das Wasser in die Cajüten drang, und mancherlei Krankheit, besonders unter den Schwestern, sich zeigte. Auch andere kleine Unfälle stellten sich ein, daß z. B. der kurzsichtige Bruder Azersen in die Luke stürzte und sich hart beschädigte, daß Bruder Langerfeld einmal über Bord fiel, sich aber an einem vorspringenden Balken hielt und wieder herauf gezogen werden konnte. Ein andermal wurde die eine Mastspitze mit dem großen Segel durch den Wind abgebrochen, und stürzte herab, ohne jedoch Jemandem Schaden zu thun.

In Kasan besuchten viele von ihnen die Gräber Kriegelstein's und Fritsche's, und hielten an denselben eine Liturgie. "Wir Brüder", heißt es davon in ihrem Diarium, "hielten damit unsere Reise schon für bezahlt, dies Monument unserer Vorgänger, die ihre Gebeine hier zur Ruhe gelegt, gesehen zu haben, und bemerkten es als etwas sehr Liebliches, daß sie ihre Angesichter nach Süden gerade nach Sarepta wenden."

Für den weiteren Weg wurde, größerer Sicherheit halben, ihr Soldatencommando auf 18 Mann verstärkt; glücklicher Weise aber hatten sie nie Gelegenheit, von diesem Schutz Gebrauch zu machen. In Saratow begegneten sie den ersten deutschen Kolonisten, und in Sebastianowka besuchten sie den alten, langjährigen Freund Joh. Nitschmann's, den Pastor Jannet, der sie dann bis Sarepta begleitete*).

---

*) Als naturhistorische Merkwürdigkeit ist anzuführen, daß zwischen Samara und Saratow in einem Milchtopf eine Ratte gefunden wurde, die nach dem Bericht der Schwestern von so formidabler Größe war, "daß die deutschen Ratten gegen sie nur wie Mäuslein erscheinen." Wahrscheinlich war es die ihnen unbekannte Wanderratte.

Der Commandant v. Bobberg und Baron v. Unger Sternberg begrüßten sie in Zarißyn aufs herzlichste, und soglei wurde eine Stafette nach Sarepta gesandt, um die Gesellschaft a zumelden. Am nächsten Morgen, am 19. September, traf Brud Daniel (Fick) und Broberg, denen sich der eben anwesend Herr Rendel aus Astrachan angeschlossen hatte, mit ihnen Zarißyn zusammen. Um 8 Uhr ging die Gesellschaft zum letzte mal unter Segel und 3 Stunden später warfen sie unter Frei denschüssen und dem Läuten der neuen Glocke bei Sarepta d Anker. Die Freude war auf beiden Seiten eine überaus groß und die neuen Ankömmlinge erstaunten mit Recht über das, wa in so kurzer Zeit von so wenigen Leuten hergestellt war. Vie zehn Häuser und Hütten standen theils fertig da, theils ware sie noch in Arbeit; zwei Weinberge waren angelegt, mehrere Gä ten nicht nur abgesteckt, sondern auch mit Gemüse und Obst bäumen bepflanzt; ein großes Arbusenfeld bot reife Früchte zu Erquickung dar.

Mit einem Liebesmahl in dem ersten Gebäude, das zur Versammlungssaal eingerichtet worden war, wurden die Geschwiste begrüßt, und: „Nun danket alle Gott!" erscholl es aus Alle Mund und Herzen. Noch an demselben Tag bezogen Nitsch manns und Westmanns, sowie die ledigen Schwestern, di ihnen angewiesenen Quartiere resp. Schoppen, die ledigen Brüde übernachteten noch in dem Schiff, um am nächsten Tag die ihne bestimmten Räume in Besitz zu nehmen.

So war also die erste Brüdergemeine in Rußland versam melt und konnte nach Art der deutschen Gemeinen organisir werden.

Das Hauptbestreben der Brüder war: gleich in allen, un besonders in den ökonomischen Verhältnissen von vorn herein ein feste Ordnung herzustellen, die den Leitern der Sache einen sicher

Ueberblick gewährte und vor Unklarheit und Verwirrung schützte. Die ersten fünf Brüder hatten natürlicher Weise eine gemeinschaftliche Haushaltung geführt; dies konnte nach Ankunft von mehr als 50 Mitgliedern nicht in der Weise verbleiben, wenn auch eine gemeinsame Verwaltung zunächst beibehalten wurde. Von dieser erhielten die ledigen Brüder das zum Leben nöthige in bestimmten Deputaten, hatten aber ihre eigene Küche und Wirthschaft. Die übrigen Geschwister, die Gemeinarbeiter (Geistliche und Vorsteher), die zwei Ehepaare (Thebes und Pfennigers), sowie die ledigen Schwestern nahmen ihre Kost aus der Gemeinökonomie und zahlten ein geringes Kostgeld. Ueberhaupt wurden alle Personen als im Dienst der Gemeinökonomie stehend angesehen, und erhielten für ihre Dienste die entsprechenden Löhne, anfänglich 16—18 Cop. den Tag, später etwas mehr; aber schon im nächsten Jahr wurde eine vollständige Sonderung der verschiedenen Oekonomien vorgenommen.

Da es für den Anfang nicht möglich war, alle Professionen, die durch passende Personen vertreten waren, in Gang zu bringen, so mußte man sich darauf beschränken, Schneider, Schuhmacher, Tischler, Zimmerleute, Schmiede, Töpfer und Bäcker in Thätigkeit zu setzen; die übrigen ließen sich willig, wo es nöthig war, in der Wirthschaft brauchen, so daß es keinem an Arbeit fehlte. Auch ein kleiner Kramladen, mit dem der Anfang einer Tabacksfabrik, der Gasthof und der Brotverkauf verbunden war, wurde gegründet, und zugleich der brüderische Grundsatz in Kraft gesetzt: Kein Aufschlagen im Handel, Verkauf gegen baar Zahlung, richtiges Maaß und Gewicht.

Bis Ende October bewohnten die Geschwister die von ihnen bezogenen Schoppen und Stallgebäude, die weder Fußböden noch Oefen hatten, und trotz alles Verstopfens durch Ritzen und Fugen Wind und Regen einließen; dazu war niemand mit Pelzen ver-

sehen und die Betten leisteten, der mangelnden Bettstellen wege
auch nicht die erforderlichen Dienste. Als es aber so k
wurde, daß das Wasser am Tag in den Wohnungen gefror,
Krankheiten anfingen häufiger zu werden, beeilte man sich, in b
wenn auch nicht völlig ausgebauten Häuser zu ziehen.

Diese waren: 1) ein Familienhaus (wohl das alte Jahnsch
Haus, das bis 1850 dem jetzigen Brüderhaus gegenüber stand)
2) der künftige Interims-Betsaal (die spätere Mädchenanstalt)
3) der Flügel des Hauses der ledigen Schwestern, den die Br
der für jetzt bezogen, und 4) die Schmiede (ein Gebäude, das
zum Brand 1823 in dem jetzt Jos. Hamelschen Gehöfte stand
Wenn auch dies Unterkommen den früheren Logis vorzuzieh
war, so drang doch auch hier bei Schneegestöber der Schnee
die Wohnung, ja bis in die Betten ein.

Noch zum Schluß dieses Jahres begab sich Daniel Fi
auf die Reise nach Deutschland, wo er sich zu verheirathen bea
sichtigte, auch der Unitätsdirektion mündlichen Bericht von d
Fortgang des Werks geben sollte. Bis Moscau begleitete i
Abr. Louis Brandt, der in dieser Stadt seinen Platz als uns
Commissionär fand, und Bruder Lange, ein Livländer, der d
großen Gesellschaft als Dollmetscher gedient hatte. Er, sow
andere Livländer, Hüffy, Becher, konnten nicht recht heimis
in Sarepta werden, weil es ihnen zu schwer wurde, so manch
Entbehrungen zu tragen. Hüffy hatte deshalb schon einma
unsern Ort verlassen, war nach Astrachan gegangen, aber ba
wieder zurückgekehrt und bei der Ziegelfabrikation angestellt worden
Becher sollte wenigstens noch bis zum nächsten Jahr bleiben,
er bei dem beabsichtigten Mühlenbau nothwendig war.

Hinter all diesen äußerlichen Arbeiten ließ man aber nic
den Hauptzweck zurücktreten. Das war das Bekenntniß Aller
Der Herr hat uns aufgerufen, seine Zeugen und Boten

sein, und einem Jeden von uns würde es Freude sein, je eher, je lieber in der Nähe oder Ferne einer Seele Gelegenheit zu ihrer Seligkeit zu werden. Er weiß am besten, wenn die erste Zeit dazu sein wird, doch wünschen und bitten wir, daß sie bald kommen möge.

Die nun folgende weitere Geschichte Sarepta's läßt sich am besten in vier größere Abschnitte theilen, in welchen wir die einzelnen Disciplinen und Zweige unseres Lebens und unserer Thätigkeit nicht, wie bisher, annalenmäßig, sondern nach diesen Abschnitten zusammengefaßt betrachten wollen. Der erste Abschnitt erstreckt sich bis 1774, dem Jahre der Plünderung durch Pugatschew; der zweite Abschnitt hat 1802 und der dritte 1823 in der großen Feuersbrunst seinen Abschluß, während der vierte Abschnitt bis auf unsere Zeiten reicht.

Sechstes Capitel.

Weitere Vermehrung und Verstärkung der Colonie in den zehn ersten Jahren.

Wie wir gesehen, war schon 1766 unsere Gemeine an 60 Personen stark; es lag aber auf der Hand, daß diese Verstärkungen der Einwohnerzahl fortgehen müsse, wenn das Etablissement einigermaßen dem Zweck der Regierung sowohl als auch dem Zweck der Brüder entsprechen sollte. Daniel Fick hatte daher den Auftrag erhalten, bei seinem Aufenthalt in Deutschland mündlich und persönlich für Sarepta zu werben, und seine mannhafte, bestimmte, kräftig entschiedene Persönlichkeit war zur Erfüllung desselben vor allen andern befähigt. Im Spätjahr 1768 begab sich die zweite sogenannte „Colonna" oder Reisegesellschaft, unter Anführung eines zweiten Vorstehers, Chr. H. Hasse, in Holland zur See und langte schon Anfang September in St. Petersburg an, woselbst Bruder Daniel aber, durch viel Mißgeschick, Schiffbruch u. dergl. verhindert, erst am 1. November eintraf. Die Gesellschaft mußte sich daher zu einer Winterreise entschließen, die eine sehr beschwerliche war. Am 21. December fuhr man auf 18 Schlitten mit Postpferden von St. Petersburg ab; die strenge Kälte, die gleich in den ersten Tagen eintrat, ließ sich, da kein Wind wehte, ohne Schaden ertragen, doch hatte man die Unbequemlichkeit, auf den Stationen die Lebensmittel oft aufthauen zu müssen, was nicht zu ihrer Nahrhaftigkeit oder Wohlgeschmack beitrug, auch sprengte der Frost die Weinflaschen und soll sogar den Branntwein fest gemacht haben. Erleichtert wurde ihnen die Reise durch die Gefälligkeit des sie begleitenden Offiziers, der gewöhnlich voranfuhr, um sie in einem geheizten Quartier zu empfangen. Ohne Unfall kamen sie nach 7 Tagen in Moskau an, wo Bruder Brandt, Hölterhof und andere Freunde sie aufnahmen. Da der kaiserliche Hof gerade anwesend war, wurde Bruder Daniel und Hasse dem Grafen Orlow vorgestellt, der sie sehr gnädig empfing und auf die Frage: ob er etwas zu befehlen habe, erwiderte: „Nichts, als daß ich mir Ihre Freundschaft ausbitte." Nach achttägigem Aufenthalt und Erholung traten sie den beschwerlichsten und gefährlichsten Theil ihrer Reise durch die Steppe an, auf welchem sie viel von Frost und Kälte zu leiden hatten. Bei der Kosackenstanitza (Dorf) Kumilschenskoi geriethen sie in einem Schneesturm in augenscheinliche Lebensgefahr, denn die Karawane wurde zersprengt und auf der kahlen Steppe zerstreut; die Reisenden fanden sich aber doch durch Gottes gnädige Hülfe alle wieder zusammen, ohne Schaden genommen zu haben. Um so wohler that es ihnen, daß sie von den Kosacken, die ihnen die Achtung und Liebe beweisen wollten, welche sie für Sarepta hegten, aufs freundlichste aufgenommen, bewirthet und beschenkt wurden. Viele Kosacken hatten bereits Sarepta besucht, andere versprachen es zu thun. Am $\frac{28.\ \text{Jan.}}{8.\ \text{Febr.}}$ hatten die Geschwister das Ziel ihrer Reise erreicht.

Die zweite Verstärkungscolonne, die aus 31 Personen, unter denen 13 Schwestern waren, bestand, machte sich im Mai 1769 von Amsterdam aus auf den Weg. Die sechswöchentliche Fahrt nach St. Petersburg war eine glückliche. Am 4. August verließen sie diese Stadt unter Bruder Suters Führung, der ihnen von Moskau entgegengekommen war, um sie nach Sarepta zu begleiten. Von Twer aus machten sie den Wasserweg in einem Schiff, das der Länge nach in zwei Räume getheilt war, und die Wohn-, Speise- und Schlafzimmer enthielt; das Hintertheil war Küche und Vorrathskammer, während das Vordertheil das Logis der Soldaten und Matrosen ausmachte. Nachdem sie einmal mit genauer Noth der Gefahr des Schiffbruchs entkommen waren, wurden sie durch Flußpiraten beunruhigt, waren aber im Stand, sie durch ihre Kanonen und Gewehre fern zu halten. Oberhalb Saratow ging ein Bruder aus der Gesellschaft (Grützmacher), der Petersburg schon krank verlassen hatte, selig aus der Zeit. Die Brüder zimmerten ihm einen Sarg, stellten die Leiche, mit den schönsten Feldblumen geschmückt, in ihrer Wohnstätte auf, versammelten sich um sie und hielten eine selige Liturgie. In Sebastianowka wurde sie von Pastor Jannet zur Erde bestattet. Nach mancherlei Verzögerungen erreichte die Gesellschaft am

13. October Sarepta, wo der von Posaunen angestimmte Choral: Nun danket Alle Gott, sie empfing *).

Die schwerste Reise hatte die vierte Gesellschaft, einige sechzig Personen stark, die im Wesentlichen denselben Weg wie die vorige machte, und ebenfalls von Br. Suter, dem sich Abr. L. Brandt angeschlossen hatte, begleitet wurde. Der Weg von Twer war anfänglich sehr glücklich und vom schönsten Wetter begünstigt. Häufig vereinigte sich die auf zwei Schiffen reisende Gemeine, indem sie beide Fahrzeuge zusammengekoppelt stromabwärts treiben ließen. Wie die früheren Gesellschaften, so ließ sich auch diese durch nichts in ihren Freuden in dem Herrn stören.

Am Morgen des 7. September, dem Fest der verheiratheten Geschwister, wurden diese durch Choralgesang und Waldhornklänge geweckt, und da man, widrigen Windes halber, anlegen mußte, hatten die Schwestern Gelegenheit, die Stuben recht freundlich mit Bäumen, Blumen und wilden Früchten auszuschmücken, sowie den Mast, an dem die Festtagslosung prangte, mit Laub und Bändern zu umwinden. Nachmittags wurde dem feiernden Chor ein Liebesmahl gehalten, wobei ein von Br. Weber auf diese Gelegenheit gedichtetes Lied gesungen wurde. Damit den übrigen Mitgliedern der Gesellschaft nichts entgehe, wurde in ähnlicher Weise am 29. August a. st. das Fest der ledigen Brüder und später ein sogenannter „Lehrtag" der ledigen Schwestern gehalten, bei welchem letzterem Br. Suter ein Lied „mit Dreinstimmung einer lieblichen Zither" absang.

Späterhin aber wurde diese Reise eine der beschwerlichsten; die Witterung wurde rauh, Krankheiten verschiedener Art brachen aus, und widriger Wind verhinderte das Fortkommen. Unterhalb

---

*) Bis vor wenigen Jahren ist diese schöne Sitte des Empfangs beibehalten worden.

Samara wurden sie aber auch vom Unglück hart betroffen, indem am 29. September das Schiff der Schwestern unter dem Dorf Fetscherskoi an ein hohes Felsenufer getrieben und, nachdem man sich vor Anker gelegt, vom Sturm bei Tag und Nacht gewaltig herumgeworfen wurde, daß es unter stetem furchtbarem Krachen einen so bedeutenden Leck erhielt, daß kein Ausschöpfen helfen wollte und, ehe man sich noch recht besinnen konnte, das Wasser die Oberhand gewann, und das Schiff zum Sinken brachte. Die Planken zersprangen; Alles suchte wenigstens sein Leben zu retten, und kaum waren die kranken Schwestern hinausgetragen, so stand die Barke bis unter Deck voll Wasser. Während ein Theil der Geschwister Quartiere im Dorf verschaffte, versuchte der andre von Waaren zu retten, was zu retten war. Alle angewandte Mühe und Arbeit, das Schiff wieder brauchbar zu machen, wurde durch den allzugroßen Leck und die ungünstige Witterung vereitelt, so daß man nach mehreren Tagen großer Anstrengung davon absehen mußte. Während die Brüder nun in großer Verlegenheit über ihr weiteres Fortkommen waren und bereits daran dachten, die noch vorhandene Barke den kranken Schwestern einzuräumen, die gesunden Geschwister aber theils zu Fuß, theils in 4 bis 5 kleinen Booten wenigstens bis Sisseran vorangehen zu lassen, kam am 7. October ein leeres Salzschiff vorbei, dessen Führer sich erbot, die ganze schiffbrüchige Gesellschaft nebst ihren Waaren nach Saratow zu bringen. Man nahm dies Anerbieten dankbar und mit Freuden an, und vertheilte die Gesellschaft auf beide Schiffe. Da aber am nächsten Tage die andere Barke ebenfalls leck wurde, so fanden sich schließlich alle auf dem Salzschiff zusammen, das kaum im Stand war, die ganze Gesellschaft zu fassen, zumal die immer mehr einreißende Krankheitsnoth die Enge des Raums um so beschwerlicher und empfindlicher machte. Vierzehn Tage waren vergangen, ehe man den Platz des Schiffbruchs verlassen konnte, und nach manchen Widerwärtigkeiten mit dem unfreundlichen Schiffsvolk langte man am 25. October in Saratof an. Acht Tage vorher war der ledige Bruder Lars Gren selig entschlafen; seine Leiche wurde mit einigen Brüdern, die sie auf die lecke Barke, welche man nicht im Stich ließ, zum Weitertransport nach Sebastianowka bringen sollten, ans Ufer verschlagen, so daß sie jene nicht mehr einholen konnten. So sahen sie sich genöthigt, mit einem Beil ein Grab zu bereiten und in dasselbe unter dem Gesang einer Liturgie die Leiche unsers Bruders in fremde Erde einzusenken. Noch ein Mitglied der Gesellschaft, die ledige Schwester Lange entschlief während der Fahrt, und wurde einige Tage nachher von Pastor Jannet beerdigt. Als aber die Krankheiten nicht nachließen, sondern im Gegentheil noch mehr überhand nahmen, theilte man die Gesellschaft. Ein Theil der ledigen Brüder blieb auf den Schiffen, die die Bagage bis Sarepta bringen sollten; Br. Brandt fuhr mit einer Gesellschaft in 20 Kibitken (bedeckten Wagen) zu Land ab; die Kranken blieben mit den zur Pflege nöthigen Personen in Saratow zurück. Dieser letzte Rest machte sich am 19. November in 6 Kibitken auf den Weg, hatte, sowie die Brandt'sche Gesellschaft, manchen Aufenthalt und Beschwerde durch den gegen die Post gezogenen Cordon, gelangte aber endlich am 28. November glücklich in Sarepta an, wo die Uebrigen seit längerer oder kürzerer Zeit eingetroffen waren.

Die Landreise der fünften Gesellschaft von St. Petersburg bis Sarepta, die vom 8. August bis zum 19. September 1773 dauerte, zeichnete sich sowohl durch ihren glücklichen, ungestörten Fortgang als auch dadurch aus, daß die Brüder keine Schutzwache, mehr erhielten. Nur von Nowoschopersk aus, im Kosackenland wurden sie auf Befehl des Commandanten von 3 Kosacken begleitet, die aber nur einmal in Michailowskoi durch andre ersetzt wurden, welche letztere aber sich gelegentlich, wie zufällig, verloren und keine Stellvertreter erhielten. Sarepta wurde durch diese Gesellschaft um 10 Personen vermehrt.

Durch mehr als 160 Geschwister, die auf diese Weise nach Sarepta verpflanzt worden waren, war die Zahl der am Ort sich aufhaltenden bis gegen 200 Personen gewachsen, und somit hinreichend, den Aufbau der Colonie in erweitertem Maßstab zu betreiben.

Siebentes Kapitel.
Aeußerlicher Ausbau der Gemeine.

Das politische Fundament, auf dem unser Ort gegründet wurde, war der im Jahr 1767 von **Ihrer Majestät der Kaiserin Catharina II.** ertheilte Donationsbrief, der außer der Schenkungsurkunde unsres Landes eine Sammlung von Freiheiten und Concessionen enthielt, wie sie allerdings zum Aufbau und dem Gedeihen einer Brüdergemeine nothwendig waren, und ohne deren Ertheilung man gleich Anfangs von dem Etablissement abgesehen haben würde, wie sie aber außer der ehemaligen schottischen Missionsgesellschaft in Carras am Kaukasus keine andere Gesellschaft im Russischen Reich erhalten hat.

Im Wesentlichen enthielt derselbe die Erfüllung und Gewährung der Seite 20 von Br. Fries aufgestellten 12 Punkte, in folgender Ordnung zusammengestellt:

§. 1. Schenkungsurkunde der 5800 Dessjätinen brauchbares und unbrauchbares Land. Bedingung. Es darf nicht an Fremde verkauft werden, ist also eigentlich nur ein Lehen auf ewige Zeiten.

§. 2. Städte, Dörfer, Kirchen mit Glocken, Schulen, Conritte für Ledige gleichen Geschlechts ꝛc. dürfen angelegt werden.

§. 3. Den Brüdern wird die Ausübung der inneren Polizei und Jurisdiction, sowie die Regulirung der Erbschaftssachen unabhängig überlassen.

§. 4. Alle Reichs-, Stadt- und bürgerlichen Gerechtsame werden ihnen zugestanden, sowie freier Handel im ganzen Reich. Nicht weniger die Freiheit, Gewerbe, Fabriken, Mühlen, Bierbrauereien und Branntweinbrennereien (letztere beide unter Entrichtung gewisser Abgaben, siehe §. 12) anzulegen. Ebenso der Genuß der Jagd, der Fischerei und des Forstes auf ihrem Land.

§. 5. Es ist ihnen gestattet, freie Ausländer nach eignem Ermessen anzunehmen und zu entlassen. Ohne ihre Erlaubniß ist Fremden der Anbau auf ihrem Land nicht gestattet.

§. 6. Ihre Vorsteher haben die Freiheit, Mitgliedern ihrer Gemeine Pässe für das ganze Inland auszustellen. Auslandspässe erhalten sie von der Tutel-Kanzlei für Ausländer.

§. 7. Befreiung von Militärgestellung, Civildiensten und Einquartirung.

§. 8. Festsetzung der Freijahre und Bestimmung der Abgaben.

§. 9. Die Krone verspricht, ihnen die nöthigen Vorschüsse in Geld und in Baumaterialien zu verabfolgen.

§. 10. Zusicherung der ungehinderten Rückreise ins Ausland, nebst Festsetzung der Abgaben, die von dem Vermögen Wegreisender, und von der, ins Ausland zu remittirenden Nachlassenschaft, Verstorbener der Krone zufallen.

§. 11. Erlaubniß, einen Agenten in St. Petersburg halten zu dürfen und Schenkung eines Hauses für denselben.

§. 12. Details der Abgaben, Zölle u. s. w.

Durch diese Urkunde war das Bestehen Sarepta's nicht blos als einer Colonie, sondern laut §. 2 und 3 als einer Brüdergemeine gesichert, und man brauchte nicht zu fürchten, auf irgend welche Weise in Ausübung dieser Freiheiten behindert zu werden, da wir sie der Regierung nicht abgedrungen hatten, sondern auf das liberalste damit begabt worden waren.

Das Frühjahr des 1767sten Jahres fand die Brüder in großer Thätigkeit, denn da das in Nischni-Nowgorod von der Krone erhaltene Holz schon Ende vorigen Jahres angekommen war, so fehlte es nicht an Baumaterial. Parallel mit dem bereits stehenden Flügel des Schwesternhauses wurde ein ähnlicher, jedoch zweistöckiger, für das Brüderhaus, und in gleicher Richtung zwischen beiden ein Flügel der später zu bauenden Kirche zur Prediger- und Vorsteherwohnung gebaut. Die Töpferei (ein Hintergebäude der jetzigen Gemeinbäckerei) und Lichtgießerei wurden ebenfalls fertig, wie auch mit dem Bau von Viehställen, Tenne u. s. w. der Anfang eines landwirthschaftlichen Etablissements (des jetzigen Vorwerks) gemacht wurde. Auch in Bauten schwierigerer Art versuchten sich die Brüder, indem sie, zum Behuf der Anlegung von zwei Mühlwerken, durch einen bedeutenden Damm die Sarpa sperrten, denselben mit Schleußen versahen, und die Landstraße über ihn führten, was für den Handel und Wandel im Ort von nicht wenig vortheilhaftem Einfluß war. Dieser Damm mußte aber schon im folgenden Jahr erhöht und ausgebessert werden, weil ihn das Wasser zu unterminiren drohte. 1768 wurde eine mit zwei Rahmen arbeitende Sägemühle fertig, und im nächsten Jahr der erste Mahl- und Beutelgang aufgestellt, dem bald ein zweiter folgte.

Da auf die Russischen Arbeiter, sowohl in Betreff der Solidität ihrer Arbeit, als auch ihrer Ausdauer bei derselben kein Verlaß war, so mußten die Brüder selbst überall sein und mit Hand anlegen, um sie zu ermuntern und so viel möglich der Unsolidität zu wehren. Es blieb daher wenig Zeit zum Betrieb der eigentlichen Professionen übrig; jedoch fing die Töpferei an, allerlei Geschirr, wie auch Oefen zu verfertigen. Der Lichtgießer hatte alle Hände voll zu thun, da schon damals sein Fabrikat zu 10 Pud auf einmal an einen kaukasischen Kosacken verkauft wurde, der damit nach Constantinopel zu handeln behauptete. Schneider, Schuhmacher, Schmidt und Weber bekamen ebenfalls bald Kunden. Die Tabaksfabrik fing auch eine regelmäßige Arbeit an, und fabricirte Rauch= und Schnupftabak nach deutschen und anderen Recepten. 1768 war die Gerberei, Färberei und Schlachterei in den dazu erbauten steinernen Hintergebäuden des Brüderhauses in vollem Gang. Manche Professionen mußten anfangs feiern, da Werkzeug und Material aus Moskau, St. Petersburg, ja selbst aus Deutschland verschrieben werden mußte. Sämmtliche Fabrikate erfreuten sich so starker Nachfrage, daß man auch den Versuch machte, sie in den Hauptstädten an den Markt zu bringen, um Geldrimessen zu vermeiden.

Als Gasthof wurde 1769 ein steinernes Gebäude, das erste mit vollkommen deutschem Sparrwerk, gebaut; in einem Nebengebäude desselben wurde die Branntweinbrennerei 1771 eingerichtet, und mit Maststallung versehen. In demselben Jahr wurde auch der nördliche Flügel des Schwesternhauses gebaut. Die Ziegeln zu diesen Gebäuden verfertigte man selbst, Bruchsteine fand man, wiewohl nicht reichlich, theils auf, theils in der Erde. Der Kaufladen, der mit dem Gasthof vereinigt gewesen war, wurde von demselben 1768 getrennt. Der Handel hob sich immer mehr, besonders mit den Kalmücken, so daß drei Brüder vollauf zu thun hatten, ihn zu bestreiten, und stieg in den nächsten Jahren so, daß man aus dieser Geschäftsbranche allein hoffen konnte, sämmtliche Kosten des Gemeinwesens zu bestreiten, als die Entweichung der Kalmücken (siehe nächstes Kapitel) den Strich durch die Rechnung machte. Ein Versuch, Fische nach Moskau zu senden, brachte keinen Nutzen. 1772 wurden von mehreren Brüdern Reisen unternommen nach Astrachan, den deutschen Colonieen an der Wolga, Simbirsk, Moskau, um sich mit den Handels- und Industrieverhältnissen des Landes genauer bekannt zu machen. Auch nach Urupinsk und Michailowk reiste man, um auf den dortigen Jahrmärkten verschiedenes einzukaufen. In obgenanntem Jahr trat Abraham Lorenz unter der Firma Abraham Lorenz und Comp. an die Spitze des Gemeincommerciums, unterstützt von einer ihm beigegebenen Handelsconferenz.

Eine Hauptarbeit auf communalem Gebiet war die Anlegung einer Leitung des Quellwassers von den Bergen, nicht nur in ein Bassin mitten auf dem Marktplatz, sondern auch in die Höfe und Küchen. Da zum Zuwerfen der Leitungsgräben keine Arbeiter zu bekommen waren, und die Zeit drängte, mußte jedermann, sogar die Schwestern, mit Hand anlegen. Der Gottesacker wurde aufs neue abgesteckt, feierlich eingeweiht und später die Wege mit Lindenbäumen bepflanzt. Ebenso fuhr man mit Anpflanzung von Obstbäumen fort. Zur Bewirthschaftung des Waldes hatten die Brüder einen Förster und Jäger von Fach, Weller, aus Deutschland kommen lassen; dieser legte Baumplantagen an, um mit der Zeit Alleen pflanzen zu können, was aber des Wassermangels wegen schon in den nächsten Jahren sich als unthunlich zeigte; wie denn auch die Linden des Gottesackers nicht lange Stand hielten.

Der Wein- und Getreidebau versprach 1767 der Hitze wegen wenig, dagegen gab Heu und kalmückischer Taback eine gute Ernte. Im folgenden Jahr jedoch gerieth Sommer- und Winterkorn auf das beste, so daß man noch mehr Land als bisher unter den Pflug brachte. Der Anbau der Babylonischen Hirse schien anfänglich lohnend zu sein, theils aber war die Frucht der Qualität nach eine sehr geringe, theils gerieth sie in späteren Jahren auch der Quantität nach nicht, so daß man

5

diese Cultur aufgab. Als die Kornernte 1770 wieder reichlich ausfiel, verfolgte man den schon früher gefaßten Plan, ein Bauerndörfchen anzulegen, weiter, und Jacob Schürger bezog das erste Haus Schönbrunns, um dort der Landwirthschaft obzuliegen. Noch vier Bauernhäuser wurden in den nächsten Jahren dort gebaut, auch das Vorwerk in dieser Zeit mit großen Nebengebäuden nach Art der deutschen Wirthschaftshöfe versehen. Leider war das Jahr 1773 ein total trocknes, so daß vollkommener Mißwachs eintrat, und die Mühlen nur 3 Monate mahlen konnten. Dazu kamen noch andere Unglücksfälle. Die Hoffnung auf Gewinn aus der Wolgafischerei schlug ganz fehl, die der Sarpa wurde uns von den benachbarten Zaritzynern streitig gemacht; die Heuschläge wurden von Kalmücken ruinirt, das Vieh durch eine Seuche fast ganz vernichtet. Alles dies, zusammengestellt mit dem verhältnißmäßig geringen Gewinn aus Landwirthschaft und Viehzucht in den vergangenen Jahren, machte es den Brüdern klar, daß, wenn man auch die Versuche auf diesen Gebieten nicht ganz aufgeben wollte, dennoch ihr Bestehen und möglicher Gewinn nur in den Professionen, Fabriken und einem soliden Handel zu finden sei, worauf man sich denn hauptsächlich zu beschränken habe.

Achtes Capitel.

Drohende Gefahren.

Der Hauptzweck der Anlegung Sarepta's von Seiten der Brüder war die Mission unter den Kalmücken gewesen, von de später das Nähere gesagt werden wird. Hier nur Einiges von ihrem äußerlichen Verhältniß zu diesem Volk im Anfang der Niederlassung. Die Kalmücken suchten sie fleißig heim, und hielten in so fern gute Freundschaft, als sie, wie Kinder, bald auf plumpe, bald auf feine Weise materielle Vortheile, Geschenke und dergleichen zu erhalten suchten, sich wohl auch mit ihren Küchenabfällen begnügten und sich sehr dankbar bezeigten, wenn sie den Cadaver eines gefallenen Stückes Vieh heimschleppen konnten. In solchen Fällen konnten sie durch ihren Lärm und Zubringlichkeit nur beschwerlich sein. Anders stellte es sich, wenn sie, die in Trupps mit Bogen und Pfeil oder Flinte bewaffnet die Steppe durchstreiften, dort einen Bruder allein trafen; da forderten sie mit Ungestüm Brot, Taback oder was sie sahen, und man konnte ihnen diese stürmischen Bitten nicht füglich abschlagen. Ebenso wenig nahmen sie irgend welche Rücksicht auf unsern Forst, Wiese und Weideland, sondern beschädigten dasselbe nach Willkür, so daß die Brüder schon 1766 sich genöthigt sahen, als Deputirte die Br. Abr. B. Brandt und Broberg zu dem Chan der großen Torgutenhorde, die aus mindestens 60,000 Zelten bestand und zu dem dort stationirten Russischen Offizier zu schicken, um dagegen Einsprache zu thun. Als dies nichts half, appellirte man an höhere Instanzen, an den Commandanten von Zarizhn, sowie an die Gouvernements- und Tutel-Canzlei. Darauf hin wurde den Brüdern nicht nur ihr Schade einigermaßen ersetzt, sondern sie erhielten auch vom Chan einen durch sein Siegel bekräftigten Schutzbrief, der also lautete: „Brief und Siegel des Ubaschi. Der Mündung des Sarpaflusses gegenüber, wo auf Befehle Grenzpfähle gesetzt worden sind, soll von keinem Kalmücken, er heiße, wie er wolle, weder das Ackerland noch andere Plätze zertreten, und Niemand einiger Schaden zugefügt werden. Geschrieben am 28. Tag des Monats Gachaja (August) 1766."

Aber auch dies Document, obgleich Copien desselben an die Grenzpfähle angeschlagen wurden, war nicht im Stande die Brüder zu schützen, einestheils, weil nur der kleinste Theil der Kalmücken das Verbot zu lesen verstand, anderntheils, weil sie sehr schwer von dem Gedanken abzubringen waren, daß unser Land ihnen gehöre; erst nach und nach lebten sie sich in die Idee ein, daß wir zu Recht hier wären und zogen sich mit ihren Weideplätzen von unsern Grenzen zurück. Uebrigens nahmen sie alle darauf sich beziehenden Zurechtweisungen nicht übel auf, besuchten auch um deßwillen Sarepta nicht weniger; zumal sie, sowohl im Einkauf verschiedener Waaren, als auch in Bezug auf ärztliche Bedienung, die sie bald zu würdigen lernten, auf Sarepta angewiesen waren.

Unter denen, welche sich längere Zeit des Sareptischen Arztes, des Dr. Wier bedienten, war auch der Saissang (Edelmann) Tochmut, der in diesem Abschnitt für Sarepta ein Mann von Wichtigkeit war, indem ihn Gott zu seinem Werkzeug auserfah, um nicht nur unsern Ort, sondern auch noch viele andere Dörfer und Flecken vor Zerstörung und Plünderung zu bewahren. Er hatte die Erlaubniß, mit seinem Gefolge auf Sareptischem Gebiet jenseit der Sarpa zu wohnen, um seine Krankheit besser abwarten zu können, die in einer gefährlichen Knochengeschwulst und Eiterung des Armes bestand, und mehrere Jahre dauerte. Er, sowie seine Familie, selbst sein Vater, ein Gellong, (Priester), gewann Sarepta so lieb, daß er sich als unsern förmlichen Vertreter und Vormund bei seinem Volk ansah, und in Bezug auf den Umgang mit denselben den Brüdern manchmal recht nützliche Winke gab. Auch in sofern war diese Freundschaft den Brüdern schätzbar, da die Kalmücken gegen die andern deutschen Colonieen im Saratoffschen Gouvernement nichts weniger als freundlich gesinnt waren, ja sogar einmal (1768) ihnen Kinter raubten. Auch der Brüder, die zum Zweck der Mission sich später in der Horde aufhielten, nahm Tochmut sich auf das väterlichste an; er betrachtete sie ganz als seine Kinder, für deren Sicherheit und Wohlergehen er die Verantwortung habe.

Die 1769 aus dem Krieg gegen die Kubanischen Tartaren (Tscherkessen) zurückgekehrten Kalmücken zeichneten sich durch eine Dreistigkeit und Frechheit aus, die man früher nicht an diesem Volke bemerkt hatte: der gewaltige Reichthum an Vieh, sowie ihre ungeheure Anzahl selbst veranlaßte besonders einige ihrer Fürsten, den Stolz und die Anmaßung, die sie beseelten, nicht, wie früher zu verbergen, sondern vielmehr zur Schau zu tragen, so daß die genauer mit ihnen Bekannten die Vorboten des Sturmes wohl entdecken konnten, der bald darauf zum Ausbruch kommen sollte. Bambur, einer der kühnsten und wildesten, aber auch intelligentesten ihrer Fürsten, hielt sich 1770, des Arztes wegen, bei Sarepta auf. Er interessirte sich außerordentlich für die gewerblichen Anlagen, nahm sie häufig in Augenschein, und mochte da schon Pläne und Gedanken für die Zukunft in seinem Geiste bewegen.

In eigentlichem Umgange standen die Brüder nur mit der Derböter Horde, die eine der kleineren war; die Chanische oder Torgutische stand gewöhnlich sehr weit von Sarepta entfernt, meist auf dem jenseitigen Wolganfer, und die Ausflüge, die gelegentlich dorthin von Sarepta aus gemacht wurden, waren mehr Staatsvisiten als Freundschaftsbesuche. Eine solche Visite machten 1770 auf Einladung der Chanin, deren Gemahl im Krieg war, die Geschwister Joh. Nitschmann, Daniel Fick und Hasse (mit ihren Frauen) von Bruder Suter und mehr als 20 ledigen Brüdern begleitet, unter denen sich als Dollmetscher die später zu erwähnenden Brüder Neitz und Hamel befanden. Die Chanin empfing sie in einem Zelt, das wohl 300 Personen fassen konnte, und bewirthete sie auf kalmückische Art mit Kumiß (gesäuerte Pferdemilch) und nach deutscher Sitte mit Confitüren. Ein kleiner Sohn der Chanin, der anfangs nicht zugegen war, wurde auf einem Schubkarren herbeigefahren und setzte sich mit viel Anstand, Ernst und Würde neben seine Mutter, um im Abhalten der Audienz zu unterstützen. Die Größe dieser Nomadenschaaren konnten die Brüder recht deutlich sehen, als im August 1770 die chanische Horde zum Uebergang über die Wolga durch Sarepta zog. Ein Theil hatte sich an den Sarpateichen gelagert, an denen sie ihr Vieh tränkten; und in solcher Masse war dasselbe vorhanden (man schätzte es auf 400,000 Stück), daß man eine Abnahme des Wassers in der Sarpa deutlich bemerken konnte. In unabsehbaren, nicht endenden Zügen, die von Morgen bis Abend dauerten, zogen sie in diesen Tagen durch den Ort. Obgleich die Chanin ganze Schiffe mit Hunden hatte anfüllen und übersetzen lassen, blieben doch noch einige tausend auf dieser Seite, die durch ihre Wildheit und Hunger uns großen Schaden am Vieh verursachten, und nach und nach erlegt werden mußten. Die kleine Derbötische Horde hatte auch die Absicht über die Wolga zu setzen, doch kam sie nicht dazu, sondern überwinterte am Don.

Im Anfang des nächsten Jahres 1771 erschien plötzlich unser alter Freund Tochmut von der Derböter Horde in Sarepta, getrieben von fürsorgender Liebe. Nachdem er das Versprechen erhalten hatte, daß aus der Mittheilung, die er machen wolle, ihm kein Nachtheil entstehen solle, benachrichtigte er den Bruder Daniel Fick, daß die große chanische Horde entschlossen sei, aus Rußland nach China zu entweichen, und da man beabsichtige, vorher sich mit den Derböten zu vereinigen und die zwischen Zarityn und Astrachan liegenden Städte und Ortschaften zu plündern und zu verheeren, so wollten sie zu diesem Zweck nur noch das Zufrieren der Wolga abwarten. Auch Sarepta stände auf ihrer Liste, und Fürst Bambur, dessen Stamm gerade Sarepta gegenüber lagere, gedenke, den Arzt, sämmtliche arbeitsfähige Männer und Professionisten mit sich zu schleppen, um sie zu seinen Zwecken im chinesischen Reich zu verwenden. Die Derböten hätten aber trotz aller Aufforderungen ihrer Landsleute beschlossen, der Krone treu zu bleiben, von ihnen also hätten wir nichts zu befürchten.

Diese Nachricht war ein Donnerschlag aus heiterem Himmel; denn wenn auch wunderbarer Weise jetzt noch im Januar die Wolga im Fluß war, so konnten sich die treibenden Eisschollen bald stellen und dann war die Brücke für die unzählbaren Feindesschaaren gebaut. Br. Daniel aber war nicht der Mann, den eine solche Gefahr aus dem Gleichgewicht gebracht hätte. Während man alles im tiefsten Stillschweigen begrub, meldete er unverzüglich, jedoch mit Vorwissen des Zaritzyner Commandanten, die ihm gemachte Entdeckung als sichere Nachricht per Stafette an den Vice-Gouverneur von Rosenberg in Astrachan. Dies geschah am 5. Januar. Der Gouverneur Beketow hatte schon seit längerer Zeit eine allgemeine Kenntniß von der Sache; er hatte den Russischen Befehlshaber in der Horde gewarnt, auch nach St. Petersburg berichtet, fand aber keinen Glauben, so daß er in Person nach der Hauptstadt gegangen war, um aufs nachdrücklichste zu warnen. Seine Besorgniß wurde gerechtfertigt. Mochten nun die Kalmücken erfahren haben, daß die Sache auf diese Weise ruchbar geworden, oder mochten sie fürchten, daß auf andre Art ihr Plan entdeckt werden würde, — schon am 7. Januar, ehe der Frost die Wolga fest gemacht hatte, begann ihre Empörung mit der Plünderung des großen Tartarischen und Armenischen Marktes in der Horde. Dann brachen sie auf; einige Russische Dörfer an der Achtuba (wo wir uns nach Beketow's

Willen hätten ansiedeln sollen) wurden zerstört; weiter aber verweilten sie nicht, sondern eilten dem Jaikfluß zu, an den schon im vorigen Jahr ein Theil ihrer Heerden im Stillen vorausgetrieben war. Ein großer Theil von ihnen kam auf der eiligen Flucht um, fast ihr sämmtliches Vieh ging zu Grunde, und wenn auch einige Tausende durch die rasch getroffenen Maßregeln der Regierung von der Entweichung abgehalten wurden, so waren doch vier Fünftel der Nation für Rußland verloren und nur der kleinste und ärmste Theil blieb zurück. Auch Sarepta hatte mit dem Land die Folge dieses Unglücks schwer zu tragen, indem der so schön aufblühende Handel, der die Gewähr einer sicheren Existenz zu geben schien, einen tödtlichen Stoß erhielt, und nie wieder zu der Blüthe gelangen konnte, die er vordem hatte. Im Gegentheil wurde er eine Quelle großer Verluste, die den früheren Gewinn bei Weitem überstiegen, indem das in demselben vorhandene Capital nur mit bedeutendem Schaden wieder herausgezogen werden konnte.

War nun zwar, durch Gottes gnädige Vorsehung, die größte Gefahr abgewendet, so befanden sich die Brüder noch längere Zeit in nicht geringer Sorge, weil man nicht wußte, wozu sich endlich noch die Derböten entschließen würden. Zur größeren Sicherheit erhielt der Ort eine Besatzung von 100 Mann Rekruten unter einem Offizier. Als nach einiger Zeit Capitän Schaplin, der in die Horde geschickt worden war, um die Gesinnung des Regenten zu erkunden, und mit Zittern und Zagen Sarepta passirt hatte, endlich mit der Antwort des Fürsten und aller Saissangs (Edelleute) zurückkehrte, daß sie der Russischen Krone treu bleiben wollten, — wurden auch unsrerseits die Brüder Neitz und Hamel zu dem Regenten Zebek Ubascha gesandt, um ihm zu diesem Entschluß zu gratuliren, was sehr wohl aufgenommen wurde.

Letzterer selbst begab sich 1772 mit noch einem Fürsten als Geißel nach St. Petersburg, wo er im nächsten Jahr starb.

Ein interessantes Schauspiel ist noch zu erwähnen, das 1772 die Kalmücken den Sareptanern gaben. Ein Kalmückenlama, Abagah, 94 Jahre alt, hatte sich auf Sareptischem Land, wie die Kalmücken sagen: „erhoben", d. h. er war gestorben. Seine Leiche wurde mit vielen Ceremonien und großem Gepränge in sitzender Stellung verbrannt und die Asche in die Horde gebracht. Der dazu erbaute Ofen war in einer Schlucht am weißen Sand= berg (Monchammer) aufgestellt worden, die seitdem den Namen „Lamagruft" führt.

Die Kalmückenentweichung war aber nicht die einzige Gefahr, die unsrer Gemeine in jener Zeit drohte. Als 1768 der Türken= krieg ausbrach, standen die Gebirgsvölker des Kaukasus auf, und sandten ihre Streifpartheien bis tief in die Ebene hinein. Zwar waren uns die Kalmücken durch ihre Lage gewissermaßen eine Vor= mauer, doch hörte man sehr bald aus sicherer Quelle, daß die Kabardiner bereits bis Kislar streiften, und Willens seien, die Wolganiederlassungen anzugreifen. Der Herr Gouverneur rieth uns daher, noch in diesem Herbst (1768) unsern Ort mit Wall, Graben und sonstiger Schutzwehr zu versehen. Wenn auch anfangs manche Gemüther zweifelhaft waren, ob solche Sicherheitsmaß= regeln einem Heidenposten, dessen Beruf es sei, sich der Gefahr unbedenklich auszusetzen, anständig seien, wenn auch anderntheils die Kosten, welche ein solches Werk mit sich brachte, die reiflichste Ueberlegung der Sache nothwendig machten, so sah man doch theils jetzt, theils in der Folge ein, wie nöthig ein so verwahrter Ort in hiesiger Gegend sei, wo man jedem Haufen räuberischen Ge= sindels ausgesetzt war; daß übrigens eine Befestigung, wie wir sie ausführen konnten, gegen einen regulären Feind uns nicht geschützt haben würde, war den Brüdern wohl klar.- Man machte sich daher an's Werk, richtete aber in diesem Jahr, sowohl in Folge der schon vorgeschrittenen Witterung, als auch der gänzlichen Unkunde wegen im Bau von dergleichen Werken, so gut wie nichts aus, und was geworden war, stürzte im nächsten Frühjahr beim Aufthauen der Erde wieder zusammen. Nun erbat man sich einen Ingenieur=Offizier aus Zaritzyn, der den Sommer über hier blieb und die Arbeiten leitete. Ende September war der Ort von drei Seiten mit einem Graben umgeben, der Wall mit 6 Batterien versehen und mit spanischen Reitern besetzt, während die vierte Seite durch das Sarpabett gedeckt war. 12 Kanonen, Munition und Bedienungsmannschaft, sowie eine Verstärkung der bisherigen bewaffneten Macht um 20 Mann erhielt man von Zaritzyn, die alle unter dem alleinigen Befehl des Vorstehers (Dan. Fick), eines alten Soldaten, standen.

Fast täglich liefen indeß Nachrichten von dem Vorrücken des Feindes ein, während die Brüder noch im Bau begriffen waren. Im Mai hatten 4000 Tartaren sich Sarepta bis auf zwei Tagereisen genähert, hatten 70 Kalmückenzelte überfallen, die Leute niedergemacht, waren aber dann von den übrigen Kalmücken in das Gebirge zurückgetrieben worden. Später war unser Ort durch ein Observationscorps, das von Russen, Kosacken und Kalmücken gebildet war, und seinen Stand in der Steppe zwischen Don und Wolga hatte, einigermaßen gedeckt. Erst 1770 kam die Befestigung völlig zu Stande, indem die starken Thore mit Pallisaden verwahrt und ein kleines Glacis abgegraben wurde.

Im November wurde den Brüdern gemeldet, daß ein Kubanischer Fürst, Sokor Abschi, in die Steppe eingedrungen sei, und man wisse nicht, wohin er seinen Zug richten werde. Alles wurde nun zur Nothwehr bereit gehalten; Nachts standen die Kanoniere mit brennenden Lunten in den Batterien; die Einwohner Schönbrunns und des Vorwerks begaben sich in den Ort, und sämmtliches Vieh wurde auf die Wolgainsel in Sicherheit gebracht. Dieser Zustand dauerte einige Wochen, bis man die Nachricht erhielt, daß Sokor Adschi von dem General Medem aufgesucht und in die Gebirge zurückgetrieben worden sei. Im nächsten Jahr (1771) brach er jedoch wieder aus und ließ seine Streifpartheien bis in unsre Gegenden schwärmen, so daß man in stündlicher Erwartung war, die Feinde innerhalb unserer Grenzen zu sehen. An Soldaten und Brüder wurden Patronen ausgetheilt, und unsre Kosacken patrouillirten auf den Bergen. Allein, obgleich man zwischen Sarepta und Zarizyn deutliche Spuren bemerkte, daß ein feindlicher Schwarm zu Pferde da gewesen sein müsse, so war der Feind doch in dieser Richtung nicht weiter gegangen, sondern Sokor Adschi wandte sich gegen den Don und verübte dort alle Grausamkeit gegen Weiber und Kinder, da die Kosacken im Feld waren. Bald darauf aber bekamen ihn letztere in ihre Gewalt, und gaben ihm seinen verdienten Lohn.

Andere Noth folgte nun. Die Nachwehen des Krieges waren allgemeine Unsicherheit im Land, einzelne Aufstände und Unruhen, Straßenräubereien und Plünderungen kamen häufiger vor als sonst*); eine Räuberbande, die schon 1770 auf der Wolga ihr Wesen gehabt, und uns auch nach dieser Seite hin in steter Aufmerksamkeit und Wachsamkeit erhalten hatte, wurde im April 1773 in Zarizyn gefänglich eingebracht. Durch ihre zum Geständniß gebrachten Anführer erfuhren wir, daß Gefahren Sarepta bedroht hatten, von denen wir zur Zeit keine Ahnung gehabt hatten. Diese Bande, 60 Mann stark, hatte, wie sie aussagten, den Plan gehabt, unsern Ort zur Nachtzeit auf einem Fahrzeug von der Sarpa aus, die im Frühjahr bis an die ersten Häuser tritt,

---

*) Dem Br. Chr. Hamel wurde auf einer Reise nach Urupinsk eine Kugel durch den Rock geschossen.

zu überfallen, an verschiedenen Stellen Feuer anzulegen und dann zu morden und zu plündern. Mehrere unsrer Brüder, die auf Requisition des Commandanten nach Zarihyn gingen, erkannten in einigen der Räuber Leute, die Jahre lang bei uns als Knechte gedient hatten und überall Bescheid wußten, und empfingen aus ihrem eignen Mund die Bestätigung dieser Nachricht. Im tiefen Eindruck der Losung des Tages: „Lobe den Herrn, meine Seele, und vergiß nicht, was er dir Gutes gethan hat," dankte die Gemeine dem Herrn für die gnädige Abwendung dieses Unglücks. Im Mai desselben Jahres machte eine aus 100 Mann bestehende Bande, die ihren Schlupfwinkel auf einer 10 Werst von Sarepta entfernten Wolgainsel haben sollte, auf einem mit drei Kanonen versehenen Fahrzeuge den Fluß unsicher. Alle diese Umstände machten es nothwendig, daß allnächtlich 20 Brüder patrouillirten, um die Soldaten, die den Wachtdienst hatten, zu controlliren. Acht kleine Kanonen und eine größere in der Mühlenbatterie jenseits der Sarpa waren mit Kartätschen geladen, letztere um den Fluß bestreichen zu können; auch unsre Besatzung war von Zarihyn aus verstärkt worden.

Auch dort, in Zarihyn, brach in dieser Zeit ein Aufstand aus, der nur durch die Klugheit und Entschlossenheit des dortigen Commandanten unterdrückt werden konnte.

Die Kubanischen Tataren beunruhigten 1773 wieder die Steppe, wurden aber hinter den Terek zurückgeworfen. Dazu kam, daß die nomadischen Kirgisen über den Jaik gegangen waren, um an der Wolga zu überwintern; trotz dieses friedlichen Zweckes überfielen sie ober- und unterhalb Zarihyn einige Dörfer und führten 160 Menschen mit sich fort. Da man auch von ihnen allaugenblicklich einen Angriff erwarten konnte, wurden die Thore verrammelt, die Zugbrücken weggenommen und die Wachen verdoppelt, bis man hörte, daß sie sich wieder weiter in die Steppe zurückgezogen hatten. Doch dauerten ihre Streifereien noch bis in das nächste Jahr, so daß man nicht eher beruhigt sein konnte, als bis der Wolgastrom wieder im Fluß war und sie weiter von uns trennte. In diesem Jahr 1774 wollten wieder die Kubaner, durch Gerey, den Tatarenchan der Krim, aufgewiegelt, unsre Gegend überfallen, wurden aber, nach dem Ueberfall des großen befestigten Kosackendorfs Naur am Terek, mit zahlreichem Verlust in die Gebirge zurückgeschlagen. Sarepta war übrigens jetzt besser wie früher durch einen zwischen Don und Wolga von zahlreichen Truppen gebildeten Cordon gedeckt. Die Hauptgefahr aber, ja der totale Untergang, drohte unsrer Gemeine in diesem Jahr durch den Kosackenempörer Aemilian Pugatschew, von dem im dreizehnten Kapitel des Weitern berichtet werden wird.

Neuntes Kapitel.
Innerer Ausbau der Gemeine.

Wie schon erwähnt, war es den Brüdern von Anfang an darum zu thun gewesen, unsre Gemiene innerlich und äußerlich nach den Ordnungen zu gestalten, zu denen unsre deutschen Gemeinen sich einverstanden hatten, und die man im Lauf der Zeit für zweckmäßig befunden hatte. Daß dieselben im Enzelnen bei uns, die wir uns in einem nicht deutschen Land unter einem fremden Volk niedergelassen hatten, gewisse Modificationen erfahren mußten, verstand sich von selbst. Unsre ökonomische Lage, das Verhältniß zur hohen Landesregierung, der Zweck unsres Ortes als einer Missionsgemeine war so abweichend von der Situation

der meisten unsrer deutschen Gemeinen, daß man sich billig wu[n]
dern muß, wie es den Gründern derselben gelang, die Glei[ch]
mäßigkeit zu bewahren, in der wir mit unsern übrigen Brüde[r]
gemeinen stehen. Das Oeconomicum war dasjenige, in dem m[an]
von der Praxis der übrigen Gemeinen am meisten abwiche[.]
Keine andre Regierung hat pecuniär so viel für eine Brüdergemei[ne]
gethan, als die Russische Regierung für Sarepta; ihr waren w[ir]
also auch in dieser Beziehung zu besonderem Dank verpflichte[t]
und unser Hauptbestreben mußte es im Aeußerlichen sein, den A[n-]
sprüchen der Krone gerecht zu werden. Da der Bau sämmtlich[er]
Häuser und Fabriken durch die von der Regierung uns auf ei[ne]
Reihe von Jahren zinsfrei vorgestreckten Capitalien hergestellt w[ar,]
so dachte man zunächst darauf, wie man die dereinstige Rückza[h-]
lung bewerkstelligen könne. Zu dem Zweck wurde beschloss[en,]
daß, ehe an einen Ueberschuß gedacht werden könne, von allen
dieser Weise angelegten Capitalien 6 Prozent an die Gemein[ver]
waltung bezahlt werden sollen, wodurch ein arbeitender Fond g[e-]
bildet würde, der aus sich weiter erwüchse, so daß beim eintrete[n-]
den Termin, wenn auch die Gelder nicht baar vorhanden sei[en,]
die Krone doch durch den Status der Colonie gedeckt sei; d[a]
konnte es der Gemeine gleich sein, ob die Krone sich mit die[ser]
Hypothek und den Interessen begnüge, oder ob man das Capi[tal]
anderswo erborgte und die Krone baar auszahlte. Caventen [der]
Regierung gegenüber waren die Vorsteher, und durch sie und a[uf]
ihre Garantie hin erhielten die Privaten Theil an den von [der]
Krone erborgten Capitalien. Nur im Anfang wurden alle G[e-]
werbe zum Nutzen der Gemeine betrieben, sehr bald geschah ei[ne]
Auseinandersetzung, nach welcher ein Theil der Professionen [und]
Branchen des Gemeinöconomicums unter direkter Verwaltung [der]
Vorsteher zum Besten des Ganzen fortbetrieben, ein anderer Th[eil]
an Private abgegeben wurde. Letztere, welche Kronsgelder empf[ingen]

gen hatten, stellten den Vorstehern Obligationen aus, in denen sie sich verpflichteten, oberwähnte sechs vom Hundert jährlich zum Rückzahlungsfond bei ihnen zu deponiren, und wenn sie dies nicht im Stand seien, diese Procente als neuen, jedoch unverzinslichen Vorschuß wieder zu übernehmen. Auch die Diaconien*) des Bruder- und Schwesterhauses standen zu den Gemeinvorstehern in gleichem Verhältniß. Schon 1767, als die noch zum Theil gemeinsame Haushaltung aufhörte, war das Gesammtökonomikum in das der Gemeine, der ledigen Brüder, der ledigen Schwestern und der Privaten zertheilt worden, die alle selbstständig (nur letzteres unter Curatel eines Gemeinvorstehers) von den dazu verordneten Personen verwaltet wurden.

Als im Besitz der Commune oder Gemeindiakonie, die damals ein Rechnungswesen ausmachten, blieben 1769 der Kaufladen, Tabacksfabrik, Lichtgießerei, Ziegelbrennerei, Säge- und Mahlmühle, wozu späterhin noch andere Gewerbe kamen, und die Land- und Viehwirthschaft des Vorwerks. Die in diesen Gewerben stehenden Meister erklärten durch Revers, daß sie außer dem ihnen gesetzten Lohn keine Ansprüche auf die in denselben stehenden Gelder zu machen hätten. Die Einkünfte dieser Geschäfte wurden mit Abzug der für den Rückzahlungsfond bestimmten Procente, zur Bestreitung des speciell brüdrischen und communellen Gemeinhaushaltes verwendet, sowohl zu Salarirung der Gemeinarbeiter und Administratoren der Gewerbe, als auch zu Beschaffung der Communalbedürfnisse, zu welchem letzteren aber auch die Gemeinmitglieder durch Personalabgaben zugezogen wurden.

Auch die förmliche Constituirung unserer Gemeine als Brüdergemeine im engeren Sinn wurde im Anfang dieser Jahre vorgenommen.

---

*) Unter Diaconie versteht man in der Brüdergemeine das Rechnungs- und Creditwesen der einzelnen Corporationen.

An der Spitze der Gemeine stand als erster Mann der Bischof Johann Nitschmann*), gewöhnlich Bruder Johann genannt, ein Zeitgenosse und langjähriger Begleiter des sel. Grafen von Zinzendorf, ein Mann jetzt hoch in Jahren, aber reich an Erfahrung. In ihm, als dem Oekonomus im weiteren Sinn, sollte die Leitung der Gemeine nach Innen und Außen liegen; auch hatte er mit seiner Frau (Susanna) die Seelsorge der Verheiratheten (des Ehechors). Bruder Daniel (Fick) war erster Vorsteher, Leiter aller ökonomischen Angelegenheiten; Vertreter nach Außen und der Regierung gegenüber. Während er, seiner Verheirathung wegen, sich in Deutschland aufhielt, vertrat ihn Bruder Westmann. 1768 kehrte er zurück, begleitet von Christoph Heinrich Hasse, der ebenfalls zum Vorsteher bestimmt war. Da Bruder Westmann zunächst noch in Sarepta blieb, wurden die Vorstehergeschäfte dergestalt getheilt, daß Bruder Daniel die Vertretung nach Außen, Jurisdiktion und Polizei, Bruder Hasse die Besorgung des Rechnungs- und Creditwesens, Direktion der Gemeingewerbe, das Justitiariat und Curatorium des Schwesternhauses, Bruder Westmann die Direktion der Landwirthschaft hatte. Einige Jahre nach Westmanns Abreise (1772) trat Bruder Suter als Vorstehergehülfe und Baudirektor ein. Die Seelsorge und ökonomische Leitung im Brüderhaus hatte zuerst Bruder Näbel, von ebengenanntem Bruder Suter und Nils Hoh in letzterem unterstützt, doch wurden diese äußeren Geschäfte 1768 dem Bruder Abraham (Lorenz) übertragen,

---

*) Er ist derselbe Joh. Nitschmann, der jüngere, der mit Graßmann und Schneider den Versuch einer Mission unter den Lappländern machte. Später diente er bei dem Diasporawerk in Livland, dann war er in Zinzendorfs Umgebung bis an dessen Tod; er bestattete ihn auch zur Ruhe. 1761 wurde er Provinzialhelfer oder Oekonomus in England und kam 1766 zu gleichem Amt nach Sarepta.

welcher auch schon 1772, als er die Verwaltung des Kauflagens übernahm, durch Jakob Loretz abgelöst wurde. Pflegerin (Seelsorgerin) und Vorsteherin im Schwesternhaus war Verona Wacker und ihre Gehülfin Sus. Nitsche, denen aber 1773 Anna Lund als Pflegerin und Eleonore Jestinsky als Vorsteherin im Amt folgten, da die gewerblichen Anlagen des Schwesternhauses sich dergestalt ausgebreitet hatten, daß ihre Leitung nicht neben der Führung des seelsorgerischen Amtes bestritten werden konnte. Die sämmtlichen ebengenannten Personen bildeten die Conferenz der Aeltesten der Gemeine, deren Amt war, über das Leben der Gemeine äußerlich und innerlich, im Allgemeinen und Speciellen, zu wachen. Unterstützt wurde diese Conferenz bei Berathung geistlicher Angelegenheiten durch die Conferenz der Helfer, die durch ihr Zusammentreten mit noch fünf andern Geschwistern sich bildete; bei Berathung von communellen und gewerblichen Angelegenheiten von der Handwerksconferenz (dem jetzigen Gemeinrath), die außer den Gliedern jener Conferenzen noch 25 Personen zu Mitgliedern hatte.

Zur Handhabung der Polizei auf brüderlichem Wege gegen Mitglieder der Gemeine, sowie zur Controlle der Verwaltung der Diaconie-Geschäfte wurde ein Collegium von Aufsehern constituirt, dessen Beschlüsse, wenn sie feststanden, der ganzen Gemeine mitgetheilt, und wenn kein wesentlicher Einspruch geschah, ausgeführt wurden. Polizeitage wurden gehalten, an denen frühere Ordnungen erneuert, neue beschlossen, oder auch Landesgesetze und Ukasen publicirt wurden. Ueber alle diese Verhandlungen wurde Protokoll geführt, und keines dieser collegialischen Aemter brachte als solches eine Gratifikation oder Salar mit sich.

Im engeren Sinn und Fremden gegenüber wurde die Jurisdiction von der Gerichtsadministration verwaltet, welche aus einem Vorsteher (D. Fick), Justitiar (Hasse) und zwei Beisitzern bestand. Da in den Privilegien der **Kaiserin Catharina II.** über die innere Organisation derselben nichts gesagt, sondern diese uns überlassen war, so hatte sie, wie auch das Aufsehercollegium schriftliche Instruktionen von dem Syndicatscollegium des Directoriums der Brüder-Unität erhalten, welche, sowie ein Entwurf unseres Erbfolgerechts durch unsern Agenten in St. Petersburg der Tutelkanzlei der Ausländer mitgetheilt worden waren.

Neben jenen Collegien bestand noch ein Gemeinrath, der rein communelle Angelegenheiten zur Besprechung, Berathung und Begutachtung erhielt und 1768 ebenfalls neu constituirt wurde.

Alle unsere Rechte und Ordnungen und Pflichten gegen einander waren zusammengefaßt in den Gemeinstatuten und Ordnungen, die am 31. August 1768 der Gemeine verlesen, übergeben, approbirt und endlich Mann für Mann mit Namensunterschrift unterzeichnet wurden.

Dies war die innere Organisation Sarepta's zu jener Zeit; mit wenig Unterschied dieselbe, welche wir jetzt noch haben, und daß dieselbe eine zweckmäßige war, so lang die Form vom Geist erfüllt war, das haben die ersten Zeiten Sareptas bewiesen.

Gehen wir nun zur Gemeinchronik dieser Zeit über. Als erster Versammlungssaal diente eine geräumige Stube des zuerst erbauten Hauses und wurde am 9/20. September 1766 durch Bischof Joh. Nitschmann zur täglichen Erbauung geweiht. Doch schon im nächsten Jahr wurde er mit dem Haus vertauscht, das schon 1765 zum Versammlungshaus bestimmt war, aber bis jetzt als Wohnhaus hatte dienen müssen; das heilige Abendmahl war der erste Gottesdienst, der dort gehalten wurde. An oberwähntem Tag begannen die Chöre der ledigen Brüder und Schwestern in ihren Wohnungen den täglichen gemeinsamen Morgen- und Abendsegen, und später wöchentliche Chorhomilien und Liturgien zu halten, sowie die bezüglichen Chorfeste zu feiern. Der Gesang beim

Gottesdienst wurde mit einem Pianoforte begleitet; an Festtagen wurden Hörner, Trompeten und Pauken gebraucht. Am 24. November, dem Namenstag **Ihrer Majestät der Kaiserin**, wurde nach der kirchlichen Feier am Abend das Oertlein illuminirt, und in die Posaunen gestoßen.

1767 am 3/14. September feierte die Gemeine zum ersten mal das Stiftungsfest unseres Orts, und am 21. December des nächsten Jahres schlossen wir uns an das allgemeine Dankfest des Landes für die glückliche Genesung unserer Kaiserin von den Blattern mit unserer Feier an. In demselben Jahr liefen zwei Briefe von unsern Brüdern Stahlmann und Völkel aus Ostindien ein, die über Land nach Persien gekommen waren; die Beantwortung derselben auf gleichem Weg haben aber jene nicht erhalten, wie wir später erfuhren. Bruder Westmann, dessen Frau die erste erwachsene Person war, die als Korn der Verwesung in unsern Gottesacker ausgesäet wurde, reiste nach Deutschland zurück und Bruder Suter begab sich auf einige Zeit zur Erlernung der Russischen Sprache nach Moskau.

Am Himmelfahrtstag war in Sarepta der erste feierliche Ordinationsactus, da durch Bruder Joh. Nitschmann und Daniel Fick die Brüder Räbel und Abr. Lorenz zu Diakonen der Brüderkirche geweiht wurden. Der Gemeinarzt Bruder Wier und noch einige andere wurden zu Acoluthen eingesegnet.

Das Jahr 1769 begann mit schweren Krankheiten; besonders grassirte ein bösartiges hitziges Friesel, an dem auch die Gattin des Bischofs Nitschmann, Susanna, heimging. In dasselbe Jahr fiel auch eine zu Barby gehaltene Synode der Brüder-Unität, auf welcher wir durch Bruder Fries, der mittlerweile Mitglied des Direktoriums der Unität geworden war, vertreten waren, und welche auch für Sarepta nicht ohne segensreiche Folgen war. Man faßte sich, auf die Ermunterung der Synode hin, gegenseitig aufs neue an, das geistige und leibliche Aufkommen unseres Etablissements mit neuen, vereinigten Kräften zu betreiben. Auf Veranlassung der Synode wurden die obgenannten Gemeinconferenzen durch Wahl und Loos neu constituirt; die revidirten liturgischen Gesänge, sowie die vermehrte Vokal- und Instrumentalmusik, hoben das Liturgicum der Gemeine*), und ein Geschenk von 1000 Thalern rief den einmüthigen Beschluß hervor, nun mit dem Bau eines großen Kirchensaals zu beginnen, zu welchem die erste Collecte in unserm eignen Ort gesammelt wurde, und reichliche Gaben brachte. 1770 wurde der Grundstein zu diesem Gebäude gelegt. Nach einer Rede Joh. Nitschmanns wurde die Schrift verlesen, die in denselben gelegt werden sollte, und also lautete: „Im Namen der heiligen Dreieinigkeit, nach Gottes unseres Herrn und Seligmachers Geburt im 1771sten Jahr, unter der mildesten Landesregierung der **Allerdurchlauchtigsten, großmächtigsten Fürstin und Frau Catharina II. Kaiserin und Selbstherrscherin aller Reussen** u. s. w. unserer allergnädigsten Landesmutter:

„Nachdem **allerhöchst dieselben** aus besonderer Gnade die evangelische Brüderkirche, Unitas fratrum genannt, im Jahr 1764 durch eine Special-Ukase in Ihre Länder auf- und angenommen, und denen von besagter Brüderkirche im Jahr 1765 abgeschickten ersten Brüdern ein Stück Land im Königreich Astrachan, welches sie sich selbst ausgesucht, zumessen und eigenthümlich zu einem Brüderetablissement übergeben lassen, auch durch die **Allerhöchste** Unterstützung gedachte Brüder in den Stand gesetzt hat, daß sie noch in eben dem Jahre den Anfang zum Anbau von dem Ge-

---

*) Nach Beschluß dieser Synode bekamen die Arbeiter (Geistliche und Vorsteher) der Gemeine von nun ein bestimmtes Salar, statt freier Station und Kleidung, wie es bis dahin gewesen.

meinorte Sarepta gemacht, und unter der Protektion ihrer huld=
reichen Wohlthäterin durch dreimalige Verstärkung von Brüdern
und Schwestern aus unsern deutschen Gemeinen so weit gekommen,
daß der kleine Versammlungssaal, der im Jahr 1766 gebaut
worden, zu enge werden wollte, ward am 1/12. Mai, welcher
Tag bei der Brüderkirche von vielen Jahren her ein merkwürdiger
und gesegneter Tag gewesen, der Grundstein zu einem ordentlichen
Kirchen= und Gemeinsaal in Sarepta gelegt, in Hoffnung, Jesus
Christus, unser alleiniger Herr und Aeltester, werde die kleine
Evangelische Brüdergemeine, die er hier gepflanzt, ein Licht unter
Christen und Heiden sein und in die Tausende wachsen lassen.
Die Losung des Tages war: Die Heiden sollen sehen deine Ge=
rechtigkeit und alle Könige deine Heiligkeit, und du sollst mit
einem neuen Namen genennet werden, welchen des Herrn Mund
nennen wird. Jesaia 62, 2." Darauf folgten die Namen der
damaligen Mitglieder des Unitäts=Direktoriums, der hiesigen Ge=
meinältesten und Vorsteher, die Namen sämmtlicher Gemeinglieder
und aller mit uns in diesem Reiche verbundenen Brüder und
Schwestern.

Unter Posaunenschall der Melodie: „Gott wolln wir loben",
versammelte sich die Gemeine auf dem Bauplatz und nach dem
Gesang einiger Verse wurde der Grundstein und obige Inschrift
in einer bleiernen Büchse in denselben gelegt. Dann trat Bischof
Nitschmann auf den Grundstein und that ein herzbewegliches
und hoffnungsvolles Gebet, in welchem er diesen Bau dem Segen,
Schutz und der Gnade Gottes empfahl. Außer jener Inschrift,
die aus Mangel des Pergaments auf Papier geschrieben war,
wurde noch eine kleine kupferne Tafel beigelegt, in welche fol=
gende Worte gravirt waren: „Unter der Regierung **Ihrer Ma=
jestät der Kaiserin von Rußland Catharina II.** ist allhier der
Grundstein zu einem neuen Kirchensaal der evangelischen Brüder=

gemeine in Sarepta gelegt worden den 1/12. Mai des 1771. Jahres."

Der Bau ging so glücklich von Statten, daß er bereits zu Ende des Jahres unter Dach kam. Im nächsten Jahr konnte die Einweihung am 3/14. September vorgenommen werden. Das war ein feierlicher Tag für Sarepta.

In stiller Morgenfrühe kündigten die Posaunen seinen Anbruch an, und in der neunten Stunde hielt die Gemeine unter ihrem Schall den Einzug in das Gotteshaus. Dann begann das Musikchor das eben so einfache als feierliche*): Herr, Herr Gott, barmherzig, gnädig und geduldig 2c. (2. Mos. 34, 6. 7.; 1. Kön. 9, 38.; Pf. 40, 6.) und die Gemeine fiel ein: „Heiliger Herr und Gott, heiliger starker Gott, heiliger barmherziger Heiland du ewiger Gott, laß uns nie entfallen unsern Trost aus deinem Tod", bei welchen letzten Worten sie auf die Knie sank. Joh. Nitschmann hielt nun mit Geist und Kraft und unter inniger Bewegung der Gemeine das Weihegebet, in welchem außer diesem Haus und unserer Gemeine auch das ganze Land, und insonderheit **die Kaiserin** und deren Haus dem dreieinigen Gott zum Segnen an das Herz gelegt wurde. Mit dem Gesang des Verses: „Dies Haus soll werden, und die drinnen wohnen, dein Lob auf Erden" — erhob sich die Gemeine und Bruder Johann hielt eine Rede über die Losung des Tages: „Gott, wir warten deiner Güte in deinem Tempel." Nachdem das Musikchor gesungen: „Dies ist ein Tag, den der Herr gemacht hat, lasset uns freuen und fröhlich darinnen sein", schloß die Gemeine die Feier mit dem Gesang: „Du heilige Dreieinigkeit sei für dies Haus gebenedeit.

---

*) Erst 1774 erhielt das Gotteshaus eine kleine Orgel, bis dahin behalf man sich theils mit einem Klavier, theils mit Begleitung von andern Orchesterinstrumenten.

Amen Hallelujah." Diesem Gottesdienst, sowie dem am Nachmittag gehaltenen Liebesmahl wohnten außer anderen Festgästen auch der Herr Gouverneur v. Beketow und der Professor Gmelin bei, die gerade hier anwesend waren. In der neunten Stunde des Abends versammelte sich die Gemeine noch einmal in ihrem Gotteshaus zum Genuß des heiligen Abendmahls. „Wir schmeckten und fühlten," heißt es im Gemeindiarium, „wie freundlich der Herr ist, und noch lange wird der Dank dafür in unsern Herzen wiederhallen. Unsere Freude war groß, einen so lieblichen Ort zu haben, da wir in dieser wüsten Gegend uns in seinem Namen versammeln können. Wir hoffen zuversichtlich, daß das öffentliche Zeugniß von Christo an dieser Stätte noch mancher Seele um uns herum zum Segen gereichen werde. Das walt', der's verheißt, der Vater, der Sohn und der heilige Geist."

Der Herr Gouverneur hatte der Gemeindirektion am Morgen seine Gratulation zu diesem Tag abgestattet, und während des Mittagessens, das er in seinem Zelt einnahm, ließ er zu Ehren des Tages einige Kanonenschüsse lösen, was die Brüder vom Thurm der Kirche durch Blasen einiger Choräle und Sonaten erwiederten.

Im Jahr 1773 machte Daniel Fick eine Reise nach St. Petersburg, um einige Angelegenheiten persönlich mit der Tutelkanzlei zu besprechen. Zunächst war es die Fischerei in der Sarpa, einem Bächlein, das nur durch die von uns, der Mühlen wegen, angelegten Dämme zu einem Flüßchen geworden, dessen Besitz und Benutzung, die von einigen unserer Nachbarn uns streitig gemacht wurde, wir uns zu sichern suchten. Die Tutelkanzlei konnte aber direkt in dieser Sache nichts thun, sondern versprach nur, nach Möglichkeit für uns einzutreten, um einen billigen Vergleich mit jenen Nachbarn herbeizuführen, was ihr aber nicht gelang, indem wir 1774 die Fischerei der obern Sarpa verloren. Das zweite war die Bitte, die Krone möge die Kosten der Befestigung Sarepta's, die ein nicht unbedeutendes Kapital ausmachten, das nicht nur keine Zinsen trug, sondern auch durch die jährlichen nöthigen Reparaturen vermehrt wurde, uns abnehmen, und aus Regierungsmitteln bestreiten; und endlich suchte man nach um Beschleunigung der Auszahlung neuer Kronsvorschüsse, die uns zugesagt, aber seit Jahren nicht realisirt worden waren. In diesen beiden letzten Punkten konnte die Regierung uns willfahren, ja wir erhielten sogar als besondere Gnadenbezeugung ein direktes Geschenk **Ihrer Majestät der Kaiserin**, im Belauf von 500 Rubeln zum Zweck unseres Kirchenbaues eingehändigt.

Die in dieser Zeit aus der Gemeine heranwachsende Jugend machte es nöthig, daß eine Schule, zunächst für Knaben 1772 und im folgenden Jahr auch für Mädchen eingerichtet wurde. Der Lehrer bei ersterer war der Schneider L. Rismann, die Inspektion beider Schulen wurde von Bruder Suter übernommen.

Leider war in der letzten Zeit dieses Abschnitts, theils durch Mißverständnisse, theils durch den schädlichen Einfluß einzelner unlauterer Gemüther, die Liebe und das Zutrauen unter einander und insonderheit gegen die an der Gemeine arbeitenden Diener derselben, Seelsorger und Vorsteher, gestört worden. Dies war die Veranlassung zu einer ernstlichen geistlichen Zucht, unter welche sich die ganze Gemeine stellte, und längere Zeit des höchsten Gutes auf Erden, des Sacraments des Altars entbehrte, bis, nachdem man nach Haupt und Gliedern seine Versündigungen erkannt, bekannt und sich vor dem Herrn gedemüthigt hatte, das Gemeinfest (Gründungs- und Kirchweihfest) am 3/14. September zu einem Freudentag wurde, da alle sich wieder zusammen fanden und im Sacrament des heiligen Leibes und Blutes Jesu sich auf's neue in Liebe verbanden.

Diese Begebenheiten waren nebst andern Ursachen die Ver=

anlassung, daß das Unitäts-Direktorium beschloß, eines ihrer Mitglieder, Christian Gregor, zu einer Visitation unseres inneren und äußeren Gemeinlebens hieher zu schicken, welche Sendung jedoch erst im nächsten Jahr 1774 in Ausführung gebracht werden konnte. Bis dahin sammelte man in den verschiedenen Gemeinconferenzen, um des Visitators Arbeit zu erleichtern, alle die Punkte, in Bezug auf welche man Rath und Hülfe wünschte, wobei es uns hauptsächlich darauf ankam, diesen Bruder mit allen Umständen unserer Gemeine genau bekannt zu machen.

Die Erinnerung endlich an die nun bald zurückgelegten 9 Jahre unseres Bestehens machte den Beschluß reif, durch Bruder Suter eine Geschichte dieser ersten Zeit Sarepta's in Form von Annalen schreiben zu lassen, was auch später zur Ausführung kam. Dieses noch im Manuscript vorhandene ausführliche Werk hat dem Schreiber dieses hauptsächlich zum Leitfaden seiner Arbeit für jene Zeit gedient.

Zehntes Capitel.

Die Mission unter den Kalmücken.

Von dem täglichen Umgang mit den Kalmücken ist oben gesprochen worden, es bleibt uns daher noch übrig, von dem Hauptzweck zu reden, den Sarepta unter ihnen zu erfüllen suchte, von der Mission.

Es waren wohl anfangs nur wenige unter den Brüdern, die nicht daran dachten, mit der Zeit sich auch in diesem Dienst brauchen zu lassen; einestheils war aber nicht jede Persönlichkeit für diesen Beruf geeignet, anderntheils mangelte manchem, bei großem Trieb, die Gabe, mit der fremden und schweren Sprache sich vertraut zu machen. Auf das Erlernen letzterer mit ganzem Eifer sich zu legen, war der erste Schritt, der geschehen mußte, und zwar nahm man sich vor, dieser Nation nicht eher etwas von den Begriffen des christlichen Glaubens beizubringen, als man selbst, ohne Hülfe eines Dollmetschers, im Stande sein würde, mit ihnen zu reden; dadurch hoffte man mancher Confusion und Mißverstand vorzubeugen; dagegen sollte es bis auf weiteres unser Hauptbestreben sein, durch Wort und Wandel ihnen zu beweisen, weß Geistes Kinder wir seien.

Die ledigen Brüder Conrad Neitz, Christ. Hamel und Just. Friedr. Maltsch waren die ersten, die nach und nach anfingen, nothdürftig in ihrer Sprache mit ihnen zu reden; es wurde ihnen daher, und zwar den beiden ersten insonderheit, 1768 der Auftrag ertheilt, mit allem Eifer das Studium der Sprache zu treiben, um sich für ihren künftigen Beruf zu befähigen. Der Saissang Tochmut, der uns bereits bekannt ist, wohnte seiner Kur wegen längere Zeit an dem rechten Sarpaufer, und um ihn hatte sich ein kleines Dörfchen meist kranker Kalmücken gesammelt, die nur durch das Flüßchen von Sarepta getrennt waren. In diesem Dörfchen und zwar zunächst an Tochmuts Kibitke (Zelt) bauten sich diese Brüder eine Hütte von Baumrinde, bezogen sie am 6. Juni und richteten sich in Kleidung und Nahrung ganz auf kalmückische Weise ein. Mit Tochmut, der über das ihm bewiesene Vertrauen sehr erfreut war, machten sie noch in demselben Jahre zu Pferd eine Reise in die Horde, und hatten da Gelegenheit, das politische, bürgerliche und religiöse Leben der Kalmücken, unter manchen für einen Europäer natürlichen Beschwerlichkeiten, kennen zu lernen. Nicht nur war ihnen die Kost, ausschließlich aus animalischen Speisen bestand, ungewohnt, [son]dern auch die Unreinlichkeit in Essen und Kleidung, sowie das [reich]lich vorhandene und aus religiösen Gründen geschonte Unge[zief]er machte ihnen den, wenn auch nur kurzen, Aufenthalt schwer. [D]er Eindruck, den ein solches heidnisches Volksleben im Großen [und] Ganzen auf einen Christen macht, ist freilich ein anderer [als] der, welchen man von besuchenden Kalmücken in Sarepta [empf]ängt. Hier geduldet, dort herrschend, ihr Wesen und Leben [zur] Ausnahme, dort Regel und zu Recht bestehend. Die Brüder [sah]en ein Volk, das keineswegs verdummten Fetischanbetern [gleic]h zu stellen war, sondern das ein fein ersonnenes Religions[sy]stem hatte, in dessen Ceremonien nichts willkürlich war, son[der]n alles nach Regel und Ordnung behandelt wurde. Selbst [die] Musik, die ihren Götzendienst begleitete, war kein wüstes [Dur]cheinander, sondern eine Symphonie, nach hergebrachten, be[stim]mten Weisen ausgeführt, die aber in Rhythmus und Har[moni]e nicht die geringste Aehnlichkeit mit der unsrigen hatte. [Nich]t ohne Bedauern konnten sie mit ansehen, wie das Volk in [den] Sünden und Lastern hinlebte, wie manchem der Gedanke [ganz] entschwunden war, daß er einmal einem höheren Richter [Red]e und Antwort stehen müsse, während andere durch thörichte [Bu]ßübungen, oder durch Zahlung von Geld und Vieh an die [Ge]istlichkeit, das gut zu machen suchten, was sie fühlten, ver[sch]uldet zu haben.

Nach ihrer Rückkehr ließen sie sich, da sie mit den Kal[mü]cken die Wohnplätze wechseln mußten, von ihnen ein Filzzelt [bau]en; einige Kühe hielten sie sich zu ihrem Unterhalt, einige [Pfer]de zum Besuch der, in der Nähe stehenden Kalmücken, und [ein]en zweirädrigen Karren hatten sie zum Transport ihres Zel[te]s. So zogen sie den Sommer und Herbst mit ihnen in der

Nähe Sarepta's herum, überwinterten auf einem Vorland*) der Wolga, und bekamen alle mit dieser Lebensart verbundenen Beschwerlichkeiten reichlich zu genießen, denn sie unterschieden sich in nichts von ihnen, als durch andere Sitten und einen christlichen Lebenswandel. Von Zeit zu Zeit holten sie sich etwas Proviant aus Sarepta, da es im Winter den Kalmücken an allem fehlt, und der Hungersnoth gelegentlich nur durch den Genuß eines gefallenen Stückes Vieh gesteuert wurde, zu welcher Kost die Brüder sich doch nicht entschließen konnten. Aermere Kalmücken suchen sich zu solchen Zeiten durch einen dicken Brei von geschrotenem Mehl (Butan) den Magen zu füllen.

Auch der in Sarepta besuchenden Kalmücken nahm man sich so viel wie möglich an; und Br. Maltsch war es hauptsächlich, zu dem sie ein großes Zutrauen hatten. Zu ihm kam einmal ein Kalmück, und da jener ihn nicht sogleich erkannte, sagte er zu ihm: „Erinnerst Du Dich nicht? Ich bin derjenige, zu dem Du einmal gesagt hast, daß Gott allein das Herz der Menschen kenne; das habe ich nicht vergessen." Darauf nahm er ihn bei der Hand, führte ihn vor das Haus und sagte, indem er gen Himmel wies: „Siehe, so wahr Gott im Himmel ist, so wahr ist's, daß mein Herz, welches dieser Gott kennt, Dich lieb hat und Dich immer lieben wird." Manche der um den Ort wohnenden Kalmücken fingen auch an, die deutsche Sprache zu lernen, und einer bat um die Erlaubniß der Christnacht und den Weihnachtsgottesdiensten beiwohnen zu dürfen, was er denn auch nach seiner Art andächtig und ehrerbietig that. Auch der Wandel der Gemeine verfehlte nicht, auf manche einen Eindruck zu machen. Einer von ihnen, der in den Türkenkrieg zog, sagte zum Abschied:

---

*) Vorland wird der dem hohen Wolgaufer vorliegende, meistens mit Wald oder Gesträuch bestandene Strand genannt.

habe euch und euer Volk lieb. So oft ich in die Sareptische [Gemein]t ging, freute sich mein Herz über diese Leute; ja ich bin [n]ur hingegangen, um sie zu sehen, denn es war mir wohl [bei ih]nen. Ihr Wandel ist still und sanft; sie trinken und spie[len] nicht, und treiben nicht andere Schlechtigkeiten. Sie haben [uns] lieb, und darum möchte ich am liebsten lebenslang in ihrer [Näh]e bleiben. „Es giebt unter ihnen," schreiben die Missionare [in i]hrem Diarium, „junge Leute, die sittsam leben und das un[mäßi]ge Saufen und Spielen verabscheuen; wenn die noble Denk[ungs]art allein zum Reich Gottes befähigte, so würde man genug [Can]didaten dafür auch unter den Kalmücken antreffen."

Als die Brüder Neitz und Hamel einem gelehrten Gellong, [Namens] Tochmut zu diesem Zweck aus der Horde hatte kommen [lasse]n, den Heilsrath Gottes zu unserer Seligkeit kurz dargelegt [hatt]en, erwiederte dieser: Ach, was ist das für eine schöne Rede! [Ihr] seid sehr gelehrt, sind dies denn alle Deutsche? Die Brü[der] antworteten ihm, daß es aufs Wissen allein nicht ankäme, [sond]ern auf das Erfahren der Sünde in uns, und der Gnade [Got]tes gegen uns; da rief er mit einem tiefen Seufzer aus: [Wie] wohl steht's um euch! wie glücklich seid ihr! so etwas habe [ich] noch nie gehört. Zum Schluß bezeugten ihm unsere Missio[nare], wie sehnlichst sie wünschten, daß alle Menschen es wüßten, [wie] gut sie es bei dem Heiland haben könnten, und wie wir das [größ]te Mitleid mit denen hätten, die noch in der Unwissenheit [und] Blindheit dahin lebten. Das letzte Wort schien ihm beson[ders] eindrücklich zu sein, denn er sagte ganz bewegt und mit [Thr]änen in den Augen: Ei, das ist sehr gut gemeint und wohl[geda]cht, ein so mitleidiges Herz gegen die schlechtesten Menschen zu haben.

Tochmut erzählte den Brüdern unter Anderem, daß in ihren kalmückischen Religionsschriften viel die Rede sei von einem neuen Himmel und einer neuen Erde. Zu der Zeit werde ein Sohn Gottes geboren werden, der Herr über alles sein und alle Menschen in einem Glauben vereinigen werde und diese glückliche Zeit solle kein Ende nehmen. Seiner Meinung nach werde diese Geburt des Gottessohnes wohl in Deutschland geschehen, ob wir auch etwas davon wüßten? Die Brüder erwiderten ihm, daß dieser Sohn Gottes bereits vor 1769 Jahren gekommen sei, und für die Welt gebüßt habe u. s. w. Da sie aber noch schwach in der Ausdrucksweise waren, und der Dollmetscher, ein Kalmück, das Weitere zu übersetzen keine Lust hatte, konnten sie nicht näher auf dies interessante Thema eingehen.

Im Mai 1769 machten sie ihren ersten größeren Nomadenzug mit der Darböter Horde, in Gesellschaft Tochmut's. Sie trafen auf demselben mehrere Bekannte, die bei Sarepta gestanden, an und wurden von ihnen als alte Freunde begrüßt. Der Großmutter des Regenten Zebek Ubascha machten sie in der Tergoe (Hoflager) einen Besuch, und wurden freundlich aufgenommen, dagegen gelang es ihnen nicht,*) religiöse Schriften von den Gellongen geborgt zu erhalten, da dieselben sie unter dem Vorwand nicht aus den Händen geben wollten, daß Unkundige sie auf vielfache Weise verunehren könnten.**) Die Hauptnahrung der Missionare bestand in Schaffleisch, das sie in dünne Striemen schnitten und an der Luft trockneten; es wurde aber bald stinkend, so daß sie sich auf Milchgenuß beschränken mußten, wozu gelegentlich etwas geschossenes Wild kam; nur selten konnten sie

---

*) Bei dieser Audienz that die Fürstin dem Bruder Neitz die verfängliche Frage, ob er sie für alt hielte? Als dieser erwiderte, daß wir Brüder das Alter achteten und übrigens, wenn wir nicht jung stürben, auch einmal alt werden müßten, lachte sie herzlich und meinte, das sei gut geantwortet.

**) Z. B. dadurch, daß sie sie auf die Erde fallen ließen oder wohl sich gar aus Unvorsichtigkeit auf dieselben setzten.

sich an frischem Quellwasser erquicken. In ihrem Zelt hielten sie täglich ihre Gottesdienste und die Kalmücken hörten mit Wohlgefallen ihrem Gesange zu. Am Pfingstfest gedachten sie Sarepta zu besuchen, zu welchem Zweck Tochmut ihnen als Wegweiser und Schutz auf der Reise zwei berittene, sichere Kalmücken verschaffte, selbst aber die zeitweilige Aufsicht über ihr Vieh und Zelt übernahm. Ihr Weg führte sie einmal durch einen Steppenbrand hindurch, der weite Dimensionen annahm; als er sich der großen Horde näherte, wurden auf hohen Befehl 5000 Menschen hinbeordert, ihn nach dieser Seite hin zu löschen. Nachdem sie mit unserer Gemeine ihre Herzen an Jesu Leib und Blut gestärkt hatten, mußten sie auf dem Rückweg noch einmal das Feuer passiren und, da es ihnen entgegen kam, mit verdecktem Gesicht in vollem Galopp durchjagen. Einen Angriff von vier Steppenräubern hielten sie dadurch ab, daß sie sich in Vertheidigungsstand setzten, erreichten auch bald die Stelle, wo die Horde gestanden hatte; dieselbe hatte aber den Platz verlassen und war an den Don gezogen, wo sie sie glücklich antrafen. Diese kleinere Horde war fast beständig auf dem Zuge begriffen, da sie, wenn sie günstige Weideplätze gefunden hatte, gewöhnlich bald von der mächtigen chanischen Horde verdrängt wurde. Dies unausgesetzte Ziehen war besonders deswegen sehr beschwerlich, weil der Don angeschwollen war, und alle mit ihm communicirenden Schluchten gefüllt hatte, über die man auf improvisirten Flößen von Gras und dergleichen übersetzen mußte. Der Hunger nöthigte sie gelegentlich von geschlachtetem kranken Vieh zu essen, da die Kalmücken sich nur schwer dazu entschließen, ein gesundes Stück zu tödten, „doch kauten sie", wie sie schreiben, „solches Fleisch nur sehr langsam."

Von Kranken, die Hülfe verlangten und sich nicht abweisen lassen wollten, wurden sie vielfach heimgesucht und hatten mit überlassen viel zu thun. Nach vieler Mühe erhielten sie endlich eine mongolische Schrift zweiten Ranges, „ein Heldengedicht", geborgt, daß sie zum weiteren Studium copirten.

Daß die Brüder sich nicht scheuten, auch auf strafende Weise mit den Kalmücken zu reden und daß diese dann, von ihrem Gewissen getroffen, ihnen Recht geben mußten, geht aus folgendem hervor. Einige Kalmücken besuchten die Missionare in ihrem Zelt und einer von ihnen gefiel sich in unanständigen Reden und Fragen. Einer der Brüder sagte in kalmückischer Sprache, damit auch die Andern es verstehen möchten, zu ihm: „Nicht nur hast Du es einst vor Gott zu verantworten, daß Dein Herz mit schwarzen Gedanken erfüllt ist, sondern Du bist auch die Ursache, daß in die Herzen anderer junger Leute solche schwarze Gedanken kommen. Wenn Du Dich aber ändern willst, so bitte Gott, daß er Dir ein weißes Herz giebt, dann wirst Du keine schwarzen, sondern weiße Worte reden und Dich nicht mehr vor dem Tode fürchten, wie Du es jetzt thust." Bei diesen Worten nahm sein Gesicht einen ganz anderen Ausdruck an und er sagte: Lehrt mich, wie ich sein soll; denn ich weiß, daß ich ein schwarzer Mensch bin, daß ich ein schwarzes Herz und schwarze Gedanken habe, weshalb wir Schwarzen auch von den Gellongen mit Hunden verglichen werden. Als die Brüder ihn nun auf Gott und den Herrn Christum hinwiesen, wiederholte er jeden Satz ihrer Rede den anderen Anwesenden, worauf sie alle sagten: „Eure geredeten Worte sind wahr und recht." Darauf entfernten sie sich still.

Unter fortwährendem Nomadisiren war der Winter herangekommen und die Brüder beschlossen, diese Jahreszeit in Sarepta zu verbringen, zumal Tochmut, seiner Krankheit ungeachtet, in den Tscherkessenkrieg hatte ziehen müssen. Nachdem sie von seiner Familie Abschied genommen hatten, ritten sie in startem Schneegestöber ab, und erreichten am folgenden Tag die liebe Heimath. Als nun im nächsten Jahr 1770 die Kriegsunruhen sich mehrten, die Kalmücken auch großentheils im Felde lagen, hielt die Direction der Sareptischen Gemeine es für rathsamer, daß die Brüder für jetzt nicht länger mit ihnen zögen, zumal sie im letzten Winter in der Sprache so viel gelernt hatten, daß sie sich im gewöhnlichen Umgang hinreichend auszudrücken vermochten; sie beschlossen daher ihren zweijährigen Aufenthalt unter diesem Volk. Br. Hamel wurde im Kaufladen, Neitz bei dem Dr. Wier als Dollmetscher und Gehülfe angestellt; sie behielten aber den Auftrag, sich sowohl der nach Sarepta kommenden Kalmücken anzunehmen, als auch die auf dem rechten Sarpaufer wohnenden zu besuchen. Das thaten sie denn auch und berichten darüber in ihrem Tagebuch Folgendes:

Einen gemeinen Kalmücken von seinem unseligen Zustand zu überzeugen, ist durchaus nicht schwer. Er ist sehr bereit, zuzugeben, daß er sündige und Strafe verdient habe; er versichert, daß der Tod nicht das schlimmste Uebel sei, sondern daß er ihn hauptsächlich fürchte, um der Plagen willen, die auf ihn folgen. Um so schwerer aber ist es, den Priestern und Weisen unter ihnen klar zu machen, daß all ihr eignes Thun und Heiligsein umsonst ist, daß sie durch alle formelle Heiligkeit ihre Sündenschuld nicht büßen können. Während andre Heiden, wenn ihnen das Evangelium geprebigt wird, sich darauf steifen, daß dasselbe von ihrer Religion grundverschieden und ihnen darum nicht annehmbar sei, gehen die Kalmücken auf dasselbe Ziel hin, aber auf einem andern Weg. Sie finden das Evangelium sehr schön, und loben es, eben weil es, wie sie sagen, dasselbe enthält, wie ihre Religionsschriften. Sagt man einem gelehrten und scharfsinnigen Gellong von der Liebe, die unsern Heiland in den Tod getrieben hat, so weiß er von Schachdschamuni (ihrem jetzt regierenden, obersten Burchan oder Gott) zu erzählen, daß er, wer weiß wie oft gestorben ist, bald um sich in Hasengestalt einem verschmachtenden Wanderer zur Speise zu bieten, bald auf die oder jene Weise einem Andern einen ähnlichen Gefallen zu thun. Hält man ihm vor, daß ein Mittler ist zwischen Gott und den Menschen, so freut er sich, daß die Kalmücken viele tausend Mittler haben, und glaubt dadurch im Vortheil zu sein ꝛc. Wenn es auch selbst unter den Gellongen Einzelne gab, die ihren Schaden erkannten, so war ihnen doch das Evangelium zu einfältig. Chr. Hamel erzählt: Bei Gelegenheit einer Reise, die ich in Geschäften des Kauflabens in die Horde machte, wurde ich zu einem todtkranken Geistlichen gerufen, an dem bereits die kalmückischen Aerzte sich versucht hatten, ohne ihm helfen zu können. Nun waren neun der bedeutendsten Gellonge bei ihm, um sich zu berathen, was weiter zu thun sei. Acht erklärten, Arzenei könnte nicht mehr helfen, sondern nur Chürüm, das heißt: Gebet der Geistlichen, welches durch bedeutende Opfer erkauft wird. Da sagte der Neunte, Namens Ischi Gellong, der vor einigen Jahren bei dem Dalai-Lama in Tibet gewesen war, und hohes Ansehen genoß: „Wie viel Chürüm wird für die Kranken gehalten und es hilft doch nichts. Ja, wenn wir, wie unsre Väter, ohne Gewinnsucht zu Gott beteten, so würde es mehr fruchten. Aber wo ist unsre alte Lehre? Warum denkt man gleich daran, Chürüm zu halten? Aus keinem andern Grunde, als um Geld und Vieh zu bekommen. Selbst beim Dalai-Lama geht's nicht anders zu heut zu Tage. Nein! wenn für die Kranken noch Hülfe ist, so ist sie bei den Deutschen zu suchen, und darum habe ich meinen Freund Christian (Hamel) hieher rufen lassen. Was meint ihr?" Zögernd stimmten sie bei. Ich untersuchte nun des Kranken Zustand, so gut ich konnte, berichtete darüber per Expressen an Dr. Wier, der die nöthigen und mit Erfolg gesegneten Mittel

…dte. Ischi Gellong kam oft zu mir, und hatte mich lieb, … mit dem Evangelium von Jesu und seinem Verdienst war … ihm nicht anzukommen, wenn er auch einzelnen Worten seinen … nicht versagen konnte. Er heuchelt nicht, lobt nicht seine …sche Religion, sondern sagt selbst: „Wir sind Betrüger!" … übrigens, wie andre Kalmücken, in vielen Sünden.

Einige angesehene Kalmücken besuchten uns einmal im Brü…haus in Sarepta und fragten unter Anderem: Wo unser Gott …wahrt würde. Als ihnen erwiedert wurde, daß wir keine Göt…hätten, die von Menschenhänden gemacht seien, sondern nur …en wahren, lebendigen Gott, der Himmel, Erde und die …schen gemacht habe, schüttelten sie beifällig die Köpfe und …en: Ihr habt Recht, es giebt keinen größeren Schöpfer, als …sen.

In zwei Dingen erschienen ihnen die Brüder wunderbar, daß …nemlich den weiten Weg aus Deutschland aus Liebe zu ihnen …cht hätten, und daß sie den Tod, den Schrecken aller Kal…üden und natürlichen Menschen, nicht fürchteten.

Ein Missionsversuch andrer Art kann am schicklichsten hier …geführt werden. Der Bruder Joseph Kutschera, ein Böhme, …einweber) hatte schon in den ersten Jahren einen kleinen An…g in Erlernung der Tatarischen Sprache gemacht. Von 1768 …1769, nachdem er mit dem Bruder Becher eine Expedition …h dem Kaukasus (siehe nächstes Kapitel) gemacht hatte, hielt … sich, um im Studium der Sprache fortzufahren, in Astrachan … 1771 begab sich Gottl. Grabsch zu gleichem Zweck dort… und brachte es so weit, daß er mit den zeitenweis in Sarepta … aufhaltenden, in Arbeit genommenen Türkischen Kriegsgefan…nen sprechen, bei der Expedition nach den Bädern am Terek als

Dollmetscher dienen und späterhin sogar mit Georg Gruhl eine Reise durch den Kaukasus wagen konnte. Von eigentlicher Mission ist hier aber nicht die Rede gewesen, wenn gleich beide Brüder Kutschera und Grabsch nicht versäumten, wo es sich thun ließ, ein Wort von der guten Botschaft anzubringen.

Elftes Kapitel.
Expeditionen in den Kaukasus.

Schon in der Einleitung dieser Geschichte pag. 2 war eine Nachricht erwähnt worden, die sich aus einer Bemerkung, welche sich in der Ausgabe des lutherischen Katechismus von H. Milde pag. 75 findet, herschrieb, daß nemlich Nachkommen der böhmischen Brüder noch zu Anfang des 18. Jahrhunderts sich im Kaukasus aufhielten, und von einem lutherischen Prediger Balth. Frank 1709 besucht worden wären. Seitdem den Brüdern in Sarepta dies zu Ohren gekommen war, erkundigten sie sich aufs eifrigste bei allen denen, die aus jenen Gegenden kamen, nach Grund oder Ungrund dieser Nachricht. Das Wesentliche, was sich aus diesen Erkundigungen zusammenstellen ließ, war Folgendes:

Ein vor einigen hundert Jahren eingewandertes Volk, das sich Tschegem (Tschechen) nenne, von den dortigen Einwohnern aber Christianbauern genannt werden, existire allerdings noch im Kaukasus, und mache eine Anzahl von ungefähr 30,000 Mann aus. Aeußerlich schön und wohlgewachsen, seien die Leute nicht listig und verschlagen, also nach orientalischen Begriffen einfältig und dumm. Ihre Kleidung sei die der übrigen Gebirgsvölker, doch trügen sie keine Bärte. Kirchen ständen zum Theil noch theils lägen sie in Trümmern; ebenso seien noch Bücher vorhanden, die sie als ein Heiligthum ansähen, aber nicht zu lesen verstünden; daher sei ihr Gottesdienst ganz verfallen, und sie bekenneten sich bald zu der, bald zu jener Sekte; doch hofften sie auf eine Zeit der Erneuerung. Der Verfassung nach ständen sie unter 12 Aeltesten ihres Stamms; ihre Nahrung sei der Ackerbau. Ihre früher großen Dörfer seien durch die Einfälle der Tataren (Tscherkessen) ziemlich in Trümmer gelegt, und dieser Feinde wegen werde eine Reise dahin ein lebensgefährliches Wagestück sein.

Nach einer anderen Nachricht sollte der Tscherkessische Stamm der Assetiner von Nachkommen eines eingewanderten Volks abstammen, und ebenso wird in „Müller's Sammlung der Russischen Geschichte" der Einwohner des befestigten Dorf's Kubascha in Oberbaghastan Erwähnung gethan, die sich Franks nennen, sowie eines Volks in Tawlistan nach Grusien zu, das den Namen Tuschi führt, sich selbst auch für einen christlichen Stamm ausgiebt.

Alle diese Nachrichten waren zwar ungewiß, widersprachen sich auch zum Theil, machten aber die Brüder gleichwohl um so begieriger, es darauf anzutragen, diesen, so zu sagen, verlorenen Theil unsrer Brüderkirche wieder zu finden und die Herzen der Väter zu den Kindern zu bekehren. Im ungünstigsten Falle aber, daß man nemlich keine Spur von ihnen entdeckte, hoffte man vielleicht eine andere Nation zu finden, der mit der Botschaft des Evangeliums gedient wäre.

Als alles dies der Gemeine bekannt gemacht worden war, fanden sich Viele, die zu dieser Botschaft willig waren, und von denen zwei: die Brüder Kutschera und J. G. Becher zu diesem Zweck bestimmt wurden. Am 17. Juli 1768 wurden sie feierlich von der Gemeine entlassen und zu ihrer Sendung gesegnet. Für sich selbst erhielten sie eine Instruction, welche eine

Zusammenstellung der eingezogenen Nachrichten enthielt, nebst A(nweisung, welche Reiseroute sie wählen und an welche Personen sich zu Beförderung ihres Zweckes wenden sollten. Man empf(ahl) ihnen, sich nicht unnöthig lang auf dem Wege zu verweilen; so(ll)ten sie aber das Volk finden und von ihnen wohl aufgenomm(en) werden, so sollte ihnen ein Viertel- oder Halbjahr nicht zu (viel) dünken, bei ihnen zu bleiben; nach Verlauf desselben solle der ei(ne) der Brüder, von einigen jener begleitet, nach Sarepta zurückkehre(n) während der andre bei ihnen bliebe. Würde ihnen aber unfreun(d)lich begegnet, so sollten sie sich nicht so bald abschrecken lasse(n) sondern Geduld beweisen; würden sie aber trotzdem zur Umke(hr) gezwungen, so könnten sie von Kislar aus Bericht erstatten, u(nd) dort den Beschluß der Gemeindirektion abwarten. Selbstverstän(d)lich endlich sei es, daß sie ein Tagebuch führten, und, so v(iel) wie möglich, mit Sarepta in Correspondenz blieben.

Außer dieser Instruction erhielten sie einen offenen Begla(u)bigungsbrief, der allen denen, die danach zu fragen haben, ku(nd) that, was der Zweck ihrer Reise sei; nemlich: bei dem Volk d(er) Tschegem sich zu erkundigen, auf welchem religiösen Grund (sie) jetzt stehen, wie ihre Verfassung und Sprache sei, ob noch Lehr(er) bei ihnen seien, ob sie noch Bücher und bestimmte Nachrichten a(us) der Väter Zeit hätten. Ferner ihnen Mittheilung zu machen v(on) der Geschichte ihrer Voreltern nach ihrem, der Tschegem, Auszu(g) aus Böhmen, und deren Nachkommen; und endlich im Name(n) der Brüder-Unität sie zu grüßen und zu näherem Anschluß u(nd) Verbindung mit uns einzuladen.

So, mit dem Nöthigen unsrerseits ausgerüstet, und i(n) Astrachan mit einem Paß und Empfehlungsschreiben vom Go(u)verneur versehen, kamen sie am 20. August in Kislar an. D(er) commandirende Herr General von Medem, zu welchem sie si(ch) begaben, nahm sie wohl auf und zeigte ihnen eine Karte des L(andes) res, auf welcher das Land der Tschegem südöstlich von der Kabardah angegeben war, stellte ihnen aber zugleich die Schwierigkeiten vor, die mit einer solchen Reise verbunden sein würden, und suchte sie auf alle Weise von diesem Plan abzubringen. Als sie aber standhaft blieben, wies er ihnen einen Kosacken zu, der sie, wo möglich, in's Gebirge bringen sollte; er selbst, der General, wollte sich in Mosdok bemühen, sie einem Fürsten des Landes zum Schutz und Geleit zu übergeben. Nach der Aussage jenes Kosacken war, um in's Gebirge zu kommen, nöthig, daß die Brüder sich tatarisch kleideten, sich beritten machten, und Leinwand, Juchtenleder und andere Kleinigkeiten zu Geschenken einkauften, um von den Fürsten, durch deren Gebiet sie reisen mußten, wohl aufgenommen und weiter empfohlen zu werden. Sie reisten also zunächst, dem General von Medem voraus, nach Mosdok, von wo aus sie noch drei Tagereisen bis zu ihrem Ziel haben sollten. Nach seiner Ankunft stellte ihnen der General nochmals die Gefahren vor, die sie in diesem Land, und besonders in diesen kriegerischen Zeiten zu fürchten hatten, vermochte aber gegen die Zähigkeit des Böhmen Kutschera und wohl auch gegen sein patriotisches Verlangen, die Nachkommen seines Volks aufzusuchen, nichts auszurichten, bis er endlich erklärte: „Ihr macht euch vielleicht nichts daraus, todtgeschlagen zu werden, ich aber muß es verantworten und das kann ich nicht." Diese Aeußerung ließ die Brüder die ganze Nacht nicht schlafen, und machte sie sehr betrübt. Am nächsten Tag ließ der General verschiedene im Gebirg bekannte Leute kommen, die alle ganz in der Nähe, aber doch nicht ganz bei den Tschegem gewesen sein wollten. Sie bestätigten, was die Brüder schon wußten, konnten aber keine bestimmtere Auskunft geben. Der Kabarbinische Fürst, Arslan Beg, in dessen Schutz sie gestellt werden sollten, kam mittlerweile in Mosdok an, wollte sich aber mit der Sache in keiner

Weise einlassen, weil einem anderen, Rußland feindlichen Fürsten, durch dessen Gebiet sie reisen müßten, einige Leute entlaufen und nach Mosdok geflüchtet seien, an deren Stelle möglicherweise die Brüder als Gefangene zurückgehalten werden könnten. Endlich wurde ihnen noch ein Mensch zugeführt der sehr wild und unheimlich aussah; er weigerte sich ebenfalls, sie in's Gebirge zu bringen, bestätigte aber ihnen das, was sie schon zum Theil wußten, als Augenzeuge, da er selbst eine Zeit lang als Sklave bei den Tschegem gelebt hatte. Auf einem Berg stehe noch eine Kirche; in der Nähe sei eine Höhle, zu der ein schmaler, gefährlicher Weg führe, und in welcher ein Kasten, der Bücher enthalte, sich befinde. Vor derselben sei ein großer, freier Platz, auf dem sich alle Jahr zur Osterzeit das Volk versammle. Zu seiner Zeit sei nur noch ein alter Mann am Leben gewesen, der zu lesen verstanden und die Bücher an jenem Tag benutzt habe. Jetzt habe sein Sohn, der nur wenig gelernt habe, dieselben in Verwahrung. Das Volk wohne in sieben Dörfern am Fluß Betsen, ihr Fürst sei ein Mohamedaner und heiße Ali Makarow.

Dies, und nicht mehr, war das Resultat dieser Expedition; denn, nachdem die Brüder nochmals den General aufs inständigste gebeten hatten, ihnen die Möglichkeit zu verschaffen, in's Gebirge zu kommen, niemand aber von denen, denen er sie empfehlen konnte, willig war, ihnen dazu behülflich zu sein, erklärte er ihnen, für die Zeit sei eine solche Reise unmöglich, und könnte nicht mit seiner Bewilligung und Beihülfe geschehen; sie möchten aber zuvörderst gründlich die Tatarische Sprache lernen, dann wäre eher Aussicht, daß sie vielleicht unter dem Titel von Kaufleuten reisen könnten. Die Richtigkeit dieser Ansicht mußten sie wider ihren Willen anerkennen, da sie zur Genüge gesehen hatten, wie beschwerlich es ist, sich durch Dollmetscher zu verständigen; daher beschlossen sie, nachdem sie die Sache nochmals gründlich der ihrem Herrn und Gott erwogen hatten, nach Kislar zurückzukehren, wo sie am 20. September glücklich anlangten; von da gingen sie nach Astrachan, um dort zur weiteren Erlernung der tatarischen Sprache fürs erste zu bleiben.

Eine Veranlassung anderer Art hatte zur Folge, daß 1773 einige Brüder aus Sarepta im Auftrag der Gemein-Direction dieselben Gegenden bereisten. Am **kaiserlichen Hof** zu St. Petersburg war man auf die warmen Quellen, welche sich auf der Kaukasischen Landenge befinden, aufmerksam geworden und wünschte dieselben für das Reich nutzbar zu machen. Da die Brüder durch die Art der Anlage Sarepta's bewiesen hatten, daß sie im Stande seien, etwas den Absichten der Regierung Entsprechendes zu leisten, so hatte sich schon 1771 ein kaiserlicher Cabinetssecretair an unsern Agenten in St. Petersburg B. G. Müller mit der Frage gewandt, ob wir im Fall der Anfrage willig sein würden, uns auch bei den warmen Quellen am Terek anzubauen. Da Sarepta die Concentration aller unserer Kräfte erforderte, hatte man sich damals durchaus ablehnend verhalten. Als nun im nächsten Jahr abermals die gleiche Anfrage an uns kam, so erklärte die Gemeindirection, daß sie sich zwar mit Anlegung eines zweiten Etablissements nach dem Maaßstabe Sarepta's nicht befassen könne, daß man aber, wenn die Krone das Land selbst anbauen wolle, bereit sei, einige Brüder auf Kundschaft hinzuschicken; nach deren Bericht würden wir dann weiter berathen, in wie fern es thunlich sei, daß einige Brüder nebst einem Arzt, den man für das Bad aus Deutschland verschreiben wolle, sich dort etablirten.

Diese Erklärung wurde günstig aufgenommen, und in Bezug auf eine etwaige Recognoscirung jener Gegend sandte **Ihre**

Majestät die Kaiserin dem Astrachanischen Gouverneur einen direkten Cabinetsbefehl des Inhalts, daß die resp. Behörden den Brüdern bei diesem Unternehmen mit Rath und That an die Hand gehen und sie vor allen Beeinträchtigungen schützen sollten. Da die späte Jahreszeit es 1772 nicht mehr erlaubte, wurden im April des nächsten Jahres die vier Brüder Chr. Fr. Räbel Lorenz Berg, G. Grabsch und C. Neitz, letztere beide als Dollmetscher bei Tataren und Kalmücken nach dem Terek abgefertigt. In Astrachan erhielten sie vier Kosacken und einen Soldaten zur Begleitung und legten den Weg bis Kislar in Arba's (zweirädrigen Karren) zurück. Sie besichtigten die Lage der zwischen Kislar und Mosdok liegenden Quellen des Peters- und Catharinen-Bades und fanden die Gegend in jeder Beziehung fruchtbar, in der Cultur aber noch sehr vernachläßigt. An Wasser war kein Mangel, sowohl zum Trinken, als auch zur Anlage von Mühlen, ebenso wenig an Holz und Stein zum Bauen. Da in den Gebirgen viel Viehzucht getrieben wurde, schlossen sie, daß Wollenmanufacturen, sowie auch Gerbereien hier gedeihen würden; ebenso schien das Land für Seidenbau und für Cultur des Krapps, der hier wild wächst, und für Weinbau geeignet. Als passende Plätze zu einer Niederlassung fanden sie zwei Stellen, die eine 40 Werst unter Mosdok zwischen Ischora und Naur, die andere 8 Werst unterhalb des Dorf's Tschebrina. Das aber war klar, daß ein jeder Platz, der Gebirgsvölker wegen, mit den nöthigen Sicherheitsmaßregeln versehen, d. h. zur Festung umgestaltet werden müsse.

Alle diese Beobachtungen wurden nach ihrer Rückkunft in einem ausführlichen Bericht an die Regierung eingeschickt und Namens der Gemeine Sarepta hinzugefügt, daß, trotz den Vortheilen, die ein solches Etablissement den Brüdern bieten würde, sie sich doch für jetzt außer Stand sähen, auf einen solchen Plan inzugehen. Denn da die Regierung auf alle Weise den Anbau unterstützen würde, so würde von den Brüdern natürlicher Weise erwartet werden, daß sie sogleich mit Anlegung einer Colonie-Etablirung einer größeren Anzahl Einwohner vorgehe, was eine Unternehmung wäre, die weit über unsere Kräfte ginge, indem wir nicht einmal über die nöthige Zahl brauchbarer Subjecte zu disponiren hätten; nicht zu gedenken, daß wir durch Entziehung eines Theils unserer Einwohner den Fortgang des Sareptischen Etablissements hindern und aufhalten würden. Sollte aber die kaiserliche Regierung für gut finden, auf eigene Unkosten dort eine Stadt zu bauen, so würden die Brüder unterthänigst bitten, ihnen etliche Baustellen zur Etablirung einiger Familien zuzugestehen. So könne man der hohen Krone vielleicht im Kleinen nützlich sein, da etwas in großem Maaßstabe zu unternehmen, uns für jetzt unmöglich sei.

Nach dieser Erklärung wurde die Sache von keiner Seite wieder aufgenommen.

Auch bei dieser Gelegenheit hatten die Brüder sich nach den Tschegems erkundigt, aber nichts Näheres über sie erfahren können.

Zwölftes Capitel.

Auswärtige Posten. — Besuche.

Die Nothwendigkeit, in den Hauptstädten des Landes Plätze und Häuser zu haben, in denen die nach Sarepta reisenden Geschwister leibliche und geistliche Aufnahme finden könnten, hatte sich bald im Anfang gezeigt, und man hatte zu dem Zweck Häuser in St. Petersburg und Moskau acquirirt. Späterhin trat das Bedürfniß ein, an eben diesen Orten Brüder zu haben, welche die für Sarepta nöthigen Commissionen, Einkäufe und dergleichen besorgten und zugleich als Vertreter der hier gefertigten Producte dienen konnten, zu welchem Zweck die schon bestehenden Etablissements sehr gelegen waren.

In St. Petersburg hatte Anfangs unser Agent P. E. Fries eine vielseitige Thätigkeit entwickelt, indem er nicht nur die Verhandlungen mit der Regierung besorgte, nicht nur sich in geistlicher Seelsorge mancher, an die Brüdergemeine sich anschließenden evangelischen Christen annahm, sondern auch Commissions- und Kaufmannsgeschäfte verrichten mußte. Dies konnte aber auf die Dauer nicht fortgehen. Als 1766 Burkhardt Georg Müller ihn in seinem Geschäft als Agent und im geistlichen Amte ablöste, wurde Joh. Jacob Loretz als Commissionär der Brüder nach St. Petersburg berufen. Die Predigt des Evangeliums in unserm Hause hatte die Wirkung, daß, obgleich man auf nichts weniger als Proselytenmacherei ausging, schon 1768 die Zahl regelmäßiger Besucher des Gottesdienstes bis auf 40 gestiegen war und sich von Jahr zu Jahr vermehrte, so daß 1772 zum Bau eines neuen Kirchensaales geschritten werden mußte, der im folgenden Jahre eingeweiht wurde.

In Moskau hatte man das Haus des Professors der deutschen Sprache, des Bruders Hölterhof, gekauft, das Abgaben- und Lastenfrei war. Br. Hüffel nahm sich der Durchreisenden an, erwarb sich seinen Unterhalt durch Jugend-Unterricht und hielt die Hausgottesdienste. 1766 trat Abr. L. Brandt als Commissionär der Brüder in Moskau ein, welchem Amte er lang und treu vorgestanden hat. Seinen Unterhalt gewann er im Anfang zum Theil mit dem Malerpinsel. Br. Suter, der sich eine Zeit lang zur Erlernung der Russischen Sprache dort aufhielt, fing 1768 an, eine öffentliche Predigt zu halten, und der Herr ließ sein Wort an manchen Seelen Frucht schaffen. Auch dort war 1769 ein Anbau zu einem Versammlungssaal und einer Malerstube für Brandt nöthig geworden, doch blieb das Auditorium klein; um so mehr war es Sache der Brüder, durch stillen und exemplarischen Wandel zu leuchten.

Weil im Anfang, der mangelnden Sprache wegen, die Mission unter den Kalmücken durch Vorarbeiten erst angebahnt werden mußte, glaubten die Brüder auch darin einen Missionsberuf, und zwar den der sogenannten inneren Mission zu erfüllen, wenn sie sich der Evangelischen Christen im Russischen Reich annähmen. Zunächst lagen ihnen, da die deutschen Colonieen an der Wolga, deren Verhältnisse ihnen durch den, dort als Senior und Prediger angestellten, Bruder Jannet am bekanntesten waren. Gewaltige Kirchspiele waren da vorhanden und natürlicher Weise nur wenig Seelsorge möglich. Genanntem Prediger war nun daran gelegen, einen Gehülfen in der Seelsorge zu haben, und der erste, welcher ihm zu diesem Zweck zugesandt wurde, war Joh. Langerfeld, ein eifriger Mann, dem der direkte Dienst im Weinberge des Herrn der liebste war. Viel Ermunterndes hatte für ihn der Umgang mit dem ehrwürdigen Pastor Jannet, wie auch eine 1767 sich zeigende Erweckung unter den Seelen. Bald aber kam er in den Verdacht der Proselytenmacherei, wurde bei dem Tutelcomtoir der Ausländer in Saratow verklagt, und ließ sich unbesonnener Weise verleiten, einen Revers zu unterschreiben, in welchem er versprach, diese Art der Thätigkeit einzustellen. Dieser Revers wurde zwar auf Vorstellung der hiesigen Gemeine, cassirt und annullirt, doch hatte dieser Bruder den Muth und die Freudigkeit zu diesem Werk verloren und wurde 1770 in einem andern Amte zu Sarepta angestellt. Joh.

Scheuerl setzte von 1772 diese Thätigkeit in anderer Weise fort, indem er nicht seinen Wohnsitz auf den Colonieen nahm, sondern nach Art der deutschen Diasporaarbeiter dieselben nur jährlich ein- oder mehrmals bereiste. Sein Dienst konnte ein glücklicher und gesegneter genannt werden.

In Astrachan endlich stand als Pastor der kleinen deutschen Gemeine Bruder Busch, der Reisegefährte der Gründer Sarepta's. Geschäftliche Commissionen wurden von dem oftgenannten Herrn Rentel für Sarepta besorgt.

Das Eigenthümliche, was eine Brüdergemeine überhaupt hat, und besonders in Rußland und zwar in einer so entlegenen Gegend haben mußte, war Grund, daß die meisten Personen von Bedeutung, die in unserm Gouvernement reisten, Sarepta besuchten. Wie schon erwähnt, hatten wir zu verschiedenen Malen Gelegenheit, unsern Gouverneur und Gönner, den General von Beketow bei uns zu sehen; so z. B. 1767 als die Röhrleitung vom Vorwerk her fertig geworden war, und wir das erste Quellwasser im Ort springen sahen. 1772 wohnte er der Einweihung unserer Kirche bei und legte in demselben Jahr zwischen Sarepta und Zaritzyn sein Landgut Oraba (Erquickung) an. In späteren Jahren wurde er zum Mitglied des Senats in St. Petersburg berufen.

Der Bruder des Reichskanzlers Orlow, Wladimir Orlow, besuchte 1767 unsere Gemeine, gab den Brüdern manchen guten Rath und empfahl ihnen sehr das Land am Terek zur Ansiedelung. Ebenso lud sie ein Metropolit aus Grusien, Vetter des Zaren Salomon, ernstlich ein, sich in seinem Vaterlande niederzulassen. Salomon's Nachfolger, der Fürst Heraclius aus Tiflis, passirte 1773 mit dem Patriarchen Antonius auf einer Reise nach und von Petersburg unsern Ort, und seine Bekanntschaft kam später unsern Brüdern Grabsch und Gruhl

(f. II. Abſchn. Cap. 8.) wohl zu Statten. Auch Männer der Wiſſenſchaft, wie Profeſſor Güldenſtedt, Gmelin, Pallas, Georgi, Lowitz hielten ſich längere oder kürzere Zeit bei uns auf. Gmelin war der erſte, der einige Kurgans (mongoliſch-tatariſche Grabhügel) in unſerer Nähe öffnen ließ.

Dreizehntes Capitel.

Die Plünderung Sarepta's durch Pugatſchew.

Wir haben nun am Schluß dieſes Zeitabſchnittes noch die Kataſtrophe zu behandeln, die Sarepta an den Rand des Verderbens brachte und, wenn Gottes gnädiges Auge nicht über uns gewacht hätte, dem ſo ſchön unternommenen Anfang ein raſches, vorzeitiges Ende bereitet hätte. 1772 zeigten ſich bereits Unruhen unter den Koſacken am Jait, die aber durch ernſtliche Maßregeln der Regierung für diesmal unterdrückt wurden. Ende des Jahres 1773 erhielten die Brüder die erſte Nachricht von einer wieder ausgebrochenen Empörung. Um ſich Anhang zu verſchaffen, gebrauchte Aemilian Pugatſchew das Mittel, ſich für den verſtorbenen Kaiſer Peter III., mit dem er vielleicht eine flüchtige Aehnlichkeit haben mochte, auszugeben. Das Volk glaubte in ihm einen Befreier von allen Pflichten, die ſie gegen die Regierung hatten, zu ſehen, fiel ihm zu und der Aufſtand nahm raſch eine große Ausdehnung an. Orenburg und Kaſan nahm er ein; aber von dem ihm gegenüberſtehenden Ruſſiſchen Heer unter Galitzin, Panin und

Suwarow einige mal geschlagen, gab er den Plan auf, Moskau anzugreifen, und wandte sich nach Süden, die Wolga hinab, um Astrachan zu nehmen. Soratow und Kamüschin fielen ihm in die Hände; oberhalb Dubowka stellte sich ihm zwar Baron Diez mit seinem Corps und den zu ihm detachirten Donischen Kosacken entgegen, wurde aber geschlagen. Mit dieser Niederlage war auch uns die Hoffnung genommen, daß wir nicht in den Bereich der Gefahr kommen würden; an Gegenwehr war nicht zu denken, da uns, wenn auch Vertheidigungsmittel da waren, die nöthige Mannschaft fehlte; und wäre auch diese da gewesen, wie hätte das kleine Sarepta nach dem Fall so großer Städte, wie Orenburg, Kasan, einem so mächtigen Feind Widerstand leisten können.

Es war Sonntag, der Tag vor dem Chorfest der ledigen Brüder (der 17./28. Aug.). Eben hatte man um ½9 Uhr Morgens die Kirchenlitanei gebetet, da langten einige uns befreundete Damen aus Zaritzyn an, die sich bereits auf der Flucht befanden, und durch welche der Commandant uns rathen ließ, ohne Zögerung denselben Ausweg zu ergreifen. Nachdem die Gemeinconferenzen zusammengetreten waren, und, nach reichlicher Erwägung der Umstände, die Flucht beschlossen hatten, wurde zu Mittag der Gemeine bekannt gemacht, daß die Frauen und Kinder zunächst sich aufmachen und nach Astrachan gebracht werden sollten. Zaritzyn zur Zuflucht zu wählen, was uns am nächsten lag, war einestheils um deßwillen nicht thunlich, weil, eine Anzahl von einigen hundert Personen dort unterzubringen, sehr schwierig gewesen wäre, anderntheils war auch dieser Platz nicht sicher, weil der dortige Pöbel ebenfalls mit Aufstand drohte. Tschornojar und Jenotaewka waren um nichts sicherer, als Sarepta, und nach Moskau hin war der Weg vom Feind gesperrt. Es erschien also die Flucht zu Wasser am sichersten, da man im Nothfall die Wolga

—   113   —

[...]nnungswehr zwischen sich und den Rebellen lassen konnte. [...]er Mühe bekam man am Nachmittag neun kleine Kähne [...] großes Fischerboot, auf welchen Fahrzeugen 110 Personen, [...]che Frauen und Kinder, und zu ihrem Schutz ein Theil [...]heiratheten Brüder unter Führung des Bischofs Joh. [...]mann und des Vorstehers Christoph Hasse untergebracht [...]. Am Abend zogen sie, bei starker Sommerwärme, in [...]ärmsten Kleidern, ein jedes ein Päckchen Wäsche unter dem [...]altend, (denn für mehr war nicht Platz), zum Wolgastrand [...]ie Herzen mit Angst und Wehmuth erfüllt. Erst, nach=
[...] Bedenklichkeiten der Russischen Ruderleute, welche, theils [...] Drohungen zweier, von Pugatschew vorangeschickten Ko= [...], theils durch große Gebote anderer Flüchtlinge schwankend [...]en waren, hatten beseitigt werden können und die Dunkel= [...]eits einbrach, stieß diese Gesellschaft mit vielen Thränen [...]imathlichen Strand ab. Da der Platz auf den Fahrzeugen [...]rordentlich gedrang war, bemühte sich Bruder Hasse weiter [...]lb noch zwei Boote zu bekommen, auf die sie sich vertheil= [...]d bei gutem Wetter ihren Weg fortsetzten. Von Lebens= [...] hatte man fast nichts mitnehmen können, daher waren die [...]ster sehr dankbar, am folgenden Tag bei einer Insel einen [...] und einen Sack Zwieback von Schrotmehl kaufen zu können. [...]n Kindern zeigte sich bereits Krankheit mancherlei Art. [...]hornoijar trafen sie fünf Sareptische Familien (15 Perso= [...]), die zu Land die Reise gemacht hatten. Da die Nächte [...] und keine Decken zu bekommen waren, versorgten sie sich [...]igstens mit einer Anzahl Bastmatten, kauften auch einigen [...]viant ein. Nachdem sie den ganzen Tag des heftigen Windes [...]en, und weil einige der Ruderleute krank geworden waren, [...] gelegen hatten, fuhren sie bei einbrechender Dunkelheit weiter. [...] nächsten Morgen hatten sie die Freude, wieder mit den zu

8

Land reisenden Geschwistern zusammenzutreffen, und am Aben
hielt ihnen Br. Johann eine trostvolle Rede über die Losun
des Tages: "Herr zu dir schreie ich und sage: du bist mein
Zuversicht." Pf. 142, 6. Der nächste Tag war schwer un
drückend, einestheils, der vielfachen, trostlosen Gerüchte wegen, d
man vernahm, Pugatschew habe Zaritzyn genommen, und ge
droht, alle Vorgesetzte Sarepta's aufzuhängen und diejenigen, di
ihnen zur Flucht geholfen hätten, hart zu strafen; anderntheils
weil die Ruderknechte aufsätzig wurden, und drei von ihnen ent
liefen. Dazu kam ein Sturm, der in der Nacht fast das groß
Boot zerschlagen hätte, und mehrere der Schwestern wurden ernst
lich krank. In Jenotaewka, das sie am $\frac{25.\ \text{Aug.}}{5.\ \text{Sept.}}$ erreichten
konnten sie wenigstens einige Schafpelze als Decken für die Nach
bekommen, was ihnen eine große Hülfe war. Die beiden näch
sten Tage hatten sie einen gelinden günstigen Wind, der sie in
den Stand setzte, die Segel aufzuziehen, und am $\frac{27.\ \text{Aug.}}{7.\ \text{Sept.}}$ sie
glücklich nach Astrachan brachte.

Fast zu gleicher Zeit langte dort die zweite, von Bruder
Suter geführte Gesellschaft an. Ihre Reise war nicht weniger
beschwerlich gewesen, da sie in offnen Telegen (Wagen), an denen
oft Reparaturen vorzunehmen waren, dem Herbstsonnenbrand und
dem Staub ausgesetzt, nur mit Mühe für sich und ihre Pferde
Nahrung erhalten konnten. Die Wolgakosacken und Derbötischen
Kalmücken waren nicht zuverlässig, sondern machten Miene, sich
mit den Rebellen zu verbinden, so daß sie auch von ihnen das
Schlimmste zu befürchten hatten. Von Straßenräubern hatten sie
einmal einen Angriff auszuhalten, denn vier Kalmücken, die sich
eines Morgens an sie angeschlossen hatten, legten plötzlich die
Gewehre auf sie an. Da die Brüder ein Gleiches thaten, was

sie nicht vermuthet hatten, wichen sie etwas zurück, so daß jene
Zeit gewannen, eine kleine Wagenburg zu bauen, in deren Mitte
sie Frauen und Kinder placirten, sich selbst aber mit Flinten,
Beilen und Stangen vor dieselbe aufstellten. Jene wagten nun
zwar keinen Angriff, sondern entfernten sich, bald darauf aber
sahen die Brüder sie im Kampf mit einem einzelnen Kosacken,
dem sie schleunig zu Hülfe eilten, und den sie mit seiner Frau,
die halbtodt vor Schrecken war, in ihre Mitte nahmen. In
Jenotaewka hörten sie, daß der Kalmückenfürst Donbukow, der
der Krone treu geblieben war, mit seiner Mannschaft hier ange=
kommen sei, und seine Mutter unter Bedeckung nach Astrachan
schicken wollte. Mit seiner Erlaubniß schloß sich unsere Gesell=
schaft der Fürstin an, traf, wie bemerkt, an demselben Tag
mit der Frauengesellschaft in Astrachan ein, und brachte zugleich
die tröstliche Nachricht mit, daß Pugatschew vom Obersten
Michelson gänzlich geschlagen und selbst gefangen genommen sei.

Die ganze Gesellschaft von 125 Personen wurde im Rentel=
schen Haus aufs freundlichste aufgenommen, gespeist und dann in
verschiedene Quartiere vertheilt, wo sie blieben, bis sie die
Rückreise antreten konnten.

Kehren wir nun zu der in Sarepta gebliebenen Gesellschaft
zurück, die, Daniel Fick an der Spitze, an Hab und Gut so
viel wie möglich zu retten und zu sichern suchten. Zunächst war
dasjenige, welchem sie ihre Sorgfalt zuwendeten, das Original
unserer Privilegien, der Donationsbrief; dieser wurde in einem
Backofen eingemauert; die Rechnungen unseres Communalcredit=
wesens vergrub man, in einer starken Kiste geborgen, in die Erde.
Während sie nun Waaren und Effekten einpackten, in die Keller
verbargen, zum Theil einmauerten und Erde vorschütteten, trieb
sich frembes Volk beständig im Ort herum und beobachtete alles,
was sie thaten. Die Soldaten und Russischen Knechte, die eben=

falls zurückgeblieben waren, kündigten ihnen den Gehorsam auf; die Kalmücken wollten sich ihres Viehes bemächtigen und setzten sich zur Wehr, als man ihnen wenigstens einen Theil desselben abnahm, das dann fünf Brüder nach Jenotaewka voraustrieben. Am 19/30. Aug. verließen auf Befehl des Commandanten von Zarizyn unsere Soldaten Sarepta und nahmen die der Krone gehörende Munition mit sich, nachdem sie 12 Kanonen, Eigenthum der Regierung, vergraben hatten. Die Brüder besetzten nun selbst die Thore und hielten ihre 9 kleinen Geschütze in Bereitschaft. Das verlassene Schönbrunn plünderten Kalmücken, ja sie wurden so frech, auch in einige Häuser des Ortes einzubrechen, daher man sie aus dem Ort entfernte, die Thore schloß und niemandem mehr den Eintritt gestattete. Die deutschen Knechte am Vorwerk wurden mit Waffen versehen und hatten schon am Abend Gelegenheit, sie zu brauchen, indem ein Schwarm von 100 Kalmücken die Berge herabgesprengt kam und Miene machte, das Vorwerk anzuzünden. Einige blinde und ein scharfer Schuß aus unsern Kanonen jagten sie mit entsetzlichem Geschrei in die Flucht. Als sie am 21. Aug. wieder kamen, trafen sie zufällig mit zehn Kosacken, die von der nächsten Station gekommen waren, zusammen und schossen sich mit ihnen herum, bis die Nacht einbrach. Am Abend desselben Tages kam Carl Hüffy, der es nach eigenem Willen gewagt hatte, nach Zarizyn reiten zu wollen, von den Kalmücken aber geplündert worden war, zu Fuß zurück mit der Nachricht, daß Pugatschew wohl Zarizyn beschossen, aber nicht genommen habe, und bereits mit seinem Haufen im Zug hieher begriffen sei, was er an dem aufsteigenden Staub habe bemerken können*). So war denn kein Bleibens mehr! die Fuhrwerke

---

*) In diesem Umstand mußten die Brüder auch eine gnädige Führung des Herrn erkennen; denn, hätten die Kalmücken ihm nicht sein Pferd genom-

wurden mit Ochsen bespannt und alles zum Abzug gerüstet. Ehe man sich aber auf den Weg machte, kamen die Brüder noch einmal in ihrem schönen, erst im vorigen Jahr ganz vollendeten Gotteshaus zusammen, und trösteten sich mit dem lieblichen Tagestext: „Das ist ein köstlich Ding, dem Herrn danken und lobsingen deinem Namen du Höchster!" und: „Der Herr des Friedens gebe euch Friede allenthalben und auf allerlei Weise." (Ps. 92, 2.; Röm. 15, 33). Darauf fielen sie nieder auf ihr Angesicht, und dankten dem Herrn mit vielen Thränen für all die Barmherzigkeit, die sie bis daher erfahren hatten; sie übergaben ihm diese Tempelstätte und den ganzen Ort, den sie nun verlassen sollten, zu Schutz und gnädiger Bewahrung, und baten, auf der Flucht sie mit seinen Flügeln zu decken. Zum Schluß fragte **Daniel Fick**: „Ob alle Brüder gesonnen seien, bei einander zu bleiben und mit einander zu leben und zu sterben", was alle mit einem einstimmigen Ja beantworteten. Getrost machten sie sich nun auf die Flucht, die freilich vor Menschenaugen höchst gefährlich, ja vergeblich war; wie konnten sie mit ihrem Ochsenfuhrwerk den flüchtigen Schwärmen der Kosacken entkommen? Aber sie entkamen durch Gottes gnädige Hülfe. Auf acht Ochsen- und sechs Pferdewagen verließen 65 Brüder den Ort, nachdem die Sonne bereits untergegangen, und die Vorhut des Feindes an unserer Grenze gesehen worden war. Alle ihre Habe wollten sie lieber im Stich lassen, als vor den Rebellen sich zu bemüthigen, und den Eid der Treue, den sie **Ihrer Kaiserlichen Majestät** als getreue Unterthanen geleistet hatten, zu brechen. **Daniel Fick**, obgleich fieberkrank, blieb mit zwei Brüdern im Ort zurück, bis er durch zwei auf Recognoscirung ausgesandte Kosacken erfuhr,

---

men, so wäre er jedenfalls dem Feind in die Hände gerathen und sie hätten von dem wirklichen Nahen der Rebellen nichts vernommen.

daß die Feinde nur noch 4 Werst (½ Meile) von Sarepta entfernt seien, dann verließ er, als der letzte Bruder*), den Ort. Wohl waren die Blicke häufig rückwärts gewandt, als die Brüder langsam, aber von der Dunkelheit begünstigt, flohen. Plötzlich flammten am Zaritzyner Weg eine Menge Wachtfeuer auf, woraus sie erkannten, daß der Feind sich für die Nacht bereits auf Sareptischem Gebiet gelagert hatte; als sie aber bald darauf viel kleine Lichter bald da, bald dort durch die Dunkelheit schimmern sahen, merkten sie wohl, daß der Lichtschein aus den Fenstern unserer verlassenen Wohnungen käme, daß also der Vortrab des Feindes bereits mit der Plünderung unseres Ortes den Anfang mache. Dies trieb sie zur Eile, jedoch war es ihnen nicht möglich, am nächsten Tag weiter, als bis zur dritten Poststation, 42 Werst von Sarepta, zu kommen, weil ihr Vieh des Futters und der Ruhe bedurfte. Ihre Herzen beruhigten sich etwas, als sie hier hörten, daß Pugatschew, nach dem mißlungenen Angriff auf Zaritzyn, beschlossen habe, seinen Zug nach Mosdok zu richten, darum gedachten sie, ihr Vieh gut ausruhen zu lassen. Bruder Daniel, dessen Krankheit zunahm, fuhr in Begleitung einiger Brüder von hier aus mit Postpferden nach Tschornoijar voraus. Um 10 Uhr Nachts ritt ein Kosack vorbei, der ihnen berichtete, daß die Vortruppen des Rebellen schon heut Abend Sarepta verlassen, und morgen in aller Frühe hier sein würden. Sogleich spannten sie wieder an, und zogen mit ihrem müden Vieh weiter; durch göttliche Schickung aber verfehlten sie in der Dunkelheit die Poststraße, und fuhren einen näheren Steppenweg. Trotzdem, daß der Weg schlecht war, daß sie in der Steppe zwei tiefe, gefährliche Thäler zu durchfahren hatten, brach nichts an ihrem Fuhrwerk,

---

*) Ein Russischer Soldat, Thomas Rasbilowsky, blieb als Wächter zurück.

und, als der Morgen anbrach, hatten sie schon 25 Werst zurück=
gelegt. Durch diese Fahrt vermieden sie, ohne es zu wollen, eine
Poststation, auf welcher mittlerweile Pugatschew'sche Kosacken ein=
trafen. Daß der Rebell in Sarepta keine Einwohner mehr ge=
funden hatte, hatte ihn so aufgebracht, daß er 50 Reiter aus=
schickte, die Brüder aufzusuchen und niederzuhauen. Alles dies
hörten diese zufällig von Fischern, bei deren Wohnung am Wolga=
strand sie Abends ausspannten. Da nun vorauszusehen war, daß
spätestens am nächsten Morgen der Feind auch hier sein würde,
spannten sie, obwohl von den vielen schlaflosen Nächten ganz ab=
gemattet, nachdem sie sich etwas am Feuer in der Hütte gewärmt
hatten, ihr abgetriebenes Vieh wieder vor die Wagen und fuhren
weiter. Sie hatten keine Ruhe, und es war ihnen, als ob jener
Kosack und diese Fischer Engel Gottes gewesen wären, die sie immer
weiter trieben.

Die Nacht war heiter und still, das Vieh ging so sicher und
munter, als ob es lange ausgeruht hätte; das war ihnen klar,
auf außerordentliche und wunderbare Weise wollte der Herr sie
retten, und ihre Herzen wurden schon jetzt mit Lob und Dank er=
füllt. Am nächsten Vormittag erreichten sie Tschornoijar, wo sie
ganz entkräftet ihren lieben Daniel Fick antrafen, der sich zur
weiteren Flucht an sie anschloß. Als sie zu Mittag die Vorstadt
von Tschornoijar in Flammen aufgehen sahen, was, wie ihnen
der Commandant gesagt hatte, ein Zeichen sein sollte, daß der
Feind sich nahe, eilten sie mit letzten Kräften weiter. Endlich,
nachdem sie bis zum nächsten Abend noch 45 Werst zurückgelegt
hatten, hörten sie von einem vorbeieilenden Courier die Freuden=
botschaft, daß die Feinde 40 Werst unterhalb Sarepta total ge=
schlagen und zerstreut worden seien.

Nun lebten ihre Herzen wieder auf, sie dankten Gott, daß
dies Unheil endlich sein Ziel erreicht habe, beschlossen aber doch,

noch bis zur nächsten Stadt Jenotaewka zu fahren, wo sie hoffen
konnten, Quartier zu finden, um auszuruhen, und der Kranken zu
pflegen. Der Commandant war auch so freundlich, ihnen ein
leeres Kronsgebäude anzuweisen, in dem sie acht Tage, die Zeit
bis zu ihrer Rückkehr verbrachten und von wo aus sie ihre Lage
nach Astrachan berichteten.

Nachdem sie wieder etwas zu Kräften gekommen waren,
wurden vier Brüder mit Post nach Sarepta vorausgeschickt, um
den Ort wieder in Besitz zu nehmen. Ihnen folgte später Dan.
Fick und Jacob Loretz mit zwei anderen, und schließlich der
übrige Theil dieser Fluchtgesellschaft. Auch von Astrachan machten sich die Geschwister, theils zu Wasser, theils zu Lande auf,
nachdem sie acht bis zehn Tage in den Häusern der Freunde
Rentel und Busch auf das liebreichste verpflegt worden waren.
Am 14/25. September befanden sich sämmtliche geflüchtete Einwohner nach einer ziemlich beschwerlichen Rückreise wieder in Sarepta, und dankten dem Herrn für ihre gnädige und wunderbare
Rettung.

Der Zustand, in dem sie den, vor einigen Wochen noch so
blühenden Ort antrafen, war freilich ein überaus trauriger. Bei
allem Dankgefühl gegen den Herrn, dessen Gnade es verhindert
hatte, daß sowohl nicht ein Einziges an Leben oder Gesundheit
Schaden genommen, auch daß unsre Häuser nicht durch die Bos-
heit des Feindes den Flammen übergeben worden waren, machte
sich doch das Gefühl der Wehmuth und Trauer geltend. Der
Ort war auf die roheste Art verwüstet: Fenster, Thüren, Möbeln, die Oefen waren zerschlagen, die Fußböden zum Theil auf-
gebrochen und durchwühlt, die Stuben mit Trümmern und Un-
rath angefüllt, daß man kaum hineingehen konnte; alles Küchen-
geschirr und die Lebensmittel schienen entwedet, oder muthwillig
verdorben. Die Fabrikgeräthe, Werkzeuge der Professionisten wa-

ren theils zerstört, theils unter den Schutt geworfen; die Keller erbrochen, sämmtliche Waaren des Kaufladens, die Vorräthe des Gasthofs und der Lichtgießerei geraubt und zertreten, die Gläser und Medicamente der Apotheke kurz und klein geschlagen. Getreide, Mehl, und die Federn aus den zerschnittenen Betten bedeckten wie Schnee den Boden. Zwischen den Trümmern von Kisten und Kasten lagen die Leichname von Menschen, Pferden und Hunden, die schon anfingen, in Verwesung überzugehen. In der Kirche hatten die Feinde die Kronleuchter und Fenstervorhänge heruntergerissen, die Orgel und das Klavier in kleine Stücken zerschlagen, die Kirchengeräthe und Amtskleidungen geraubt; auch hier war der Boden mit Bettfedern dicht bedeckt; die im Kirchengebäude befindliche bedeutende Bibliothek und das Gemeinarchiv waren geplündert und umher gestreut; kurz, es schien, als ob die Barbaren aus Zorn, daß nicht mehr an für sie Werthvollem vorhanden sei, sich bemüht hätten, wenigstens das uns Werthvolle zu vernichten.

Man wußte nicht, wo man anfangen sollte, aufzuräumen. Nachdem auf die Bitte der Brüder einige Offiziere aus Zarizyn die ganze Zerstörung zum Zweck eines Berichtes an den Commandanten in Augenschein genommen hatten, fing man an, Schutt und Trümmer wegzuschaffen, und einige Quartiere zum Wohnen einzurichten, in denen die Fenster aus Mangel des Glases mit Papier verklebt werden mußten; alle Arbeit ging aber wegen mangelnden Werkzeugs, nur langsam von Statten. Glücklicherweise war ein bedeutender Mehlvorrath in einem vermauerten Keller den Blicken der Räuber entgangen, der größte Theil des Viehs war erhalten, die Leitung des Röhrwassers war unversehrt geblieben, so daß, als man wieder backen und schlachten konnte, es nicht an Fleisch und Brot fehlte, und man also vor Hungersnoth gesichert war.

So galt es denn wieder, wie vor 9 Jahren, von vorn anzufangen; denn, wenn auch ein Neubau der Häuser nicht nöthig war, und insofern etwas Bedeutendes an Kosten und Arbeit erspart wurde, so betrug anderntheils die Anzahl der Einwohner wenigstens das Dreifache, und diese hatten nicht nur ihr mitgebrachtes und erworbenes Vermögen verloren, sondern es fehlten ihnen auch die Mittel, etwas Neues, wenn auch nur zum täglichen Unterhalt, zu schaffen. War es da ein Wunder, daß sich bei Manchen Muthlosigkeit zeigte, sich ferner an einem Ort zu mühen, wo man die Früchte neunjährigen Fleißes in der kurzen Frist eines Tages durch Räuberhände einbüßen konnte. Doch auch diese Stimmung wurde überwunden, und die Brüder beschlossen einmüthig, mit vereinten Kräften und neuem Fleiß in allen Theilen fortzufahren, in der Hoffnung, daß, wie ihr himmlischer Herr und König, so auch ihre irdische **Monarchin**, sie in ihrem Unglück nicht vergessen werde. Die Vorgesetzten der Gemeine machten es sich zur ersten Pflicht, sich um das Bedürfniß eines Jeden zu bekümmern, und demselben abzuhelfen, indem sie einem jeden Bruder, jeder Schwester, Arbeit und Verdienst zu verschaffen suchten. Und siehe, nach einigen Wochen war wieder Alles in Thätigkeit, so daß, wer Sarepta nicht in seiner Zerstörung gesehen hatte, den Berichten von derselben Glauben zu schenken kaum geneigt war. In der That aber war die ganze Gemeine, Commune und alle Privaten in die größte Armuth versetzt, so daß, ohne baldige außerordentliche Hülfe, der ökonomische Credit der Colonie nicht aufrecht erhalten werden konnte.

Zunächst setzte man sich in Klarheit über den Belauf sämmtlicher Verluste, sowohl des Gemeinökonomicums, als der Bürger, nahm Inventarien von allen Gewerben auf, und händigte einen der Wahrheit getreuen Bericht über Alles der Tutel-Kanzlei ein, in welchem man sich schließlich der Gnade **der Kaiserin** allerunterthänigst empfahl. Ebenso unterließ man nicht, dem Direktorium der Brüder-Unität umständliche Nachricht zu geben und sich dessen guten Rath und Hülfe herzlich zu erbitten.

Am 25. October feierte die Gemeine im Hause Gottes ein Dankfest, im Andenken an Alles, was der Herr bisher Großes in Sarepta gethan. Nach dem Gebet der Kirchenlitanei wurde das Diarium der nach Astrachan flüchtenden Gemeine mit Dank und Beschämung über die gnädige Hülfe unsers Gottes gelesen. Nachmittags hielten die Geschwister ein Liebesmahl, in welchem sie den vor drei Tagen zur Visitation aus Deutschland angekommenen Bruder Chr. Gregor mit seiner Frau willkommen hießen. Abends wurde das Tedeum angestimmt und Br. Gregor schloß die Feier mit einer Rede über die Tageslosung: „Er sende dir Hülfe vom Heiligthum und stärke dich aus Zion." (Ps. 20, 3.)

Der eben erwähnte Besuch des Bruders Gregor war der ganzen Gemeine zu großem Trost und Ermunterung. Alles wurde aufgerichtet, neu belebt und in dem Willen gestärkt, im Glauben an den Herrn das angefangene Werk nicht liegen zu lassen, sondern es auf's Neue anzugreifen. Der Herr, unser Gott, rüstete diesen Bruder mit besonderer Gnade und Gabe aus, daß alle seine hiesigen Geschäfte und Unterredungen mit den Leitern und Gliedern der Gemeine mit Segen gekrönt waren.

Zweiter Abschnitt.

Die Zeit von 1774—1802.

Zweiter Abschnitt.
Die Zeit von 1774—1802.

Erstes Capitel.

Oekonomicum der Gemeine. — Visitation des Bruders P. C. Fries. — Verhandlungen mit der Regierung und Bestätigungen unserer Privilegien, 1796 und 1801.

———

Der Verlust, welchen die ganze Gemeine durch die Plünderung und Zerstörung des Orts durch Pugatschew erlitten hatte, war von Unpartheiischen auf 70,000 Rubel geschätzt worden, eine Summe, die nach dem damaligen Werth des Geldes einen freilich höheren Schaden repräsentirte, als für welchen man ihn heute zu Tage ansehen würde. Wenn auch die werkthätige Liebe unserer Geschwister in Deutschland sich mildreich erwies, indem sowohl von Seiten des Unitäts-Direktoriums, der Handlung Abraham Dürninger und Comp. in Herrnhut, sowie vieler Privaten nicht unbedeutende Unterstützungen einliefen, so war damit doch nur der äußersten Noth abgeholfen; Handlung und Gewerbe lag darnieder, und von den durch die hohe Krone uns früher vorgestreckten Geldern war ein großer Theil als nicht mehr vorhanden zu betrachten. Dazu kam, daß die Termine heranrückten, in denen der Anfang gemacht werden mußte, unsere

Schuld abzutragen, und keine Möglichkeit war zu sehen, mit dem Theil, der uns geblieben war, das Nöthige zu bestreiten. Wohl war der solidarische Credit Sarepta's keineswegs gesunken, im Gegentheil fand man, sowohl in Rußland, als in Deutschland die größte Bereitwilligkeit, uns Summen vorzustrecken; die Brüder selbst aber scheuten sich, dadurch die gewaltige Schuldenlast zu vergrößern. So schien der einzige Weg, aus dieser Noth zu kommen, der zu sein, darauf anzutragen, die Krone zu bewegen, uns einen Theil der geliehenen Gelder zu erlassen.

Es wurde daher durch unsern Agenten in St. Petersburg B. G. Müller, eine Bittschrift unserer Gemeine, die auf die gerichtlich aufgenommenen Zeugnisse von unserm Unglück basirt war, eingereicht, des Inhalts, daß die hohe Krone in Ansehung unsers gegenwärtigen Unvermögens, jene Zahlung zu leisten, die Hälfte der Summe uns gnädigst erlassen möge. Obgleich wir nun auf diese Bitte abschlägig beschieden wurden, so gereichte es uns doch zu großer Erleichterung, daß die Zahlungstermine um noch 10 Jahre hinausgeschoben wurden.

1776 wurde ein Danksagungsschreiben an **Ihre Majestät die Kaiserin** für diese uns erwiesene Wohlthat abgefaßt, dem wir die abermalige unterthänige Bitte um Erlassung der Hälfte jener Schulden beifügen wollten, was uns jedoch durch unsern Gönner Fürst Potemkin abgerathen wurde, indem es passender sei, dies Ansuchen bis auf die Zeit zu versparen, da unsere Rückzahlungen beginnen würden. Man kam jedoch nicht wieder darauf zurück, sondern reichte 1784 durch unsern damaligen Agenten Br. Loskiel ein Bittschreiben ein, in welchem wir die Vergünstigung nachsuchten, die Vorschüsse vom Verfalltermine an in jährlichen Raten von 2000 Rubeln abzahlen zu dürfen, welches Ansuchen in der Weise von der Regierung modificirt wurde, daß man uns gestattete, jährlich 6 vom Hundert (etwa 3000 Rubel) an die Krone zu entrichten, daß also nach 17 Jahren unsere Schuld getilgt sein würde.

Etwa 12,000 Rubel waren nach und nach durch Sammlungen in unsern deutschen Gemeinen für Sarepta zusammengekommen, die man beschloß, pro rata auf den Verlust der Privaten (der etwa 32,500 Rubel betrug) zu vertheilen, da sie der schleunigsten Hülfe bedurften. Dagegen sollte alles das, was vielleicht von der hohen Krone zu erwarten wäre, den Diaconieen der Gemeine, der Brüder und der Schwestern, zu Gute kommen.

Aus verschiedenen Gründen hielt man es jetzt für zweckmäßig, daß die Diaconie der Gemeine einestheils sämmtliche durch Kronvorschüsse erbaute Häuser, welche bereits in den Besitz von Privaten, (die mit dieser Maßregel sehr wohl einverstanden waren,) übergegangen, zurücknähme, anderntheils aber auch sämmtliche pecuniäre Verpflichtungen, der Krone gegenüber, auf sich übergehen ließen. Denn, während die meisten der ruinirten Privatleute, (von denen schon bis dahin die wenigsten die festgesetzten Raten zum Rückzahlungsfonds richtig hatten einzahlen können,) hoffen durften, zur bestimmten Zeit zahlungsfähig zu sein, war es der Gemeindiaconie eher möglich, zur Verzinsung und Rückzahlung des Ganzen zu kommen, indem nämlich in dem ganzen Gewerbscomplex die stärkeren Theile die schwächeren mit durchbrächten. Es wurde daher den betreffenden Bürgern die bereits erlegten Raten zurückerstattet; für die Benutzung der Häuser aber zahlten sie von nun an einen bestimmten Zins.

Da Br. Chr. Gregor's Visitation nicht den Zweck gehabt hatte, in dieser Richtung unserer Gemeine zu Hülfe zu kommen, er auch dafür nicht die geeignete Person gewesen war, so wurde mit ihm nur Vorläufiges berathen, die Hauptberathung und Durchführung innerer Maßregeln suspendirt. Als 1776 Br. P. C. Fries zur Visitation hier eintraf, wurde die Sache wieter aufgenommen, und sein Besuch war für die Regulirung der äußerlichen ökonomischen Verhältnisse sowohl, von großer Wichtigkeit, als auch in anderer Beziehung reich gesegnet. Nachdem, den Beschlüssen der Synode von 1775 gemäß, die Gemeinconferenzen aufs neue gewählt und constituirt waren, nahmen die Visitationsberathungen ihren Anfang.

Weil man die Einrichtungen nicht nur der Brüdergemeine, sondern auch unserer Commune den, in den deutschen Gemeinen vorhandenen, entsprechend machen wollte, so war schon bei Gregor's Visitation festgesetzt worden, daß neben oder über der Commune ein obrigkeitliches oder herrschaftliches Amt stehe, das in dem derzeitigen Ortsvorsteher seinen Vertreter habe, welcher denn auch von der Regierung als nomineller Besitzer des Landes angesehen werde. Seine ökonomischen Funktionen sollten als ganz getrennt von denen des Vorstehers der Gemeindiaconie angesehen werden. An seine Casse sollten die Landesabgaben, Grund- und Erbzins, sowie die Rückzahlungsgelder für die Kronschulden abgeführt werden. Diese Land- und Zinsabgaben wurden nun geregelt. Da die derzeitigen Einwohner im Verhältniß zu den später lebenden Bürgern einen zu großen Vortheil durch den vollen Genuß der abgabenfreien Jahre gehabt hätten, so beschloß man, daß nach Verlauf von 5 bis 6 Jahren die Bürger sowohl, als auch die Gewerbe der Gemeindiaconie anfangen sollten, die Landabgaben ganz oder zum Theil an die herrschaftliche Casse zu zahlen. Diese Gelder würden dann einen Fond bilden, dessen Zinsen entweder den spätern Ansiedlern zu Gute kämen, oder ihnen doch die Möglichkeit verschafften, ebenfalls in der ersten Zeit ihres Hierseins den Genuß von Freijahren zu haben. Von diesen Einnahmen, zu welchen noch Recognitionsgelder aus den Gewerben kamen, sollten außerdem alle Polizeiunkosten, sowie die Unterhaltung unserer militairischen Schutzwache, bestritten werden.

Ferner wurde unter Mitwirkung des Bruders Fries die Justizadministration neu construirt, an deren Spitze der Ortsvorsteher und unter ihm der Justitiar mit 3 Beisitzern stehen sollten. Ihre Thätigkeit beschränkt sich hauptsächlich auf Ausfertigung von Pässen, auf Behandlung von Vormundschafts- und Erbschaftssachen, Einziehung der Steuern, gerichtliche Procedur gegen Fremde und gegen Brüder, welche ihm von dem brüderlichen Schiedsgericht, dem Collegium der Aufseher, überwiesen worden waren. Ein eigenes Lokal wurde für diese Expedition eingerichtet.

Endlich wurden von Br. Fries sämmtliche Branchen der Gemeindiaconie revidirt, sie bestanden in der Handlung mit Tabacksfabrik, dem Gasthof, der Brennerei und Brauerei, der Fischerei, den Mühlen, der Mehlhandlung, dem Vorwerk, der Obst- und Weinplantage in der Tschapurnik, dem Forstwesen, der Lichtgießerei, zu welchem jetzt auch die Apotheke kam, die bis dahin auf eigene Rechnung von Dr. Wier geführt worden war. Von diesen Branchen wurden 1785 Brennerei, Brauerei, Mühlen und Vorwerk an die Administration des Ortsvorstehers abgegeben, da die Einkünfte dieses Amts nicht hinreichend waren, seine Unkosten zu decken.

Die weitere Thätigkeit des Bruders Fries bestand, wie die Gregor's, in dem Anhören der Wünsche und Bedürfnisse der einzelnen Geschwister, und väterlicher Berathung derselben.

―――――

Zwei Acte von Wichtigkeit, welche wir darum an die Spitze dieses Abschnittes zu setzen nicht unterlassen können, sind die zweimal in dieser Zeit erfolgten Bestätigungen der uns gnädigst verliehenen Privilegien. Als Catharina II., die in ganz besonderer Weise dem heranwachsenden Kindlein Sarepta eine Landesmutter gewesen ist, und durch ihre gnädige Fürsorge sich den aufrichtigen Dank eines jeden Sareptaners erworben hat, 1796 starb, und Kaiser **Paul I. Petrowitsch** zur Regierung kam, hielten es die Brüder für nothwendig, unserm Agenten in Petersburg einen Deputirten der hiesigen Gemeindirection zur Hülfe zu senden, um mit ihm die Verhandlungen betreffs der Confirmation oder Bestätigung zu betreiben. Dies war um so nothwendiger, da durch die veränderten Zeitumstände mehrere Punkte der früheren Privilegien auf die Verhältnisse nicht mehr anwendbar waren, während andere, für das Fortbestehen unserer Gemeine nothwendige, in denselben nicht erwähnt waren. Der Mitvorsteher der Gemeine, Joh. Jacob Loretz, der schon vielfach in solchen Geschäften der Gemeine gedient hatte, (unter anderm 1777 Br. Fries auf seiner Rückreise bis St. Petersburg begleitet und dort unserm Agenten beim Ansuchen um Erlaß der Hälfte der Kronsschulden beigestanden hatte,) der der russischen und französischen Sprache mächtig, bei nöthigem Ernst und Entschiedenheit hinreichende Gewandtheit zu diesem Geschäft besaß, begab sich im Januar 1796 nach Petersburg und brachte nach einem fast neunmonatlichen Aufenthalt die Angelegenheit, in welcher er von dem Generalprocureur Fürst Wäsemskoy auf's treuste mit Rath und That unterstützt wurde, zu einem für uns günstigen Schluß. Se. kaiserliche Majestät bestätigten die von der **hochseligen Kaiserin** gegebenen Privilegien nicht nur, sondern fügten auch neue hinzu. Zu dem früher uns geschenkten Land erhielten wir das Areal des Gesundbrunnens (§. 2.). Die von uns bereits eingerichtete Justizverwaltung wurde mit einigen Modificationen bestätigt und ihr die Würde und Macht eines kaiserlichen Stadtgerichts gegeben. Da die Tutelexpedition der Ausländer in St. Petersburg aufgehoben worden war, so wurde Sarepta zwar nicht dem neu errichteten Tutelcomtoir für Ausländer in Saratow untergeordnet, wohl aber dem Dirigirenden desselben zum Schutz empfohlen. (§. 4.) Im 5. Paragraphen wurde uns die Freiheit verliehen, ohne Entrichtung der Gildengelder alle Rechte der Russischen Kaufmannschaft im ganzen Russischen Reich zu besitzen, und endlich enthielt der §. 11. die Bestätigung der Abgabenfreiheit bis Ende des Jahres 1805. (Dreißig Jahre waren anfänglich bewilligt worden, welche Frist 1775 noch um neun Jahre verlängert wurde.) Aus allebem konnten wir zu unserer Freude sehen, daß wir uns die Gunst der Regierung als treue und betriebsame Unterthanen erhalten hatten.

Die letzte Bestätigung aller dieser Vorrechte in diesem Zeitabschnitt erhielten wir zu dessen Schluß 1801, als Kaiser Alexander I. Pawlowitsch den Thron bestieg, und zwar in einem Instrument, das von der gnädigen Gesinnung dieses Monarchen gegen uns Zeugniß ablegte, und uns nichts zu wünschen übrig ließ, als daß wir des uns darin bezeugten Vertrauens uns immer würdiger machen möchten.

Zweites Kapitel.

Wachsthum Sarepta's. — Aufblühen der Industrie.

Im Allgemeinen ist dieser Abschnitt eine Zeit des gewerblichen Aufschwungs und hoher Blüthe. Die Gemeine nahm zu und baute sich an. Die größte Verstärkung erhielt sie naturgemäß aus Deutschland, jedoch zog man in dieser Zeit vor, anstatt wie in früheren Jahren die Pilger in großen Gesellschaften zu befördern, sie in kleineren Genossenschaften kommen zu lassen.

Von 1775 bis 1800 kamen fast jährlich Verstärkungen von 4, 12 bis 22 Personen, welche Nachgekommenen schließlich eine Zahl von 171 Geschwistern ausmachten. Die Reisen derselben, deren Tagebücher zum Theil noch vorhanden sind, bieten nichts Originelles oder Interessantes dar. Außer diesem Zuwachs aus Deutschland schlossen sich freie deutsche Ausländer aus St. Petersburg, Moskau und den Saratow'schen Colonien unsrer Gemeine an, so daß seit 1774, als die Gesammtzahl 190 Personen betrug, dieselbe 1801 bis auf 501 gewachsen war. Einen großen Theil derselben machten die Bewohner des Brüder- und Schwesternhauses aus. 1789 faßte eine große Anzahl deutscher Colonisten aus dem Saratow'schen Gouvernement den Entschluß, hieher zu ziehen, um, wenn es die Gemeindirektion genehmige, in dem Tschapurnikthal ein Bauerndorf anzulegen. Aus manchen äußerlichen und innerlichen Gründen mußte davon abgesehen werden, und nur einige derselben ließen sich in den bereits in Schönbrunn bestehenden Bauernwirthschaften nieder.

Da sowohl verheirathete Geschwister hieher zogen, als auch Ledige sich mit der Zeit einen Hausstand zu gründen wünschten, da ferner die Industrie nach verschiedenen Seiten sich ausbreitete, so wuchs der Ort durch mannigfache Bauten. 1774, zur Zeit der Plünderung, hatte Sarepta folgende Gebäude: 1. die neue Kirche mit dem einstöckigen Flügel der Prediger- und Vorsteherwohnung, an den im rechten Winkel das alte Versammlungshaus stieß. 2. Das Brüderhaus, das aber nur zwei parallele Flügel und ein an der Ostseite offenes Quarré von Nebengebäuden hatte, und drei Gewerbe: Gerberei, Färberei und Schlachterei, aufweisen konnte. 3. Das Schwesternhaus, aus einem Flügelgebäude nebst Hintergebäuden bestehend. Von Gemeingewerben bestanden 4.: ein Kaufladen, eine Schmiede, Töpferei, Gasthof mit Branntweinbrennerei, Sägemühle, Mahlmühle, Lichtgießerei und Tabacksfabrik, alle mehr oder minder mit den nöthigen Hintergebäuden, Ambaren (Vorrathshäusern) u. f. w. versehen. Dazu kamen 6 Häuser, in denen Privatleute wohnten, so daß man im Ganzen 19 Hauptgebäude zählen konnte, ungerechnet die 5 Bauernwirthschaften in Schönbrunn und den großen Wirthschaftshof des Vorwerks.

In der vor uns liegenden Periode vermehrten sich die Gebäude um mehr als das Dreifache. Die Wohnung der Prediger und Vorsteher, welche schon 1774 untermauert worden war, wurde des mangelnden Platzes wegen 1797 mit einem zweiten Stockwerk versehen. 1782 wurde das große steinerne Ortsvorsteherhaus gebaut und in dem folgenden Jahr von Br. Daniel Fick und Jacob Loretz bezogen. Ihm gegenüber erhielt das Chor der Wittwen, das zugenommen hatte, 1791 eine schöne steinerne Wohnung. Das Quartier der ledigen Brüder dehnte ebenfalls seine Grenzen weiter, und füllte sich mit den nöthigen Baulichkeiten. Nachdem 1777 der Grundstein zum großen zweistöckigen Vordergebäude dieses Chores gelegt worden war, wurde es 1779 feierlich eingeweiht. Als aber auch diese Räume für die von Jahr zu Jahr zunehmende Anzahl nicht mehr hinreichend waren, wurde parallel mit dem Vorderhaus in den Jahren 1791 und 1792 ein gleich großes steinernes Hintergebäude aufgeführt. Ein schöner Betsaal und ein sehr geräumiger Schlafsaal waren Zierden dieser Häuser, in denen auch die Knabenschule in drei Zimmern Unterkommen fand. Das seitlich liegende Quarré wurde weiter ausgebaut, so daß außer den oben genannten älteren Gewerbsanlagen, von denen die Gerberei umgebaut und neu eingerichtet wurde, eine Weberei, Schneiderei, Goldschmiede, Tuchmacherei und Strumpfweberei, nicht weniger eine Bäckerei, Tischlerei, Rothfärberei und Töpferei den nöthigen Raum fanden.

Das Schwesternhaus erhielt 1779 sein großes Hauptgebäude.

Als die Weberei, die ihren Anfang in dem früheren Eiskellergebäude des alten Schwesternhauses genommen hatte, sich ausbreitete, wurde für dies Gewerbe 1797 ein zweites steinernes Gebäude (das jetzige Brüderhaus) in gleicher Fronte mit dem Hauptgebäude und neben ihm aufgeführt und im folgenden Jahr bezogen. Das für diese, sowie für die übrigen Webereien nöthige Garn, wurde theils hier am Ort, zum großen Theil aber auf Saratow'schen Colonieen gesponnen, wo in dieser Periode, zu nicht geringem Nutzen für die Colonisten, bedeutende Factoreien für diesen Artikel angelegt wurden.

Zum Theil übernommen, zum Theil auf Kosten der Gemeine neu angelegt und zu ihrem Nutzen betrieben wurde die 1775 an die Wolga verlegte Bierbrauerei und die Apotheke (1776), an welche späterhin, nach Entdeckung des Gesundbrunnens (siehe nächstes Kapitel), ein großes Laboratorium zur Gewinnung des Brunnen- oder Purgir-Salzes, angebaut wurde. Die Branntweinbrennerei, die vordem in dem Gasthofsgebäude betrieben worden war, wurde 1778 in ein steinernes Gebäude, das 1789 eine zweite Etage erhielt, verlegt, von 1799 an aber in einem großen hölzernen Gebäude an der Zariphner Straße betrieben. Der Gasthof wurde 1781 mit einem zweiten Stockwerk versehen und erhielt 1788 große Hintergebäude; ein Haus zur Seifenfabrikation wurde hinter der Lichtgießerei aufgebaut. Die Mühlen wurden theils stark erweitert, theils im Innern verändert. Das Werk der Sägemühle wurde 1788 entfernt und an seine Stelle zwei Mahlgänge gesetzt, wozu noch im nächsten Jahre ein Hirsegang kam. Eine zweite Mahlmühle wurde 1794 an der oberen Sarpa (die Obermühle) und eine dritte 1798 an der unteren Sarpa neben der älteren aufgestellt; auch eine Windmühle war in Thätigkeit. Für diese Anlagen waren nicht nur Mehlmagazine (1778) und Getreideambaren (1800), sondern auch vielfache Wasserbauten an ten Dämmen nöthig, die häufig durch die Frühlingswasser litten, auch einmal ganz zerstört wurden, und bedeutende Kosten er= forderten.

Die Gemeinhandlung, der frühere Kaufladen, wurde in ein großes steinernes Haus, der Kirche gegenüber, verlegt; die mit ihr verbundene Tabacksfabrik wurde vergrößert und erhielt einen großen Tabackskeller und Ambare; für die ebenfalls ihr gehörende Weberei wurde eine Bleiche angelegt. 21 Familienhäuser wurden in dieser Zeit gebaut.

Der Gang aller dieser Gewerbe war natürlich ein verschie= dener, und ihm im Einzelnen nachzugehen, würde zu weit führen; im Allgemeinen jedoch war er folgender: Nach der Plünderung begann man Mehreres von Neuem, während Anderes nach kurzer Unterbrechung fortgeführt werden konnte. Als dankenswerth mußte man erkennen, daß das große Unglück keinen Geschäfts= mann veranlaßte, seine Hoffnung wegzuwerfen, seine Sache auf= zugeben und seiner Wege zu gehen, sondern man blieb und Einer stützte sich auf den Andern. Eben dies brüderliche Zusammen= arbeiten war es, was ihnen in damaliger Zeit in so vielen Bran= chen die erste Hand, wenigstens in diesem Theil des Landes, ver= schaffte. Denn da die Brüder, so zu sagen, aus aller Herren Länder zusammengekommen waren, und der Eine das, der Andere jenes gesehen hatte, so fand sich mit ihnen ein Schatz von Kennt= nissen und Erfahrungen zusammen, von denen keiner seinen An= theil egoistisch für sich allein benutzen wollte, sondern Andern damit diente, wo er wußte und konnte. Einer half dem Andern und die Gewerbe, besonders diejenigen, deren Direktion eine colle= gialische war (wie z. B. die Handlung), blühten auf. Letztere hatte freilich, was den Handel mit den Kalmücken betrifft, durch die Entweichung der großen chanischen Horde ihren Hauptstoß erhalten. Nach der Plünderung Sarepta's, an der dies Volk wohl auch Theil genommen haben mag, waren sie scheu geworden und mieden Sarepta Jahr und Tag, fanden sich aber doch nach und nach wieder herzu.

Bis zum Jahre 1785 consolidirten sich die Professionen und Fabriken und erstarkten innerlich, ohne daß sie mehr als mäßigen Nutzen abwarfen. In den zwei nächsten Jahren fingen sie an zu blühen, der Absatz mehrte sich so, daß es 1788 anfing, an Händen zu mangeln, um die verlangte Arbeit zu bestreiten. Wenn dann auch in den Jahren 1792 bis 1794 kleine Schwankungen eintraten und die Erfolge nicht so lohnend waren, (was zum Theil wenigstens, da es an Arbeit und Absatz nicht fehlte, vielleicht an mangelnder Wirthschaftsgabe gelegen haben mag), so waren doch von 1795 an, trotz der immer zunehmenden Theurung der Lebensmittel, Handel und Gewerbe reich gesegnet.

Die Mühlen, auf deren Ertrag man so sehr gerechnet hatte, rechtfertigten diese Erwartungen nicht; wenigstens kamen Jahre wie 1776, 1792 und 1798, in denen des Wassermangels wegen fast gar nicht gearbeitet werden konnte. 1792, 1799 und 1800 machte dagegen das Frühlingswasser großen Schaden, indem es die Dämme theils durchbrach, theils hart beschädigte. Daher kam es, daß der Ertrag mit den Kosten höchstens im Gleichgewicht stand, wenn nicht gar von den letzteren übertroffen wurde. Doch durfte man diese Werke nicht fallen lassen, da sie sowohl für die Privaten, als auch für die Bäckerei eine Nothwendigkeit waren, indem feines gebeuteltes Mehl nirgends in der Umgegend zu bekommen war. Die Schneidemühle arbeitete mit 24 Sägen in zwei Rahmen, der Hirsegang mit 10 Stampfen.

Mit der Landwirthschaft machte man weitere Versuche. Die Getreideernten waren jedoch des mangelnden Regens wegen durchschnittlich nur mäßig, wenn nicht gering zu nennen, die Arbeitslöhne stellten sich beim Mangel an Arbeitern hoch, so daß der

Landbau auch bei günstiger Witterung, und selbst in den Jahren der Theurung 1790, 1792, 1794 und 1799 wenig Nutzen brachte; die Kosten, die man zum Aufbau des großen Wirthschaftshofes am Vorwerk aufgewendet hatte, waren vergeblich. Doch wurde man nicht müde, es mit Obstpflanzungen zu versuchen, und legte 1776 eine Weinplantage in der Tschapurnik an, die Erfolg versprach, während ein Versuch, dort Ackerbau zu treiben, sich nicht bewährte. Die Arbusenfelder gediehen damals wie heut. Der Gemüse- und Tabacksbau schien, trotz verschiedener Wechselfälle, am meisten zu lohnen, zumal, nachdem man durch Abdämmen der Sarpa, die nöthige Bewässerung für 30 Gärten erhalten hatte. Die Versuche mit Waldanpflanzung setzte man fort, jedoch ebenfalls, ohne günstige Resultate zu erzielen.

Mit der Viehwirthschaft wollte es ebenfalls nicht glücken. Mancherlei Seuchen zeigten sich zu verschiedenen Zeiten, vor denen auch das Jungvieh, das man zu dem Zweck nach der Tscharpurnik übergesiedelt hatte, nicht geschützt werden konnte. Einen Theil der Wiesen hatte man, um sie fremdem Vieh unzugänglich zu machen, einzäunen lassen, was bedeutende Kosten machte und von dem Nutzen nicht aufgewogen wurde. Eine in Schönbrunn angefangene Schafzucht mit Kalmückischem und Malorossianischem Vieh, rentirte ebenfalls nicht, da die gewonnene Wolle zu grob ausfiel, und eine Pferdezucht, die man 1777 ebendaselbst begann, hatte, wahrscheinlich wegen der Concurrenz von Seiten der Kalmücken, keinen Fortgang. Kurz, die Resultate dieser 35jährigen Versuche waren so wenig lohnend, daß man die Viehzucht ganz einstellte, die Vorwerkswirthschaft 1799 ganz aufgab, und sie, stark reducirt, einem Privatmann pachtweis überließ, der Lust bezeugte, in Hoffnung auf bessere Erfolge, weitere Versuche zu machen.

Das schien schon jetzt fest zu stehen, daß Sarepta nicht durch

Landwirthschaft oder Viehzucht, sondern durch Handel, Fabriken und Professionen sein Bestehen haben könne.

Von einzelnen Gewerben ist anzuführen, daß eine Manchesterweberei im Brüderhaus ausgezeichnet schönes Fabrikat, die „Krone der hiesigen Erzeugnisse", lieferte, aber aus Mangel an Absatz und Nachfrage einging. Die Tabacksfabrik, die an dem alten Bruder Silkes einen tüchtigen Meister hatte, und als gemeinnütziges Institut, als Hafen für augenblicklich arbeitslose Personen, fast nothwendig war, sandte Proben von Schnupftabaken nach St. Petersburg; und man hatte die Genugthuung, daß derselbe nicht nur am kaiserlichen Hof Eingang fand, sondern daß selbst **Ihre Majestät die Kaiserin** denselben versuchte, und sich lobend über denselben aussprach. Die in der Gemeinbäckerei verfertigten Waaren konnten nicht in hinreichender Menge geliefert werden, ja ein Großer des Reichs, der eine Zeit lang unser Brunnengast war, versuchte es sogar, unsern Bäckermeister durch hohe Versprechungen uns abwendig zu machen, was ihm aber nicht gelang.

Die Bierbrauerei lieferte außer einem guten Halbbier ein vorzügliches englisches Doppelbier.

Als der Einfuhrzoll des leinenen Garnes, das man aus Sachsen verschrieb, so stieg, daß man es nicht mehr aus dem Ausland beziehen konnte, knüpfte man mit Archangel'schen Häusern Verbindungen an, um von dort mit diesem Material sich zu versehen.

Hauptmanufacturartikel waren halbseidene und baumwollene Tücher (Sarpinka), welche Fabrikate 1796 kaum den vierten Theil der Nachfrage befriedigen konnten; halbseidene Leinwand, Cottonade, Cannevas, baumwollene Mützen, Strümpfe und Tuch. Die Seide für die halbseidenen Stoffe ließ man aus Italien kommen, weil die Russische weder im Faden gleichmäßig noch in der Farbe gut war.

Abgesetzt wurden diese Waaren großentheils an durchreisende und längere Zeit bei uns sich aufhaltende Fremde; ein nicht unbedeutender Theil wurde von unsern Commissionären in den Hauptstädten und an andern Orten des Reichs verkauft.

Bei Gelegenheit der Land- und Viehwirthschaft wurde des Dörfchens Schönbrunn erwähnt. Da eben diese Erwerbszweige sich als nicht lohnend erwiesen, so muß der Plan, dort Bauerwirthschaften anzulegen, als ein verfehlter erscheinen. Die zu diesem Zweck gebauten Häuser standen häufig leer, oder wurden nur zeitweis bewohnt von solchen, die auf diesem Wege zu einem selbstständigen Etablissement zu kommen suchten. In den meisten Fällen aber setzten diese nach Verlauf höchstens einiger Jahre der Gemeindirektion so lange mit Bitten und Drängen zu, bis man ihnen die Möglichkeit machte, in Sarepta selbst irgend ein Etablissement zu erhalten. Zeitenweis wurden die Baulichkeiten als Quartiere für die Kurgäste des Gesundbrunnens benutzt; gegen Ende dieses Abschnitts wirthschafteten dort einige Familien, die von den Saratowschen Colonieen hieher gezogen, und die Erlaubniß erhalten hatten, sich der Brüdergemeine anzuschließen.

Leider aber war diese kleine Nebencolonie von Anfang an ein Heerd der Uneinigkeit und Zwietracht gewesen. Es war, als ob ein längeres Leben in diesem, dem Raum nach so wenig von der Muttergemeine entferntem Filial, den sich gegenseitig tragenden und liebenden Gemeingeist erstickte, und das Streben hervorrief, nur das Seine zu suchen.

Drittes Capitel.

Der Catharinen- oder Gesundbrunnen.

Die Anzahl der, längere Zeit bei uns sich aufhaltenden Fremden war zeitweis sehr groß, ja in einem Jahr überstieg sie fast die der Einwohner. Die Ursache dieser Frequenz war ein Mineralbrunnen, den der erste Arzt Sarepta's, Dr. Wier, am Abhang der Ergheni-Berge, 8 Werst von unserm Ort entfernt, 1775 auf der Krone angehörendem Land entdeckte. Dr. Wier, ein Mann aus der alten Schule, hatte seine Studien in Berlin gemacht, und wurde als ein tüchtiger praktischer Arzt in und um Sarepta hochgeschätzt. Daß er auch der Chemie nicht unkundig war, bewiesen seine gründlichen Untersuchungen des Wassers jener Heilquellen, deren Resultate uns noch vorliegen*). So wenig Gnade seine freilich mehr qualitative als quantitative Analyse vor den Heroen der heutigen Chemie finden würden, da Dr. Wier, andre Irrthümer abgerechnet, metallisches Eisen in Blatt- und Kernform dem Wasser durch Anwendung des Magnets entzogen haben will, so sind sie doch in Betracht des damaligen Standes der Wissenschaft genügende zu nennen. Hauptbestandtheile des Wassers waren: Glaubersalz, Bittersalz und Kochsalz. Diese Salze wurden in

---

*) In einem Pfund Wasser war enthalten:

Sal. mirab. Fontan. gr. 14.	Ferrum nativum circiter gr. 1.
„ amarc (Natron) gr. 4½.	Subst. saponaica ex alcali volatile
„ com. terreum gr. 1½.	et oleo terrestri wenig.
„ commune gr. 4.	Phlogiston wenig.
Nitrum terreum gr. 2½.	Spir. mineralis wenig.
Terra alcalina calcarea gr. 3.	

einem mit der Apotheke verbundenen eigenen Salzlaboratorium
durch Abdampfen ausgeschieden, auch wurde die Erde zur Gewinnung dieser Species ausgelaugt, und Glaubersalz und Magnesia
bildeten eine Zeit lang einen nicht unbedeutenden Handelsartikel
in den Grenzen des Russischen Reichs, da der versuchte Export
ins Ausland (Schweden) nicht glücken wollte.

Nachdem verschiedene Sareptaner das Wasser dieses Brunnens
bei kleinen Unpäßlichkeiten mit Erfolg gebraucht hatten, bekam
dasselbe in der Umgegend Ruf, und der Generalgouverneur von
Orenburg, Jacoby, war der erste, der 1776 durch eine drei-
wöchentliche Kur von einem Fieber befreit wurde, an dem er fünf
Jahre gelitten hatte. Seine Frau Gemahlin, die durch eine lang-
wierige Krankheit ganz entkräftet, in allen Gliedern contract, von
den Aerzten bereits aufgegeben, hier ankam, wurde durch eine
Kur von sechs Wochen so weit hergestellt, daß sie den Gebrauch
ihrer Glieder wieder erhielt, und im Laufe des Jahres sich völlig
erholte.

In den folgenden Jahren nahm die Zahl der Brunnengäste
rasch zu, so daß man ihnen nur zur Noth das nöthige Quartier,
theils am Brunnen, theils in Schönbrunn, theils in unserm Ort
selbst beschaffen konnte. Die baulichen Localitäten am Brunnen
waren unsern Kräften nach auf das Einfachste beschränkt und bestanden in einem Ueberbau über der Quelle, einem Badehaus,
für kalte und warme Bäder eingerichtet, einer mit Schilf gedeckten
Promenade und einigen Logishäusern. Diese Einfachheit der Einrichtung hielt aber die der Heilung Bedürftigen, auch aus den
höchsten Ständen, nicht ab, die Kur zu gebrauchen. Fürst Gre-
gori Orlow, Bruder des Reichskanzlers, Fürst Wäsemskoy,
Generelprocureur des Reichs, Fürst Galitzin, Gagarin, Graf
Woronzow, nebst vielen andern, hielten sich zu den beiden Kur-
zeiten im Frühling und Herbst hier auf, und waren von dem Er-

folg vollkommen befriedigt, obgleich ihnen Sarepta sonst wenig
Vergnügen und Lustbarkeiten bieten konnte. Kranke aller Art,
sogar Geisteskranke, fanden sich hier ein, und fanden zum großen
Theil Heilung oder wenigstens Linderung. Im Jahre 1796
stieg die Zahl der Gäste auf 300 Personen, die zum Theil in
dem benachbarten Dorf Otraba ein Unterkommen suchen mußten.

Für Sarepta waren diese Besuche, abgesehen von dem pecuniären Nutzen, den alle Geschäfte aus ihnen zogen, von großer
Wichtigkeit, da die Brüder Gelegenheit hatten, hochgestellte Personen und Würdenträger des Reichs persönlich kennen zu lernen,
und sich ihrem Schutz und Wohlwollen zu empfehlen. Nicht gering war auch der Vortheil anzuschlagen, den sie durch den tem-
porären Umgang mit vielseitig gebildeten Personen genossen, die
ihrerseits wieder überrascht waren, hier Leute anzutreffen, deren
Umgang ihnen ansprechend und angenehm war. Bei manchen
entstand aus dem anfänglichen äußerlichen Interesse an unserer
Lebensweise, Wesen und Verfassung aufrichtige Liebe und Hoch-
achtung, die einige, wie z. B. der oberwähnte Fürst Wäsemskoy,
uns bis an ihren Tod bewahrten. Auf seinem Sterbelager ließ
letzterer sich durch unsern, ihn besuchenden, Agenten in St. Petersburg
der liebevollen Fürbitte der Sareptischen Gemeine empfehlen. Er
sowohl, wie auch später Fürst Repnin und der Senator Fürst
Narischkin unterrichteten sich aufs ausführlichste, sowohl was
Grund unserer Lehre und Verfassung, als auch was unsere Sitten
und Gebräuche betraf, und konnten letzteren ihren Beifall nicht
versagen. Die Fürstin Wäsemskoy bewies ihre Freundschaft
unter andern dadurch, daß sie an ihrem Namenstag sämmtliche
ledige Schwestern zum Kaffee in den Garten der Schwestern ein-
lud. Beim Abschied bat sie es sich aus, daß man ihr jährlich
zweimal Nachricht von dem Befinden ihrer Bekannten in Sarepta
geben möchte, und der Fürst forderte den Vorsteher mehrmals

„zu einer vertraulichen Correspondenz" auf, mit der Versicherung, daß er davon nie einen unrechten Gebrauch machen werde.

Vielfach war den Brüdern zugeredet worden, um die Schenkung des Brunnens und des dazu gehörigen Landes einzukommen; denn im Anfang war derselbe herrenlos und wurde nur privatim von Dr. Wier benutzt, dessen Frau nach seinem Tode unter Dr. Seydels Leitung die Sache fortführte. Was uns davon abhielt, diesem Rath zu folgen, war die Scheu, daß wir uns mit einer solchen Schenkung Pflichten aufladen könnten, deren Erfüllung wir nicht gewachsen wären. 1797, als Bruder Jacob Loretz als Deputirter der hiesigen Gemeine nach St. Petersburg geschickt wurde (s. Cap. 1. p. 132), benutzten wir diese Gelegenheit zu einer Anfrage um die Verleihung dieses Brunnens und des umliegenden Landes. Obgleich unsererseits auf das Bestimmteste versichert wurde, daß wir an einen großartigen Umbau und wirkliche Cultur dieses Etablissements nicht denken könnten, sondern nur im Stande seien, es nothdürftig zu unterhalten, ging die Regierung auf das Bereitwilligste auf unsere Anfrage ein, und so kam er 1797 in unsern Besitz. Aber seine Blüthezeit war bald vorüber*). Nach manchen Schwankungen nahm der Besuch des Brunnens mehr und mehr ab, und sank in seiner Bedeutung für Sarepta fast eben so rasch als er gestiegen war. Was die Ursachen dieses Verfalls waren, ob der Wechsel der Aerzte, ob die durch wildes Wasser veränderten Eigenschaften und Wirkungen

---

*) Daß man zu einer Zeit eine großartige Cultur dieses Etablissements im Gemüth hatte, geht aus einem noch vorhandenen Plan hervor, nach welchem die Promenaden und in französischem Geschmack anzulegenden Alleen sich bis an die Wolga erstrecken sollten. Springbrunnen, Teiche, Pavillons, sogar zwei Kapellen, eine griechische und eine lutherische, Sommer- und Winterwohnungen für die Gäste sind aus demselben projectirt.

der Quelle*), ob das Aufkommen der bei weitem bedeutenderen
Bäder am Kaukasus, ist jetzt schwer zu entscheiden. Thatsache
ist, daß 1801 nur noch ein Brunnengast sich einfand.

Seitdem ist diese Quelle, deren Eigenschaften jetzt allerdings
wenig bedeutend scheinen, von Fremden gar nicht, von Sareptanern nur selten besucht worden und wird nur, der Verpflichtung
in der Schenkungsurkunde gemäß, in trinkbarem Zustand erhalten;
die daraus erwachsenden Kosten werden kaum durch die Pacht
aus dem Land gedeckt.

Viertes Capitel.

Begebenheiten des äußeren Gemein- und Communal-Lebens.

Um den Zufluß des oft so niedrigen Sarpabaches zu vermehren, war 1782 ein Graben zwischen Sarepta und dem Vorwerk gezogen worden, um gelegentlich das Wasser aus den ge-
dämmten Wiesen abzulassen, ebenso hatte man den, das Tschapurnikthal durchfließenden, Bach in die Sarpateiche geleitet, ohne
zu ahnen, daß die sonst so friedliche Sarpa zu Zeiten auch gefährlich werden könnte. Mitte März 1783 aber nahm sie durch
den schmelzenden Schnee dermaßen zu, daß am 15. des Monats

---

*) Die vom Professor Göbel 1834 aufgestellte Analyse ergiebt: freie
Kohlensäure 1,48 Cub. L. Schwefelsauren Kalk 6,375 gr. Doppelt kohlensauren
Kalk 6,4644. Doppelt kohlensaure Talkerde 8,5147. Schwefelsaures Natron
23,2199. Chlornatrium 25,9592 und Spuren von Chlorkalium und Kiesel-
erde auf 30 Unzen Wasser.

die Freischleuße geöffnet werden mußte. Am nächsten Tag brach das Wasser durch die Dämme der oberen Sarpa, da es aber nicht allzuschnell den unteren Mühlendamm erreichen konnte, hatte man Zeit, das Ufer zu beiden Seiten des Dammes zu erhöhen, in der Absicht, den Strom über die Brücke laufen zu lassen. Leider aber hatte diese Maßregel keinen Erfolg und man sah ein, daß es eine Unmöglichkeit sei, die Mühlen zu schützen; man fing daher am 18. an, die Werke heraus zu schaffen, mußte jedoch bald damit aufhören, da das Erdreich, weil der Strom durch die Häuser ging, so unterwühlt war, daß man es nicht mehr wagen konnte, sich darin aufzuhalten. Das Eis der Sarpa fing nun auch an zu gehen, und um dies auf die mindest unschädliche Weise zu entfernen, zog man einen seichten, von Bohlen eingefaßten Canal, einige Schritte hinter der Sägemühle quer über den Damm. Aber eben an dieser Stelle wühlte sich das Wasser unter dem Canal eine Oeffnung, die rasch zunahm, und den vollständigen Durchbruch herbeiführte. Schon früher hatten sich zwei Flöße, die oberhalb des Dammes lagen, losgerissen, von denen das eine nur mit Mühe herausgeschafft, das andere aber nur besser befestigt werden konnte. Als die Strömung sich nun plötzlich steigerte, wurde letzteres abermals losgerissen, fiel auseinander, und trieb zerstörend durch den Damm hindurch. Bald stürzte sich die Sarpa in breitem Strom über den ganzen Damm, füllte das Sarpathal aus und führte alles Holzwerk, das auf dem Mühlenhof lag, hinweg. Zugleich unterhöhlte es eine Anhöhe, auf der Vorräthe von Brettern, Stämmen und etwa 60 Faden*) Brennholz sich befanden, so daß alles in die brausende Fluth stürzte. Die Wasserschöpfwindmühle am linken Sarpaufer mußte rasch umgelegt werden, weil auch sie durch das abfallende Erdreich wankend gewor-

---

*) 1 Faden = 7 Fuß englisch.

ben war. Als der Strom an die Biegung des Thales bei der Ziegelscheuer kam, führte er das dort stehende Holz ebenfalls fort und trieb es zum Theil in die offene Wolga, zum Theil unter das Eis. Um die Wassermasse noch zu vermehren, regnete es am 19. März in Strömen. Eben, als man sich zur Predigt versammeln wollte, mußte alle Mannschaft aufgeboten werden, weil die Töpferei an der Sarpa (an der Stelle der jetzigen Bäckerambare) in Gefahr des Einsturzes gerieth, dem aber glücklich vorgebeugt werden konnte. Eine Nothbrücke, die nach einigen Tagen unterhalb des Dammes gebaut wurde, konnte nur kurze Zeit benutzt werden, da der Grund, auf dem sie stand, ebenfalls weggespült wurde. Als gegen Ende des Monats die Wucht des Wassers nachließ, konnte eine solche Brücke oberhalb des Dammes aufgestellt werden, die so lange dienen mußte, bis der Damm nach Verlauf eines Monats wieder hergestellt war. Großen Schaden hatte diese Fluth gemacht, da nicht nur die Mühlen zum großen Theil abgetragen werden mußten, sondern auch die Gärten sehr beschädigt, manche fast ganz weggeschwemmt waren.

Da der neue Damm fester, als der frühere, gebaut worden war, hielt er 1792, als das Wasser wieder den oberen Damm durchbrach, den Druck aus. 1799 drohte aber ein gleiches Unglück. Ein mehrere Fuß hoch liegender Schnee schmolz zwar langsam, machte aber durch starken Wasserdruck und Eisgang, der die mittlere Schleußensäule von der Stelle drängte, obgleich die Schleußen rechtzeitig geöffnet worden waren, am Damm und Fluthbett bedeutenden Schaden. Der Vorwerksgraben ging so stark, daß man ihn von der Sarpa abdämmen und durch die sogenannte zerrissene Gruft der Wolga zutreiben mußte. Und nicht genug, daß gleiche Noth am oberen Damm sich einstellte, wo das Wasser die Schleußen wegbrach und fortführte, auch bei dem Dorf Otrada brachen einige Dämme, und eine große Wasserfluth wälzte sich über unsere Wiesen, und richtete in den Gärten große Verheerungen an. Zugleich waren einige der Trinkwasser-Leitungsröhren schadhaft geworden, so daß die Einwohner auf doppelte Weise Wassersnoth litten. Doch ließ es der treue Gott dabei bewenden, und kein Menschenleben war, trotz der großen Gefahr zu beklagen.

Im nächsten Jahre, 1800, stieg das Wasser noch um 10 Zoll höher, zugleich stürzte es in solcher Masse von den Bergen herab, daß es die Straßen entlang in Strömen floß und die Einwohner in nicht geringen Schrecken versetzte. Nächst Gottes gnädiger Hülfe gelang es unablässiger Arbeit, und wochenlang fortgesetzter Aufsicht und Wache, die Gefahr abzuwenden, jedoch litten Gärten, Damm und Fluthbett wieder bedeutenden Schaden.

Aber nicht allein Wassersnoth, auch Feuersgefahren bedrängten die Brüder in diesem Zeitabschnitt. Nachdem sie mehrmals durch Steppenbrände beunruhigt worden, und einmal (1795) ein Feuer im Entstehen entdeckt und gelöscht war, nachdem eine Badstube vor dem Ort zweimal abgebrannt war, gerieth 1799 ein Theil der Hintergebäude des Brüderhauses bei Nachtzeit durch einen Blitz in Flammen; mit Gottes Hülfe gelang es jedoch, des Elementes Herr zu werden. Noch zweimal hatte die Gemeine einen gleichen Schrecken, indem in den nächstfolgenden Jahren die Malzdarre des Brauhofs an der Wolga und das Dach des Ziegelofens, dem Heuplatz gegenüber, in Flammen aufging. Dies veranlaßte die Brüder, nicht nur eine Revision der Feuerordnung vorzunehmen, sondern sich auch mit guten Feuerspritzen zu versehen, deren eine sie 1783 trotz der bedeutenden Kosten aus Herrnhut kommen ließen. Auf dem Wasserreservoir in der Mitte des Marktplatzes wurde ein Druckwerk angebracht, aus welchem die Spritzen durch Schläuche gespeist wurden.

Noch andere Gefahren durften uns in dieser Zeit, wenn auch

nicht schaden, so doch in Schrecken setzen. Die Nachwehen des Pugatschew'schen Aufstandes ließen sich auf mannigfache Weise bemerken, indem Räuberbanden zu Wasser und zu Land die Gegend unsicher machten. Die Kirgisen und später die Kosacken am Don waren uns Besorgniß erregende Nachbarn; in Otraba revoltirten die Bauern gegen ihre Herrschaft und 1795 fand man selbst in unserer Tschapurnik den Leichnam eines erschlagenen Kalmücken; auch Einbrüche wurden gelegentlich in unsern Ort versucht (1775); 1787 gelang es wieder, eine Garnison von 16 Soldaten, 6 Kanonieren und 6 Kosacken zu erhalten, da unsere frühere Besatzung von hier abgerufen war, jedoch wurden auch diese 1799 uns wieder genommen. Der Herr unser Gott wachte aber über uns, daß wir von allen Seiten unangefochten blieben.

Durch obgenannte Unglücksfälle wurde die Zahl der nothwendigen Bauten*) noch vermehrt; dazu kamen Reparaturen an Kirche, Thurm, Festungswerken u. s. w., daß man oft in Verlegenheit war, die nöthigen Mittel aufzutreiben. Nicht geringe Kosten machte die Beschaffung guten Trinkwassers, wofür man von Anfang an große Sorge trug. Ein eigenes, aus Bürgern bestehendes Comité berieth über den zweckmäßigsten Ausbau dieses Werkes und ein Röhrenmeister hatte die Executive.

Schon 1775 wurde eine Central-Wasserkammer in der Mitte des Marktplatzes gebaut, bei welcher sich das mit einem Druckwerk versehene Hauptbassin befand, und von der aus die Regulirung des Wassers procentweise geschah. Versuche, eiserne und später thönerne Röhren zu legen, wurde als nicht vortheilhaft erfunden und man kehrte zu hölzernen zurück. Als bei Ver-

---

*) Die Dächer mit Ziegeln zu decken, blieb ein Versuch, der sich nicht bewährte, während ein 1801 von Lehmziegeln gebautes Haus (das Eisolb'sche Haus) die Probe aushielt, indem es noch heute steht.

mehrung der Wirthschaften die Vorwerksquelle nicht hinreichend Wasser liefern konnte, scheute man sich nicht, die Hereinleitung einer Quelle von Schönbrunn aus (3 Werst weit) zu beschließen und 1791 auszuführen.

Durch den Segen Gottes in unsern Gewerben einerseits, und durch die Willigkeit unserer Freunde, uns mit Vorschüssen zu dienen andererseits, war es möglich, jederzeit die Mittel für das Nothwendige zu erhalten. Jedoch beunruhigte es die Brüder nicht wenig, als 1799, zum erstenmal seit der Gründung Sarepta's die Rechnung des Gemeinwesens und der Gemeindiaconie mit keinem Ueberschuß wie bisher, sondern mit einem starken Deficit abschloß, der wohl in der Stockung des Handels in damaliger Zeit seinen Grund hatte, aber schon der Vorbote war, von dem Unglück, was zwei Jahre darauf hereinbrechen sollte.

Die schon erwähnte Schenkung des Gesundbrunnens mit dem dazu gehörigen Land veranlaßte 1800 eine, neun Wochen lang dauernde, Landesvermessung, durch welche die Grenzen unseres alten und des neu geschenkten Landes festgestellt wurden und einige recht nutzbare Stücke Wiesenland in unsern Besitz kamen.

1786 bekamen wir eine neue Nachbarschaft an den Tataren, welche, aus dem oberen Rußland gekommen, sich dicht an unserer Grenze, am sogenannten dritten Sarpateiche ansiedelten.

Von Besuchen, die unsere Gemeine in dieser Zeit erhielt, ist, außer den Capitel 3 erwähnten, noch anzuführen: die zweimalige Durchreise einer Gesandtschaft des Chan's von Buchara in den Jahren 1775 und 1799. Die Brüder benutzten diese Gelegenheit, um Briefe an unsere Missionare im Brüdergarten zu Tranquebar zu senden, welche dieselben auch erhalten haben; ihre Antwort jedoch, die einen ähnlichen Weg gehen sollte, ist nicht in unsere Hände gekommen.

Ein armenischer Erzbischof, Joseph, (ein geborener Fürst Dolgorukow Argutsky), hielt sich zweimal in Sarepta auf und gewann die Brüder so lieb, daß er ihnen mit zwei Schriften, dem Glaubensbekenntniß und der Geschichte der Armenischen Kirche ein Geschenk machte. Ebenso verweilte der Inspektor des Seidenbaus im Russischen Reich, Marschall von Bieberstein, längere Zeit bei uns und suchte auch hier den Betrieb des Seidenbau's in Gang zu bringen, was jedoch nicht zu Stande kam.

Fünftes Capitel.

Innere Gemeingeschichte.

Der Geist und Character unserer Gemeine in damaliger Zeit war im Allgemeinen ein ernster, fern von Tändelei und Spielerei; der Blick war auf das himmlische Ziel gerichtet, und man suchte nicht nur was schädlich, sondern auch was unnütz war, zu vermeiden. Ein liebliches Einverständniß, das zu manchen Zeiten sich sehr merklich äußerte, bestand zwischen den Geschwistern unter einander, und ihren geistlichen Arbeitern gegenüber, ebenso erfreuten sich die ständigen Comitéen und Conferenzen der Gemeine herzlicher Eintracht. Bei alledem wird es dem gründlichen Kenner des Menschengeschlechts nicht absonderlich, sondern im Gegentheil natürlich erscheinen, daß es einzelnen Gliedern unserer Gemeine an diesem Sinn und Geist mangelte, daß Sünden mancherlei Art, Hang zur Bequemlichkeit, Fleischeslust, Eigensinn und Widersetzlichkeit, sich ebenfalls zeigten; aber eben darin bewies sich Sarepta als Brüdergemeine, daß Versündigungen der Art weder mit Gleichgültigkeit, noch mit tugendstolzem Pharisäismus, sondern mit inniger Betrübniß als Aergerniß gebend angesehen wurden. Die geistlichen Arbeiter der Gemeine verfuhren in Anwendung der christlichen Kirchenzucht gegen schwache Gemüther mit erstaunlicher Geduld, gegen Sündendiener, Verführer und Rottenmacher mit nachdrücklichem Ernst. Folge davon war, daß unlautere Gemüther theils freiwillig sich von uns trennten, theils kraft der uns verliehenen Rechte entfernt wurden. Die Zahl solcher war zu mancher Zeit nicht ganz gering, was einestheils seinen Grund darin hatte, daß, bei dem starken Bedürfniß nach Verstärkung aus Deutschland, unter den uns sehr willkommenen Geschwistern auch öfters solche waren, die gewissermaßen „auf Ansiedlung" hierher geschickt wurden, nicht, weil sie sich irgend etwas hatten zu Schulden kommen lassen, sondern weil sie eben auch in die deutschen Gemeinen nicht hatten recht einpassen wollen; anderntheils darin, daß das heranwachsende Geschlecht unserer Gemeine, da man fürchtete es den Verführungen der Welt in größeren oder kleineren Städten auszusetzen, auf unsern Ort beschränkt blieb, und verhindert wurde, sich zeitenweis in andern Brüdergemeinen aufzuhalten und dadurch nach Umständen Verhältnissen entnommen zu werden, die in der Familie selbst oder der Umgebung gerade dieser oder jener Individualität schädlich wurden. Die Gefahr einer geistigen Verkümmerung lag hier nahe und die Versuchung zur Sünde hatte kein Gegengewicht in einem regen geistigen Streben nach irgend einer Seite hin.

So war auch im Grunde die eingewanderte und noch einwandernde Generation diejenige, die das Bewußtsein bewahrte, dem Ganzen der Brüderunität als Glied anzugehören, „das Gemeinbewußtsein", und der Stagnation in unserer Gemeine wehrte; zu welchem Zweck auch der jeweilige Wechsel der Ge-

meinarbeiter von Nutzen war. Die Mittheilung der Synodale[r]
lasse der Unität war ebenfalls geeignet, dies Bewußtsein zu e[r]
wecken oder wach zu erhalten. Aber auch einzelne Zeiten zei[ch]
neten sich aus durch die geistlichen Segnungen, die in ihnen üb[er]
die Gemeine kamen; besondere Gnadenheimsuchungen Gottes ware[n]
bemerkbar, die theils einzelne Chöre (so z. B. die Kinder in de[n]
Jahren 1780, 1791 und 1795, die verheiratheten Geschwist[er]
1782) theils die ganze Gemeine ergriffen, wie es denn im G[e]
meindiarium von 1786 heißt: daß nach und durch den Eintri[tt]
B. G. Müller's in das geistliche Amt unserer Gemeine ei[n]
neuer Gnadenperiodus begann.

Die Willigkeit zu dienen, wie und wo es war, wenn nu[r]
dem Ganzen damit Nutzen geschafft werden konnte, war ein he[r]
vortretender Zug jener Zeit. Daher kam es, daß bei dem Vi[e]
lerlei, das besorgt werden mußte, manche Personen sehr verschi[e]
denartige Aemter hatten, die ohne diese Willigkeit nicht zugleic[h]
hätten geführt werden können, so aber sich gut neben einande[r]
vertrugen.

Viele Dienste wurden umsonst, oder gegen eine geringe Gra[ti]
tification geleistet, besonders, wenn sie das Ganze der Gemein[e]
oder den äußerlichen Kirchendienst, Musik und dergleichen betra[f]
fen. Der Wille und Trieb der Meisten ging nicht dahin, für
ihre eigene Person sich etwas zu verdienen, oder wohl gar reich
werden zu wollen, sondern sich genügen zu lassen an dem Nothwendigen. Daher waren naturgemäß die Gehalte der in Ge-
meindiensten stehenden, der Vorsteher, Prediger, Lehrer, der Meister und Gesellen in den Gemeingeschäften sehr gering und nur
auf's Auskommen berechnet; dabei aber hatten die Betreffenden
keine Ursache besorgt zu sein, indem jederzeit das etwa Fehlende
bereitwillig als besondere Zulage erstattet wurde. Als die Preise
der Lebensmittel in die Höhe gingen, vergrößerte man auch die

Gehalte, jedoch erklärten manche, daß sie dessen noch nicht bedürften, und blieben auf ihrem früheren Salair, was aber von keiner Seite als ein besonderer Act der Entsagung, sondern als etwas einem Bruder Gemäßes angesehen wurde. Diese Zustände hatten etwas schön kindliches, man konnte unbesorgt sein, denn das Vertrauen war vorhanden, daß die Gemeine keinen, der ihr diente, in etwaigen Verlegenheiten im Stich lassen würde.

Es läßt sich denken, daß bei aller Lieblichkeit und Zweckmäßigkeit für die damalige Zeit dies Verhältniß für die Leiter der Gemeine häufig kein leichtes war, indem sie gleichsam als Väter die ganze Sorge für eine große Kinderschaar hatten, und Arbeit und Brot für so Viele beschaffen mußten; und es konnte nicht fehlen, daß manche der Letzteren eigensinnig, wetterwendisch und schwer zu behandeln waren, so daß oft viel Geduld von Nöthen war. Niemand wurde übrigens in dies Verhältniß gezwungen, da einem jeden, der die nöthige Fähigkeit und Geschicklichkeit dazu hatte, gestattet wurde, auf eigene Rechnung, jedoch in vielen Fällen mit Vorschüssen von Seiten der Gemeine, ein Gewerbe zu gründen; viele thaten dies, wenngleich die meisten es vorzogen aus obgenannten Gründen, im Dienste der Gemeindiaconie zu bleiben.

Wie aber überall das Unkraut sich unter den Weizen mischt, so rief schon damals der glückliche und vortheilhafte Gang der Gewerbe die Versuchung zu einer gemächlichen und bequemen Lebensart hervor, welcher allerdings eben jene kindliche Sorglosigkeit Vorschub leistete. Manche, die nicht festen Herzens, die, wenn auch vor Menschen, doch vor dem Herrn, mit dem ihnen Anvertrauten nicht treu genug waren, litten Schaden, was schon 1780 das Direktorium der Unität veranlaßte, da diese Störung des früheren Geistes auch in den deutschen Brüdergemeinen sich zeigte, in einem brüderlichen Schreiben an alle Gemeinen, dieser Sünde zu warnen.

Die, bald nach Gründung begonnenen, im Anfang von Ha[nd]werksbrüdern, die die nöthigsten Elementarkenntnisse besaßen, [ge]haltenen Schulen, bedurften in dieser Zeit einer Verbesseru[ng,] da man wohl einsah, daß den begabteren unter den Kindern [auf] diese Weise nicht genug geboten werden konnte. Es wurde da[her] 1776 Chr. Friedrich Gregor als erster Lehrer an die K[na]benschule berufen, und man hatte Ursache, mit dieser Verbes[se]rung zufrieden zu sein, indem dadurch ein neuer Eifer und F[leiß] rege wurde. Als 1780 die Zahl der Knaben sich auf 14 [ver]mehrt hatte, fand man nöthig, sie nach ihren Kenntnissen in z[wei] Klassen zu theilen und Br. Gregor fand an Br. Wilhel[m] (Biefer) einen treuen Collegen. Die Gegenstände des Sch[ul]plans, der im nächsten Jahre festgestellt wurde, waren: Late[in,] Russisch (welche Classe später Br. Hölterhof, der Autor ei[ner] deutschen Grammatik in Russischer Sprache, übernahm), Welt[ge]schichte, Erdbeschreibung, Singen und die Elementarien. 17[..] fing Conr. Reitz an, einige Knaben, unter denen sich J[oh.] Heinrich Hasse auszeichnete, in der kalmückischen Sprache [zu] unterrichten.

Im Jahre 1793, in welchem die Blattern so stark grass[ir]ten, daß 42 Kinder an denselben erkrankten, hatte die Sch[ule] schon drei Classen, an deren erster: Früauf, der spätere Co[lo]nieprediger, Lehrer war. Die Leistungen der Schule waren [der] Art, daß mehrere Schüler, wie Joh. Chr. Hasse, Eichhof, Langerfeld, Joh. Martin Nitschmann aus derselben direct in unser Pädagogium in Barby eintreten konnten. Dirigirt wur[den] den die Schulen damals, wie jetzt, von einem der derzeitigen Pre[di]biger, von B. G. Müller, der sich derselben sehr annahm, von D. Cranz und später von Chr. Frbr. Gregor. Diese Ju[n] spectoren hielten öfters Conferenzen mit den Lehrern, veranstalteten Examina u. dgl., während die Seelsorge von dem Pfleger der ledigen Brüder besorgt wurde.

Das Ansuchen, fremde Kinder vornehmer Russischer Eltern in unsere Schulen aufzunehmen, legte das Bedürfniß nahe, neben der Schule eine förmliche Pension einzurichten. Obwohl man ernstlich daran dachte, diesem Bedürfniß zu genügen, kam es aus verschiedenen Gründen nie dazu. Das Hauptbedenken war dieses: da unsere Erziehung eine specifisch evangelisch kirchliche war, und ihren Haupthebel in der religiösen Anfassung der Herzen suchte, so wußte man nicht, wie man sich in dieser Beziehung, den Kindern anderer Confessionen gegenüber, stellen sollte, und fürchtete, Ursache zu Confusion geben zu können; anderntheils machte der Mangel an Mitteln für Anlegung eines solchen Etablissements, vor allem aber der an Personen, die Ausführung unmöglich. Dagegen wurde 1793 mit der Knabenschule eine sogenannte „Anstalt" verbunden. Knaben, die ihre Eltern durch den Tod verloren hatten, oder deren Eltern durch ihren Beruf verhindert waren, oder wohl auch nicht die Gabe hatten, ihre Kinder sorgfältig zu erziehen, zogen zum Theil als Pensionäre in das Brüderhaus, wo die Schullocale waren, und standen dort auch außer den Schulstunden unter der Aufsicht der Lehrer; zum Theil hielten sie sich nur den Tag über dort auf, aßen und schliefen aber bei ihren Eltern.

Eine gleiche Einrichtung der Mädchenschule war schon 1780 im Schwesternhaus getroffen worden. Hier wurden alle Lehrstunden, den Religionsunterricht ausgenommen, von Lehrerinnen gegeben, und da die Ansprüche auf weibliche wissenschaftliche Bildung in damaliger Zeit nicht bedeutend waren, so waren auch hier die Leistungen verhältnißmäßig geringer. Doch gab der alte Bruder

Hölterhof von 1791 an auch diesen Kindern Unterricht in der Russischen Sprache.

Für die größeren Knaben, die als Lehrlinge in Professionen standen, begann man 1787 ebenfalls Schulen zu halten, damit sie das in der Kinderzeit Gelernte wenigstens nicht vergäßen.

Endlich kamen ledige Brüder regelmäßig zusammen, um sich in fremden Sprachen zu üben, damit sie nöthigenfalls für den Missionsdienst tauglich wären. Die Landessprache wurde von Hölterhof, Kalmückisch von Reitz, Tatarisch von Grabsch, Englisch von Seiffert gelehrt, und manchem sind diese Stunden recht ersprießlich gewesen.

Auch die schönen Künste wurden nicht vernachläßigt. Im Zeichnen wurden die fähigeren Kinder von verschiedenen Lehrern unterrichtet; der alte liebe Abr. L. Brandt diente mit seinen Kenntnissen so lang, als seine blind werdenden Augen es erlaubten. Kirchenmusik, geistliche Vocal- und solide Instrumentalmusik wurde fleißig getrieben, wie die noch aufgestapelten Stöße von copirten Sonaten, Sinfonien und alten Oratorien beweisen. Jacob Loretz, Johann Eck, Dr. Seydel und später D. Cranz und Chr. Fr. Gregor mühten sich redlich, ein Collegium musicum zusammen zu halten, das öfters auseinander zu fallen drohte. Zum Theil waren gute Instrumente vorhanden, zum Theil aber nur sehr unvollkommene Surrogate, wie z. B. ein Paar von Pappdeckel verfertigte Pauken. Ehe das große Vorsteherhaus gebaut wurde, kam man zu diesen Uebungen bei Dr. Seydel zusammen, später in einem Local jenes Gebäudes. In letzterer Zeit wurden allwöchentlich in demselben Concerte gegeben, zuweilen wurden größere Kompositionen, wie Händels Messias, Graun's Tod Jesu u. s. w. auch in der Kirche mit voller Orchesterbegleitung aufgeführt. In dieser Weise fehlte es dem in anderer Beziehung so einförmigen Leben nicht an Er-

…iterung, und zwar an solcher, die den Geist bildet. Letztere bezweckte auch die, durch Pugatschew zum Theil zerstörte, aber nach und nach wieder ersetzte und vergrößerte Gemeindebibliothek, die fleißig benutzt wurde.

Das Gemeinarchiv, das durch die Plünderung ebenfalls stark beschädigt war, wurde von Suter aufs neue gesammelt und geordnet, zum Zweck seiner geschichtlichen Arbeit. Diese schon früher erwähnten Annalen sollten später von Gregor fortgeführt werden, aus unbekannten Gründen ist dies leider unterblieben. Zu verschiedenen Malen wurde der Anfang dieser Fortsetzung gemacht, die Menge der übrigen Geschäfte aber mochte keinem der dazu befähigten die nöthige Muße gönnen. Ein sehr ausführlicher Catalog des Gemeinarchivs wurde 1791 von Br. Hasse und Fabricius ausgearbeitet und ist noch vorhanden.

Da dieser Abschnitt zugleich die Laufbahn mehrerer der älteren Arbeiter unserer Gemeine abschließt, so ist es wohl am Platz, eine kurze Charakteristik derselben zu geben.

Der ehrwürdige Bischof Johann Nitschmann, der den letzten Theil seines Lebens hier verbrachte, war der Gemeine durch seine Person zum Segen. Reichten doch seine Lebensjahre in die erste Zeit der Erneuerung der Brüderkirche; war er doch ein langjähriger Begleiter Zinzendorfs und Augenzeuge des Aufbaues der Gemeine gewesen. Als Liturg zwar in höherem Grad, denn als Redner ausgezeichnet, war seine Kraft, als er nach Sarepta kam, bereits verfallen, aber die Unterstützung seiner kräftigen Mitarbeiter Daniel Fick, Loretz, Hasse und Gregor, ließ seine Arme nicht sinken, bis das eigentliche Alter herankam. Viel Kummer und Sorge, die er in seiner Familie erleben mußte, die Last des Amtes und die manchen Widerwärtigkeiten, mit denen er zu kämpfen hatte, nahmen ihm Kraft und Lebensmuth, und versenkten ihn zu Zeiten in trübe Gedanken und Zweifel an dem

Gedeihen Sarepta's. 1783 ging er in seines Herrn Freude ein, und wurde dadurch anderer schwerer Glaubensproben überhoben, die ihm in seiner engsten Familie sonst noch vorbehalten gewesen wären.

Burkhardt Georg Müller, Bischof der Brüderkirche, wurde an seine Stelle berufen. Ihm lag es ob, ein Amt, auf das bis dahin im Gemeinleben weniger Accent gelegt worden war, zu heben und in seine rechte Stellung zu bringen. Dies war das Lehramt. In der ersten Zeit Sarepta's existirte kein eigentlicher Predigtgottesdienst nach dem Begriff, wie man ihn jetzt hat, sondern die Brüder hielten es für genügend, durch die speciellste Seelsorge und gelegentlich herzliche Ansprachen für das Bedürfniß der Gemeine zu sorgen. Als es später nöthig erschien, daß die fremden, am Ort wohnenden, Lutheraner einen Lehrgottesdienst hätten, wurde die Vormittagsstunde des Sonntags für diesen bestimmt, und derselbe wurde, abwechselnd von dem alten hier ausruhenden Pastor Hölterhof und einem Candidaten (Lehrer), besorgt. Mangel an richtiger Erkenntniß und am Theilen des Worts bei Redenden und Hörenden war nothwendige Folge dieser Versäumniß, und eben dieser Mangel entging B. G. Müller's Blick nicht. Da er überhaupt ein begabter Prediger war, und schon früher in der lutherischen Kirche das Amt bekleidet hatte, so machte er sich zur besondern Aufgabe, den Unterricht in den Heilswahrheiten sowohl in der Predigt, als auch bei der Jugend wieder in sein Recht einzusetzen und ihm die nöthige Wichtigkeit und Würde zu geben. Aber auch in der Seelsorge war er der rechte Mann, „ein Mann der Liebe und Wahrheit", der allgemeines Zutrauen genoß. Demuth und Bescheidenheit, gepaart mit Festigkeit und Ueberzeugung, waren Zierden seines Charakters. Er vereinte in seiner Person die drei Aemter, eines Gemeinhelfers, Ehechorpflegers und Predigers.

Br. Räbel, einer der ersten Anbauer Sarepta's, stand ihm noch einige Jahre zur Seite. Er war kein Lehrer der Gemeine, sondern trieb neben seinem geistlichen Amt der Seelsorge bei den Verheiratheten, das er zu Joh. Nitschmanns Zeit 12 Jahre allein verwaltet hatte, und in welchem ihn B. G. Müller 1786 ablöste, die Glaserprofession. Er war ein Mann, der wegen seiner praktischen Anschauung auf geistlichem Gebiet von Nutzen war und viel Liebe genoß. Sein Rath in Haus und Familie wurde gesucht und geschätzt, auch verstand er sehr wohl, Streitigkeiten zwischen den Geschwistern beizulegen und Unverständige zu bedeuten. 1786 wurde er zum Mitglied der Unitätsdirektion nach Deutschland berufen.

Br. Daniel (Fick) war der Mann der Repräsentation nach Außen. Seine hohe Gestalt, sein würdiges Wesen, seine Entschiedenheit und Sicherheit im Auftreten bewirkten, daß die Ausführung seiner Geschäfte eine glückliche war; von Jedermann, Fremden und Einheimischen, wurde er hochgeachtet, Schuldige fürchteten ihn. Er war der Repräsentant des herrschaftlichen Amtes und oberster Justiz- und Polizeichef. Als das Alter mit seinen Beschwerden herankam, als Gebrechlichkeit des Körpers, Gicht und mangelndes Augenlicht ihn an äußeren Geschäften hinderten, und besonders, nachdem seine Ehegattin, mit der er in glücklicher, aber kinderloser Ehe gelebt hatte, entschlafen war, sehnte auch er sich nach Ruhe. Diese wurde ihm gewährt, indem er 1798 seiner Aemter sich entledigte und nur in Conferenzen und in Berathungen thätig zu sein brauchte, bis 1801 der Herr dies wichtigste Werkzeug zur Gründung Sarepta's in seine Ruhe heimrief.

Sein Gehülfe und Nachfolger, Jacob Loretz, war, bei ächt brüderlicher Gesinnung, ein klarer und besonnener Geschäftsmann, ein Mann der Feder, mehrerer Sprachen mächtig und be-

onders glücklich in Verhandlungen mit der Regierung und d
Behörden. Seiner zweimaligen Reisen nach Petersburg ist
gedacht worden, da er in Gemeinschaft mit unsern Agenten
wichtigen Angelegenheiten das Wohl unseres Ortes vertrat.

Gemeindiener, oder Vorsteher der Gemeindiaconie war
1768 Christoph H. Hasse, ein nach verschiedenen Seiten
gebildeter Mann. Er leitete das sehr ausgebreitete Finanzw
der Gemeindiaconie und ihrer auswärtigen Branchen in un
brüchlicher Treue und Gewissenhaftigkeit; die Menge seiner hin
lassenen Arbeiten beweist nicht nur seinen Fleiß, sondern auch f
Gewandtheit in Führung der Feder, denn von ihm gingen
meisten Entwürfe zu Veränderungen und Verbesserungen
finanziellen Verhältnisse unserer Gemeine aus und er verstand
ins Werk zu setzen. Der Bankerott seines Sohnes, Joha
Heinrich, in St. Petersburg, war die Veranlassung, daß er ʒ
großen Leidwesen seiner Mitarbeiter 1802 um eine Versetzung
eine deutsche Gemeine einkam, und dieselbe erhielt, nachdem
zur Gründung eines Tilgungsfonds für den durch seinen S
verursachten Schaden sein kleines geerbtes Privatvermögen
geringe Werthsachen, nach 36 jährigem treuen Dienst an unse
Gemeine, derselben zur Disposition gestellt hatte. Die Achtu
und Werthschätzung seiner Collegen sprach sich unter anderm da
aus, daß sie ihm bei einer in diesem Jahr eintretenden Vaca
im Direktorium der Brüderunität einstimmig ihr Votum zum
satzmann derselben gaben.

Von Begebenheiten der innern Gemeingeschichte ist folgen
zu erwähnen. Das Jahr 1779 brachte zwei Freudentage:
29. August geschah die Einweihung des glücklich vollendeten Hau
gebäudes des Brüderhauses, und am 28. November die des H
ses der ledigen Schwestern. Bei beiden Gelegenheiten hielt J
Nitschmann herzergreifende Weihegebete in den Betsälen

Häuser und am Nachmittag hatten die Betreffenden ein fröhliches Liebesmahl in ihren geräumigen, noch nicht dem Gebrauch übergebenen Schlafsälen; beide Feste wurden mit dem Genusse des h. Leibes und Blutes des Herrn beschlossen.

1791 am 31. August wurde das neugebaute Wittwenhaus in ähnlicher Weise eingeweiht und bezogen, und am 8/19. Sept. erinnerten sich 25 Geschwister, die Mitglieder der ersten großen Reisegesellschaft gewesen waren, bei einem Liebesmahl ihres Ankunftstages vor 25 Jahren.

Der 1793 mit der Türkei geschlossene Friede wurde auf allerhöchsten Befehl am 2/13. September durch ein Fest gefeiert. Die Gemeine versammelte sich um 9 Uhr Morgens in der Kirche und der Chorus intonirte: Zion hört es und ist froh, die Töchter Judas sind fröhlich, denn dies ist ein Tag, den der Herr gemacht hat, lasset uns freuen und fröhlich darinnen sein (Ps. 48, 12.; 118, 24). Darauf fiel die Gemeine ein: Allein Gott in der Höh sei Ehr u. s. w. Wir loben, preisen, anbeten dich u. s. w. Br. Müller erinnerte nun an die Wohlthaten, die der Herr, unser Gott, uns und unserm Land schon während des Krieges und nun durch diesen Frieden habe zufließen lassen, und wie erfreulich es sei, daß Ihre Majestät die Kaiserin Ihre Dankbarkeit gegen Gott durch Anordnung dieses Festes Ausdruck gegeben habe; in dieser Dankbarkeit wollten auch wir nun dem Herrn unsere Gebete weihen.

Darauf fiel er mit der Gemeine auf die Knie und brachte dem Herrn in Lob und Dank das Opfer der Lippen und Herzen.

Nachmittags um 5 Uhr war ein zweiter Gottesdienst, welchem viele Fremde, und fast sämmtliche Herrschaften, die zur Brunnenkur sich hier befanden, beiwohnten. Ein auf diesen Tag gedichteter und gedruckter Freudenpsalm wurde abwechselnd von der Gemeine und dem Musikchor gesungen. Am Abend, da alle

Häuser illuminirt waren, zeichnete sich vor allem das statt Vorsteherhaus, in welchem auch musicirt wurde, durch eine p mibenförmige Erleuchtung der Fenster und den transpare Namenszug der Kaiserin mit der Unterschrift: „Friede" auf geschmackvolle Weise aus. Leider begünstigte die sehr rauhe stürmische Witterung diesen Theil der Feier weniger.

1786 starb der alte abgedankte Husar Thomas Rat lowsky, der während der Plünderung Sarepta's als tr Wächter des Orts muthig auf seinem Posten geblieben war, wurde auf dem Gottesacker der griechischen Christen unter Geleit der Gemeine ehrenvoll begraben.

Da die nach der Zerstörung angeschaffte kleine Orgel un Kirchensaal zu wenig füllte, so ließ man in Moskau eine grö und schönere bauen, die so gut ausfiel, daß der Musikdire Häsler in Moskau sie zur Aufführung eines Concerts ben und einen Psalm zur Einweihung derselben am hiesigen Ort c ponirte. Der Orgelbauer Münnich brachte sie 1795 selbst und stellte sie mit Hülfe des Organisten Johann Eck Sonntags am 1/12. Juli waren die Arbeiten vollendet und der Predigt ließen zum ersten mal ihre Accorde jenen von H ler componirten Psalm erklingen. Nach der Predigt, in welc auf diesen schönen Schmuck unserer liturgischen Gottesdienste h gewiesen und zur Dankbarkeit für denselben aufgefordert wur sang der Musikchor: Lasset uns den Herren preisen u. s. w. u zum Schluß erklang mit vollem Werk und Orchesterbegleitung Vers: O daß ihn doch jedes mit fröhlichem Geiste sein Lebela liebte und lobte und preiste! o wäre ein jeglicher Pulsschlag Dank und jeglicher Odem ein Freudengesang. „Man bemer mit Vergnügen", heißt es im Diarium, „daß die Orgel in al Registern durchgängig einen besonders doucen Ton habe;

durchdringende Pedalbaß nahm sich besonders schön aus und gab der Musik ein Gewicht, das ihr bisher gefehlt hatte."

Einen Schmuck andrer Art erhielt unsre Kirche auch in diesen Jahren durch das von Fürst Gagarin geschenkte Crucifixus-Bild, dem Predigtstuhl gegenüber.

Von den alten Brüdern, die den Anbau Sarepta's gesehen hatten, ging nun einer nach dem andern zur Ruhe. Nils Hoy und Jac. Brey waren schon zu ihren Vätern versammelt; 1797 folgte ihnen Abr. L. Brandt und endlich 1801 auch Daniel Fick. Ihm war 1799 B. G. Müller vorangegangen, der in den letzten Jahren von seinem Schwiegersohn D. Cranz im Predigtamt unterstützt worden war. Letzterer wurde 1800 zur Agentur nach St. Petersburg berufen, und sein und B. G. Müller's Amt übernahm Chr. Fr. Gregor, der in demselben Jahr mit J. Wigand, dem Ersatzmann für D. Fick, in Sarepta ankam. Chr. H. Hasse's Stelle wurde durch Leonh. Gammern, der früher von 1789 bis 1797 das Vorsteheramt des Brüderhauses geführt hatte, besetzt. So war mit Beginn des Jahres 1802 von sämmtlichen älteren Dienern und Arbeitern der Gemeine Jacob Loretz allein im Amt geblieben, die übrigen waren jüngeren Kräften gewichen.

Sechstes Capitel.

Die Mission unter den Kalmücken.

Die Mission unter den Kalmücken, von der wir im vorigen Abschnitt Ausführliches gehört haben, war zu Anfang dieser Zeit in's Stocken gerathen. Die Brüder waren etwas entmuthi[gt] worden, indem nicht nur die bisher gemachten Versuche fast [re]sultatlos schienen, sondern man auch an dem Beispiel eines Ma[n]nes (Jährig) sehen konnte, wie sorgfältig man in der Wa[hl] der zu diesem Werk angestellten Personen sein müsse, da derse[lbe] die Mission nur zu einem Vorwand genommen hatte, um ein[en] seichten, lasterhaften Umgang mit diesem Volk zu haben; d[azu] kam, daß die Kalmücken nach dem Pugatschew'schen Aufstand s[ich] schüchtern zurückzogen und nur nach und nach wieder Zutrau[en] faßten. So trat ein Stillstand in der Sache ein, der jedo[ch] manche Brüder, die sich dazu gedrungen fühlten, nicht hindert[e] in der Stille sich dieser Heiden anzunehmen. Unter diesen zeic[h]nete sich Friedr. Malsch, oder wie die Kalmücken ihn nannte[n] Malaschi, besonders aus, und wurde von diesen ungemein g[e]liebt. Seine einfältige, schlichte Art, wie er ihnen die Leiden u[nd] den Tod des Heilandes fast stammelnd erzählte, trieb ihnen manc[h]mal die Thränen in die Augen. Seine Beschäftigung in de[r] Sägemühle, später als Hauszimmermann im Brüderhaus, un[d] endlich im Kaufladen mußte er, seiner Kränklichkeit wegen, in de[n] letzten Jahren seines Lebens aufgeben und bekam so Zeit und Gelegenheit, sich um so mehr mit seinen lieben Kalmücken zu beschäftigen. An der Auszehrung leidend, sah er seinem Ende mit getrostem Muthe entgegen, und eben diese seine Lage war jenem Volke schon an sich eine Predigt; dabei versäumte er nicht, ihnen die Gewißheit seines baldigen Todes, aber auch die, zum Heiland zu kommen, Ihn zu sehen und seine Freude auf seine Heimfahrt zu bezeugen. Wenn sie bei der ihnen, wie allen Heiden, eignen Scheu vor dem Tode solchen Gesprächen auch auszuweichen suchten, so mußten sie doch gestehen, daß er in all seiner Krankheit glücklicher sei als sie in ihrer vollen Gesundheit. Im März 1778 entschlief er selig in der festen Hoffnung, dereinst auch Kalmücken vor dem Throne des Herrn wieder zu finden. Fast 10 Jahre nach seinem Tod erzählte ein Kalmück Arrabben dem Bruder Reitz Folgendes: „Ich habe Malaschi lieb gehabt, und besitze noch zwei Brettchen, die er mir als Buchdeckel gemacht hat. Am Tag vor seinem Tod ließ er mich holen und sagte mir, daß er nun bald sterben werde; wenn man ihn in den Sarg gelegt habe, solle ich auch kommen, ihn anzusehen, ebenso möge ich auch seinem Begräbniß beiwohnen, was ich denn auch mit mehrern andern that. Am Begräbnißtag kam plötzlich ein Soldat in unsere Ki-bitken (Zelte) und befahl uns, wir sollten alle, Groß und Klein, sogleich zu Grigori Michailowitsch (Br. Hasse) kommen, was uns sehr erschreckte, denn wir dachten, wir würden eines Vergehens beschuldigt werden. Als wir dies Grigori Michailowitsch sagten, tröstete er uns und berichtete uns: Malaschi habe ihm aufgetragen, daß er alle Kalmücken zu seinem Begräbniß einladen solle. Wir sind denn auch mit hinausgegangen, und nachher hat ein Jeder einen Kalatsch (Semmel) bekommen." Daß diese Heiden ihre, ihnen förmlich angeborne Scheu vor einem Leichnam so weit überwanden, beweist, wie hoch der Grad ihrer Liebe zu dem Entschlafenen gewesen.

Die Zeit seiner Krankheit hatte Br. Malsch auch dazu benutzt, manches aus einer Harmonie der vier Evangelisten zu übersetzen, auch andere erbauliche Gedanken in kalmückischer Sprache niederzuschreiben, wie er denn auch endlich andere Brüder aufs angelegentlichste zur Verkündigung des Evangeliums unter dieser Nation aufforderte.

Von letzteren war es besonders Chr. Friedr. Gregor, der durch das Beispiel und den Umgang mit dem sel. Malsch den Trieb in das Herz bekam, neben seinen übrigen Geschäften sich diesem Werk zu widmen. Die leichtere Erlernung dieser schweren Sprache hatten die späteren Missionare seiner grammatikalischen Bildung und Forschung zu verdanken, welche Gabe dem Br. Neitz, der im Uebrigen die Schrift- und Umgangssprache am besten verstand, mangelte. Mit Gregor trieben M. Jäschke und Rudolphi dies Studium mit vielem Eifer und machten 1779 gemeinschaftlich einige Besuche in der nahestehenden Horde des Fürsten Maschi, welche den Erfolg hatten, daß die Kalmücken wieder mit weniger Aengstlichkeit Sarepta besuchten. So war die genauere Verbindung wieder eingeleitet.

Bis jetzt hatte noch keiner der Brüder einen eigentlichen speciellen Beruf zur Missionsthätigkeit gehabt, sondern ihre Bemühungen sollten nur präparatorische sein. Sie beschränkten sich für den Winter auf das Abschreiben und Studiren kalmückischer Religionsschriften, im Sommer besuchten sie die Kalmücken und wurden von ihnen besucht. Da man mit diesen Vorbereitungen nun das Nöthige gethan zu haben schien, dachte man daran, das eigentliche Missionswerk zu beginnen. Von 14 Brüdern, die sämmtlich willens und bereit waren, diesem Dienst sich zu widmen, wurden vier, Neitz, Gregor, Seiffert und Pfeiffer bestimmt und durch das Loos bestätigt. Man sieht also, daß es damals an willigen Zeugen nicht fehlte, womit jedoch nicht gesagt ist, daß sie alle das dazu nöthige Geschick gehabt hätten.

Die äußere Lage jener vier Brüder war eine den Verhältnissen gemäße. Da der Missionsberuf für jetzt noch nicht ihre ganze Zeit ausfüllte (indem sie nur zeitenweis in der Horde sich aufhielten und auch hier am Ort nicht immer Gelegenheit zum Missioniren hatten), blieben sie zunächst in den Geschäften, die sie trieben, Gregor als Lehrer in der Schule, Neitz als Dollmetscher des Dr. Wier, Seiffert als Hausdiener des Brüderhauses und Pfeiffer als Meister der Strumpfweberei. Die von den drei letzten im Missionsdienst verwandte Zeit wurde ihnen pecuniär vergütet, im Uebrigen hatten sie ihren Unterhalt aus den

Geschäften. Ehe wir aber diesen Brüdern in ihrer Thätigkeit nachgehen, muß noch eines anderen Falles Erwähnung gethan werden, wie nämlich eine Seele aus der Kalmücken-Nation auf einem andern Weg vom Herrn in Seine ewige Sicherheit gebracht wurde.

Im Herbst des Jahres 1769 wurde ein blindgebornes kalmüdisches Mädchen von ungefähr 12 Jahren, Bolgusch, das seine Mutter durch den Tod verloren hatte, von seinem Vater nach Sarepta gebracht, welcher erklärte, daß er sie, wenn man sie ihm nicht abnähme, in die Steppe werfen und umkommen lassen würde. Da drang das Mitleid mit dem unglücklichen Wesen die Geschwister, sich ihrer zu erbarmen, und eine Familie (Oertel) war willig, sie aufzunehmen, in der Hoffnung, daß nicht nur ihr Leib, sondern auch ihre Seele für den Herrn gerettet werden könnte. Das Kind lernte rasch die deutsche Sprache verstehen, besuchte unsre Gottesdienste und faßte gar bald die Wahrheiten, die ihr im Gespräch mitgetheilt wurden, mit dem Verstand, doch schien ihr Herz kalt und unempfindlich. Während einer schweren Krankheit wurde sie ernstlich um ihr Seelenheil bekümmert, ein Verlangen nach Friede und Ruhe in Gott ergriff sie, doch verlor sich dies Sehnen nach ihrer Genesung wieder. Nach dem Heimgang ihrer Pflegemutter nahm eine andere Familie (Janke) sie zu sich, und während ihres Aufenthalts bei derselben konnte man bemerken, daß der heilige Geist an ihrem Herzen thätig war. Oft hörte man sie in ihrer Schlafkammer laut um Vergebung ihrer Sünden beten, und häufig kam ihr der Zweifel, ob sie nicht zu schlecht sei, um begnadigt zu werden. Endlich 1780 sprach sie unter heißen Thränen das Verlangen aus, getauft zu werden, „weil sie," wie sie sagte, „wenn sie jetzt stürbe, nichts habe, woran sie sich halten könne; sie habe den Heiland wohl lieb, glaube auch, daß er sie durch seinen Tod erlöst habe, doch fehle

es ihr noch an der festen Gewißheit, die sie durch die heilige Ta[ufe]
zu erlangen hoffe." Die Versicherung, daß ihr dies hohe G[ut]
nicht vorenthalten werden solle, machte ihr Herz licht, und d[ie]
Zuversicht zu ihrem Heiland wuchs. Bischof Joh. Nitschma[nn]
ertheilte ihr nun den nöthigen Unterricht in den Heilswahrhei[ten]
und der 6 Januar war der Tag, an dem sie durch das Bad [der]
Wiedergeburt in die christliche Kirche aufgenommen wurde. [Als]
Abends um 7 Uhr die ganze Gemeine, Klein und Groß, versa[m]m[m]elt war, hielt Joh. Nitschmann die Taufrede über die Tag[es]loosung: „Der Herr hat Lust an dir. Jes. 62, 4. O gro[ßes,]
ja gutes, ja freundliches Wesen, du hast dir was Schlechtes [zum]
Lustspiel erlesen;" — welche mit den Worten schloß: Unsre l[iebe]
Bolgusch soll nun der Gnade theilhaftig werden, in Jesu [Blut]
von Sünden rein gewaschen und durch die Taufe in Jesu T[od]
begraben zu werden. Die heilige Dreieinigkeit wird in uns[rer]
Mitte sein und die Gemeine wird mit ihrem Geist und G[ebet]
diese sakramentliche Handlung unterstützen.

Während des Gesanges des lutherischen Verses: Das [Kind]
allein das Wasser sieht, wie Menschen Wasser gießen u. s. [w.]
wurde das Taufbecken von zwei Schwestern hereingetragen, u[nd]
indem die Gemeine sang: Erkenne mich, mein Hüter, mein H[irt,]
nimm mich ein u. s. w. trat die Blinde im weißen Taufkle[id]
in den Saal und wurde von zwei Arbeiterinnen der ledig[en]
Schwestern, die ihre Feierkleider trugen, dem Liturgus gegenü[ber]
geführt, der nach einer kurzen Ansprache die Knieende mit Han[d]auflegung einsegnete und dem Heiland zum ewigen Eigent[hum]
empfahl. Unter brünstigem Gebet und Thränen der Gemeine g[e]schah dann der Taufact, der von einem durchdringenden Gefü[hl]
der Gegenwart des Herrn begleitet war. Maria Magdale[na]
(das war ihr neuer Name) fiel darauf auf das Angesicht, e[r]

pfing den Segen des Herrn, und mit dem Friedenskuß, den ihre
Begleiterinnen ihr ertheilten, schloß die Feier.

Jenen Collektenvers ihrer Taufloosung eignete sie sich in=
nerlich seit dieser Zeit ganz besonders an, und bekannte oft: Ja,
ich bin ein schlechtes Wesen; ich bin das Verachtetste bei meiner
Nation und bei meinen Verwandten gewesen und mich hat der
Heiland zu seinem Eigenthum erwählt! O nähme er mich zu sich
in seine Sicherheit! Im nächsten Jahr wurde ihr der Genuß des
heiligen Abendmahls vergönnt, welche Gnade sie überaus hoch=
schätzte; auch ihrer heidnischen Nation vergaß sie nicht, und trat
häufig fürbittend für dieselbe ein.

Ihr wurde das Zeugniß gegeben: „Wir betrachteten diese in
einer so armen, unansehnlichen Leibeshütte kostbare Seele mit dem
tiefsten Respekt, und sie wurde fast durchgängig von ihren Schwe=
stern als ein Meisterstück Seiner Hand geehrt und geliebt." Aber
nicht lange sollte sie in der Mitte der Gemeine bleiben, denn ihre
an sich geringen Kräfte schwanden in einer raschen Auszehrung
dahin. Schlaflose Nächte waren ihr selige Gebetszeiten; man
hörte sie beten: Nun schlägt mein Stündlein, nun ist es aus,
Dein Blut vollendet mich; nun komm ich heim in's Vaters Haus
und hab Dich sichtbarlich. Der 23. Juli 1784 war der Hoch=
zeitstag dieser Jungfrau des Lammes.

Nicht so erfreulich, sondern vielmehr entmuthigend war das
Leben eines Kalmückenknaben Dschirgal, welcher dem Dr. Wier
geschenkt worden war. Wenn er auch nicht ganz kalt und geist=
lich todt im Herzen blieb, so zeigten sich bei ihm, so lang er in
Sarepta war, keine Spuren einer ernstlichen Bekehrung. Endlich
verließ er uns, weil ihm unsere Ordnungen, je älter er wurde,
um so enger und drückender wurden; man hat in späterer Zeit
nichts mehr von ihm gehört.

Im Jahre 1781 ließen sich wenig Kalmücken in unsrer Nähe sehen. Als Br. Chr. Hamel, der aus dem Missionsdienst ausgetreten, oder richtiger nicht eigentlich eingetreten war, äußerlicher Geschäfte wegen in der Horde, dort bedenklich krank wurde, ritten Neitz und Pfeiffer zu seiner Verpflegung hin und hielten sich eine Zeit lang dort auf, was ihnen in Absicht der Erlernung der Sprache wohl von Nutzen war; leider aber mußten die Brüder bezeugen, daß das Wort vom Kreuz noch keinen Eingang in die Herzen gefunden hatte. Denn, wenn die Kalmücken auch gelegentlich erklärten: „das sind wichtige Worte"," so fragten sie doch nie weiter nach, sondern suchten durch mancherlei Sophismen das Verdienst Christi gegen das ihrer Bunchane (Götter) in den Schatten zu stellen. „Christus," sprachen sie, „ist wohl zum Heil der Menschen, aber nicht der sämmtlichen Geschöpfe in die Welt gekommen," oder: „es scheint, die Götter haben viel auszustehen gehabt, aber Götter empfinden keine Schmerzen, sie haben alles gelitten, um uns ein Beispiel zu hinterlassen." Bei solchen und ähnlichen scheinbar ernsten Reden konnte man oft den Spott nur in ihren Mienen lesen. Auch an den Missionaren hatten sie viel auszusetzen, wenn sie etwa in Eifer geriethen oder sonst nicht den Gleichmuth bewahrten, da, stets ruhig und gelassen zu bleiben, bei ihnen als eine hohe Tugend angesehen wird. Gegen die Wahrnehmung konnten sie sich nicht verschließen, daß unsre Brüder nicht ihren irdischen Vortheil suchten; da sie aber, nach ihren Begriffen, als Grund dieser Handelsweise das Bestreben erkannten, sich durch Frömmigkeit auszuzeichnen, so suchten sie durch die Vorstellung, wie viel Bujan, d. h. Verdienst, sie sich erwerben könnten, möglichst viel von ihren, besonders medicinischen Hülfsleistungen zu profitiren. Mitte August 1782 war ein solcher Zulauf von kalmückischen Kranken, daß acht Tage lang die Straße, in der Br. Neitz wohnte, wie belagert war. Da ein Jeder gleich gesund werden wollte, so drängte sich Alles herzu; eine Menge Hände werden zu gleicher Zeit hergereicht, „den Puls zu fühlen" (Pulsfühlen heißt in kalmückischer Sprache: jemanden kuriren); Andere zeigen ihre kranken Augen (an denen die Kalmücken des Staubs in der Steppe und des Rauchs in ihren Zelten wegen viel leiden); Andere wieder haben andre Schäden, und da keiner warten will, so schreien sie alle zu gleicher Zeit um Abfertigung, und das öfters so ungestüm, daß der arme Kalmückenmedicus (Neitz) kaum sein eignes Wort verstehen kann, und wohl manchmal in aller Freundschaft einen ziemlich summarischen Proceß mit ihnen macht, und nur darüber seufzt, daß sie nicht dasselbe Verlangen und Zutrauen gegen den Seelenarzt beweisen.

Bei einem kurzen Besuch, den Gregor und Neitz in diesem Jahr in der Horde machten, hatten sie einmal Gelegenheit, mit einigen jungen Gellongen (Priestern) bis tief in die Nacht beim Kibitkenfeuer sitzend, vom Weg zur Seligkeit zu reden, wobei ihnen wohl zu Muthe war; auch ihre Zuhörer wurden so vom Gegenstand der Unterhaltung ergriffen, daß sie sich unter einander das von den Brüdern Gesagte deutlich zu machen suchten. — Obgleich Br. Seiffert aus dem Missionsdienst austrat, da es ihm sowohl an Fähigkeit für die Sprache, als auch an Trieb zur Sache fehlte, litt das Werk doch nicht dadurch, indem Chr. Petersen einen überaus großen Eifer in Erlernung der Sprache und in der Sorge um das Seelenheil der armen Heiden bewies.

Im Lauf der Jahre hatte Neitz nach und nach die Geschichte des Leidens unsers Herrn nach der „Harmonie der vier Evangelisten" übersetzt, und benutzte dies Werk fleißig, ihnen daraus vorzulesen, weil man bemerkt hatte, daß sie gegen das gelesene Wort mehr Ehrfurcht und Aufmerksamkeit zeigten, als gegen das gesprochene; auch Kupferstiche, die verschiedene Scenen des Lebens

Jesu darstellten, betrachteten sie mit Interesse und baten um Erklärung. Manche ließen sich auch das ihnen Gesagte aufschreiben, und es ist wohl möglich, daß sie mit solchen Schriften auf abergläubische Weise verfuhren und ihnen Zauberkraft zutrauten; doch hatten unsre Brüder nie so etwas bemerkt. Andre fragten, unsre Gottesverehrung auf ihre Weise auffassend, nach dem Namen unsers Gottes, weil sie hofften, daß die ihnen gegebene Arznei, wenn sie den Gott der Deutschen für die Zeit anriefen, besser wirken werde.

Als 1783 ein Töchterlein des Br. Neitz heimgegangen war, kam ein Sohn des uns von früher bekannten Tochmut, Schikär, nebst seiner Frau, um ihm ihre Theilnahme auszusprechen, ihn zu beklagen und zu trösten. Sie traten nach ihrer Sitte mit furchtsamen und verstörten Geberden, ohne zu grüßen, als leidtragende und bekümmerte Anverwandte in die Stube und setzten sich nieder. Nachdem sie so eine Weile mit tiefsinnigen Mienen gesessen hatten, redete Schikär den Missionar in förmlicher Rede an und begann: „Weil Niemand im Stand ist, das zum Wohl oder Wehe des Menschengeschlechts beständig sich bewegende Rad des Schicksals in seinem Lauf zu hemmen, so muß man sich in das Geschick ergeben und hoffen, daß uns ein solcher Verlust ersetzt werden kann."

Als Neitz es ihm aussprach, er sei bereits reichlich dadurch getröstet, daß Niemand anders als der Heiland das Kind zu sich genommen habe, und er wisse, daß dasselbe ihm nicht verloren, sondern an den Ort vorausgeschickt sei, an dem auch wir einst die ewige Seligkeit genießen würden, traten jenem die Thränen in die Augen, und er sah bald Neitz, bald die Leiche an, die im weißen Sterbekleid vor ihm lag. Endlich trat er hinzu, faßte das Kind an der Hand, küßte dieselbe und sagte, indem er beifällig den Kopf schüttelte, und Zungenschläge dazu machte: „Ei, ei, das ist gewiß eine wahre Sache, daß Gott solche unschuldige Kinder zu sich nimmt. Wie wäre es," fuhr er zu seiner Frau gewendet fort, indem er die Leiche noch bei der Hand hielt, "wenn wir es mit unsern Todten auch so machten, anstatt daß wir heulend davon gehen und sie den Hunden auf der Steppe preisgeben?"

Den Sommer des Jahres 1784 verbrachte Br. Neitz mit seiner Frau und dem ledigen Br. Pfeiffer in der derbötischen Kalmückenhorde. Sie zogen in einem bedeckten Wagen und ließen ihre Kibitke auf einem Ochsenwagen mitgehen, während Pfeiffer, von einem Kalmücken, den sie zum Dienst gemiethet hatten, begleitet, den Nomadenzug zu Pferde machte. Waren sie auch von Sarepta aus mit getrockneten Nahrungsmitteln versehen, so mußten sie sich doch meist auf kalmückische Kost, Schafsfleisch, Milch und Tschigan oder Kumiß (gesäuerte Pferdemilch) beschränken, wozu sie oft nur sehr schlechtes, brakiges Steppenwasser hatten. Der Tochmut'sche Aimak (Familie) nahm sie als Verwandte freundlich auf, wie sie denn überhaupt viele solche "Verwandte" fanden, die den Br. Neitz schon früher als Sohn angenommen hatten. Der alte Tochmut war bereits gestorben und seine Söhne hatten von ihm das Laster des Trunks geerbt, wodurch sie den Brüdern manchmal beschwerlich, im Uebrigen aber auf dem Zug u. s. w. behülflich und gefällig waren. Der Fürst Zenden in der Oergö (Hoflager), an den Neitz ein Empfehlungsschreiben von Dan. Fick abgegeben hatte, versicherte sie seines Schutzes und seiner Gewogenheit. An den Tochmut'schen Aimak schlossen sich noch mehrere Kalmücken an, die in medicinischer Behandlung standen, so daß die Gesellschaft einen förmlichen Chotton (Dörfchen) ausmachte. Da Neitz mit medicinischen Geschäften*) förm-

---

*) Ein lächerlicher Aberglaube trat bei dieser Praxis dem Br. Neitz entgegen. Ein Kalmück konnte sich nicht zum Aderlassen entschließen, weil

lich überhäuft war, so benutzte Pfeiffer, so viel als möglich, jede Gelegenheit, den Kalmücken die Leidensgeschichte des Herrn und den Anfang des Evangeliums des Johannes vorzulesen. Letzteres schien ihrem grübelnden Sinn besondern Stoff zum Nachdenken zu geben, und sie wiederholten mehrmals die ersten Verse; fing man dann aber an, sie direkt um die Lage und Gesinnung ihres Herzens zu befragen, so wichen sie aus und gingen weg. Um sie mehr heranzuziehen, trafen die Geschwister die Einrichtung, zu bestimmten Zeiten laut in kalmückischer Sprache das Wort Gottes mit einander zu lesen, was manchen veranlaßte, zuzuhören.

Da die Missionare sich öfters mit den Kindern beschäftigten, um ein Wort an ihre Herzen zu bringen, kam einmal mit einem Kalmücken das Gespräch auf sie; als er hörte, daß nach unsrer Ueberzeugung auch sie von ihrem Schöpfer durch sein Blut erlöst seien und, wenn sie sterben, in sein Reich kommen werden, äußerte er sich folgendermaßen: Ja, das ist wahr, denn sie sind unschuldig; es ist daher nutzlos, daß wir bei ihrem Tode uns grämen. Bei uns sagt man, daß ihr frühzeitiger Tod von ihrem Schicksal oder dem Fluch des vorigen Lebens herkomme. Wenn mir ein Kind stirbt, sage ich murrend zum Sajatschi (Schöpfer): Was hast du denn davon, daß du ein Wesen, das du vor der Zeit wieder wegnimmst, erschaffst? Wäre es nicht besser gewesen, du hättest es nicht geschaffen? Eine Mutter hat einmal bei ihrem Wehklagen um einen einzigen Sohn gesagt: Wenn du, Schöpfer, einem gerechten Gericht unterworfen bist, so fordere ich dich vor dasselbe zur Verantwortung über den Tod meines Sohnes.

Zu verschiedenen Malen wurden unsre nomadisirenden Missionare von Geschwistern aus Sarepta besucht, was ihnen zu

---

nach dem Ausspruch des Gellong seine Seele sich heut im rechten Armgelenk aufhielte; erst dann, wenn sie wieder in der großen Zehe ihren Sitz habe, wollte er's geschehen lassen.

großer Aufmunterung gereichte, zumal sie dadurch Gelegenheit fanden, mit einander unter ihrem Zelt in lieblicher Stille das heilige Abendmahl zur Stärkung ihres innern Menschen zu genießen. Da aber dies unstäte Leben der Schwester Neitz aus verschiedenen Ursachen fortzuführen nicht möglich war, kehrten sie im Juli nach Sarepta zurück, in der Hoffnung und Zuversicht, daß der Herr zu dem vielfach ausgestreuten Samen das Gedeihen geben werde.

In demselben Jahr 1784 war ein Kalmück, Namens Gabung, nach Sarepta gekommen, um sich, da er an Steinschmerzen litt, von Dr. Seydel, dem Nachfolger Dr. Wier's, kuriren zu lassen. Da schließlich kein anderes Mittel als die Operation übrig war, zu welcher sich der Kranke, obgleich man ihm weder die große Gefahr noch die damit verbundenen Schmerzen verheimlichte, sogleich entschloß, so benutzten die Brüder die Gelegenheit, ihm vorzustellen, wie das Gelingen der Kur ganz in der Hand unsers Herrn und Heilandes stünde, und erbeten werden müßte. Gabung schlug nun seine Kibitke vor dem Ort auf, und stellte sie mit der Thür unsrer Kirche gegenüber, „damit," sagte er, „wenn ich höre, daß ihr in die Kirche geht, und zu Christo betet, ich ihn auch bitten möge, mir gnädig zu sein und zu helfen." Einige Tage, ehe Dr. Seydel die Operation vornahm, ließ er sämmtliche Missionare, sowie Gabung und dessen beide hier anwesende Brüder, einen Saisang (Edelmann) und einen Gellong zu einem kleinen Liebesmahl zusammenkommen, bei welcher Gelegenheit dem Kranken noch einmal die Gefahr, der er entgegengehe, vorgestellt und er ermuntert wurde, sein ganzes Vertrauen auf den Heiland aller Menschen zu setzen, der ihm nach seiner Barmherzigkeit gewiß helfen könne. Gabung erwiderte mit männlicher Resignation, er sei in dem Sinn hergekommen, gesund zu werden, oder zu sterben; er gebe sich daher ganz hin in Christi Willen; von ihm habe er sein Leben, und er glaube fest, daß er durch seine Gnade ihm helfen werde. Nachdem an dem bestimmten Tage die nöthigen Vorbereitungen getroffen, und der Kranke in ein leer stehendes Haus gebracht worden war, wurde ihm nochmals gesagt, er solle sich nun in seiner Angst und Noth zu Christo wenden, und ihn bitten, daß er um seines Leidens und Todes willen ihm gnädig sein und seine Schmerzen erleichtern wolle. Nun fiel Br. Seydel auf die Kniee nieder und flehte in einem herzlichen Gebet den Herrn um seinen Beistand an, worauf er die Operation glücklich, wenn auch langsam, ausführte, da der Kranke drei Viertelstunden unter dem Messer war. Während dieser Zeit betete dieser beständig: Lieber Christus, sei mir gnädig, mach mir um deiner großen Marter willen meine Schmerzen leicht. Einmal bat er, ihn loszulassen (denn man hatte ihn festgebunden), damit er vor Christo und dem Arzt sich neigen könne; dann hielt er tapfer aus bis zum Schluß. Der Herr unser Gott beschämte nicht das Vertrauen des Kranken und seiner theilnehmenden Freunde, sondern ließ alles auf das Beste gelingen. In der nachher eintretenden Schwäche hörte Gabung nicht auf, zu Christo zu beten und zu seufzen; er versprach ihm, sein Herz ihm ganz hinzugeben, und sowohl am Tag, als auch des Nachts, wenn er erwache, für seine Gnade zu danken; und in dies Gebet stimmte selbst sein Bruder, der Gellong, ein. Am neunten Tag bezog er auf seinen Wunsch seine Kibitke und wurde viel von den Sareptanern besucht, denen er bezeugte: „Ich habe euch so lieb, wie meine leiblichen Geschwister; und Christum will ich lieben und ihn bitten, daß wir in der Ewigkeit ungetrennt sein mögen." Meist war er still und tief nachdenkend; doch vermischten sich häufig die alten heidnischen Ideen mit den neu gewonnenen christlichen Anfangsgründen, wie er z. B. einmal erklärte, er wolle künftighin immer zu Br. Seydel und Christo beten. Als ihm Br. Seydel darüber das Nöthige gesagt hatte, gab er ihm die Hand und sprach: Ich wünsche, daß künftig viele Kranke zu euch kommen mögen, die auf solche Art mit euch bekannt und eure Brüder werden können. — Von den herzlichsten Segenswünschen der Gemeine begleitet, verließ er Sarepta, und aus späteren Nachrichten ersahen die Brüder, daß ihm die Eindrücke, die er hier empfangen, nicht ganz verloren gegangen sind, wenn sie auch in heidnischer Form sich äußerten. So ließ er 1786 uns durch seinen Bruder sagen, er sei wie neugeboren, und wenn er bete, wende er sich stets nach Sarepta hin, wie seine Landsleute nach Tibet. Da ihn keine sonstige Veranlassung nach Sarepta führte, so verloren ihn die Brüder aus den Augen, hielten jedoch an der Hoffnung fest, daß, der das gute Werk in ihm angefangen, es auch vollenden werde auf den Tag Jesu Christi.

Sehr zu bedauern war es in Absicht auf die Kalmückenmission, daß Chr. Fr. Gregor 1785 seinen ersten Abruf nach Deutschland bekam, da er derjenige von den Brüdern war, der für das Studium der Sprache am meisten thun konnte. Wenn er auch durch sein geistliches Amt in der Gemeine und durch seine Arbeit in der Schule fast mehr, als die andern Missionare, verhindert war, diesem Beruf obzuliegen, so schätzten ihn doch die übrigen als denjenigen, der mit seinem regen Geist sie ermunterte, antrieb und durch seinen Rath unterstützte.

So viel es ihnen möglich war, gingen sie den vom Geist Gottes erfaßten Seelen nach, um sie weiter zu fördern und ihnen das zu erhalten, was sie ergriffen hatten. Zu diesem Zweck machte Neitz, Pfeiffer und Petersen in diesem Jahre (1785)

einen Besuch in der Jätä Zocher Horde, um einen Saiffang
Bölölä aufzusuchen, der im vergangenen Jahr, aus freiem An=
trieb, die Auferstehungs= und Himmelfahrts=Geschichte des Herrn
zweimal mit Br. Pfeiffer gelesen hatte. Bei der großen Aus=
dehnung der Weidetriften und der Zerstreuung der Kalmücken
über diese Flächen war es ihnen zwar nicht möglich, ihn aufzu=
finden; im Jahr 1786 kam er jedoch selbst nach Sarepta und
bat sich wieder die Leidensgeschichte des Heilands zum Lesen aus.

Die Gellonge, die sich bis jetzt mehr indifferent gehalten
hatten, schienen nun eine Gefahr, die ihnen drohe, zu ahnen; sie
suchten es daher möglichst zu verhindern, daß unsre Brüder mit
dem gemeinen Volk allein sprachen; wenigstens fanden sich zu
solchen Unterhaltungen meistens bald einige Priester hinzu, die die
Worte der Missionare mit ihren Bemerkungen und Spöttereien
begleiteten. So sehr sich's diese auch zur Regel gemacht hatten,
nicht auf Disputationen einzugehen, so ließ es sich doch häufig
nicht vermeiden. Suchte man ihnen die Nichtigkeit ihres Ver=
trauens auf ihre Götter und Priester darzuthun, so hatten sie
jederzeit Ausflüchte bei der Hand. Als der alte Dijantschi
Lama im Frühjahr todtkrank war, sagte er seinen Gellongen, er
wolle nicht länger leben, seine Seele sei müde und satt, noch
ferner unter einem so gottlosen Volk zu bleiben, bei dem sein
Dasein doch nichts gefruchtet habe. Als diese Aeußerung bekannt
wurde, strömte das Volk herbei, opferte Vieh und Geld, und bat
ihn auf das Dringendste, daß er noch bei ihnen verweilen möge.
Als sie ziemlich lang mit Opfern und Bitten angehalten hatten,
und er auch wohl einige Besserung verspürte, ließ er sich endlich
herab, wofern sie von ihren bösen Wegen abständen, noch 30 Jahre
bei ihnen zu bleiben. Trotz dieses Versprechens starb er im Som=
mer des Jahrs, 80 Jahre alt. Als man den Kalmücken nun die
Nichtigkeit dieses Versprechens vorhielt, wußten sie sich augen=

blicklich zu helfen, indem sie in großer Selbstverläugnung erklär=
ten, eben sie seien die Ursache seines Todes gewesen, da sie sich
nicht so weit gebessert hätten, daß er hätte Freudigkeit haben können,
unter ihnen zu bleiben. Sein Nachfolger weigerte sich lange, die
erledigte Würde anzunehmen, weil der Schaden an Haupt und
Gliedern, die Lasterhaftigkeit und Insubordination der Gözzuls
(angehenden Priester) und der Gellonge zu groß sei.

In Sarepta war zu dieser Zeit der Besuch der Kalmücken
gering, weil sie sich vor den Blattern, die hier grassirt hatten,
fürchteten. Bei Einzelnen zeigte sich ein wachsendes, aber, wie
es schien, mehr wissenschaftliches Interesse an unserm „nom"
(Lehre); von der Anwendung desselben auf ihr Herz und Leben
wollten sie nichts wissen, wenn auch Manche von den ihnen ge=
sagten Worten sich so betroffen fühlten, daß sie erklärten: Deine
Worte sind so in mich gedrungen, daß mir alle Knochen weh thun.

Eine kranke Frau, die 1787 hieher in die Kur kam, ver=
sicherte, als man ihr sagte, wer der eigentliche Arzt des Leibes
und der Seele sei, sie habe schon unterwegs zu unserm Gott ge=
betet, und wolle es auch ferner thun. Da es sich anfangs mit
ihr besserte, brachte sie einmal eine Zegezé (Schale), in welche sie
Geld gelegt hatte, zu Bruder Neitz, setzte sie auf den Tisch und
machte mit vor der Stirn gefalteten Händen einige Verbeugungen,
wie die Kalmücken zu thun pflegen, wenn sie ihren Geistlichen
Opfer bringen. Dann sagte sie: „Ich bete fleißig zu dem Gott,
von dem ihr mir gesagt habt; unsern Göttern habe ich genug
und soviel geopfert, daß, wenn sie mir helfen könnten, sie es schon
längst hätten thun müssen; ich habe daher von ihnen nichts mehr
zu hoffen." Auf das Zureden ihrer Verwandten, in die Horde
zurückzukehren, damit, wenn sie stürbe, die nöthigen Ceremonieen
verrichtet werden könnten, erwiderte sie: „Ich bin fest entschlossen,
mein Schicksal hier abzuwarten. Der Gott der Deutschen ist

gnädig und barmherzig, und wenn ich hier sterbe, wird er mir vielleicht auch gnädig sein, denn mein Gebet ist stets zu ihm gerichtet." Wenn ihre Freunde sie von diesem Glauben abwendig zu machen suchten, konnte sie förmlich erbittert werden; auch erzählte ihr Mann nach ihrem bald darauf erfolgten Tod, daß sie bis ans Ende mit gefalteten Händen ihre Verbeugungen nach Sarepta hin gerichtet habe. Wenn die Form ihres Glaubens auch noch viel Heidnisches hatte, wenn ihre Erkenntniß auch noch eine sehr geringe war, so kann man doch nicht läugnen, daß sie ihr Vertrauen nicht wegwarf, sondern es auf den setzte, der Himmel und Erde gemacht hat, und ihr gewiß ein barmherziger Richter gewesen sein wird.

Auch ähnliche Erfahrungen, wie der Apostel Paulus zu Lystra (Apostelgesch. 14, 11.) machte Br. Neitz, indem Kranke sich zu ihm, wie zu einem Gott, mit den Worten wendeten: O du mein wahrer Gott, hilf mir bald aus dieser Noth! was ihnen dann auf das ernsteste verwiesen wurde. Eine Frau, die gesund geworden war, bat sich von ihm einen alten Lappen oder etwas derartiges aus, indem sie diesen Gegenstand, um ihres Arztes nicht zu vergessen, zu ihrem Privatgott (Amulett) machen, und ihm beim Gebet zum deutschen Gott stets an ihre Stirn drücken wolle.

In den Weihnachtstagen wurden öfters Kalmückenkinder ins Haus gerufen, ihnen kleine Geschenke gemacht und erzählt, was für ein Fest wir feierten. Dies ließen sie sich wohl gern gefallen, bei Größeren fand man jedoch häufig schon denselben Geist des Widerspruchs und der Confundirung der christlichen mit den heidnischen Begriffen und Lehren, wie bei den Alten.

Die Besuche der Kalmücken in unserm Ort hatten in damaliger Zeit oft einen wilden Charakter. Solche, die sich im

Branntwein übernommen hatten, machten nicht nur viel Lärm und Geschrei, sondern schlugen, jagten und verfolgten sich auf den Straßen zu Fuß und zu Pferde, wie rasend; einer von ihnen sprengte einmal in trunkenem Muth vor den Ort hinaus, wo er stürzte und sich augenblicklich den Hals brach. Eine Fürstin, Bajarlacho, drang ebenfalls betrunken mit einem Gefolge von Saissangs und Gellongen, trotz alles Abwehrens, in das Schwestern= haus, wo sich die liebenswürdige Gesellschaft auf Stühlen und Tischen lagerte. Als Neitz eilig herbei geholt wurde und ihr klar machte, die Schwestern verlangten, daß sie mit ihrem Gefolge sogleich das Haus verließe, war sie äußerst beleidigt, da noch Nie= mand sich unterstanden habe, so etwas von ihr zu verlangen; ehe ihr Wunsch erfüllt wäre, daß nämlich die Jungfern vor ihr musicirten, würde sie das Haus nicht verlassen. Auf die Vor= stellung jedoch, sie möge uns nicht nöthigen, andere Mittel zu er= greifen, und als Neitz ihr voranging, folgte sie und machte im Nachbarhaus einen bescheideneren Besuch. Im nächsten Jahr, als sie wieder kam und in das Schwesternhaus geführt zu werden wünschte, wollte sie, auf die Bemerkung hin, daß dies nur unter Bedingungen geschehen könne, von ihrem vorjährigen Besuch gar nichts wissen, sondern behauptete, so hätte sie sich nicht betragen, es müßten andere Kalmücken gewesen sein, die nicht zu ihrem Gefolge gehört hätten.

Ebenso, wie dieses Volk den Brüdern ungesittet erschien, mochten auch wir ihnen in manchen Beziehungen als Leute ohne Bildung vorgekommen sein. Daß man sie, wenn sie nach Sarepta kamen, nicht in den Privathäusern aufnahm, sondern sie nach dem Gasthaus wies, daß man ihr vielfaches Begehren von Kleinig= keiten, besonders in Speis und Trank, nicht gewährte, schien ihnen aufs Höchste grob und gegen die Gastfreundschaft gehandelt, da sie uns, wenn wir sie in ihrer Horde besuchten, alles zur Dis=

position stellten, was ihre Kibitke aufweisen konnte, was aber
lich wenig genug war. Anforderungen ähnlicher Art waren
solche: Ein gewisser Genden Gellong, Nachfolger des J
Aebschi schickte nach dessen Tod drei Boten zu Neitz, die
seine Erwartung aussprechen sollten, daß er die gute Freundsch
welche er mit seinem Vorgänger gehalten habe, mit ihm
setzen werde. Demzufolge möge er ihm seine Bedürfnisse
Medicin und andern Gegenständen schicken, er wolle seiner
das, was Neitz aus der Horde brauche, ihm besorgen. Für
wünsche er aus der Apotheke eine Dosis Moschus und aus
Kaufladen ein Paar Handschuhe. Auf die Frage nach der
zahlung dieser Gegenstände hieß es: Der Gellong hat das
trauen zu dir und deiner Freundschaft, daß du es ihm ohne
schicken wirst. Als Neitz aus begreiflichen Gründen auf
Abkommen nicht eingehen konnte, waren sie höchlichst verwun
daß man einen Mann, wie ihren Gellong, abschlägig besche
könne.

Aus den letzten Jahren dieses Abschnitts finden sich
wenige und nichts Neues bietende Berichte von der Thäti
dieser berufenen Missionare unter den Kalmücken. Sie erla
an den mancherlei Schwierigkeiten, die weniger von Außen
mend, als in der inneren Organisation sich zeigend, hinde
daß das Werk recht zur Blüthe kam. Schon die Vereini
einer Orts-Brüdergemeine mit einer Missionsstation, sowie
doppelte Stellung der Brüder in einem Gewerbe und im
sionsdienst, brachte manche Nachtheile. Die Missionare, und
sonders Pfeiffer in seiner Stellung als Meister eines Gesch
klagten häufig, daß das Gebundensein ihren Muth dämpfe
dem Missionsberuf Eintrag thue; andrerseits lag die Gefahr

daß sie ohne jene Beschäftigungen in die Versuchung zum Müßiggang gerathen könnten, da sie wirklich nicht zu allen Zeiten des Jahres thätig sein konnten. Bei alledem bleibt aber doch die Frage offen, ob nicht eben diese Anlage der Mission in sich eine tiefergehende und weitergreifende Arbeit unmöglich machte, und es zu keinem Missionswerk nach jetzigen Begriffen kommen ließ. Auch in der speciellen Praxis fanden sich manche Hindernisse: Als Ortseinwohner hatten die Missionare auch auf die Befolgung der Gemein- und Polizei-Ordnungen zu sehen, und da sie diejenigen waren, die allein mit den Kalmücken verkehren konnten, so mußten sie ihnen gelegentlich, wenn auch nur im Auftrag, oder als Dollmetscher in dem mit ihrem sonstigen Charakter collibirenden Amt des Polizeibeamten entgegentreten. Da man ferner erkannt hatte, daß es besonders bei jungen Leuten zweckmäßig sei, wenn sie ihre Besuche bei den Kalmücken nicht allein, sondern nach dem Vorbild des Heilands machten, der seine Jünger zu zween aussandte, so war dies auf der andern Seite etwas, was die Thätigkeit des Einzelnen sehr hinderte und ihn schon der Zeit nach sehr gebunden machte. Was aber das Leben in der Horde betraf, so war es von der Art, daß die Missionare es auf die Dauer, besonders wenn ihre Frauen sie begleiteten (was anderseits auch für den Missionsdienst förderlich war), nicht aushalten zu können glaubten. Aus Mangel an den nöthigsten Bedürfnissen des gewöhnlichen Lebens waren sie genöthigt, sich in der Nähe wohlhabender und angesehener Kalmücken, Russen, Tataren und Armenier aufzuhalten, was wieder häufig ihrem Hauptzweck mehr zuwider als förderlich war. Dazu kam, daß, um mit der Horde nomabisiren zu können, eine förmliche Kalmückische Wirthschaft, Kibitke, Wagen, Vieh, Knechte, nothwendig war, was bedeutende Kosten verursachte. Endlich war, nachdem die Missionare die Sprache erlernt hatten, für sie keine andere Möglichkeit vorhanden, als sich unter dem Charakter eines Arztes unter ihnen aufzuhalten, wodurch man in der Auswahl der Brüder sehr beschränkt war, indem doch nur solche, die wirklich einige medicinische Kenntnisse besaßen, angestellt werden konnten.

Neitz war der einzige, der diese Befähigung besaß; er war, nachdem Gregor seinen Abruf erhalten, Seiffert und Pfeiffer diesen Beruf aufgegeben hatten, der einzige auf dem Platze geblieben. Und auch er wollte nach 30jähriger Thätigkeit an diesem Werk verzagen, wenn er bedachte, wie alle bisherige Predigt noch nicht einmal die Wirkung gehabt hatte, daß auch nur Einer Sorge und Verlegenheit um sein ewiges Heil bezeugt hätte und die Gemeine und ihre Aeltesten durften es an Ermunterungen nicht fehlen lassen, daß er sich die Gelegenheit immer besser zu Nutze machen möge, den geistlichen Zuspruch mit der leiblichen Hülfe zu verbinden. Aber eben dasjenige, was ihm den Aufenthalt unter den Kalmücken möglich machte, sein ärztlicher Beruf, beschäftigte ihn so vielfach, daß er müde wurde, immer wieder die Heranbildung von neuen Missionaren in die Hand zu nehmen, zumal das Sprachenlehren von Natur nicht seine Gabe war. Jedoch fuhr er mehr aus Pflichtgefühl als aus Trieb fort, Brüdern, sogar Kindern Unterricht in der Sprache zu geben, so schwer es ihm auch wurde. Er selbst fühlte sich trotzdem, daß er fertig Kalmückisch sprach, noch zu wenig in der Sprache zu Hause, um von den Uebersetzungen der heiligen Schrift, die er lieferte, befriedigt zu sein. Manche Begriffe schienen ihm in der Sprache gar nicht vorhanden zu sein; so z. B. verzweifelte er daran, das Wort der Bergpredigt: „Selig sind, die geistlich arm sind", übertragen zu können, und fürchtete vielmehr durch seine Uebersetzung Unklarheit statt Licht zu geben. „Wenn auch David sprechen kann: Ich bin beides dein Pilgrim und dein Bürger", mußte er in einem Brief bekennen, „so fühle ich mich nicht im

Stand, diese beiden Eigenschaften in meiner Person zu vereinigen."

So änderte sich denn nach und nach sein Beruf dahin ab, daß er bei sich ihm darbietender Gelegenheit wohl den Tod des Herrn verkündigte, aber nicht als eigentlicher Missionar diese Gelegenheit aufsuchte und schuf. Auf diese Weise wäre mit ihm schon jetzt das Werk ganz schlafen gegangen, wenn der Herr sich nicht zu eben dieser Zeit, in ähnlicher Weise, wie früher den Bruder Malsch, einen Zeugen aufgerufen hätte, der ohne eigentlichen officiellen Beruf, in freier Thätigkeit, nach dem Maaß der Gabe, die ihm verliehen war, sich der armen Heiden annahm. Das war der ledige Bruder Joh. Gottlob Loos. Er war dazu bestimmt, das Verbindungsglied zwischen der, jetzt zu Grabe gehenden, und der 1815 wieder neu aufblühenden, Kalmückenmission zu werden.

Während der ersten Zeit seines Aufenthalts in Sarepta hatte Br. Loos nicht die geringste Neigung zur Kalmückennation gehabt, im Gegentheil war ihm dies Volk förmlich zuwider gewesen, und er hatte an nichts weniger gedacht, als mit ihm sich zu befassen. Als er es aber nach und nach mehr kennen lernte, verwandelte sich dieser Widerwille in eine Zuneigung, Liebe und Hingebung, die wahrhaft rührend und ergreifend ist. Ein kleines Capital, das er als Schneider sich bei einer sehr genügsamen Lebensart erworben hatte, verbrauchte er zum Besten seiner Kalmückischen Freunde. Er erzog einige ihrer Knaben, unterrichtete sie selbst in der deutschen Sprache, und ließ einem derselben auf seine Kosten Russischen Unterricht geben. Beide wurden zwar später am fürstlichen Hoflager als Dolmetscher sehr nützlich, gingen aber, was Loos sehr betrübte, für den Herrn verloren.

Im Anfang der neunziger Jahre erklärte er sich schrift[lich]
gegen die Gemeindirektion über seinen Sinn, dem Herrn u[nter]
den Kalmücken zu dienen, und zwar in einer Weise, die [die]
Kindeseinfalt und den mächtigsten Herzensdrang, der ihn zu [die]
sem Volk trieb, vor Augen stellt. Er schrieb unter and[erm:]
„Ich habe manchmal gedacht: wenn ich nur mit der Sprache
weit wäre, um ihnen sagen zu können, daß Christus, unser [Er-]
löser, für unsre Sünde gestorben, der rechte Gott sei; und [es]
war mir nicht denkbar, daß sie es nicht glauben sollten, w[enn]
es ihnen nur gesagt würde. Und darum ist es mir ein wun[der-]
lich Ding, daß die Menschen sich die Seligkeit lieber verdie[nen]
als sie umsonst annehmen wollen. Es sind unter den Kalmü[cken]
welche, die ich ganz besonders lieb habe und die auch mich lie[ben,]
die haben zu mir gesagt: Woher kommt es denn, Loos, daß [wir]
dich so lieb haben; auch wenn wir dich nicht sehen, denken [wir]
an dich. Denen habe ich geantwortet: Wenn ihr Christum [so]
hättet, wie ich ihn liebe, so würdet ihr den Grund wissen, war[um]
ich euch liebe. — Wenn ich nun denke, daß solche nach ih[rem]
„nom" (Lehre) keine andre Aussicht haben, als nach ihrem [Tod]
in irgend ein Thier oder gar in die Hölle zu kommen, und [ich]
weiß doch, daß der Heiland auch für sie gestorben ist, so thu[t es]
mir sehr weh, zumal wenn ich von Christen sagen höre: aus [den]
Leuten wird doch nichts, alle Bemühungen sind umsonst. [Ich]
kann ihnen schon im Aeußern nicht gut etwas abschlagen, [wenn]
sie mich bitten, und sollte ich mir auch selbst dadurch Sch[aden]
thun, — um so mehr fühle ich mich verpflichtet, für ihre S[eelen]
etwas zu thun. Ich weiß wohl, daß der Heiland mich dazu [nicht]
nöthig hat; will Er mich aber dazu brauchen, so bin ich in S[einen]
Händen; Er weiß, daß ich ihn über Alles liebe und ich gla[ube,]
daß meine Bitten und mein Flehen nicht umsonst sein w[erden.]
Wenn ich auch hier an diesem Ort für diese Heiden beten ka[nn,]

so ist es doch etwas ganz anderes, sich ganz unter ihnen aufzuhalten, durch nichts gestört zu werden und den Zweck immer vor Augen zu haben."

Da die Brüder den treuen, redlichen Sinn dieses Bruders aus dieser Erklärung aufs neue erkannten, glaubten sie, seinen Trieb nicht dämpfen zu müssen, meinten auch, bei ihm von dem Grundsatz abgehen zu dürfen, keinen einzelnen Bruder längere Zeit auf einem solchen Posten stehen zu lassen, und ließen ihn gewähren. Da trieb es denn gelegentlich den Bruder, sein Geschäft plötzlich zu verlassen und in die Horde zu reiten, um dem Drang seines Herzens Genüge zu thun. Bei seiner anspruchslosen, genügsamen Art schien ihm das erbärmliche Leben unter den Kalmücken kein Opfer, er verschmähte es selbst nicht, mit einer Mahlzeit von gebratenen oder gekochten Susliks (Zieselmäusen) vorlieb zu nehmen. 1795 hielt er sich mehrere Wochen in der Horde auf, und wäre auch bereit gewesen, den Winter über dort zu bleiben, was bis dahin kein Missionar gewagt hatte. In seinem Bericht von diesem Besuch sagt er: "Wie froh war ich, als ich die Erlaubniß erhielt, unter den Kalmücken zu wohnen, und wie schwer ist es mir geworden, sie wieder zu verlassen. Gutes Leben und Bequemlichkeit können mich nicht reizen, bei ihnen zu bleiben, sondern es ist die Liebe, die ich zu den Leuten habe. — — Man sagt, es gehen unter ihnen Laster im Schwange, wie es wohl zu vermuthen ist; — ich habe nichts davon wahrgenommen. Die Gellonge sind zum Theil wohl leichtfertig in ihren Reden; zu ihnen habe ich bei solchen Gelegenheiten gesagt: Bei uns reden wir von solchen Dingen nicht; auch für euch passen sie nicht; euer Herz denkt schwarz; und das haben sie mir nie übel genommen. Wenn sie Gebete für Kranke hielten, habe ich mich mitten unter sie gesetzt; sie sahen mich für einen Mandschi (Schüler) an und wollten immer haben, ich sollte zum Churull (Götzentempel) kommen und mir die Haare scheeren lassen. Manche meinten, meine Seele müsse früher in einem Kalmücken gewesen sein, weil ich sie so sehr liebe. Wenn nun ein Kranker in seinen Schmerzen da lag, und sie ihre Gaukeleien machten, da hat mein Herz zum Heiland geseufzt, daß er sie doch von den Satansfesseln befreien möchte. — Wenn ich an das h. Pfingstfest denke, so liegt mir der Gedanke nahe: Lieber Heiland, ich habe mich schon so lange mit der Sprache gemüht, und bin noch nicht weiter gekommen; wo fehlt es mir nur? Du weißt doch, warum ich es thue." Die Kalmücken sprachen öfters den Wunsch aus, Loos möge ganz beim Churull wohnen, wahrscheinlich, weil sie glaubten, ihn bekehren zu können, denn sie sahen die ihnen persönlich bezeugte Freundschaft und Liebe als ihrem „nom" erwiesen an. Sein Gleichmuth, seine Ruhe, seine milde Liebe, nöthigten ihnen, ihrem Nationalcharakter gemäß, Achtung ab und er scheint ihnen in seiner Einfalt auf keine Weise zum Gespött gedient zu haben. Dabei versäumte er nicht, nach seiner geraden, redlichen Art, ihnen sein Mißfallen an ihrem Götzendienst deutlich auszusprechen, was aber ihre Liebe nicht störte. Im Gegentheil bewies sich ihr Zutrauen zu ihm auch darin, daß die Ernsteren unter ihnen ihm ihr Herz ausschütteten und den Verfall ihrer Sitten und Lehre beklagten; sie sagten: die Wahrheit ist gestorben. Auch Loos fand bei ihnen die Erfahrung der früheren Missionare bestätigt, daß die Predigt vom christlichen Sterben den tiefsten Eindruck auf sie machte, da sie eben im Tod allein den Fluch der Sünde fühlen. „O wie sehnt sich mein Herz," schreibt er einmal, „Seelen unter dieser Nation zu sehen, die den Heiland lieben. Ich bin oft bekümmert, ja ich wünsche manchmal, nicht hier zu sein, und daß mich der Heiland zu sich nähme, wenn ich meinen Zweck nicht erreichen sollte. Ich bin, wie einer, der etwas Großes sucht, und nicht findet; ob ich es noch finden werde, das weiß der Heiland. Heute fragten sie mich, was mir fehle? Ich sagte ihnen: Wenn ich es euch sage, ihr verstehet es nicht; ich glaube aber, daß die Zeit kommen wird, da ihr es verstehet."

In den Jahren 1803 und 1804 verbrachte Loos mit Chr. Hamel, der Geschäfte halber dort war, 18 Monate in der Horde. Durch diesen Aufenthalt hatte er sich noch mehr Freunde erworben und seine Anhänglichkeit an sie war noch mehr gewachsen, so daß er in der Folge noch einmal sich eben so lang bei den Kalmücken aufhielt. Er wurde allgemein bekannt und hatte bei Jedermann Eingang. Da er die leidenschaftliche Spielsucht des Fürsten und der Saissangs bemerkte, ging er geraden Wegs zum Lama und machte ihm Vorstellungen dagegen. Wirklich wurde in den nächsten Tagen nicht mehr gespielt und der Fürst sagte lächelnd zu ihm: Loos hat mich wegen des Spielens beim Lama verklagt. Als er sich deswegen gerechtfertigt hatte, aber vom fürstlichen Zelt aus bemerkte, daß in der Kibitke eines vornehmen Saissangs doch wieder gespielt wurde, schickte der Fürst, da Niemand es wagte hinzugehen, um es zu verbieten, den Bruder Loos hin, der auch unerschrocken ins Zelt trat, stillschweigend die Karten wegnahm und dem Fürsten brachte.

An Nachstellungen und Versuchungen fehlte es ihm aber auch nicht; eben weil er durch seinen musterhaften Lebenswandel das Wort der Wahrheit, das er predigte, bekräftigte, so suchte man ihn auf mancherlei Weise zum Fall zu bringen, durch Gottes Gnade aber vergebens. Im Gegentheil nahm sein Ansehn und die allgemeine Achtung immer mehr zu, und die Kalmücken gaben ihm das Zeugniß: Loos werde nach seinem Tode gewiß ein Tängeri (Engel) werden.

Eine besonders vertraute Freundschaft hatte er mit Churgum Zeitschi, dem Mundschenk oder Theekoch des Fürsten.

Während Loos sich wieder in Sarepta aufhielt, hörte er, daß dieser Freund dem Sterben nahe sei, und beschloß daher augenblicklich, ihn zu besuchen. In der Horde angelangt, fand er ihn nicht mehr in der Oergö (Hoflager), denn sein Aimak (Familie) war weggezogen, und hatte ihn mit seinen nächsten Verwandten und einem Diener allein in der Steppe zurückgelassen. Auf seine Erkundigung nach ihm, wollte man ihm seinen Aufenthaltsort und sein Befinden verbergen, weil man wohl wußte, wozu Loos seinen Besuch anwenden werde. Endlich erfuhr er den Ort, und da niemand ihm ein Pferd borgen wollte, um hinzureiten, machte er sich in aller Stille des Morgens zu Fuß dahin auf. Bei Zeitschi's Kibitki traf er mehrere Gellonge und den kalmückischen Arzt unter einer Arba (Karren) liegend und schmausend. Auch sie wollten ihn verhindern, zu dem Kranken zu kommen, er aber rief: Ich muß meinen Freund sehen, mag er nun todt oder lebendig sein. Diese Worte hörte der Kranke, und erfreut über Loos' unerwartete Ankunft, befahl er, ihn sogleich hereinzuführen. Hören wir weiter Loos' eigene Worte: Als ich ihn beim Eintritt ins Zelt fragte: wie geht's? antwortete er: O Loos, ich muß sterben! Ich fühlte ihm den Puls und sagte: Ja, das wird bald geschehen; worauf er erwiederte: Ach, es sind so viel Opfer dargebracht worden, (sie hatten ihm über 7000 Rubel gekostet) aber, fügte er hinzu: es ist alles umsonst, ich muß dahin! Darauf fragte ich: Worauf wirst Du denn Dein Vertrauen setzen? und er erwiderte mir die merkwürdigen Worte: **Jesus Christus ist meine Zuversicht!** Weil er dies mit schon gebrochener Stimme sprach, so fragte ich freudig überrascht ihn noch einmal und er antwortete: **Jesus Christus ist meine Zuversicht.** Man kann sich leicht vorstellen, wie mir dabei zu Muthe war. Nachdem er mir noch manches wegen der Seinigen aufgetragen, und da ich sah, daß er zur Ruhe eile, befahl ich seine scheidende Seele in einem Gebet in die barmherzigen Hände Jesu, der gewiß auch dieser armen Seele gnädig gewesen ist und sie in seine Wunden aufgenommen hat. Darauf verabschiedete ich mich von ihm auf ein frohes Wiedersehen in der Ewigkeit. Während ich nach dem Zelt seines Bruders, bei dem ich Thee trinken sollte, ging, sah ich mich noch einmal um, und ward gewahr, daß die Zeltklappe (der Rauchfang) geschlossen wurde, was mir ein Zeichen war, daß er verschieden sei. „Das sind gute Freunde gewesen," sagten die Kalmücken, „Zeitschi hat gerade noch so lange gewartet, bis er seinen Freund Loos noch einmal gesehen hatte." Als ich zu seinem Zelt zurückkehren wollte, war dasselbe bereits abgebrochen, und er selbst lag auf der bloßen Erde, mit einem grünen Kleid bedeckt. So wollten ihn seine Leute liegen lassen; das gab ich aber nicht zu, sondern sagte: Meines Freundes Gebeine sollen die Hunde nicht herumschleppen, sondern er muß begraben werden. Da dazu Niemand willig war, nahm ich eine Schaufel und machte mich an's Werk, da denn doch der älteste Sohn Zeitschi's mir das Grabscheit aus der Hand nahm und mit Hülfe der andern das Grab fertig machte. Nun erhoben die Gellonge Schwierigkeiten, da sie nicht die Gebetsformeln für eine Beerdigung bei der Hand hatten, weil es, Zeitschi's Geburtsjahr gemäß, auf Aussetzung der Leiche an der Luft angetragen worden war. Ich erklärte ihnen jedoch: Wenn ihr nicht beten könnt, so werde ich es thun! worauf sie sich wegbegaben, um die nöthigen Gebetsschriften zu holen. Während dessen war die Sonne untergegangen, und ich blieb mit dem Leichnam allein auf der weiten Steppe, da ich denn genug zu thun hatte, die hungrigen Hunde abzuwehren, die ihre Beute witterten. Endlich kehrten die Gellonge zurück, sprachen ihre Gebete, rollten den Leichnam in's Grab und ritten dann nach

Haus. Ich ging die Nacht durch zu Fuß nach dem Hoflager, wo ich am Morgen ankam.

Wie schon gesagt, war Joh. Gottlob Loos das Verbindungsglied zwischen der älteren und neueren Kalmückenmission Sarepta's; denn wenn auch Neitz den Anfang der letzteren noch sah, und durch Unterrichten der Missionare für sie thätig war, so ist er doch selbst nicht mehr in die Horde gekommen, während Loos 1815 die Brüder dorthin begleitete. Der nächste Abschnitt wird uns Gelegenheit geben, die Geschichte der Mission wieder aufzunehmen.

Blicken wir nun auf die fast 40jährige Thätigkeit unter den Kalmücken zurück, und fragen wir nach den Resultaten derselben, so muß man wohl sagen, die sichtbaren Erfolge sind sehr gering gewesen, denn auch nur von Wenigen weiß man, daß sie im Tode sich der Gnade des Herrn Jesu Christi überlassen. Aber Samen ist ausgestreut worden reichlich; und da eben das unser Beruf ist, und geduldig zu sein darüber, da wir keinen Anspruch darauf machen dürfen, die Ernte zu sehen, da im Gegentheil der Herr dieselbe aus guten Gründen unsern Augen entziehen kann, — so müssen wir uns an der Hoffnung und Zuversicht genügen lassen, daß das Wort Gottes im Stillen seine Kraft auch an manchem Heiden bewiesen haben wird, wenn wir auch nichts davon erfahren haben. Wußte doch auch Loos nichts von dem Werk Gottes in seinem Freund Zeitschi; und nur aus Gnaden hat der Herr es so gefügt, daß sein Ende uns bekannt worden ist. Wir sind es nicht, die arbeiten, sondern der Herr, so ist auch das Werk nicht unser, sondern Sein.

Siebentes Capitel.

Innere Mission.

Im ersten Abschnitt dieser Geschichte war mit kurzen Worten des Anfangs einer sogenannten "Diaspora-Thätigkeit" Sarepta's in den Saratow'schen deutschen Colonieen gedacht worden. Joh. Heinr. Langerfeld hatte im Einverständniß mit dem Senior (Probst) Jannet in Sebastianowka dies Feld bearbeitet, hatte aber später diesen Dienst verlassen und in Sarepta eine andere Anstellung bekommen. Dadurch war aber nicht die Bekanntschaft mit erweckten Seelen in dortiger Gegend aufgehoben, sondern sie wurde in freierer Weise fortgesetzt.

Johannes Scheuerl, sen., ein Uhrmacher seines Gewerbes, begabt mit gutem Verstand und warmem Herzen für diese Sache, machte, ohne directen Auftrag der Gemeindirection jedoch mit Bewilligung derselben, fast alljährlich auf eigene Kosten eine Reise durch die Colonieen des rechten Wolgaufers, führte die alten Bekanntschaften fort, und suchte neue. Sein Zweck sowohl, wie auch derjenige der, später in den Colonieen wohnhaften, Sareptischen Geschwister war keineswegs, Proselyten für die Brüdergemeine zu machen, oder die Leute ihrer Kirche zu entfremden, sondern vielmehr erweckte Seelen aufzusuchen und ihnen behülflich zu sein, in Gemeinschaft und Verbindung mit einander zu kommen. Das Halten von Erbauungsstunden stand in zweiter Reihe, während als Hauptzweck ausgesprochen war, in Gespräch und Unterhaltung die Seelen anzufassen, auf Jesum hinzuweisen und die darnach Verlangenden durch practische Belehrung zu erbauen. Die Wirksamkeit sollte nicht in's Allgemeine, sondern in's Specielle gehen.

Es ist hier nicht der Platz zu untersuchen, in wie fern eine solche Thätigkeit neben derjenigen, der (damals nur durch eine sehr geringe Anzahl vertretenen) Pastoren statuirt werden kann, wir haben es nur mit Thatsachen der Geschichte zu thun, und aus ihnen geht hervor, daß in damaliger Zeit die, auf dem Grund der heiligen Schrift stehenden, christlich lebendigen Prediger mit der Arbeit der Brüder zufrieden waren, daß sie theils selbst an ihr Theil nahmen, theils (wie Cattaneo in Norka) ihres in's Allgemeine gehenden Amtes wegen sich nicht an der Seelenführung kleinerer Gemeinschaften betheiligen zu können glaubten, daß die religiös Indifferenten der Sache nichts in den Weg legten, und nur 2 oder 3 das Werk zu hindern suchten. Die Mehrzahl der Prediger erkannte und wußte, daß sie an diesen Brüdern treue Mitarbeiter hatten, welche nicht nur, für ihre Person, die evangelische Kirche und ihre Diener hochschätzten, und Wort und Sacrament fleißig benutzten, sondern auch die Colonisten anhielten, das nämliche zu thun; die aber auch bei etwaigen Uneinigkeiten der Gemeinen mit ihren Predigern die geeignetsten Personen waren, dieselben auszugleichen; die jedenfalls aber nie als Gegner der Pastoren auftraten. Auch das machte die Diener des Worts in der Kirche an der Sache nicht irre, daß in den engeren Gemeinschaften der junge Most gelegentlich gährte, daß Excentricitäten hervortraten, die aber, zum Theil wenigstens, ihren Ursprung nicht hier im Lande gefunden, sondern noch von Deutschland mitgebracht worden waren, und schon vor der Thätigkeit der Brüder sich gezeigt hatten. Ebenso wenig befremdete es sie, wenn Sünden offenbar wurden, die man bei geförderten Christen nicht gesucht hatte, da es eine bekannte Wahrheit ist, daß da, wo der Geist Gottes besonders thätig ist, Satan es auch nicht an sich fehlen läßt, Schmach auf ein Werk Gottes zu bringen. Daß Ueberhebung, Anmaßung, Richtgeist sich bei manchem Mitglied jener Gemeinschaften zeigte, verwunderte sie nicht, und sie dachten nicht daran, die Ursache in der Methode und Arbeit der Brüder zu suchen, da sie alles dies vielfach auch an den durch ihre Thätigkeit Erweckten zu bemerken Gelegenheit hatten. Von ihrer Seite trat also diesem Werk nichts in den Weg; dagegen zeigte sich in vielen Gemeinden unter den Colonisten selbst eine große Widrigkeit, weniger gegen die besuchenden oder dort wohnenden Sareptischen Brüder, als gegen die Mitglieder jener Gemeinschaften und besonders gegen die sogenannten „Gehülfen", d. h. diejenigen, die an der Spitze der einzelnen Gesellschaften standen. Diese hatten Hohn, Spott und thätliche Beleidigungen zu dulden, wurden auch manchmal bei der weltlichen Obrigkeit verklagt; und je nachdem diese gegen die Sache gesinnt war, wurde zeitenweis das Halten ihrer Erbauungsstunden gestattet oder verboten, welchem Verbot die Betreffenden sich willig fügten.

Da die Zahl derer, die auch nur oberflächlich mit den Brüdern bekannt waren, im Verhältniß zur Population der Colonieen eine sehr geringe war, da ferner die Brüder mit der Aufnahme in die engeren Gemeinschaften sich nicht übereilten, sondern nur diejenigen denselben zuzählten, welche durch ihren Wandel bewiesen, daß es ihnen Ernst sei mit dem Schaffen ihrer Seligkeit, so nahm das Werk nie große Dimensionen an. Popowka, Sebastianowka, Goloi Karamüsch und Oleschna waren die Orte, in denen sich die meisten Mitglieder befanden, und doch betrug ihre Gesammtzahl kaum mehr als 100 Seelen, und ist während des 50jährigen Bestehens dieser Sache auch nicht viel größer geworden. Die Zahl derjenigen, die in einer weniger formellen Bekanntschaft mit den Brüdern standen, war freilich eine viel größere.

Daß es letzteren nicht darum zu thun war, Glieder der

evangelischen Kirche derselben zu entfremden, sondern überall da, wo sie Leben des Herzens fanden, dasselbe zu pflegen und zu nähren, bewiesen sie auch dadurch, daß sie ihre Bekanntschaften nicht auf diesen Kreis beschränkten, sondern sie, von confessionellen Unterschieden absehend, auch auf Glieder der anderen Kirchen ausdehnten. Sie freuten sich herzlich, wenn sie in ihnen Seelen fanden, die den Heiland liebten und auf sein Leiden und Tod ihre Rechtfertigung und Seligkeit gründeten; so war ihnen der Pater Johannes de Ducla in Kamenka (derselbe, welcher von einer Streifparthei der Kirgisen entführt, bei ihnen eine Zeit lang als Hirte gedient hatte, und dann entkommen war), ein lieber Freund und Bruder.

Im Jahr 1778 zog Daniel Willy, ein Kaufmann, nach Sebastianowka, um der Gemeine in Sarepta als Handlungscommissionär und als Aufseher über die Baumwollen- und Flachsspinnereien, die zur Winterszeit von den Colonisten für die Sareptischen Fabriken betrieben wurden, zu dienen; zugleich hatte er den Auftrag, der Erweckten sich anzunehmen. Dies that er, so weit es seine schwächliche Gesundheit erlaubte, und hauptsächlich waren es die Kinder, zu denen er besondere Liebe hatte, welchen er Erbauungsstunden hielt und bei denen er offene Herzen fand.

Im nächsten Jahre machte Bischof Joh. Nitschmann eine Erholungsreise in diese Gegenden, wurde von den Pastoren ohne Mißtrauen und Eifersucht, in herzlicher Liebe aufgenommen, und benutzte die Gelegenheit, den sogenannten „Gehülfen", die sich in Sebastianowka versammelt hatten, es klar zu machen, worauf es bei der Arbeit an den Seelen ankäme, daß man nämlich an sich selbst ein rechtschaffenes Wesen in Christo beweise und Anderen bezeuge, wie man allein Vergebung der Sünden erlangen könne im Blute Jesu durch den Glauben, daß alle menschlichen

Erörterungen und die engere Gemeinschaft der Seelen nur als Beförderungsmittel zu diesem Zweck einen Werth hätten.

In Popowka fand die Arbeit der Brüder den meisten Anklang, indem fast die Hälfte der Einwohner sich des Zuspruchs der Brüder bediente, auch unter der heranwachsenden Jugend zeigte sich ein wahres Verlangen nach geistlichen Segnungen. 1781 machte Bischof Nitschmann, begleitet von mehreren Geschwistern, z. B. Joh. Scheuerl und A. B. Brandt, eine zweite Reise dorthin. Letztere dehnten ihren Besuch auch auf die Colonieen jenseits der Wolga aus, wo Scheuerl in früheren Jahren auch gewesen.

Da die Commissionsgeschäfte immer mehr zunahmen, sah Willy sich genöthigt, die Aufsicht über die Spinnereien abzugeben, und Lucas Stöckly, ein Schweizer von Geburt, seines Gewerks ein Posamentier, zog im folgenden Jahr (1782) nach Popowka. Er hatte die Gabe, Allen Alles zu werden (1. Cor. 9, 22) in höherem Grad, als Willy, er besaß nicht nur einen Schatz allgemeiner christlicher Erkenntniß und specieller Kenntniß der heiligen Schrift, sondern auch eine Klarheit und Sicherheit im Urtheil, die nur durch die Erleuchtung des heiligen Geistes erlangt werden kann. Einen besonderen Werth erhielten diese Gaben durch eine ungeheuchelte Demuth und Bescheidenheit. Die Anstellung dieser beiden Männer führte auf den Gedanken, das Feld der geistlichen Thätigkeit beider zu trennen und gegenseitig abzugränzen; doch wurde er für jetzt nach reiflicher Ueberlegung aufgegeben und ihnen gemeinsame Arbeit empfohlen. Dieser Beschluß sowohl, mit dem Willy nicht recht einverstanden war, als auch der für ihn (der schwächlicher Natur war) anstrengende Dienst veranlaßten ihn, zumal er von früher gewohnt war, mehr Ansprüche zu machen, um seine Ablösung einzukommen. Er hing mit großer Liebe an seinen Kindern, und die Sorgfalt für sie hinderte ihn vielfach in seiner geistlichen und geschäftlichen Thätigkeit, so daß vorauszusehen war, daß er es nicht allzu lang auf diesem Posten aushalten werde.

1784 machte Chr. Fr. Gregor, und mit ihm Joh. Scheuerl zum letzten Mal einen Besuch bei unseren Brüdern, und nahm, wie Joh. Nitschmann 1779, Veranlassung, die Gehülfen der verschiedenen Gemeinschaften (oder Häuflein, wie sie damals genannt wurden) zusammenkommen zu lassen, um ihnen die Grenzen ihrer Thätigkeit zu zeigen, und sie zur Demuth und Treue gegen den Herrn zu vermahnen. Als derselbe Bruder im nächsten Jahr nach Deutschland zu einer Conferenz in Sachen der Diaspora überhaupt berufen wurde, reiste er noch einmal durch die Colonieen, und wurde, wie bei seinem ersten Besuch, öfters von den Pastoren aufgefordert, in ihren Kirchen zu predigen, was er denn auch fleißig und mit Segen that.

Nach eigener Wahl verließ 1786 Dan. Willy seinen Posten und kehrte nach Sarepta zurück, wo er schon nach zwei Jahren aus der Zeit ging. Kurz nach seiner Abreise brach in Sebastianowka ein Feuer aus, das nicht nur das von ihm bewohnte Haus, sondern auch das Versammlungslocal der verbundenen Seelen verzehrte, wobei unsre Gemeine durch den Verlust ihrer Commissionswaaren einen nicht unbedeutenden Schaden litt.

Da sowohl die Besorgung des geschäftlichen Theils seiner Arbeiten, als auch sein Dienst an den erweckten Seelen nach Willy's Abreise Stöckly's Kräfte überstieg, so bat er, von Senior Jannet unterstützt, bringend um Hülfe und Beistand. Ehe die Gemeindirektion darüber etwas beschloß, machte Bischof B. G. Müller 1789 eine Besuchsreise zu den Geschwistern Stöckly, durch welche er sich persönlich sowohl von den schönen Aussichten, die dieses Werk hatte, als auch von der Nothwendigkeit einer Gehülfenschaft in demselben überzeugte. Nachdem man es für zweckmäßig erkannt hatte, eine Theilung des Arbeitsfeldes vorzunehmen, erhielt Br. Anton Rudolphi eine Berufung als Commissionär Sarepta's und Arbeiter in der Diaspora der Wiesenseite der Wolga, nach Catharinenstadt, wodurch dem Br. Stöckly wenigstens die weitläuftigsten und oft der Wolga wegen gefährlichen Besuche dieser Gegenden abgenommen wurden. 1790 zog er dahin. So war denn das früher vereinte Gebiet in zwei naturgemäße Theile zerlegt, deren Geschichte wir eben so getrennt weiter verfolgen wollen.

Der Trieb, nach den Gegenden am Kaukasus auszuwandern, war seit mehreren Jahren unter den Colonisten der Bergseite sehr mächtig gewesen, auch einige unsrer Bekannten waren von ihm ergriffen worden; 1786 verminderte sich diese Sucht, da die Ausgezogenen dort nicht das erwartete Glück gefunden hatten, so daß man hoffte, sie würde ganz aufhören; die Geschichte der folgenden Jahre aber bis auf unsre Zeit hat bewiesen, daß diese Hoffnung eine vergebliche war. — Gegen die Absicht eines Theils der Erweckten, sich auf einem abgesonderten Stück Land, von den Uebrigen getrennt, anzubauen, sprachen sich die Brüder auf das Entschiedenste aus, indem dadurch der Zweck der Gesellschaften, ihren Mitchristen geistlich und leiblich zum Nutzen zu sein, und als ein gutes Salz unter ihnen zu wirken, vereitelt, und außerdem leicht zur Sektirerei Anlaß gegeben würde.

Ludolf Fabricius, Diaconus der Brüderkirche, und Pfleger der ledigen Brüder in Sarepta, machte 1791 einen längeren Besuch auf den Colonieen. Mit Liebe und Achtung kam man ihm von Seiten der Pastoren zuvor, wie er denn auch in Zeit von 4 Wochen nicht weniger als 17 Mal in den Kirchen gepredigt hat. Bei großer Beredsamkeit besaß er einen durchdringenden Verstand und Scharfblick, so daß ihm die mancherlei Schäden und Mangelhaftigkeiten des Diasporawerkes nicht verborgen blieben. Er fand in den Gesellschaften manche, an die Ordnungen der Brüdergemeine sich anlehnende Einrichtungen; die Mitglieder waren nach Stand und Geschlecht in Chöre getheilt, eine specielle Seelenpflege (Privatbeichte) besonders vor dem Genuß des heiligen Abendmahls war eingeführt; auch manche Aeußerlichkeiten hatten sie von den Brüdern angenommen, wie z. B. die Liebesmahle, in denen ein von Steppenkräutern bereiteter Thee, mit Süßholz versüßt, gereicht wurde. Gegen 21 Reden hielt Br. Fabricius den verbundenen Seelen, in denen er ihnen ernst und liebreich die Mangelhaftigkeiten und Schäden aufdeckte, an denen das Werk litt, und sie zu dem hinwies, der allen Schaden heilen kann. Auch warnte er aufs Ausdrücklichste vor dem fleischlichen Eifer und der Bekehrungssucht mancher Neuerweckten, da es ein, durch die Erfahrung bestätigter Satz sei, daß solche dadurch, daß sie mehr auf Andere sähen und an sie dächten, als an sich selbst, leicht das eben geschenkte Kleinod verlören. Diese Warnung war um so mehr am Platz, da Verbote von Seiten der Obrigkeiten damals ganz aufgehört hatten, und etwaige Störungen aus den Gemeinen hervorgegangen waren, und zwar öfters provocirt durch solchen fleischlichen Eifer.

Auch auf die Wiesenseite dehnte er seinen Besuch aus. Von sämmtlichen Gesellschaften zeichnete sich nach seinem Zeugniß damals die in Goloi Karamüsch durch die daselbst waltende Liebe und Einfalt in Christo aus.

Da die Brüder in Sarepta bemerkt hatten, daß Besuche einfältiger Laienbrüder und gelegentliche Ansprachen derselben für die Societäten etwas Anregendes hatten, und da manche solcher Brüder einen besonderen Trieb hatten, mit unsern lutherischen und reformirten Mitbrüdern bekannt zu werden, so gestattete man 1796 und 1797 dem Br. Martin Jäschke solche Besuche zu machen, die nicht ohne Segen waren. Leider wurde sein Aufenthalt abgekürzt durch eine traurige Begebenheit, die nicht nur Verwirrung in das Werk brachte, sondern auch den Anfeindungen neuen Stoff gab, indem ein Mitglied einer Gesellschaft sich unabsichtlich eines Vergehens, eines unfreiwilligen Todtschlags, schuldig machte, von welchem es zwar durch richterlichen Entscheid freigesprochen wurde, das aber doch hinreichend war, um Schmach auf das Werk zu bringen, und die Feinde Gottes lästern zu machen.

Auch Br. D. Cranz fand, als er 1798 die Colonieen bereiste, die Gemüther noch unter dem Eindruck dieser Begebenheit theils gedrückt, theils erregt. Ihm standen ebenfalls, diesseit und jenseit der Wolga, Kirchen und Kanzeln offen, und er legte zu vielen Malen Zeugniß ab, von der durch den Tod und das Blut Christi uns erworbenen Gnade. Wie bei früheren Besuchen der Sareptischen Prediger, zogen häufig die Mitglieder der Gesellschaften mit ihm von Colonie zu Colonie, um keinen Vortrag zu versäumen. Die Regierungsbehörden in Saratow, denen er in seinem Amt als Mitvorsteher unsrer Gemeine seine Aufwartung machte, versicherten ihn ihrer Gewogenheit und Fürsorge für Sarepta.

Wenden wir uns nun nach der Wiesenseite, dem linken Ufer der Wolga. Als Rudolphi in diesen seinen Wirkungskreis eintrat, fand er 60 bis 70 Personen vor, die mit der Brüdergemeine bekannt waren, und von denen etwa ein Drittheil in Boirour, die übrigen in 10 Colonieen zerstreut wohnten. Die Anzahl der Colonisten dieser Seite überhaupt, welche in 53 kleineren Orten lebten, war früher der der Bergseite gleich gewesen, hatte sich aber bedeutend vermindert. Anfangs hatte man sie tief in die Steppe hineingeschickt, um diese Gegenden bewohnter zu machen; da sie aber weder Wiese noch Wald, ja nicht einmal fruchtbares Ackerland fanden, so verkam ein Theil von ihnen in Hunger und Armuth, wozu noch kam, daß sie durch die räuberischen Kirgisen von Zeit zu Zeit überfallen und zum Theil in die Sklaverei fortgeschleppt wurden. Als die Regierung ihnen auf ihr Ansuchen gestattete, sich näher an der Wolga anzubauen, zogen sie es vor, sich in größeren Colonieen niederzulassen, hatten aber hier wieder von dem ungesunden Clima des Saimisch-Landes (des Landes, das im Frühjahr vom Fluß überschwemmt wird) viel zu leiden, so daß ihre Zahl abermals decimirt wurde. So war schon aus diesem Grunde Rudolphi's Wirkungskreis ein kleinerer.

Sein äußerlicher Beruf bestand in Leitung der auch hier eingerichteten Spinnereien, Besorgung von Commissionen und Speditionen, und endlich wundärztlichen Hülfsleistungen. In letzterem besaß er eine besondere Geschicklichkeit, so daß mehrere Aerzte dieser Gegend wünschten, er möge sich zu vollkommen freier Praxis einem chirurgischen Examen unterziehen; ja der Medicinal-Inspektor Richter war erbötig, dasselbe vorzunehmen und ihm die Ukase für das Praktiziren zu verschaffen. Da aber von Seiten der Gemeindirektion in Sarepta darauf gedrungen wurde, und Rudolphi selbst wünschte, daß nichts bezeugt werden möchte, was sich in der That nicht so verhielte, anderntheils ihm aber als reinem Empiriker die nöthigen wissenschaftlichen Vorkenntnisse fehlten, war man genöthigt, davon abzustehen.

Seinem Charakter stellte der, als Generalsuperintendent zu Moskau verstorbene, damalige Catharinenstädter Pastor Huber nach seinem Tod folgendes Zeugniß aus: „Niemand wird ihm absprechen, daß er eine ganz vorzügliche Gabe besaß, sowohl einzelnen Seelen beizukommen und treffend ans Herz zu reden, als auch größeren Gesellschaften solche Vorträge zu halten, die sich durch Erfahrung, Einfalt, Eindringlichkeit und Salbung auszeichneten. Seine Arbeit war nicht ohne sichtlichen Segen; er war gottselig, arbeitsam und thätig im Geist bis an sein Ende; liebhabend und kindlich war sein Wesen."

Er hatte viel mit Enthusiasten und Inspirirten zu thun, denen die Gnade im Blute Christi zu wenig dünkte; Zerrissenheit und Spaltungen zeigten sich in den engeren Gesellschaften, wie denn auch in manchen Colonieen förmliche Secten existirten. Er suchte sie mit Ernst und Nachdruck auf das Kreuz Jesu hinzuweisen, und sie zu bewegen, ihren Phantasieen den Abschied zu geben. Seine chirurgische Praxis war oft die Brücke, die ihn auch zu solchen Leuten führte, welche sonst schwerlich nach ihm gefragt hätten; wie manchmal erlebte er es, daß solche späterhin ihm dankbarer dafür waren, daß er ihnen den Weg zu ihrer inneren Heilung gezeigt, als daß er ihnen leiblich geholfen hatte. Der Prediger seines Wohnorts, Pastor von Moos, war ihm ein treuer Freund, und er demselben ein zuverlässiger Gehülfe. Am sorgfältigsten konnte er sich der Erweckten in dem benachbarten Voiroux annehmen, deren Gesellschaft sowohl der Zahl, als auch der inneren Gründung nach die bedeutendste war, während in den Gemeinen am Tarlik die Gemeinschaften immer kleiner wurden und zuletzt nur noch einzelne Familien vorhanden waren, die er alljährlich einigemal besuchte.

In Sarepta selbst nahm man sich der dort wohnenden fremden Colonisten nach Möglichkeit an und bediente sie mit geistlichem Zuspruch, Predigt und Sacrament. Da zu manchen Zeiten ihr Besuch, zu welchem sie theils Geschäfte, theils innerer Trieb veranlaßte, ein sehr starker war, wurden für sie, um ihnen die Kosten des Aufenthalts zu erleichtern, eigene Herbergen erbaut, auch wurde 1797 eine Freischule für die Kinder der hier wohnenden eingerichtet. Diese Leute waren uns mit der Zeit nothwendig geworden, da der ursprüngliche Plan, daß das Dienstpersonal der Gemeine nur aus Gliedern derselben bestehen solle, bei dem Mangel an Menschen nicht durchzuführen war. Der uns so oft gemachte Vorwurf der Proselytenmacherei wurde durch

die That widerlegt, indem viele von ihnen lange Jahre hier
ten, gegen deren Lebenswandel man nichts einzuwenden h
ohne daß man sich entschließen konnte, sie, auf ihr oftma
Gesuch, Mitglieder der Brüdergemeine werden zu lassen,
weil sie kein Verständniß unserer ganzen Lebensrichtung ha
Ebenso wurde, wie oben erwähnt ist, das zu einer Zeit
starke Verlangen einer großen Zahl Colonisten von der L
seite, sich uns anzuschließen, und in dem Tschapurnikthal
Bauern zu leben, aus mannigfachen Gründen nicht bewil
Aber das war unser Wunsch, daß solche hier lebende Colen
Anfassung für ihr Herz bekämen, damit sie, wenn sie in
Heimath zurückkehrten, ein gutes Salz in ihrem Ort und i
Kirche sein möchten.

Die in Zaritzyn lebenden Deutschen wurden ebenfalls
Sarepta aus mit Wort und Sacrament bedient.

Noch in anderer Weise sollte von hier aus die innere
sion betrieben werden. Ein Herr von Pasor in Protopope
hatte, da er mit Sarepta nicht blos oberflächlich bekannt
schon seit vielen Jahren gebeten, man möge ihm einen Br
für den Unterricht seiner Söhne sowohl, als auch zur geistli
Wirksamkeit in seinem Haus und für die Umgegend verschaf
Zu diesem Zweck war Jacob Bückle 1790 aus Deutschl
hierher gekommen und trat bald in seine Stellung ein, in
cher er bis 1795 zu sichtbarem Segen derer, die sich ihm
schlossen, blieb; von Protopopowka aus auch dann und w
Besuche in den Colonieen in der Nähe von Kamüschin ma
In genanntem Jahr siedelte er nach Pensa über, zu gleich
Dienst in dem Haus des Stabschirurgus Peterson, und ü
nahm zugleich das Amt, den etwa 50 Protestanten in der St
die keinerlei geistliche Anfassung hatten, als Evangelist zu die
Da er aber nicht ordnirt war, konnte er die Sacra nicht ab

nistriren, und während die Deutschen in Pensa damit umgingen, ihn förmlich zu ihrem Prediger zu berufen, starb er 1796 daselbst.

Eine ähnliche Stellung, wie Bückle bei dem Herrn von Pasor nahm Br. Joh. L. Ruff, ein Strumpfweber aus Bahlingen in Würtemberg, in dem Haus des Generals Gustav von Buxhövden in Charkow ein. Dieser, schon längere Zeit mit der Brüdergemeine bekannt, wünschte für seine Pension abliger Knaben einen Bruder, mehr zum Aufseher und Erzieher, als zum Lehrer, und sprach zugleich den Wunsch aus, daß dieser sich der heilsbedürftigen Seelen in und um Charkow annehme. Ruff, ein Mann von beinahe 60 Jahren, genoß, nachdem er 1790 diesem Rufe gefolgt war, sowohl von Seiten des Herrn v. Buxhövden, als auch der, meist der griechischen Kirche angehörenden Zöglinge, große Liebe und Achtung. Gar mancher Same, den er in die jugendlichen Herzen streute, ging auf, und auch den deutschen Protestanten aus Kiew, Cherson und Krementschuk, die seine Bekanntschaft machten, war er zum Segen und zur Stärkung. Aus Veranlassung eines Mißverständnisses wurde er 1796 seiner Stellung entlassen und trat in gleicher Eigenschaft in der Pension eines Herrn Menges in Pultawa ein und fand einen ähnlichen Wirkungskreis. Nach einer schweren Krankheit, die er glücklich überstand, zog er zu einem russischen Gutsbesitzer Herrn Peter v. Kapnist auf Trubaizi in der Ukraine, als Lehrer seines Kindes und Gesellschafter des alten Herrn, dem er als Herzensfreund überaus werth war. Wie sehr letzterem der Umgang mit einem gläubigen Freund zur Nothwendigkeit geworden war, geht daraus hervor, daß er 1800 nach Ruff's Heimgang sich an die Gemeindirection in Sarepta mit der Bitte wandte, ihm ein Geschwisterpaar zu verschaffen, das ihm Ruff's

Stelle ersetze. Dies fand sich in den Geschwistern Niederstetter, die 1801 sich dorthin begaben.

Von Wichtigkeit waren diese Bekanntschaften in der Ukraine für Sarepta in Bezug auf einen Plan, der zwar nicht zur Ausführung kam, aber schon jetzt und noch mehr im folgenden Abschnitt die Gemeindirection in Sarepta beschäftigte; ein Plan, dessen Realisirung von überaus wichtigen Folgen für das innere Leben Sarepta's hätte werden können. Dies war die Gründung einer zweiten Brüdergemeine in der Ukraine, von der später mehr zu sagen sein wird.

Achtes Capitel.

Zweite Expedition in den Kaukasus.

Die Reise der Brüder Kutschera und Becher nach dem Kaukasus 1768, um die Nation der Tschegem (vergl. Einleitung und Cap. 11. des vorigen Abschn.) aufzusuchen, hatte ihren Zweck nicht erreicht, indem der für sie besorgte Militairbefehlshaber in Mosdok, der am Gebirge fortgehenden Unruhen wegen, ihren bringenden Bitten kein Gehör schenkte, sie in das Gebirge ziehen zu lassen. Sie gingen also nach Astrachan, von wo Kutschera, nachdem Becher dort gestorben war, nach Sarepta zurückkehrte. An seiner Statt ging Gottfr. Grabsch dorthin, um, da er einen besonderen Trieb hatte, den Muhamedanern das Evangelium zu verkündigen, die Tatarische Sprache zu lernen. Als er diesen Zweck in genügendem Maaß erreicht hatte, kam er wieder nach Sarepta, hatte aber am Ort und in der Umgegend wenig Gelegenheit, seinem Verlangen nachzugehen. Er erbot sich aber 1777, eine Reise in das kaukasische Gebirge zu machen, theils, um zu sehen, ob es nicht möglich sei, die Tschegem aufzufinden, theils, um dem mohamedanischen Volk dortiger Gegend Christum zu predigen. Da die Kriegsunruhen im Gebirge aber noch nicht aufgehört hatten, bekam er die Weisung, sich mit Br. Martin Jäschke zunächst nach Astrachan zu begeben, „um sich noch weiter in der Sprache zu vervollkommnen; wo es sein könnte, den Asiatischen Nationen etwas von unserm Heiland zu sagen, und nähere Berichte über die Verhältnisse im Gebirge einzuziehen." Außerdem hatten die Brüder, und insonderheit M. Jäschke den Auftrag, eventuelle Commissionen für Sarepta an Ort und Stelle zu besorgen.

Im Spätherbst 1797 dort angelangt, wurden sie bald mit mancherlei Leuten bekannt, und zogen im Anfang des nächsten Jahres zum Wohnen in die tatarische Sloboda (Vorstadt) Zareef; durch den täglichen Umgang mit den Tataren hatten sie dort die beste Gelegenheit, sowohl sich in der Sprache zu üben, als auch ein Wort der guten Botschaft anzubringen. Ihr Hauswirth, Ibbikirim, der sehr aufmerksam zuhörte, ja sogar einmal den Br. Grabsch bat, ihm die Geschichte vom Leben und Leiden Jesu vorzulesen, wurde mit der Zeit schüchterner, weil ihn sein Mullah (Priester) vor dem Umgang mit den Brüdern warnte. Dennoch bezeugte er einmal, daß das Brüdervolk ein rechtschaffenes, ja ein Volk Gottes sei, dem die Muselmänner nicht gleich kämen, welches Zeugniß wohl die größte Anerkennung aus dem Munde eines Islamiten ist.

Wie den Tataren in der Verkündigung unserer Predigt der Hauptanstoß der war, daß Gott einen Sohn haben könnte, so wurde es den Armeniern, die meist auch türkisch sprachen, und denen als Christen die Predigt an sich keine fremde, auch gelegentlich eine willkommene war, schwer zu glauben, daß man durch Fasten und Kasteien seine Sünden nicht büßen könne, und daß die äußere Form des Gottesdienstes das Unwesentliche sei.

Die Nachforschungen nach den Tschegem lieferten zu dem bereits Bekannten wenig Neues; Armenier bestätigten jedoch, daß in der Kabardah noch Leute seien, die früher Christen gewesen wären. In verfallenen Gebäuden und Kirchen seien auch noch christliche Bücher vorhanden, die sie aber, nach ihrem Glauben, nicht eher an's Licht bringen dürften, bis Jemand zu ihnen käme, der sie ihnen erklären könne. Dagegen hörten sie viel von einem Dorfe Kubascha, etwa eine Tagereise von Derbent, auf der Ostseite der kaukasischen Landenge erzählen. Dasselbe läge in einem fruchtbaren Thal und zählte etwa 400 steinerne, nach deutscher Art gebaute Häuser. Die Bewohner, welche sich Franken nannten und vor einigen hundert Jahren eingewandert seien, wären früher Christen gewesen. Nachdem ihre Priester ausgestorben, die älteren unter ihnen aus der Zeit gegangen wären, und also die Jüngeren die Mehrzahl ausmachten, seien sie zum Islam übergegangen; doch wären noch einzelne unter ihnen, die über diese Abweichung von der väterlichen Religion seufzten. Einige Kirchen, die sie als Christen gebaut, ständen auf Anhöhen neben dem Dorfe, wären aber wüste, da sie ihren Gottesdienst in Moscheen verrichteten. In Industrie und Gewerben zeichneten sie sich durch die Verfertigung der schönsten Metallwaaren, wie auch durch ihre Gewebe in Seiden- und Wollenstoffen aus. Im Handel seien sie aber auf Betrug aus, und Niemand käme ihnen darinnen gleich; im Uebrigen wären sie artige und geschickte Leute. Der Weg zu ihnen sei sehr gefährlich, wäre man aber bei ihnen, so sei man sicher, denn ihre Aeltesten hielten sehr gute Ordnung und ließen Niemanden Gewalt anthun. Nach anderen Nachrichten sollten es mehrere Dörfer sein, die von diesen Leuten bewohnt würden.

Durch diese Berichte, die den Brüdern von Augenzeugen, die selbst in Kubascha gewesen waren, mitgetheilt wurden, und darum größere Wahrscheinlichkeit für sich hatten, als die früher erlangten, glaubte man zu dem Schluß berechtigt zu sein, daß, wenn irgend wo im Gebirge, so in Kubascha die Nachkommen der böhmischen Brüder zu suchen wären.

Bis in den August 1781 blieb Br. Grabsch in Astrachan, denn Br. M. Jäschke, der auch nicht viel von der Sprache profitirt hatte, war, da die Characterverschiedenheit beider Brüder es nicht zweckmäßig erscheinen ließ, sie an einem Joch ziehen zu lassen, bereits im April nach Sarepta zurückberufen worden. Dahin folgte ihm nun auch Grabsch, um mündlich mit der Gemeindirection über die Reise in's Gebirge zu verhandeln. Nach reiflicher Ueberlegung wurde nun dieselbe beschlossen, ihm aufgetragen, und zur Begleitung ihm G. Gruhl beigegeben.

Am 8. November 1781 verließen diese Brüder Sarepta, erhielten vom Gouvernement in Astrachan rasch die nöthigen Papiere und Empfehlungsschreiben, setzten ihre Reise, die sie auf zweiräbrigen Tatarischen Arba's (Karren) machten, ungesäumt fort und langten Anfang December in Kislar an.

Den ursprünglichen Plan, von Kislar aus über Mosdok von der Nordseite in's Gebirge vorzudringen, hatten sie schon in Sarepta aufgegeben und beschlossen, zunächst über Derbent und Baku längs des Kaspischen Meeres und weiter über Schemacha landeinwärts nach Tiflis zu gehen, um so von der Südseite in das Centrum des Gebirges einzurücken. Da aber zu dieser Zeit, des vorgerückten Winters wegen, keine Carawanen mehr nach Derbent gingen, so sahen sie sich genöthigt, bis zum Februar des nächsten Jahres in Kislar zu bleiben. Diesen unfreiwilligen

Aufenthalt benutzte Grabſch, ſoviel es ſich thun ließ, zur we[iteren] teren Vervollkommnung in der Tatariſchen Sprache; auch fande[n] ſie an einem deutſchen Militairchirurgen, dem Herrn Schatel[o]witz, einen treuen und uneigennützigen Freund, der ihnen vie[l] Liebe erwies. Als ſie ſich zum Aufbruch rüſteten, gab ihnen ei[n] Armenier Sura Papitſch, an den ſie von Aſtrachan aus em[p]pfohlen waren, weitere Empfehlungsſchreiben nach Derbent; vo[n] dem Commandanten von Kislar erhielten ſie gleiche Schreiben a[n] alle tſcherkeſſiſchen Gebirgsfürſten, durch deren Gebiet ſie reiſe[n] mußten. Ein treuer Tatar ſollte bis Derbent ihr Begleiter ſein[,] drei Pferde und tatariſche Kleidung wurde angeſchafft, und d[a] in damaliger Zeit noch kein Metall- oder Papiergeld in jene[n] Gegenden curſirte, nahmen ſie gangbare Waaren als Tauſchmit[t]tel mit ſich. So machten ſie ſich auf den gefährlicheren Thei[l] ihrer Reiſe.

Einer der Hauptfürſten, auf deſſen Schutz ſie angewieſe[n] waren, Usmeychan, glaubte, als ſie bei ihm eintrafen, a[n] Grabſch einen guten Fang gemacht zu haben, da er ihn fü[r] einen Arzt hielt; und wäre dieſe Vermuthung richtig geweſen[,] ſo hätte er ihn wohl kaum wieder aus den Händen gelaſſen[.] Bei dem Examen, das er anſtellte, um zu erforſchen, ob Grabſc[h] kein Arzt ſei, mag dieſem wohl um nichts weniger bange geweſen ſein, als einem jungen Mediciner, deſſen Examen das Ge[-]gentheil erweiſen ſoll. Doch fanden Grabſch's Beweiſe, vo[n] denen der wohl ein ſchlagender war, daß G. Gruhl ſeit lange[r] Zeit an einem kranken Finger laborirte, ohne von Grabſc[h] Hülfe erhalten zu können, zuletzt Glauben, wobei es ein beſon[-]deres Glück war, daß die Brüder in Kislar ihre Reiſeapothe[ke] vergeſſen hatten, die ſonſt wohl den evidenteſten Beweis gegen ihre Verſicherungen gebildet haben würde. Usmeychan nahm

le nun mit sich in seine Residenz Baschlu und fertigte sie von
ort am nächsten Tag nach Kubascha ab.

Wie mag ihnen das Herz geschlagen haben, als sie am Abend
desselben Tages die Höhe hinab und in den Ort einritten, in
welchem sie Leute zu finden hofften, die als Nachkommen unsrer
Brüder ihrem Herzen so nahe stehen mußten; den Ort, an wel=
chem, wenn irgendwo, ihr Suchen mit Erfolg gekrönt werden
mußte. Das Dorf lag ganz in den Bergen, hatte aber 500 zum
Theil mehrstöckige Häuser, die des ungleichen Grundes wegen,
auf dem sie standen, sich wie übereinander gebaut ausnahmen.
Regelmäßige Straßen sah man nicht und oft waren die Häuser
und Wege durch Treppen verbunden. Den ersten wehmüthigen
Eindruck machte ihnen der Ruf des Muezzin, der vom Minaret
herab zum Gebete rief, und ihnen die Bestätigung der Nachricht
gab, daß das Christenthum, das diese Leute einst hatten, aus dem
öffentlichen Leben verschwunden sei. Bei einem Bekannten des
Usmey chan's, einem der angesehensten Einwohner, kehrten sie
ein, und wurden wohl aufgenommen und bewirthet. In Bezug
auf die Aufnahme Fremder, die sich, ohne besondere Empfehlung
an einen Hauswirth, hier aufhielten, existirte, wie sie hörten, die
eigenthümliche Sitte, daß in einem solchen Fall durch das Loos
bestimmt wird, wer dem Gast Logis und Kost geben muß; dafür
sei aber der Letztere verpflichtet, alle Waaren, die er kaufen will,
von oder durch seinen Wirth zu beziehen. Die Nachrichten, welche
Grabsch von dem Gewerbfleiß der Kubaschaner in Astrachan
erhalten hatte, fand er bestätigt, indem die oben genannten Artikel,
mit Ausnahme der Seidenwaaren, hier verfertigt wurden.

Aufs eifrigste durchforschte er in den nächsten Tagen den
Ort, besuchte in vielen Häusern, und wandte seine hauptsächlichste
Aufmerksamkeit den alten christlichen Kirchen und Begräbnißplätzen
zu. Von drei Kirchen waren die Ruinen noch vorhanden, von

einer stand noch die untere Mauer, und über dem Thürpfosten sah er eine in Stein gehauene Schrift, deren Zeichen bis auf die in arabischen Ziffern geschriebene Zahl 1215 ihm unbekannt waren. Eine andere von Quadersteinen gebaute, mit Bildhauerarbeit verzierte, fünf Etagen hohe Kirche war zwar in ihrer äußeren Construction vollkommen erhalten, im Innern aber zu Wohnungen eingerichtet. Alle Inschriften, die man ihm sonst zeigte, waren in jener ihm unbekannten Schrift abgefaßt, Bücher hatten sie nicht mehr; doch war die ihnen eigenthümliche Sprache noch nicht ausgestorben, wurde aber meist nur von Weibern und Kindern gesprochen.

An den Abenden kamen gewöhnlich acht bis zehn Männer zu dem Wirth unsrer Brüder, mit ihm zu plaudern, und von ihnen erfuhr Grabsch Manches über ihre inneren Verhältnisse, Verfassung und dergleichen. An einem dieser Abende, an welchem sie auch über die christliche Mission gesprochen hatten, eröffnete er ihnen die Ursache seines Besuches, und den von der Gemeine Sarepta erhaltenen Auftrag. Zum Schluß richtete er die für uns so wichtige Frage an sie: ob ihnen bewußt sei, daß sie von den alten böhmischen Brüdern, die in diese Gebirge geflüchtet seien, abstammten? Der Hauswirth antwortete, daß ihnen wohl bewußt sei, daß ihre Vorfahren Christen gewesen seien, woher sie aber stammten, wüßten sie nicht, auch sei das ihnen gleichgültig. Auf die Frage: ob sie noch einige Neigung zum christlichen Glauben hätten, und vielleicht noch christliche Bücher besäßen, erwiderte der Sprecher emphatisch: „Wir sind bereits seit mehr als 300 Jahren muhamedanisch und danken Gott, daß er uns auf den wahren und rechten Weg geführt hat. Vom christlichen Glauben und christlicher Lehre verlangen wir nichts zu wissen, und erst dann, wenn die Brüder in Sarepta Muselmänner geworden sind, wollen wir sie als unsre Brüder anerkennen, eher aber nicht.

Habt ihr die Absicht und glaubt ihr uns bekehren und reformiren zu können?" Grabsch versetzte: Wenn ihr eurer Sache so gewiß seid, so werde ich wohl nicht im Stande sein, euch davon abzubringen; wir halten es überhaupt nur für unsern Beruf, solchen, die auf ihrem Weg zweifelhaft sind, den wahren und rechten Weg zur Seligkeit zu zeigen, und dieser ist das Verdienst und Leiden Jesu Christi. „Seit 100 Jahren", erwiderten sie, „bestreben wir uns, alles unter uns zu vertilgen, was an das Christenthum erinnern könnte."

Und in der That waren diese Leute bei den Gebirgsvölkern als die pünktlichsten und gewissenhaftesten Muhamedaner bekannt; sie tranken nichts als Wasser, und bestraften die Uebertreter der Satzungen des Korans auf das Strengste, ja sogar mit dem Tod durch Hängen. 12 Moscheen hatten sie in ihrem Ort erbaut. Trotzdem versichert Grabsch, daß sie keiner fanatischen Feindschaft gegen seine Person Ausdruck gegeben hätten, daß auch jene Unterhaltung sie nicht gegenseitig entfremdet habe, sondern daß sie sich lebhaft für ihn und Sarepta interessirten, sich nach unserm Ort erkundigten und Lust bezeigten, einmal dort zu besuchen. Sie erzeigten ihm alle Liebe und Freundschaft und Mahmud, sein Wirth, sagte beim Abschied, im Widerspruch mit jenem doctrinär geäußerten Satz von der Nothwendigkeit des Muselmann Werdens, zu Grabsch: „Nun bist du unser Bruder, und kannst wieder zu uns kommen, wenn du willst."

Mit noch wehmüthigeren Gefühlen, als mit welchen sie angekommen waren, schieden die Brüder nach einem viertägigen Aufenthalt. Hatten sie doch nicht die gefunden, die sie suchten, denn es stellte sich ihnen aus alledem, was sie gesehen und gehört hatten, als das Wahrscheinlichste heraus, daß dies Völkchen Abkömmlinge nicht von Abendländischen, sondern von Morgenländischen Grusinischen Christen seien, die also nicht aus dem Norden, sondern aus dem Süden hieher gekommen waren.

Mußten sie nun zwar diese, ihre lebhafteste Hoffnung als eine vereitelte ansehen, so war doch noch die Möglichkeit vorhanden, daß in einem andern Theil des Gebirges die Gesuchten sich aufhalten könnten; daher brachen sie am 17. März wieder auf und langten am Abend über Baschlu in Derbent an. Hier aber mußten sie einen ganzen Monat sich aufhalten, indem sie zwei Tage nach ihrer Ankunft, als sie sich eben auf den Weg nach Schemacha machen wollten, schon vor dem Stadtthor von einem angesehenen Mann der Stadt festgenommen wurden, und als Geiseln so lang zurückgehalten werden sollten, bis er den Ersatz für einige Ballen Seide, im Werth von 3000 Rubeln, die ihm an der Russischen Grenze confiscirt worden war, erhalten hätte. Die Ungnade dieses Mannes, Namens Habschi beg, brachte ihnen außer der Verzögerung auch den Nachtheil, daß sie ebenfalls von andern Seiten mit großer Unfreundlichkeit behandelt wurden. Bei einer Kälte, die das Wasser gefrieren machte, campirten sie in einem leichten Schoppen; da sie es vernachläßigt hatten, sich mit Crebitbriefen zu versehen, wurden sie von allen Mitteln entblößt und sahen sich genöthigt, ihre Pferde zu verkaufen, sowohl, um die Futterkosten zu sparen, als auch um sich den nöthigen Unterhalt zu verschaffen. Endlich, am 18. April, wurde Habschi beg durch Vermittelung des Commandanten in Kislar, durch Verwendung ihres treuen Freundes Schatelowitz, dem sie Nachricht von ihrem Mißgeschick gegeben, und hauptsächlich wohl durch die Drohung, daß man einige persische Kaufleute in Kislar als Gegengeiseln gefangen setzen werde, vermocht, die Brüder frei zu geben. Einige Tage darauf schlossen sie sich einer Karawane an, die nach Schemacha abging, mußten aber die Reise größtentheils zu Fuß zurücklegen. So schön die Gegenden manchmal waren, durch welche sie kamen, links das Meer, rechts die Schneeriesen des Kaukasus, im Vordergrund hohe, mit alten Burgen gekrönte Felsen, so gefährlich war der Weg, nicht nur wegen der vielen reißenden Flüsse und vom Frühlingswasser angeschwellten Bäche, sondern auch durch die aller Orten lauernden lesghinischen Räuberschaaren. Beschwerlich wurde er ihnen durch den Mangel an Lebensmitteln, da sich öfters ihr Magen mit einer kunstlos bereiteten Sellerie-Suppe begnügen mußte, die sie ihm außer Brot und Wasser bieten konnten. In Baku erhielten sie durch einen Perser, an den sie empfohlen waren, wenigstens Pferde, zwar ohne Zaum und Sattel, jedoch mit einer strohgefütterten Decke versehen. In Schemacha erkrankte Br. Grabsch so heftig an Kolikschmerzen, daß er zu sterben meinte, und für diesen Fall die nöthigen Dispositionen traf; der Herr segnete aber das Mittel, das ihm ein alter Armenier gab, daß er sich rasch wieder erholte. Während der langen Zeit seines Aufenthalts in diesem Ort erfuhr er, daß in einem Dorf, Wartaschin, drei Tagereisen von Schemacha, Christen wohnen sollten, die, alles Anbringens und Nöthigens der Muselmänner ungeachtet, ihrer Kirche treu bleiben wollten. So viel Mühe er sich auch darum gab, konnte er doch keinen Reisegefährten oder Wegweiser zur Reise nach diesem Dorfe erhalten, und mußte daher davon absehen. Später jedoch hatte er Gelegenheit, einen Einwohner dieses Ortes zu sprechen, der ihm mittheilte, daß er, wie seine Brüder, aus Grusien stamme; die eine Hälfte des Dorfs sei griechischer, die andere armenischer Confession; in ihren Kirchen seien viel Inschriften vorhanden, die sie aber nicht zu lesen verständen.

Am 8. Juni verließen die Brüder Schemacha mit einer Karawane, die nach Tiflis ging. In steter Gefahr, eine Beute der räuberischen Lesghinen zu werden, die mehrmals die Reisegesellschaft anfielen, aber zurückgeschlagen wurden, unter einer glühenden Sonne, über die durch das Frühlingswasser reißend gemachten Flüsse, bewegte sich der Zug langsam vorwärts und erreichte am 17. Juni Gändscha, dessen Chan Keh chusru vor 8 Jahren unsere Mineralquellen in Sarepta besucht und mit Nutzen gebraucht hatte. Da er aber nicht zu Haus, sondern in Tiflis war, besuchten die Brüder seinen Hofgeistlichen, der sie auf das Beste bewirthete. Als sie am Abend zu ihrer Karawane zurückkehrten, hörten sie, daß nur 3 Werst (eine kleine Stunde) von ihr entfernt, zwei Menschen von Lesghinern ermordet, und ihres Viehes beraubt worden seien.

Am 26. Juni sagte man ihnen, daß Tiflis nur noch eine halbe Tagreise von ihnen entfernt sei, und da ein Armenier hinritt, beschlossen sie ebenfalls, und zwar zu Fuß vorauszugehen, in der Meinung, zu Mittag dort zu sein. Unterwegs trafen sie den Chan von Gändscha auf dem Rückweg nach seiner Residenz von 40 Mann Bedeckung begleitet. Als die Brüder ihm ihr Bedauern aussprachen, ihn nicht zu Haus getroffen zu haben und die ihnen aufgetragenen Grüße ausrichteten, erwiderte er: Geht in Gottes Namen, man wird euch in Tiflis gut aufnehmen.

Noch war von der Stadt nichts zu sehen, die Hälfte des Nachmittags war vorüber, und der Armenier, der sie bis jetzt begleitet hatte, verließ sie, da sein Weg ihn nach einem andern Ort führte. Ihr Weg ging fortwährend über Berg und Thal, die Steppe war dürr, die Hitze groß, während des ganzen Tags hatten sie nichts gegessen, auch keinen Tropfen Wasser angetroffen, so daß sie zum Umsinken entkräftet waren, als sie etwa 7 Werst vor der Stadt ein Bächlein erreichten, und sich doch etwas erquicken konnten. Endlich, nachdem sie auf diese Weise 42 Werst (6 Meilen) zurückgelegt hatten, und die letzte Strecke den Kur hinauf gegangen waren, langten sie, als es schon dunkelte, vor der Stadt an, in nicht geringer Besorgniß, wo sie am späten Abend, da keine Zeit mehr war, ihre Empfehlungsschreiben abzugeben, unterkommen sollten. Es war aber für sie gesorgt. Vor dem Stadtthor trafen sie einen kleinen Knaben, der, als sie ihm ihre Lage mitgetheilt hatten, sich erbot, sie zu seinen Eltern zu bringen. So sauer es ihnen bei ihrer Müdigkeit wurde, ihrem kleinen Führer fast um die ganze Stadt herum zu folgen, so angenehm war ihnen der Empfang, da der Wirth, der zwar nur ein armer Mann war, ihnen auf ihre Bitte gern und freundlich ein Obdach gewährte mit der Bemerkung: Gott habe sie ihm als Gäste zugeschickt.

Am nächsten Morgen brachte man sie zu einem deutsch sprechenden katholischen Pater Alexander, der wahrscheinlich dem Commandanten der Stadt von ihrer Ankunft Anzeige machte. Letzterer erschien sogleich, fragte nach dem Zweck ihrer Reise, bot ihnen seine Dienste an, und führte sie zu dem Fürsten Andronikow, ein Mann, der dem Zaaren Heraclius (Herekel) am nächsten stand. Die Aufnahme, welche sie auch hier fanden, die Zuvorkommenheit, mit der man ihnen, gleichsam als selbstverständlich, Logis und Unterhalt auf Kosten des Zaaren gab, das Aufsehen, das die beiden unscheinbaren Männer am Hofe machten, bewies ihnen, daß der Name und Ruf Sarepta's ihnen vorangeeilt sei, und bald konnten sie erkennen, daß der Zaar, der, wie früher erwähnt wurde, mehrmals Sarepta passirt hatte, es sei, dessen Gesinnungen und Aeußerungen sie dies allgemeine Wohlwollen zu danken hatten. Der Cabinetssecretair des Zaaren, der sie am nächsten Tag besuchte, sandte sogleich eine Stafette an denselben, da er sich in seiner Sommerresidenz vor der Stadt aufhielt, um ihm ihre Ankunft zu melden. Dahin begaben sich die Brüder nach einigen Tagen, vom Commandanten begleitet.

Heraclius II., der letzte souveräne Fürst von Grusien oder Georgien, (denn 1783 unterwarf er sich der Russischen Krone) war damals schon 64 Jahr alt, hatte ein ehrwürdiges Ansehen, einen leutseligen Blick und einen muntern Geist. Seit 1744, da er die Regierung Kachetiens angetreten hatte, war er in vielfache Kämpfe mit Nachbarstaaten verflochten, 1760 vertrieb er seinen Vater aus Karthli und vereinigte dies Reich mit dem seinigen. Wenn auch in seinem Alter diese Kriege fortgingen, war doch Civilisirung und Cultivirung seines Landes sein Hauptaugenmerk. Unähnlich so manchen orientalischen Herrschern, lebte er sehr regelmäßig, arbeitete über seine Kräfte, und gönnte sich zu Schlaf und Erholung nur wenige (man sagte den Brüdern nur drei) Stunden des Tages. Er, sowie sein ganzer Hofstaat, wohnten jetzt, der Hitze wegen, in Zelten an dem Abhang des Gebirges vor der Stadt, und den Brüdern wurde eine gleiche Wohnung eingerichtet. Nachdem Grabsch sich von Fürst Anbronikow bezugs des Ceremoniels hatte hinlänglich unterrichten lassen, auch von demselben, da seine Mütze auf der Reise stark gelitten hatte, mit einer neuen, besseren beschenkt worden war, wurde er von seinen beiden hohen Freunden in das Zelt des Zaaren geführt. Er überreichte seine Empfehlungsschreiben vom Commandanten in Kislar und stattete Bericht über seine Reise ab. Der Fürst bezeugte sein Bedauern, daß Grabsch bis jetzt noch keine Spur von den eingewanderten böhmischen Brüdern hätte finden können, und versprach ihm auf die freundlichste Weise allen Schutz und Hülfe. Nachdem die Brüder mit Kaffee und Thee waren bewirthet worden, wurden sie entlassen, und begaben sich zur Ruhe. „Mein beständiges Flehen zum Herrn war", schreibt Grabsch in seinem Tagebuch, „daß er doch all mein Reden und Thun nach seinem Willen richten möge, denn mir war bei den vielen Ehrenbezeugungen nicht so wohl, als bei der mancherlei Schmach, die wir da und dort getragen hatten."

Das ging ihm aus allen Unterhaltungen mit seinen hohen

Gönnern hervor, daß der Zaar es gern gesehen hätte, wenn die Brüder mit dem Gesuch eingekommen wären, sich in seinem Lande niederzulassen, und daß man ein Verlangen der Art für den eigentlichen Grund ihrer Reise hielt. Man beschrieb ihnen die Schönheit des Landes und die Vortheile, die sie hier haben könnten, man versicherte sie der allerhöchsten Protektion. Allein die Brüder erwiderten, ihren Instruktionen gemäß, daß sie zu solchen Unterhandlungen keinen Auftrag hätten, und baten um ihre Abfertigung ins Gebirge. Diese aber verzog sich von Tag zu Tag, weil der Zaar Willens war, noch einmal allein mit Grabsch zu reden; mittlerweile erhielten sie vielfache Beweise seiner Gunst. Als Key chusru von Gändscha ihm drei Kästchen auserlesene Aprikosen schickte, gab er das eine derselben seiner Gemahlin, das zweite behielt er für sich, das dritte sandte er den Brüdern; ein andermal erhielten sie ein geschossenes Reh und andere Lebensmittel aus dem fürstlichen Hofhalt; dabei ließ er Grabsch vertrösten, er möge nur noch etwas Geduld haben, da er, der Fürst, sich die Zeit abpassen müsse, ihn von den anderen unbemerkt zu sprechen. Die Ursache gerade dieses Wunsches mag wohl in seinen Verhältnissen zur Russischen Regierung gelegen haben, indem er nicht wünschen mochte, daß Verhandlungen, die den Zweck hatten, jener nützliche Unterthanen zu entziehen, ihr zu Ohren kommen möchten.

Endlich am 6. Juli wurde Grabsch um Mitternacht auf das Schloß in Tiflis entboten, wo er außer dem Zaaren nur den Fürsten Andronikow und den Commandanten antraf, da die übrigen Herren entlassen worden waren. Da der Fürst Grabsch's Befangenheit bemerkte, hieß er ihn freundlich willkommen und sagte ihm: Ich bin ein Mensch und du auch, wir sind Christen und wollen jetzt ganz aufrichtig mit einander reden. Sage mir, ob mit deinem Besuch bei uns nicht noch eine geheime

Sache verbunden ist, von der in deinem Paß nichts gesagt ist? Als Grabsch das verneinte und den ihnen schon bekannten wahren Grund nannte, lenkte man das Gespräch auf das schöne Grusische Land, und die Vortheile, welche die Brüder haben könnten u. s. w. und Andronikow gab ihm in Russischer Sprache zu verstehen, er möge sich etwas beim Zaaren ausbitten; er erwiderte jedoch in türkischer Sprache, daß die Brüder um äußerer Vortheile willen, oder um reich zu werden, in kein fremdes Land gingen, sondern unser Zweck sei, Heiden und Mohamedanern das Evangelium zu verkünden. Weil die Herren aber immer wieder zu demselben Thema zurückkehrten, erbot er sich endlich, wenn es Seiner Majestät beliebte, ihm etwa einen Auftrag, mündlich oder schriftlich an das Direktorium der Brüder-Unität in Barby mitzugeben, so wolle er denselben auf das Pünktlichste ausrichten. Auf diese Worte hin erhob sich der Zaar, trat zu ihm und sprach: „Fedor Jwanitsch! (Grabsch's Russischer Name) ich habe gehört, daß die Brüder ein aufrichtiges und geschicktes Volk sind, und wenn ich 5, 10, 100, ja 1000 eurer Brüder in mein Land bekommen könnte, so würde ich es Gott danken; ja das wäre für meine alten Tage noch eine Krone auf meinem Haupte. Ich will schreiben, aber lehre mich, was und wie ich schreiben soll. Was die Brüder nur haben wollen, will ich ihnen zugestehen; ja, sollte es ihnen hier nicht gefallen, so will ich ihnen sicher Geleit geben, und sie wieder auf meine Kosten nach Deutschland bringen. Wollen sie sich in der Stadt niederlassen, so steht es ihnen frei, ja mein Haus steht ihnen zu Diensten."

Nachdem beschlossen worden war, daß der Brief in türkischer Sprache abgefaßt werden sollte, entließ der Zaar den Br. Grabsch mit den Worten: „Nun, wie Gott will, soll es geschehen. Kann ich Brüder aus Deutschland erhalten, so will ich es Gott danken, geschieht es aber nicht, so muß ich auch damit zufrieden sein."

Bei einer späteren Audienz erkundigte er sich noch einmal nach unsrer Gemeine, Direktorium u. s. w. und bedauerte, daß er Grabsch nicht direct über Constantinopel nach Barby senden könne. Am 28. Juli erhielten die Brüder das Schreiben des Fürsten an die Unitäts-Direktion in Barby*), nebst dem Versprechen, sie in drei Tagen unter seinem Geleit abfertigen zu lassen.

Während ihres Aufenthalts hatten die Brüder nicht versäumt, ihre Erkundigungen nach den Tschegems fortzusetzen, und bald im Anfang meldete sich ein alter Armenier mit dem Anerbieten, sie in das Land derselben einzuführen, worauf sie aber nicht eingingen, weil sie hörten, daß ihm nicht recht zu trauen sei. Das aber wurde ihnen von Jedermann versichert, daß es nicht möglich sei, von dieser Seite des Gebirges in jenes Land zu kommen, von Mosdok aus würde es eher möglich sein. Kurz vor der Abreise sprach Grabsch einen Tataren vom Tschegem-Fluß, der ein verständiger Mann zu sein schien, und ihm Folgendes berichtete: Ihre Eltern hätten vordem im Astrachanischen Gouvernement gewohnt, und wären vor etwa 200 Jahren in diese Gegenden vor den Russen geflüchtet. Christliche Kirchen fänden sich noch in ihrem Land, doch seien sie nicht von ihnen gebaut, sondern älteren Ursprungs; sie selbst wären Mohamedaner und hätten Moscheen. Nach anderen Nachrichten sollten diese Kirchenbauten genuesischen Ursprungs sein, da man wisse, daß im zehnten und elften Jahrhundert ein Theil des Gebirges von diesem Volk bewohnt gewesen sei, sich auch noch Schriften, die durch ihre Sprache darauf hinwiesen, bei ihnen fänden.

So war denn das nächste Ziel ihrer Weiterreise Mosdok,

---

*) Da dasselbe im Unitäts-Archiv erwähnt wird, und keine Copie davon in Sarepta vorhanden ist, kann dasselbe leider nicht im Auszug mitgetheilt werden. Der allgemeine Inhalt geht aus dem später mitzutheilenden Antwortschreiben des Direktoriums hervor.

die Stadt, von der aus Kutschera und Becher einen, wiewohl
vergeblichen, Versuch gemacht hatten, ins Gebirge zu kommen.
Am 2. August verließen sie Tiflis, von etwa 10 Mann Soldaten
begleitet, die sie bis Duschet, eine Tagereise weit, bringen sollten,
wo sie von einem Sohn des Heraclius, Wachtang, aufgenommen und einem ossetinischen Fürsten zur Weiterbeförderung
übergeben wurden. Dieser reiste aber vor ihnen ab, da sie durch
das Suchen und Miethen von Pferden aufgehalten wurden, so
daß sie ihn erst später wieder einholten. Der Weg war überaus
beschwerlich, weil die Osseten wegen Zollstreitigkeiten die Brücken
über den reißenden Terek auf der Nordseite des Gebirges abgebrochen hatten. Streckenweis konnten die Reisenden nur zu Fuß
weiter kommen, mußten über ungeheure Felsen klettern, ja an
einer Stelle sahen sie sich genöthigt, in einer horizontalen Fels-
spalte mit dem Oberleib liegend, der Unterkörper über dem in
einem Abgrund brausenden Flusse schwebend, mehrere Faden weit
zu rutschen. Ihre Waaren, die sie an Geldes statt mitgenommen
hatten, und die aus Baumwollenstoff für Hemden bestanden,
mußten von gemietheten Leuten getragen werden. Zu der Be-
schwerlichkeit, daß sie mit der tatarischen oder türkischen Sprache
hier nicht mehr durchkamen, gesellte sich die Sorge, da die Reise
sehr kostspielig wurde, nicht nur durch die Löhne, die sie den Trä-
gern ihrer Effekten zahlen mußten, sondern auch durch den Tri-
but*), den sämmtliche tscherkessische Fürsten, durch deren Land sie
kamen, (und ihrer waren viele), für die Begleitung und Bedeckung,
welche sie persönlich leisteten, erhalten mußten. Endlich mußten
die Brüder sich insolvent erklären, wurden aber doch durch die
Vermittelung jenes ossetinischen Fürsten weiter befördert.

Mosdok erreichten sie am 13/24. August, fanden aber die

---

*) In drei Hemden für den Mann bestand dieser Tribut.

Verhältnisse dort so ungünstig, daß sie von einer Excursion in's Gebirge absehen mußten, zumal die gesammelten Nachrichten ihnen so gut wie keine Hoffnung gaben, wirkliche Nachkommen der böhmischen Brüder am Tschegem-Fluß zu finden. Die mit Sarepta bekannten Officiere, an welche man sie empfohlen hatte, waren theils gestorben, theils versetzt worden, die höheren Behörden nahmen sich ihrer Angelegenheiten nicht im Geringsten an, mit ihrer Baarschaft waren sie am Ende, und niemand wollte ihnen, da sie keine schriftlichen Anweisungen hatten, borgen. Es blieb ihnen also nichts übrig, als über Kislar und Astrachan zurückzureisen, was sie denn auch thaten, und nach Verlauf eines Monats, am 17. September 1782, glücklich in Sarepta ankamen.

So interessant an sich diese zehnmonatliche Expedition gewesen war, so gering waren ihre Resultate, wenn man das nicht als Ergebniß rechnen will, daß die Gemeine in Sarepta jetzt das Bewußtsein haben konnte, das Ihrige gethan zu haben, die Nachkommen der Brüder aufzusuchen. Das schien sich herauszustellen, daß, wenn solche sich noch im Gebirge fänden, dieselben so mit den Mohamedanern verschmolzen seien, daß die Wahrscheinlichkeit, in ihnen das Bewußtsein ihrer Abkunft, und, daran anknüpfend, das Interesse für den christlichen Glauben zu erwecken, sehr gering sei. Sie traten daher in die Reihe aller derer, auf die sich unsre allgemeine Missionsarbeit erstrecken sollte, deren Zeit aber für jetzt noch nicht gekommen war. Grabsch kehrte nicht mehr in seinen Wirkungskreis nach Astrachan zurück, sondern erhielt 1784 eine Berufung zum Dienst an dem Diasporawerk in Livland.

Das Schreiben des Zaaren Heraclius wurde an die Direktion der Brüder-Unität in Barby gesandt, und ein vom Bischof Spangenberg, Abr. von Gersdorf und Joh. Friedr. Reichel unterzeichnetes Antwortschreiben dem Fürsten zugestellt, des Inhalts: So sehr es uns darum zu thun wäre, aus Dankbarkeit für die, unsern Brüdern erwiesene, Freundschaft, und um das in uns gesetzte Vertrauen zu rechtfertigen, die von ihm ausgesprochenen Wünsche zu erfüllen, — so sei uns dies doch unmöglich, da wir in unsrer kleinen Gesellschaft nicht nur keine solchen Künstler in der Bergwerks= und Scheidekunst, der Glas= und Porzellan=Malerei und der Goldbraht=Fabrikation hätten, sondern es auch als unsern Hauptberuf achteten, das Reich Gottes auszubreiten und zu fördern. Zu diesem Zweck hätten sich unsre Brüder in geringer Anzahl in Sarepta angesiedelt, die sich daneben durch christliche Treue und Fleiß auf ihren Professionen ihr nothdürftiges Durchkommen erwürben. Mit dem aufrichtigen Bedauern, seinen Wünschen nicht gerecht werden zu können, empföhlen sie sich in schuldiger Ehrfurcht seiner fortdauernden Gewogenheit.

Selbstverständlich ist auf dies Schreiben eine Antwort nicht erfolgt.

In späterer Zeit 1800 wurde den Brüdern in Sarepta von dem kaiserlich Russischen Kammerherrn Muffin Puschkin, bei Gelegenheit seiner Durchreise nach dem Kaukasus ein ähnlicher Antrag gemacht, mußte aber ebenfalls aus denselben Gründen abgelehnt werden.

Jedoch werden wir in noch späterer Zeit, in den Jahren 1830 bis 1833 Sareptische Brüder in Tiflis antreffen, nicht als Professionisten oder Künstler, wie Fürst Heraclius sie sich gewünscht, sondern als Handelsleute. Aber auch ihr Aufenthalt war nur ein kurzer, vorübergehender, so daß man nicht sagen kann, daß Sarepta in näheren Bezug mit den transkaukasischen Ländern getreten sei.

Neuntes Capitel.

Die auswärtigen Posten.

Für den Vertrieb der Sareptischen Waaren sowohl, als für den Einkauf der uns nöthigen Gegenstände bestanden, wie uns bekannt ist, Commissionsposten in verschiedenen Städten des Russischen Reichs. Diejenigen in St. Petersburg und Moskau sind im vorigen Abschnitt erwähnt worden, in diesem kam ein dritter hinzu, der in Saratow. Wohl hatte man auch das Bedürfniß gefühlt, einen solchen in Astrachan anzulegen, wo auf das Verlangen der kleinen lutherischen Gemeine ein Theolog der Brüdergemeine, Chr. Gottlob Blüher, neun Jahre nach Pastor Busch's Abruf, in das Amt getreten, aber bereits nach dreijähriger Thätigkeit abgerufen worden war, — jedoch war es nicht zur Ausführung dieses Plans gekommen.

Der Saratow'sche Posten wurde 1788 angelegt und Diedrich Schwarz wurde dahin berufen, um neben seinen Handelsgeschäften uns als Agent bei dem, für die deutschen Colonieen nach Aufhebung der Tutel-Kanzlei in St. Petersburg errichteten, Tutel-Comptoir zu dienen. Nachdem er eine Zeit lang zur Miethe gewohnt hatte, kaufte die Sareptische Gemeine ein eignes Haus, was zwar 1800 abbrannte, glücklicherweise aber, nachdem der dortige Commissionär, Math. Adam, der seit Schwarz's Tode 1794 das Geschäft mit besonderer Treue, Geschicklichkeit und Segen führte, bereits ein anderes, zweckmäßiger gelegenes, gekauft und bezogen hatte, so daß wir keinen Schaden an unsern dort lagernden Waaren erlitten.

Der Moskauer Commissionsposten und die mit ihm verbunbene Handlung hatte Abr. L. Brandt auf eigene Kosten angelegt. Als er sich 1777 aus dem Geschäft zurückzog, um in Sarepta seine Tage zu beschließen, machte er das, 3000 Rubel an Werth betragende, Inventar der Diaconie der Gemeine zum Geschenk, und die Handlung wurde von Nic. Klahn in Gemeinschaft mit Br. Hornung, der das Amt eines Stempelmeisters in der Münze hatte, für Rechnung Sarepta's fortgeführt. Lucas Stöckly, den wir in späterer Zeit bei dem Dienste in den Saratow'schen Colonieen gesehen haben, verwaltete das Amt eines Hausvaters, und der alte Professor Hölterhof, nomineller Besitzer des Hauses, das eines Hausliturgen und Predigers. Unter Klahn's und seines Nachfolgers Ph. Spring's Leitung erfreute sich das Geschäft einer schönen Blüthe, letzterer fühlte sich jedoch 1789 veranlaßt auszutreten, da ihm der Plan, sämmtliche Handlungen unsrer Gemeine unter einer Firma, der des Sareptischen Kaufmanns Abraham Lorenz zu vereinigen, nicht gefallen wollte. An seine Stelle trat G. A. Sörensen, dessen Namen in späterer Zeit die Firma erhielt und noch heut trägt. 1789 war das alte Handlungsgebäude so baufällig geworden, daß man sich genöthigt sah, ein neues Haus zu bauen, welches im Herbst des nächsten Jahres bezogen werden konnte. Am Schluß dieses Abschnittes war das Moskauer Geschäft im Zurückgehen begriffen, und wies Defecte auf, an denen der verminderte Absatz, die theilweise Entwerthung des Inventars fast auf die Hälfte und die Salarien des ziemlich starken Hauspersonals die Schuld trugen, so daß die Brüder nicht ohne Besorgniß der Zukunft entgegensahen. F. Hölterhof wurde Alters halber 1782 von Joh. Wigand, der zugleich Professor der Geschichte an der Universität war, abgelöst. Wie jener mehrere protestantische deutsche Familien auf einem Eisenwerk bei Moskau, die ihre Muttersprache verlernt hatten, in Russischer Sprache mit Wort und Sacrament bediente, so predigte dieser in unserem Betsaal und ertheilte in derselben Sprache mehreren der deutschen Sprache unkundigen Deutschen in Moskau den Unterricht zur Confirmation. Auch hier hatte sich eine kleine Societät gesammelt, die aber immer schwach und dürftig blieb. Wigand's Stelle wurde 1797 durch Bruder Ike besetzt, der, als Redner schön begabt, häufig, wie auch Wigand seiner Zeit, auf den Kanzeln der Stadtkirchen predigte. Körperlich sehr kränklich und sensibler Gemüthsart, war er aber nicht der Mann, den geistlichen Mittelpunkt des Hausgemeinleins auszumachen, eben so wenig wie der in seinen alten Tagen dahin berufene ledige Br. P. Weitenauer, der, wie Br. Ike, noch vor Ablauf dieses Abschnittes diesen Posten verließ, und nach Sarepta zurückkehrte.

Ein dreifaches Amt war unsern Brüdern in St. Petersburg aufgetragen. Nach unsern Privilegien hatten und haben wir noch die sehr schätzenswerthe Freiheit, in allen unsern Angelegenheiten durch einen Agenten direkt mit dem Ministerium des Innern, unter dem wir damals standen, zu verhandeln. Dies war eventuell sein Hauptgeschäft; dabei hatte er die Beschaffung der Pässe für die nach Sarepta reisenden Geschwister, die Erhebung des von der Krone verliehenen Reisegeldes, sowie die Abnahme des Unterthaneneides zu besorgen. Bis 1776 wurde dies Amt von B. G. Müller, dem späteren Sareptischen Prediger, verwaltet. Er betrieb mit Umsicht und Treue die Verhandlungen wegen Erlaß eines Theils der Kronsschulden, nach der Plünderung Sarepta's durch Pugatschew, und hielt sich zu dem Zweck längere Zeit in Moskau, wo damals der Hof residirte, auf. Chr. Suter, dem Sareptischen Geschichtsschreiber, folgte nach wenig Jahren Bruder Busch, der vormalige Pastor in Astrachan, im Amt. Loskiel, der zugleich Agent für das Livländische Diasporawerk war, die Arbeit dieses combinirten Amtes aber nicht bestreiten konnte, und Kohlreiff, sein Nachfolger, dem aus verschiedenen Gründen dies Amt zur Last wurde, ward 1787 von Chr. Friedr. Gregor abgelöst, welcher bis 1793 dort blieb. Ihm folgte I. Wigand und diesem zu Anfang des Jahrhunderts D. Cranz. Letzterer hatte eine besondere Gabe des Umgangs mit hochgestellten Personen, mit denen ihn sein Amt in Berührung brachte, und wurde von denselben geachtet und geschätzt. Die Bestätigung und Erneuerung unsrer Privilegien durch Kaiser **Paul Petrowitsch** und **Alexander I. Pawlowitsch** hatte er, letztere in Verbindung mit unserm Deputirten Jacob Loretz auszuwirken, und that es mit Glück und Geschicklichkeit.

Das zweite Amt war die geistliche Bedienung der im Sareptischen Haus wohnenden Hausgemeine, sowie die der Societät, d. h. solcher Personen, die als Mitglieder anderer Parochieen mit den sacris auf diese angewiesen, derselben sich bedienten; in Bezug aber auf engeren Anschluß unter einander sich zu den Brüdern hielten, zu welcher Thätigkeit auch die öffentliche Predigt in der kleinen Brüderkirche gehörte. Die Besorgung dieses und des Agentenamtes war meistentheils derselben Persönlichkeit übertragen. Die Societät hatte damals ihre Mitglieder nicht nur in der Stadt, sondern auch in den deutschen Colonieen bei St. Petersburg, den sogenannten Colonieen der zweiundzwanziger, achtundzwanziger und sechziger. Je nachdem die Persönlichkeit des Agenten mehr oder minder für dies Amt geeignet war, das bei der Weitläufigkeit der Stadt eine besondere Hingebung verlangte, nahm die Societät zu und ab, jedoch blieb ihre Zahl in dieser Zeit verhältnißmäßig gering und hielt sich zwischen 60 bis 160 Personen. Dagegen war der Besuch der Predigten schon 1773 so stark, daß der Versammlungssaal, oder die Kirche vergrößert werden mußte, und Kohlreiff hatte außerdem in den Abendstunden und Kindergottesdiensten eine starke Zuhörerschaft. 1800, als David Cranz Diener am Wort war, mußte die Kirche abermals vergrößert und mit einer Empore versehen werden.

Das gegenseitige Verhältniß der Prediger der Brüderkirche und der Stadtpastoren war zu verschiedenen Zeiten herzlich oder kalt, je nachdem die beiderseitigen Persönlichkeiten in ihren Glaubensansichten übereinstimmten oder divergirten. D. Cranz predigte nach dem Wunsch der resp. Pastoren häufig an der Petrikirche und in der des Cadettencorps.

Das dritte Amt war das eines Commissionärs. Dieser hatte außer den eigentlichen Commissions- und Handelsgeschäften die Besorgung der Zollangelegenheiten, die Spedirung, sowie auch zeitenweis die Beherbergung und Beköstigung unsrer aus Deutschland zu uns reisenden Geschwister auf sich. Das Verhältniß desselben zur Gemeindirektion in Sarepta, die mit ihren Mitteln für ihn cavirte, war häufig ein schwieriges und zu Mißhelligkeiten Anlaß gebendes, da seine, den localen Umständen nach nothwendige, Selbstständigkeit andrerseits eine beschränkte sein mußte. Bruder Weber, der Nachfolger Joh. Jac. Loretz's an diesem Posten, gab 1780 seine Stelle auf, da er sich nicht mit dem Punkt seiner Instruktionen einverstehen wollte, ausschließlich im Dienst Sarepta's zu stehen und von Geschäften für eigne Rechnung, für welche zu caviren der Gemeine nicht zugemuthet werden konnte, abzusehen. Nic. Klahn, der an seine Stelle trat, konnte sich, wie P. Spring in Moskau, nicht darein finden, die Firma Abraham Lorenz zu acceptiren, und in Ansehung seiner sonstigen Tüchtigkeit, gab man von unsrer Seite in diesem Punkte nach. Dagegen konnte man in die von Klahn begehrte Association mit dem bekannten Kaufmann Thal, der damals Commis in unserm Geschäft war, nicht eingehen. Nicht weil die Gemeindirektion an dessen Treue, Redlichkeit und Geschicklichkeit gezweifelt hätte, sondern weil sie nicht für Recht hielt, unsre Privilegien auf einen Mann, der nicht

Mitglied der Sareptischen Gemeine war, auszudehnen. Da aber Klahn, wie es scheint, demselben schon positive Zusagen gemacht hatte, und man diese nicht realisiren konnte, so blieb ihm nichts übrig, als mit Herrn Thal seinen Abschied zu nehmen.

Der Sareptische Gemeinvorsteher Christoph Hasse begleitete seinen Sohn, Joh. Heinrich, einen noch sehr jungen, aber in jeder Beziehung überaus begabten Mann, welcher zu diesem Posten berufen war, 1792 nach St. Petersburg, um ihn in die Geschäfte einzuleiten, und von seinem Vorgänger die Führung derselben zu übernehmen. Bei allen seinen wirklich ausgezeichneten, ja glänzenden Gaben fehlte es dem jungen Hasse an der nöthigen Besonnenheit und Erfahrung, sowie an weiser Sparsamkeit. Dies fühlte er sowohl, wie sein Vater, nachdem er das Geschäft mit wenig Erfolg einige Jahre geführt hatte, und beide baten mehrmals dringend um seine Ablösung. Aus Mangel einer passenden Persönlichkeit, und weil man sich scheute, zu einer Zeit, da auch unser Agent Wigand versetzt worden war, diesen Posten neu zu besetzen, verzögerte sich sein Abruf zu seinem und unserm Unglück mehrere Jahre und endlich 1801 brach ein Bankerott aus, der die Existenz Sarepta's in Zweifel gestellt, und unsern Credit vernichtet hätte, wenn uns nicht von Seiten des Direktoriums der Brüderunität zu Hülfe gekommen wäre. So gelang es dem Nachfolger Hasse's, Asmus Simonsen, die dringendsten Gläubiger sofort zu befriedigen und den Bankerott nach Außen zu verhindern. Dies Unglück, sowie verschiedene andere Verhältnisse veranlaßten die Sareptische Gemeindirektion auf eine ökonomische Visitation unsrer Gemeine von Seiten der Unitätsdirektion zu bringen, die uns denn auch zugesagt wurde, und in den nächsten Jahren zur Ausführung kam.

Dritter Abschnitt.

Die Zeit von 1802—1823.

Erstes Capitel.

Innere Geschichte der Gemeine.

Wenn der vorige Abschnitt, wie wir gesehen haben, im Allgemeinen eine Zeit des Aufblühens innerlich und äußerlich, eine [Zei]t des Wohlstandes nach beiden Seiten war, so ist diese Periode [ein]e Zeit der Abnahme in gleicher Beziehung, und zum Schluß [von] der größten finanziellen Verlegenheit und Noth. Ihren höch[ste]n Gipfel erreichte diese durch die Feuersbrunst im Jahre 1823, [wie] ein Seitenstück ist zum Schluß des ersten Abschnitts, der [Plü]nderung durch Pugatschew; wie dort mußte auch hier aber[ma]ls ein Neues mit Kleinem und Dürftigem angefangen werden.

Es ist dieser Abschnitt, wie gesagt, eine Zeit finanzieller [No]th, und doch — so widersprechend es auch klingt — vergrößer[ten] sich und breiteten sich die Gewerbe in einem Maaß aus, daß [ma]n durchschnittlich alle zwei Jahr eine größere oder kleinere An[zah]l von Brüdern und Schwestern aus Deutschland kommen lassen [mu]ßte, um dem Mangel an Händen Abhülfe zu verschaffen. [Wo]her es kam, daß trotzdem das Oekonomicum im Allgemeinen [san]k, ja endlich mit einer gewaltigen Schuldenlast beschwert war, [wer]den wir in einem späteren Capitel sehen.

Fassen wir zuerst die Männer ins Auge, denen die Wa[cht] über das Ganze anvertraut war, so finden wir die Pioniere [des] Anfangs, die Männer der Gründung bis auf einen Veteran[en] Joh. Jacob Loretz, durch jüngere Kräfte ersetzt. B. G. M[ül]lers Stelle nahm Chr. Fr. Gregor ein, ein Mann, aus früh[er] Zeit uns als Lehrer, Seelsorger und Kalmückenmissionar bekan[nt]. Damals war er einem Ruf nach St. Petersburg gefolgt, wo [er] unsere Agentschaftsgeschäfte bis 1793 besorgte. Später stand [er] acht Jahre dem Predigtamt in der Brüdergemeine zu Neuw[ied] am Rhein vor und wurde endlich 1800 an die Spitze der G[e]meindirektion nach Sarepta als Gemeinhelfer und Prediger beruf[en]. Herz und Verstand, Liebe und Energie befähigten ihn, die[sem] Amt vorzustehen. Dazu kam, daß ihm die Verhältnisse von frü[h] her wohl bekannt waren, und sein Amt in St. Petersburg i[hm] die Verbindung mit unsrer Gemeine erhalten hatte.

Ihm zur Seite stand als Nachfolger im Amt des zwei[ten] Vorstehers, (das Jacob Loretz nach D. Ficks Abtreten [mit] dem des ersten vertauscht hatte) Joh. Wigand, eine uns eb[en]falls nicht ganz unbekannte Persönlichkeit. 1744 als Sohn ein[es] Predigers bei Prenzlau geboren, studirte er in Halle Theolo[gie] jedoch mit wenig Neigung, trat dann als Hauslehrer in [die] Dienste eines Russischen Generals Chomutow, mit dem er n[ach] St. Petersburg und später nach Moskau ging, wo er 1767 G[e]legenheit fand, in gleichen Dienst bei einem Herrn Tscherbini[n] der in Charkow wohnte, zu treten. An letzterem Ort wurde [er] durch den, an dem Klosterseminar als Lehrer angestellten Brud[er] J. Fr. Pauly, der später nach Sarepta zog, bekannt, und du[rch] ihn mit der Brüdergemeine. In genauere Bekanntschaft mit [ihr] trat er durch Besuche, die er theils hier in Sarepta, theils [bei] seinem Aufenthalt in Berlin mit den Kindern des Herrn Tscher[binin, von dort aus in den deutschen Brüdergemeinen macht[e].

Da er sich denselben zu einem Dienst anbot, fügte es sich, daß er neben seiner Professur an der Universität zu Moskau, die er 1782 erhielt, zu dem Amt eines Liturgen an der dortigen Sareptischen Hausgemeine berufen wurde. 1793 vertauschte er diese Stelle mit der des Sareptischen Agenten in St. Petersburg und wurde von dort 1800 nach Sarepta selbst berufen. In seinem Vorsteheramt war er von ausgezeichnetem Nutzen, sowohl durch seine genaue Bekanntschaft mit der Russischen Sprache und Sitten, als durch seine Verbindung mit angesehenen Familien des Reichs, und durch die Bildung, die er sich durch den Verkehr in diesen Kreisen angeeignet hatte. Er war ein ächter Patriot, im weiteren Sinne des Landes, das er als sein Vaterland ansah, im engeren Sinne des Ortes, den er seine Heimath nannte; unermüdet, wachsam, geschäftig und für das Wohl desselben besorgt. Aber nur bis zum Jahre 1808 genoß Sarepta seines Dienstes; trotz seines vorzüglich gesunden und starken Körperbaus fing er schon in seinem 64. Jahr an zu kränkeln und ging in obgedachtem Jahr ein in seines Herrn Freude. Seine beiden nächsten Nachfolger konnten seine vielseitige Thätigkeit nicht fortsetzen und erst 1817 gewann man in J. H. Langerfeld einen passenden Ersatz.

Chr. Hasse war 1802 durch Leonh. Gammern abgelöst worden, der 16 Jahre dem Amt eines Diakonievorstehers, aber nicht mit gleichem Glück, wie seine Vorgänger, vorstand. Auch er hatte seine Vorschule am hiesigen Ort als Vorsteher der ledigen Brüder 8 Jahre lang durchgemacht, und die fünfjährige Zwischenzeit in ähnlichem Dienst im Ausland zugebracht. In seine Dienstzeit fielen alle die traurigen Verwickelungen und Verlegenheiten des Oekonomicums, durch welche dieser Abschnitt gekennzeichnet ist, so daß er sich glücklich schätzen mußte, noch ehe die Noth ihren höchsten Gipfel erreicht hatte, 1818 von hier abberufen zu werden.

Noch einer Persönlichkeit müssen wir erwähnen, des Bruders Ludwig von Burhövden, der, aus einer Livländischen Familie gebürtig, nach weltlich durchlebten Soldatenjahren, als Officier seinen Abschied bekam, vom Herrn geistig erweckt, durch seinen Onkel Hölterhof mit den Brüdern bekannt wurde, und endlich hieher nach Sarepta zog. Nach des Justitiars Tiebemans Tod trat er in dessen Stelle ein, in welcher er 26 Jahre lang von ersprießlichem Nutzen gewesen ist. Seine ablige Herkunft, sein Rang in der Armee, Muth und Unerschrockenheit, Verstand, Gesetzeskunde und vollkommene Kenntniß der Landessprache, machten ihn für das Amt vorzüglich geeignet. Demuth, Wohlwollen und Uneigennützigkeit zierten seinen durch lebendiges Christenthum geläuterten, von Natur edlen Charakter. Ein Bruder in der vollsten Bedeutung des Worts, lebte er in großer Anspruchslosigkeit bis an sein Ende unter seinen Brüdern im Brüderhaus.

———

Gehen wir nun zu der inneren Geschichte dieses Zeitraums über, so war das erste wichtige Ereigniß desselben der Visitationsbesuch eines Mitgliedes der Unitätsdirektion, des Br. Joh. Chr. Quandt, des senior civilis der Brüderunität. Eine ökonomische Revision unsrer Gemeinverhältnisse war unsrerseits seit längerer Zeit gewünscht worden; Umstände mancherlei Art aber hatten sie seit 1776 nicht zu Stande kommen lassen. Im Herbst 1802 traf dieser Bruder hier ein, und unter seiner Leitung wurde die Lage des Oekonomicums im Ganzen, sowie der einzelnen Branchen desselben reiflich erwogen; die Besetzung verschiedener Aemter wurde verändert, die Salare den Umständen gemäß normirt. Die Abgaben der Personen und Gewerbe, die Entrichtung der Grundzinsen an die Administration wurden regulirt. Auf seine Anregung wurde eine Collekte zur Verminderung der Schuld unsers Geschäfts in St. Petersburg veranstaltet und eine Tontine gegründet, um durch Acquisition der Capitalien der Diaconie der Gemeine aufzuhelfen. Er vernahm die Wünsche der Gemeine um Verstärkung der Arbeitskräfte durch Geschwister aus Deutschland und versprach die Befriedigung des Bedürfnisses, unsrer Jugend Gelegenheit zu geben, in andere Brüdergemeinen zur weiteren Ausbildung zu kommen, bei der Unitätsdirektion zu befürworten. Ein andrer Theil seines Auftrages bestand, wie bei früheren Visitationen, darin, mit sämmtlichen Brüdern der Gemeine persönlich über ihre innere und äußere Lage zu reden, Beschwerden und Klagen anzunehmen, Mißtrauen und Mißvergnügen zu beseitigen, und alle der Theilnahme und Verbundenheit uusrer deutschen Gemeinen zu versichern. Im Mai des nächsten Jahres kehrte er nach glücklich vollendeten Geschäften mit seiner Frau, die ihn begleitet hatte, nach Deutschland zurück.

Der innere Gang der Gemeine in dieser Periode rief bei allen denen, die es treu mit dem Beruf meinten, als ein Volk Gottes in diesem Land dazustehen, manche Besorgnisse hervor. Der Geist der Väter fing an zu weichen, und das Feuer der Liebe, das durch manche gemeinsame Noth geschürt worden war, begann zu erlöschen. Aeußerlich zeigte sich eine Gleichgültigkeit gegen die geistlichen Güter, gegen die Gottesdienste und die auf Erbauung hinzielenden Einrichtungen. Wenn es hier, wie überall, an einzelnen unlauteren Gemüthern nicht gefehlt hat, so war der Schaden, den sie machten, immer nur ein geringer gewesen, weil der Geist der Gemeine ihnen widerstand. Sie konnten es nicht lange hier aushalten, und verließen uns freiwillig. Nun aber fingen solche an, Einfluß zu gewinnen; ein ungebundenes Wesen, Fleisches- und Weltsinn nahm überhand, Verführung griff unter der Jugend, Eitelkeit unter dem weiblichen Geschlechte um sich, offenbare Versündigungen kamen zum Ausbruch und blieben nicht

vereinzelt, so daß schon damals der moralische Ruf Sarepta's
der Ferne besser war, als in der Nähe. Der unmäßige Ge[nuß]
geistiger Getränke, Lust an Ueppigkeit, Wohlleben und Verschw[en]-
bung riß ein. Dazu kam, daß es zu einer Zeit dieses Abschni[ttes]
den Leitern der Gemeine an rechter Offenheit und Einigkeit u[nter]
sich, und an der nöthigen Unpartheilichkeit mangelte. Verkenn[en]
unsrer Principien, falsche Nachgiebigkeit, mangelnde Wachsaml[eit]
raubte ihnen die Kraft zur Handhabung unsrer Ordnungen [und]
zur Ausübung der geistlichen Zucht, so daß die Gemeine an Ha[upt]
und Gliedern krankte.

Dem Br. Chr. Fr. Gregor, der den Anfang dieser [Zeit]
hier belebte, wurde die Last des auf ihm liegenden Amtes im[mer]
schwerer; von Trauer in seiner Familie, durch den Tod mehr[erer]
Kinder, betroffen, bat er bringend um seine Ablösung. An sei[ne]
Stelle trat 1810 Andr. Fr. Parep, ein Laie, aber mit ei[ner]
besondern Gabe der Rede geziert, in das Amt des Gemeinhelf[ers]
während D. Cranz das des Predigers und Mitvorstehers ü[ber]-
nahm, aber schon nach einigen Jahren Krankheitshalber b[on]
Joh. Scheuerl abgelöst werden mußte, einem Mann, der, se[iner]
Individualität nach, in diesem Beruf nicht heimisch werden kon[nte].
Jedenfalls war Joh. Martin Nitschmann, ein Enkel [des]
Bischof Joh. Nitschmann, der Gemeine willkommen, als [er]
1817 dem Ruf zum Predigtamt hieher folgte. An ihm h[atte]
der Bischof Benjamin Reichel, der 1819 in das Amt [des]
Gemeinhelfers eintrat, eine schätzbare Stütze. Beide Män[ner]
brachten einen frischeren und entschiedeneren Geist, und getro[sten]
Muth zur Führung ihrer Aemter, aus dem deutschen Vaterl[ande]
mit. Einigkeit und gegenseitiges Vertrauen kehrte in den K[reis]
der Direktionsmitglieder zurück. An C. Gammerns Stelle [trat]
1818 S. Vogel, der nach dem seligen Heimgang Jac. Lore[tz]
in demselben Jahr, als Gemeinvorsteher in J. H. Langerf[eld]

nur einen Ortsvorsteher zur Seite hatte. Leider aber erlebte dieser Mann, der durch seine reiche Begabung für sein Amt viel versprach, nur das nächste Jahr, da in seine, durch den Tod erfolgte, Lücke A. G. Hopf eintrat. Aber auch dieser Verein wackerer und tüchtiger Männer war nicht im Stand, den Strom der Verwilderung und Zuchtlosigkeit zu hemmen; wohl konnten sie ihn von den Seiten begränzen und einschränken, wohl konnten sie ihm nach Außen Luft machen, und seine schädlichsten Elemente entfernen; — im Innern wurde dadurch im Allgemeinen wenig gebessert. Zu all jenen oben genannten Schäden kam auf mancher Seite eine Erbitterung gegen die Leiter der Gemeine, die sich bei Einzelnen nicht nur durch Verbreitung von Schandschriften, sondern auch durch Excesse handgreiflicher Art bekundete, so daß jene im Ganzen wenig Dank, Anerkennung und Liebe ernteten. Es schien, als ob alle Arbeit im Herrn ohne Frucht sei, und mit dem inneren Verfall hielt der äußere gleichen Schritt. Denn auch im Haushalt der Gemeine hatte sich der Segen Gottes von uns gewendet; bei aller Rentabilität, bei aller Großartigkeit und Ausdehnung mancher Geschäfte der Gemeine, brachte der Mangel an Treue und Gemeinsinn dieselben rückwärts, machte sie zu Sinecuren, welche den darin Angestellten wohl ihr gutes Auskommen, aber dem Ganzen keinen Nutzen schafften.

Bei alle dem Traurigen im innern Leben der Gemeine, was diese Zeit aufwies, darf jedoch nicht unerwähnt bleiben, daß der alte Stamm nicht ganz ausgestorben war. Noch manche treue Gemeinglieder waren vorhanden, die sowohl durch ihren Wandel sich als wahre Brüder und Schwestern bewiesen, als auch in Gebet und Fürbitte um eine Erneuerung unsrer Tage, wie vor Alters, nicht lässig waren. Auch kamen von Außen Leute zu uns, die angesehene Stellungen verlassen hatten, und sich mit ganz Geringem genügen ließen, um dem Herrn in der Brüdergemeine zu dienen, und solche bewiesen, daß unser Gott sich immer noch einen Stamm der Gerechtigkeit unter uns behalten wolle.

In dieser Zeit hielt sich in Sarepta ein Mann auf, nicht als Mitglied der Gemeine, sondern als Gast, der nicht ohne Einfluß auf unsre Verhältnisse war; ein Mann, der sich nicht blos in der Literatur jener Zeit einen Namen gemacht hat, sondern auch als ein ordnendes und dirigirendes Talent nicht Unbedeutendes geleistet hat, der aber sowohl, was die Art seiner religiösen Anschauungen betraf, als auch in Bezug auf ihre Anwendung für das sociale Leben, von den Ansichten unsrer Gemeine abwich, und, vielleicht ohne es zu ahnen oder zu wollen, einen Einfluß ausübte, der gerade in der damaligen Zeit, etwas störendes, wenn nicht gar schädliches für uns hatte. Dies war der bekannte Dr. Feßler. Er war Mitglied der vom **Kaiser Alexander I.** niedergesetzten Gesetzescommission gewesen und erhielt nun eine ebenslängliche Pension. Durch einen Freund der Brüder war er in St. Petersburg auf Sarepta aufmerksam gemacht worden und beschloß 1815 hieher zu ziehen, um ungestört seinen literarischen Beschäftigungen, der Abfassung einer Geschichte der Ungarn, zu leben. Vier Jahre lebte er am hiesigen Ort. So wenig man Veranlassung hatte zu klagen, daß er die ihm gebotene Gastfreundschaft mißbrauche, so würdig und ernst-philosophisch seine ganze Haltung war, so hatte doch sein gesellschaftlicher Umgang mit dem jüngeren Geschlecht etwas unsre Gemeinweise und Sitte störendes, von der Einfalt in Christo abführendes, was allen Tieferblickenden nicht entgehen konnte. Gelegenheit dazu bot ihm einestheils seine Liebhaberei an Musik, anderntheils seine freie medicinische Praxis nach Brown'schem System, und endlich wohl auch das privatim geübte Amt eines Seelsorgers in dem Charakter eines emeritirten Priesters. Seine bisher hier unbekannte Art der Auffassung der christlichen Religion, seine Vorliebe für äußerliche Ceremonie und Handlung, verfehlten nicht, auf manche Gemüther Eindruck zu machen. Nachtheiligen Einfluß hatte aber seine stille Kritik unserer Gemeinverfassung, an der er viel zu tadeln hatte; den mit manchen Aemtern betrauten Personen wurde durch solche Aeußerungen das Vertrauen der in ihrer Pflege Stehenden entzogen.

Die Idee, zum Reformator Sarepta's oder der Brüdergemeine überhaupt berufen zu sein, lag ihm nicht fern, und sie bekundete er durch den Inhalt eines Schreibens, das er dem Synodaldeputirten Sarepta's L. v. Schweinitz 1818, als derselbe sich nach Herrnhut begab, einhändigte.

So besorgt auch die damalige Gemeindirektion war, wie sich das Verhältniß zu einem Mann, der an Klugheit, scharfem Verstand und Dialektik einem jeden ihrer Mitglieder überlegen war, in Zukunft gestalten werde, so hütete sie sich doch, irgendwelche Anklagen gegen ihn zu stellen, die zu beweisen ihm gegenüber sehr schwer gewesen sein würde, blieb in der von Anfang an eingenommenen zurückhaltenden Stellung, und wartete auf eine nicht durch uns hervorgerufene Lösung des peinlichen Verhältnisses. Diese erfolgte 1819, als Dr. Feßler, in Folge der Creirung eines evangelischen Bischofssitzes und Reichsconsistorium's in St. Petersburg, zum Consistorialen und Superintendenten der protestantischen Kirche im südöstlichen Rußland ernannt wurde. Diese Berufung brachte es mit sich, daß er Sarepta verließ und wir dadurch seinem persönlichen Einfluß entzogen wurden. Jedoch suchte er auf andre Weise denselben zur Geltung uns gegenüber zu bringen. Noch während die Regierung mit ihm in Unterhandlungen stand, stellte er der hiesigen Gemeindirektion die Frage, ob die Gemeine nicht wünsche, durch seine Vermittelung anstatt dem

Justizministerium, unter dem sie bis jetzt gestanden, dem Cultus=
ministerium untergeordnet zu werden, und das Consistorium in
Saratow als referirende Instanz in civilibus zu haben. Dieser
Vorschlag hatte insofern etwas Vortheilhaftes für unsre Gemeine,
als unser wohlwollender Gönner, Fürst Galitzin, an der Spitze
dieses Ministeriums stand; andrerseits hatte aber Sarepta bis
jetzt durch seine exceptionelle Stellung keine Nachtheile gehabt, die
ein Wechsel der Personen im Cultusministerium hätte herbeifüh=
ren können; und endlich war die Unterordnung unter ein Consi=
storium ganz und gar unvereinbar mit einem unserer wichtigsten
Privilegien, der Unabhängigkeit von einer jeden anderen, als un=
serer eigenen geistlichen Oberbehörde, der Aeltesten=Conferenz der
Brüder=Unität. Es wurden daher die nöthigen Schritte durch
unsern Agenten gethan, um eine solche Umgestaltung unserer Ver=
hältnisse zu verhindern, was uns auch gelang*).

Daß er diesen Plan aber nicht sogleich aufgab, beweisen
seine Bemühungen, unsre Gemeine sich verbindlich zu machen.
So verwandte er sich bei einer Audienz, die er bei Kaiser
Alexander I. hatte, in pecuniärer Beziehung für Sarepta und
erbot sich, eine Bittschrift unserer Vorsteher befördern zu wollen.
Ehe dieselben das Anerbieten jedoch in Händen hatten, war be=
reits eine solche von Bischof Reichel entworfen und durch unsern
Agenten dem Fürsten Galitzin eingehändigt worden. Bischof
Reichel war nämlich bei seiner Durchreise durch St. Petersburg
von Kaiser Alexander I. zu einer Audienz befohlen, und huld=
reichst aufgenommen worden, in allen Angelegenheiten Sarepta's,
in denen man seiner besondern Hülfe bedürfen würde, sich durch

---

*) Aus diesen Thatsachen ergiebt sich die Unwahrheit der, in dem hoffent=
lich längst vergessenen Libell des Pastor Limmer gegen Feßler, aufgestellten
Behauptung des innigsten Zusammenhangs Feßler's mit Sarepta und der
dort geschilderten, sogenannten „Herrnhutischen" Umtriebe.

en Fürsten Galitzin direkt an Ihn zu wenden. An jene huld-
volle Aufforderung anknüpfend, wurde diese Adresse, welche schon
längst beschlossen worden war, und für die man jetzt den günstigen
Zeitpunkt gekommen glaubte, abgefaßt und eingesandt. Sie blieb
übrigens ohne den gewünschten Erfolg.

Die Existenz einer lutherischen Gemeine neben der Brüdergemeine am hiesigen Ort gab in den nächsten Jahren noch manche
Veranlassung zur Connexion mit Feßler, und seine Versuche,
unsre Prediger in seinen Sprengel zu ziehen, gingen fort, so daß
man sich genöthigt sah, fast auf dem Standpunkt stehen zu bleiben, die actus ministerialis, die wir in der lutherischen Gemeine
am hiesigen Ort und in Zaritzyn verrichteten, nicht als officiell
und aufgetragene Amtshandlungen, sondern als freiwillige Dienst-
leistungen zu besorgen. Ebenso glaubte Bischof Reichel eine Einladung zu der, zum Zweck der Installation des Saratow'schen
Consistoriums gehaltenen, Synode, ablehnen zu müssen, um auch
den Schein zu vermeiden, als ob er sie als Diöcesan besuchte.

Uebrigens war unsre Gemeine fern davon, die wirklich großen
Verdienste, die Dr. Feßler sich um die Organisation des Kirchen-
wesens in unsrer Gegend erworben, sowie den rastlosen Eifer, mit
dem er den ihm aufgetragenen Pflichten nachkam, zu unterschätzen;
mit Zuvorkommenheit gewährte man ihm am hiesigen Ort alle
nöthige Unterstützung zu diesem Zweck, die Benutzung unsrer
Kirche u. dergl., in so weit unseren Prärogativen dabei nicht zu
nahe getreten wurde, und wir selbst mit der Sache unvermengt
blieben, was er auch seinerseits jederzeit anerkannt hat.

―――

Mit den Knaben- und Mädchenschulen unsers Ortes waren,
wie schon früher, Pensionen verbunden, die zwar, des beschränkten
Raums und der für eine größere Ausdehnung mangelnden Lehr-

kräfte wegen, keinen großen Umfang hatten, zumal man sich auf Kinder evangelisch=lutherischer Confession beschränkte, und den Andrang aus anderen Kirchenabtheilungen abwehren mußte. Ein Plan zur weiteren Ausbreitung dieser Institute, den D. Cranz 1811 ausarbeitete, und welcher den Beifall der Direktion hatte, kam nicht zur Ausführung. Die Knabenschule repräsentirte die Verbindung einer Elementar= und höheren Bürgerschule, indem die Sprachen und wissenschaftlichen Fächer in den höheren Classen vertreten waren. Fast jederzeit war wenigstens ein Candidat der Theologie für letztere angestellt; Prüfungen wurden öfters öffentlich gehalten.

Im Allgemeinen war man glücklich in Acquisition von Lehrern, obgleich man auch zeitenweis Subjecte hatte, die man gern wieder gehen ließ. Einen sehr empfindlichen Verlust hatte die Schule einige Jahre vor Schluß dieses Abschnitts, als Em. Grunauer, ein Mann von schönen Gaben und besonderer Treue und Gewissenhaftigkeit, den Ruf Dr. Feßler's zu einer Predigerstelle in den Saratow'schen deutschen Colonieen annahm; seit jener Zeit ging die Schule zurück, die Knabenpension hörte ganz auf, und weil die Mittellosigkeit der Bürger überhand genommen hatte, und die Diaconie der Gemeine nicht im Stande war, wie früher Zuschüsse zu diesen Instituten zu geben, so wäre man auf die Reducirung des Lehrerpersonals bis auf eine Person statt dreien, angewiesen gewesen, wenn sich nicht bei den Eltern Muth und Willigkeit gefunden hätte, durch Vergrößerung ihrer Beiträge die Sache nicht ganz sinken zu lassen. Der Plan, den Br. Chr. Fr. Schmidt, der als lediger Mann bereits 10 Jahre (1800 bis 1810) an unsrer Schule mit besonderem Glück, Geschick und Eifer gedient, und nun in Livland sich verheirathet hatte, als Lehrer an der Knaben= und Mädchenschule zu berufen, zerschlug sich leider, indem er mittlerweile einem anderen Ruf gefolgt war.

Ein erfreuliches Zeichen des innern Ganges der Gemeine war die in diese Zeit fallende Gründung einer Bibelgesellschaft in Sarepta. 1813 wurde nämlich die erste Haupt=Bibelgesellschaft im Russischen Reich, an deren Spitze Fürst Galitzin, der Cultusminister der fremden Glaubensverwandten in Rußland, stand, in St. Petersburg errichtet und von **Kaiser Alexander I.** bestätigt. In der ersten Sitzung der Gesellschaft wurden unter anderem die Beamten derselben gewählt, unter denen sich auch unser Br. Isaak Schmidt (damals unser Commissionär in St. Petersburg) als Schatzmeister befand. **Der Kaiser** selbst hatte als Erstlingsgeschenk 25,000 Rubel und als jährlichen Beitrag 10,000 Rubel zugesichert. Nachdem die Brüder in Sarepta eine Zeit lang ihre Beiträge zu diesem Werk an die Zweiggesellschaft in Saratow abgeliefert hatten, beschlossen sie auf B. Reichel's und M. Nitschmann's Anregung 1821, dem Fürsten Galitzin ihre Bereitwilligkeit auszusprechen, an unserm Ort eine Abtheilung der Gesellschaft zu bilden, und um die Statuten zu bitten. Zu Anfang des Jahres 1822 traf die Zustimmung des Fürsten hier ein, und, da alle Geschwister bereit waren, nach besten Kräften sich zu betheiligen, wurden passende Personen zu Beamten vorgeschlagen und gewählt, (B. Reichel zum Vicepräses, J. H. Langerfeld zum Secretair, J. C. Glitsch zum Kassirer und noch acht Brüder zu Direktoren) und im Februar begannen die Sitzungen. Sowohl die hier wohnenden deutschen Colonisten, als auch die kleine Zaritzyner Gemeine schlossen sich unsrer Gesellschaft an.

Noch in demselben Jahr machte der damalige Mitvorsteher der ledigen Brüder, A. Zwick, von G. Schill und S. Heller begleitet, eine Reise in die Dörfer an der Achtuba, wo sich viele Mitglieder der Secten der Molokanen und Duchoborzen befanden. Die Leutchen waren sehr dankbar und erfreut über die gnädigen

Gesinnungen **des Kaisers**, der ihnen diesen Schatz, das W[ort] Gottes, zukommen ließ, und kauften viele Bibeln; auch wurde [bei] einem zuverlässigen Mann ein Depot der noch übrigen Schrif[ten] niedergelegt. In anderen Russischen Dörfern fand man [kein] Begehr danach, weil die Wenigsten zu lesen verstanden. Derse[lbe] Br. Zwick machte im nächsten Jahr zu demselben Zweck e[ine] Reise durch die Kalmückenhorden, von der wir das Ausführlich[e] weiter unten hören werden.

1826 wurde die Russische Bibelgesellschaft aus verschiede[nen] Gründen aufgelöst, im folgenden Jahr aber eine neue protest[an]tische Bibelgesellschaft gegründet, an deren Spitze Fürst Liev[en] in St. Petersburg stand. Das Comite unsers Orts wurde a[ber] nicht wieder errichtet, sondern begnügte sich seitdem mit der Sam[m]lung von Beiträgen, welche eingesandt wurden, und dem gering[en] Vertrieb, der an hiesigem Ort möglich war. So kurz auch [die] Dauer dieses Werkes war, und so gering die Früchte dieser [Ar]beit im Vergleich mit den Leistungen anderer Gesellschaften [er]scheinen, so war dasselbe doch für Sarepta wichtig, indem e[s] die persönliche Betheiligung daran wieder einiges geistliches L[eben] und Interesse hervorrief.

Zweites Capitel.
Industrie und Gewerbe.

Der Gang der Gewerbe und Fabriken, sowohl derer, wel[che] Privaten, als derer, welche der Gemeine angehörten, war, tro[tz] zeitweiliger Schwankungen, in der ersten längeren Hälfte dieses Abschnittes ein zufriedenstellender. Die Hauptfabriken, welche in Webereien verschiedener Art bestanden, wurden durch Bauten außerhalb der bisherigen Grenzen des Orts, jenseits des Walles, erweitert, eine Rothfärberei, auf Rechnung der Waarenhandlung, am Vorwerk angelegt, und es war nur zu bedauern, daß es stets an Händen fehlte, um der Nachfrage zu genügen. Zeitweilige Stockungen wurden hervorgerufen, einmal durch die Continentalsperre Napoleon's, durch welche die Einfuhr von Rohmaterial fast ganz abgeschnitten wurde, anderntheils durch die Pestquarantaine, welche die Zufuhr vom Süden Rußlands unmöglich machte, so daß die Waarenvorräthe nur zum Verkauf an Ort und Stelle hinreichten, und unsre Commissionäre in St. Petersburg und Moskau über Waarenmangel klagten. Große Nachfrage war nach Talglichtern, die durch ihre Güte die in hohem Preis stehenden Wachskerzen fast ersetzen konnten.

Erst 1820 begann der Absatz in den bisher betriebenen Gewerben abzunehmen, was in allgemeiner Nahrungslosigkeit in Folge des Krieges, in Concurrenz von Seiten der nach demselben in Rußland verbliebenen Ausländer, und wohl auch in der Verschlechterung der Fabrikate seinen Grund hatte. Man sah sich genöthigt, manche Gewerbe, wie die Strumpfweberei, aufzuheben, oder zu reduciren und Versuche mit andern Fabrikunternehmungen zu machen, die theils mißglückten, theils gute Resultate brachten.

Da die Einfuhr von Wollenstoffen verboten war, so entschloß man sich, selbstgezogene Wolle zu verarbeiten. Von einer Parthie spanischer und persischer Schafe, welche die Krone angekauft und Liebhabern zur Disposition gestellt hatte, wurden Sarepta auf Ansuchen der Brüder 10 Stück erster und 20 Stück letzter Sorte von der Regierung bewilligt. Man holte die Thiere von Odessa und Astrachan ab und begann mit einem Theil der-

selben auf Rechnung der Gemeine eine Schafzucht auf dem zum
Mineralbrunnen gehörenden Lande, während man einen andern
Theil an Privatleute abgab, die auch Versuche machten, die hie=
sige und persische Race durch Kreuzung zu veredeln. Wenn man
auch anfänglich wenig Erfolg sah, so schien die Sache doch, nach=
dem man sich eine Zeitlang damit beschäftigt hatte, mehr Hoff=
nung zu geben, so daß man, um sie in größerem Maßstabe be=
treiben zu können, 1810 bei der Regierung um ein Stück Wei=
deland an unserer Grenze für diesen Zweck einkam. Im näch=
sten Jahre erhielten die Brüder durch den Saratow'schen Gou=
verneur Pandschulischew die Bewilligungsukase zugesandt, in
welcher ihnen die Pflicht auferlegt war, binnen 10 Jahren die
Heerde bis auf 1000 Stück zu vermehren. Durch eine merk=
würdige Verzögerung kam es erst 1821, nachdem bereits seiner
Verpflichtung mehr als hinreichend genügt war, zur Ausfertigung
der nöthigen Dokumente, die aber die Zahlung einer Pacht fest=
stellten, von der früher nie die Rede gewesen war.

Durch diese, zeitenweis gute Resultate liefernde, Schafzucht
war man bald auf den Gedanken gekommen, eine Wollen= und
Tuchmanufactur anzulegen. Leider aber mißglückte das Geschäft
total. Das sich zeigende Ausarten der spanischen Schafwolle,
(denn man hatte nicht die Mittel, das Blut der Heerde aufzu=
frischen) der Mangel an den nöthigen Localitäten, sonstigen Ma=
terialien, und vor allem an Geldmitteln, wozu noch anderweitige
Schwierigkeiten traten, ließen den Versuch schon im Anfang miß=
lingen, und wenn das Geschäft auch bis 1823 sein kümmerliches
Dasein fristete, so brachte es doch keinen Nutzen, sondern Scha=
den. Dagegen fanden die Arbeiten, die aus persischer Ziegen=
wolle gemacht waren, großen Beifall, aber auch diese Industrie
konnte sich aus Mangel an Material, da die Zufuhr aus dem
Süden durch die Pest abgeschnitten war, nicht erhalten.

Einem Geschäft jedoch, welches auch in dieser Zeit entstand, waren die sonst so ungünstigen Verhältnisse zum Vortheil. Conrad Neitz, den wir als Kalmücken-Missionar und Arzt kennen gelernt haben, hatte sich von diesem Beruf zurückgezogen, und seine Arbeit und Zeit landwirthschaftlichen Versuchen gewidmet. Bei der obengenannten Schafzucht war auch er als Privatmann betheiligt gewesen; er besaß Gärten, in welchen er, wie manche andere Bürger, Versuche mit dem Anbau von Wein, Saffran, Hanf, Erdmandeln und anderen Gewächsen machte, welche von der russischen ökonomischen Gesellschaft durch Verleihung von 13 theils goldenen, theils silbernen Medaillen an ihn und mehrere andere ermuntert wurden, auf die Dauer aber keinen Fortgang hatten und weder ihm noch anderen Nutzen brachten. Ein 1801 im Kleinen gemachter Versuch, Speisesenf zu bereiten, schien besser glücken zu wollen, da die hier gebaute Frucht von vorzüglicher Güte war, und er durch die bald angewandte Methode, derselben das fette Oel durch Pressen zu entziehen, dem Fabrikat Ansehen und Haltbarkeit gab. Die ursprüngliche Handmühle wurde mit einem Göpelwerk vertauscht, und das Fabrikat, dem er schon 1810 eine vorzügliche Güte zu geben wußte, nach St. Petersburg eingeschickt, am kaiserlichen Hofe, der ebenfalls durch die Continentalsperre des englischen Senfs entbehren mußte, für gut befunden, und der Fabrikant vom Kaiser mit einer goldenen Uhr beschenkt. Nachdem der förmliche Handel mit diesem Gegenstand durch Einsendung eines Pudes (40 Pfund) in Petersburg begonnen war, wurde die Nachfrage so stark, daß Neitz nicht im Stande war, sie zu befriedigen. 1815 ging das Geschäft an seinen Schwiegersohn, J. C. Glitsch über, der es weiter ausdehnte und durch Gottes Segen zu schöner Blüthe brachte.

Noch muß eines Mannes, Gottl. Mücke's, erwähnt werten, der, von Haus aus ein Schindelmacher, durch künstlerische Begabung getrieben, nach englischen Mustern Klaviere mit Hammermechanik baute, die in damaliger Zeit geschätzt und zu guten Preisen verkauft wurden.

Der Handel unserer Gemeine litt unter den damaligen Verhältnissen nicht wenig. Verschiedene Reisen, die nach Nord und Süd, nach Nischni-Nowgorod und Taganrog gemacht wurden, brachten wenig Nutzen, und unsere Gemeinhandlung hatte zu manchen Zeiten nur durch die, mit ihr verbundenen Fabriken (Taback und Weberei) ihr Bestehen.

Auch der Mühlenertrag wurde immer weniger rentabel, da der Wassermangel in der Sarpa mehr und mehr zunahm, und der Mehlhandel ganz darnieder lag. Häufig traf es sich, daß, wenn die Getreidepreise am niedrigsten und viel Mahlgäste vorhanden waren, nicht gemahlen werden konnte. Und doch mußten diese Etablissements, zur Befriedigung des Bedürfnisses des Ortes fortgeführt und nach dem Niederbrennen wieder aufgebaut werden.

Der uns geschenkte Mineralbrunnen wollte, trotzdem daß man seine Existenz durch die Zeitungen bekannt zu machen suchte, keine Gäste mehr herbeiziehen, da seine Eigenschaften nicht so vorzüglich waren, um ihn vor dem „aus der Mode kommen" zu schützen; auch widmete ihm der derzeitige Arzt nicht dasselbe Interesse, wie die früheren Doctoren. Die Kosten der Unterhaltung überwogen bei weitem den Gewinn, und auch das Land um denselben durch Tabackspflanzungen rentabel zu machen, wollte nicht recht glücken. Für das weiter unten liegende Land hatte man jedoch den Vortheil, Wasservorrath zur Ueberrieselung zu haben, und so die Wiesen nutzbarer zu machen; 1806 wurde der obere Wiesendamm gebaut. Durch ein 1810 erfolgtes Ausbrechen der Mineralquellen entstanden wieder Kosten, indem dieselben neu gefaßt werden mußten; auch wurde die Badeeinrichtung verbessert.

Von Ackerbau und Gartenbetrieb ist wenig zu sagen. Taback Wein und Obst geriethen zu Zeiten gut, doch litt der Tabacksverkauf an die Kalmücken durch die Pestquarantaine bedeutenden Schaden, da das hier gebaute Product nicht am Ort weder zum Verbrauch noch zur Fabrikation benutzt werden konnte.

Neubauten erhielt Sarepta in dieser Zeit wenige; ein Versuch, die Häuser mit Ziegeln zu decken, erwies sich für unser Klima nicht zweckmäßig, man zog daher Schindeln vor, und wandte sie zunächst bei den Hauptgebäuden des Ortes an; der Gasthof wurde 1811, die Familienwohnung des Handlungsgebäudes 1814 mit einem zweiten Stockwerk versehen. Die Befestigung des Orts, so gering und für die Zeit zwecklos sie auch war, wollte man aus einer gewissen Pietät, in Erinnerung der vergangenen Zeiten nicht eingehen lassen, (obgleich unsere militairische Schutzwache uns schon früher entzogen worden war, da nach dem Gesetz Militair nicht unter Civilbefehl stehen durfte,) und nahm eine ziemlich kostspielige Reparatur der Pallisaden und Spanischen Reiter vor. Neue Trinkquellen wurden aufgedeckt, und in den Ort geleitet, wobei eine Leitung in Thonröhren (die Schönbrunner) sich nicht bewährte; Cisternen wurden als Wasserreservoire und 1811 ein Hebewerk an der Sarpa angelegt, um bei Feuersgefahr Dienste zu leisten. Letzteres mußte aber schon 1820 als unzweckmäßig wieder niedergerissen werden. Ein anderer Theil von Bauten wurde ernöthigt durch die Unglücksfälle, die in diesem Abschnitt Ort und Gemeine schwer betrafen.

Drittes Capitel.

Gefahren und Unglücksfälle.

In der Nacht vom 5. auf den 6. August a. st. 1803 brach in der Schneidemühle, wahrscheinlich durch Selbstentzündung, Feuer aus, welches, ehe man zu Hülfe eilen konnte, das Dach des Gebäudes ergriff, und in der Zeit von zwei Stunden auch die beiden Mehlmühlen, das Wohnhaus des Müllers und die Sarpabrücke zerstörte, den Damm aber so verwüstete, daß er nur nothdürftig die Wasserspannung halten konnte. Glücklicherweise war der Wind, dessen Richtung nach unserm Orte ging, so gering, daß das Feuer sich nicht dorthin ausbreitete, und es mit Gottes Hülfe gelang, die nahestehenden Häuser und das Kornmagazin zu retten. Jedoch war der Verlust an Werkzeugen, Vorräthen, Holz und Getreide sehr bedeutend und erreichte den Werth von 30,000 Rubeln. Auch die kleine Pianofortefabrik des Bruders Mücke, welche im Gebäude der Sägemühle sich befand, war mit ihr zu Grunde gegangen.

In unserer Mittellosigkeit wandten wir uns um Hülfe und Beistand an die hohe Krone, und erhielten gnädigst zum Wiederaufbau dieser Werke einen Vorschuß, welcher jenem Schaden gleichkam, und, auf 10 Jahre zinsfrei, in 5 Jahresterminen abgezahlt werden mußte. Auch die Bürger trugen nach besten Kräften zu diesem ihnen unentbehrlichen Werk bei. Noch in demselben Jahre wurde der Damm reparirt, der Neubau begonnen, und unter einem Nothbach gemahlen, im nächsten Jahre war die neuerbaute Mahlmühle mit 4 Gängen und 1805 die Schneidemühle auf steinernem Fundament vollendet und man hatte die

Freude, bei dem großen Wasserreichthum des letzteren Jahres auf beiden Mühlen das ganze Jahr hindurch mahlen zu können. 1807 wurde nachträglich eine gründliche Ausbesserung des Dammes und der Schleusen vorgenommen.

Zwei geringe Feuerschäden ereigneten sich, der erste noch in demselben Jahre 1803, indem eine Ziegelscheune in Flammen aufging; der andere in dem darauf folgenden, da ein Gartenhaus und eine Wasserschöpfmaschine abbrannten.

Dagegen war das Jahr 1812 reich an derartigem Unglück, man konnte sagen, daß eine förmliche Feuerepidemie herrschte. Sie begann mit dem Brand der oberen, 3 Werst von Sarepta entfernten, Wassermühle an der Sarpa. Am $\frac{4.}{16.}$ März, ebenfalls in der Nacht, brach, wahrscheinlich durch Selbstentzündung feuchten Krapps veranlaßt, in Abwesenheit des Müllers, Sörensen, das Feuer aus, und verzehrte die Mühle bis auf das steinerne Fundament herab; doch konnte man sich glücklich schätzen, daß es den herbeigeeilten Brüdern gelang, die Schleusen, die Brücke, sämmtliche Hofgebäude und die damals nahe gelegene Windmühle zu retten. So schwer auch dieser Verlust, und so groß der Geldmangel war, hielten die Brüder es doch für zweckmäßig, das übrige wohl erhaltene Etablissement nicht aufzugeben, sondern die Mühle auf practischere und leichtere Weise wieder aufzubauen, wobei wir von der hohen Krone durch Verlängerung der Zahlungstermine obgenannten Vorschusses auf 5 Jahre bereitwilligst unterstützt wurden.

Ein Vierteljahr später, am $\frac{30.\ \text{Juni}}{12.\ \text{Juli}}$ wurde unsere Gemeine in die größte Gefahr gebracht, durch ein Feuer, das Abends 10 Uhr in einer Tischlerei (Dumoulin) auskam, das binnen zwei Stunden die Hälfte einer Straße, 7 Familienwohnungen mit Hof- und Hintergebäuden, in Asche legte. Der stark wehende Südwind fachte die Flamme an, und verbreitete einen förmlichen Feuerregen, der an manchen Orten, z. B. im Wittwenhaus und Schwesternhaus zündete, aber doch glücklich gelöscht wurde. Plötzlich stand, ehe man es sich versah, die Töpferei des Brüderhauses, die auf der Nordseite des Ortes in ziemlich weiter Entfernung von der Brandstelle gelegen war, in hellen Flammen, so daß man, beim Anblick dieser, von zwei Seiten drohenden Gefahr, unsere ganze Colonie verloren geben mußte. Gottes Barmherzigkeit war es, daß man durch Niederreißen von Planken und Gebäuden, durch die angestrengteste Arbeit und gespannteste Aufmerksamkeit der Flammen Herr wurde. Auch dieser bedeutende Verlust beugte den Muth der Brüder nicht; die Gemeinbäckerei, das Weberhaus der Gemeinhandlung und Privatgebäude wurden noch in demselben Jahre wieder aufgebaut und bezogen, und die obdachlosen Geschwister bestmöglichst untergebracht. Wenn auch dieser Brand in Unvorsichtigkeit seinen Grund hatte, so wurden doch kurz nachher Spuren boshaften Feueranlegens entdeckt, von denen die erste Gefahr im Entstehen erstickt wurde, die zweite sich auf das Niederbrennen eines Heustocks in einem Schönbrunner Gehöfte beschränkte. Die Theilnahme unserer deutschen Gemeinen und unserer Freunde im russischen Reich brachte uns bedeutende Unterstützungen zu Wege, die nach Verhältniß den Gemein- und Privatgeschäften zu Gute kamen.

1813 und 1820 kam Sarepta noch viermal in ähnliche Gefahr, die aber bei Zeiten abgewendet wurde. 1822 traf der Blitz einen Baum in einem der Sarpagärten, und entzündete ihn ohne weiteren Schaden zu thun; dagegen gerieth in demselben Jahr durch unvorsichtiges Schießen der Heuplatz der Commune in Brand; 30 Stöcke wurden verzehrt, sonstige Noth aber von unserer Gemeine abgewendet, freilich aber nur, um im nächsten

Jahr in einer Ausdehnung wiederzukehren, wie sie Sarepta vor- und nachher, Gott sei Dank! nicht wiedergesehen hat. Doch [d]avon des Weiteren zum Schluß des Abschnitts.

Von Wassersnoth, wie sie im vorigen Abschnitt geschildert, blieben wir in diesem völlig verschont, wenn man nicht den immer mehr sich einstellenden Mangel in der Sarpa so nennen will. Dagegen zeigten sich einigemal stark um sich greifende Epidemieen, 1802 die Ruhr und die Masern, letztere in solchem Umfang, daß 102 Personen an ihnen krank gelegen haben. 1803 wurde eine Halskrankheit, in Heiserkeit sich äußernd, epidemisch, 1812 und 1815 graffirte der Keuchhusten und 1816 zeigten sich viele hitzige Krankheiten und Fieber.

Aber auch von Außen wurden wir durch solche Noth bedrängt. Die orientalische Pest drang vom Kaukasus aus tiefer in's Land ein, so daß wir genöthigt waren, unsere Thore mit Wachen zu besetzen, welche von den Reisenden aus jener Gegend nur solche, die Gesundheitsatteste aufweisen konnten, in den Ort herein, oder durchpassiren ließen. Als 1806 diese Krankheit in Astrachan ausbrach, wurde 1 Offizier, 1 Stabschirurg und 8 Mann hierher kommandirt, um eine Quarantaine herzustellen. So viel Unbequemlichkeiten dies für uns hatte, und so unzweckmäßig unser Ort zu diesem Zwecke gewählt war, konnte man sich doch vor der Hand der Sache nicht entziehen. Die getroffenen Maßregeln wurden noch verschärft, als im nächsten Jahr das Gerücht sich verbreitete, daß die Pest sich wiederum in Astrachan zeige; keine Waaren, wie Baumwolle u. dgl. ließ man passiren, was für unsere Fabriken sehr empfindlich war; auch unser Handel, und besonders der mit Taback, litt großen Schaden, da es den Kalmücken streng verboten war, unsere Grenze zu überschreiten.

Endlich bekam, auf Vorstellungen durch unsern Agenten beim

Ministerium, die Gouvernementsregierung Befehl, die Quarantaine von hier zu entfernen, sie an einer Stelle anzulegen, wo keine Wohnungen seien, und die Beamten in Filzzelten zu logiren. Wenn wir auf diese Weise auch manche persönliche Unbequemlichkeiten los wurden, indem nur ein Wachtposten hier blieb, so war uns doch in sofern wenig geholfen, als unsere nächsten Dorfnachbarn durch den eng gezogenen Cordon verhindert wurden, mit uns zu communiciren. Als aber Ende 1807 in einem 70 Werst von Sarepta entfernten Dorfe die Pest ausbrach, wurde alle und jede Verbindung mit dem Astrachanischen Gouvernement abgeschnitten, die Poststation, die zu der Zeit in Sarepta gehalten wurde, halb auf die Zaritzynische, halb auf die Astrachanische Seite verlegt, und alle diejenigen, welche genöthigt waren, das abgeschlossene Gouvernement zu betreten, setzten sich der Nothwendigkeit aus, bei ihrer Rückkehr eine sechswöchentliche Quarantaine in Zaritzyn auszuhalten. In den nächsten Jahren ließ die Gefahr nach, der 1810 ertheilte Befehl der Aufhebung dieses Instituts wurde 1812 zum Theil ausgeführt, unser Wachtposten blieb uns aber bis zum Jahre 1823, da die letzten Kosacken abzogen.

Viehseuchen, die auch schon früher vorgekommen waren, zeigten sich dreimal in diesem Abschnitt in den Jahren 1805, 1808 und 1812; die beiden ersten Male epidemisch, das letzte Mal sporadisch.

Als in die äußere Geschichte Sarepta's gehörend, mag hier noch erwähnt werden, daß an dem zwischen Frankreich und Rußland ausgebrochenen Krieg, die Sareptaner als gute Patrioten Theil nahmen, indem nicht nur Lieferungen in Naturalien, Charpie u. dgl., sondern auch nicht unbedeutende Geldsummen freiwillig auf den Altar des Vaterlandes niedergelegt wurden. Als der Krieg sein Ende erreicht hatte, wurde ein fröhliches Friedensfest mit Predigt, Liebesmahl und anderen Gottesdiensten gefeiert, „da sich Gesänge des Dankes und des Lobes lieblich mischten," und Abends verherrlichte eine Illumination der Häuser und insonderheit der Kirche das Fest, während ernste und heitere Musik erschallte.

Viertes Capitel.
Das Oeconomicum Sarepta's.

Alle im Vorigen erwähnten Verhältnisse, sowie die eben mitgetheilten Unglücksfälle hatten die Wirkung, das Oeconomicum des Ganzen, den Gemeinhaushalt, in die traurigste Lage zu bringen. Das Sinken des Geldcourses*) brachte bei den vielen Beziehungen, welche die Brüder aus dem Ausland machten, großen Schaden; eine unbedeckte Schuldenlast lief auf, und vermehrte sich von Jahr zu Jahr. So sehr man sich auch bestrebte, den Umfang des großen Creditwesens zu verringern, so viel Mühe sich auch die ökonomische Verwaltung der Brüder-Unität gab, nach Kräften beizustehen, so wenig schien zu erreichen möglich. Zu der Bedrängniß im Allgemeinen kamen einzelne Calamitäten, z. B. Kündigungen großer Capitalien in St. Petersburg. Obgleich dem treuen Asmus Simonsen, auf sein bringendes Ansuchen um Beistand, von Sarepta aus keine

---
*) Der Coursverlust des Jahres 1814 betrug nicht weniger als 21,000 Rubel.

Hülfe geschafft werden konnte, fanden sich doch schließlich Freunde, die ihm durch Vorstreckung großer Summen aus der augenblicklichen Noth halfen; in manchen Fällen fand sich's sogar, daß solche Kündigungen nur eine Prüfung unsers Credits waren, indem die gekündigten Capitalien nach ihrer Auszahlung sofort wieder eingezahlt wurden.

Die Administration unseres Landes, welche bei geringen Einnahmen ziemlich kostspielig war, hatte man in früherer Zeit aus den Mitteln der Diaconie der Gemeine unterstützt, dieser mangelten nun auch die Einkünfte, indem die ihr untergeordneten Diaconieen, wie die der ledigen Brüder, (die bis dahin am rentabelsten gewesen war,) mit Defecten zu erscheinen anfingen, und so wuchsen auch in diesem Theile die Schulden. Um die Noth auf den höchsten Gipfel zu treiben, erlitt unser Commissionsgeschäft in Moskau 1812 durch den Brand und die Invasion der Franzosen einen Schaden von 400,000 Rubeln.

1818 waren die Termine zur Abzahlung der von der Krone uns 1803 vorgeschossenen 30,000 Rubel fällig, und obgleich die Brüder auf die ihnen von hohen Gönnern gemachten Vorschläge, **Se. Majestät den Kaiser** persönlich um neue Unterstützungen zu bitten, nicht eingehen zu können geglaubt hatten, drang sie doch die Noth, um gnädigen Erlaß der noch rückständigen 24,000 Rubel einzukommen, welches Gesuch jedoch ohne Erfolg blieb, so daß bis zum Jahre 1820 jene Summe richtig eingezahlt worden ist.

Nach und nach erreichte die unbedeckte Schuld die Summe von mehr als 600,000 Rubel, und das war klar, daß, wenn keine bedeutende Hülfe käme, entweder durch Unterstützung in baarem Gelde, oder durch Verbesserung des Gold- und Wechselcourses, unsere Einnahmen nicht mehr zur Zinsdeckung der ausländischen Capitalien ausreichen würden. Die Ueberschüsse unseter Petersburger Handlung, die 1815 einen neuen Aufschwung nahm, die regulären Unterstützungen des Vorsteher-Collegiums der Unität, die uns zu Gute kamen, waren nur der Tropfen am Eimer. Trotzdem, daß unsere deutschen Gemeinen ebenfalls durch den Krieg stark gelitten hatten, kam durch freiwillige Geschenke der Geschwister ein Unitäts-Schulden-Tilgungsfonds zusammen, von welchem wir als unsern Antheil die Summe von 43,000 Thalern Sächsisch, etwa 120,000 Rubel nach unserm Gelde, erhielten. Eine so bedeutende Hülfe erweckte Muth und Hoffnung, mit Gottes Beistand und den äußersten Anstrengungen unsererseits aus dieser Noth herauskommen zu können. Die Verwandlung der Sarepta'schen Conto-Corrent-Schuld bei dem Directorium der Unität in Capitalschuld, ein von letzterem uns gemachter Capitalvorschuß von 30,000 Thlrn. Sächsisch, ein nicht unbedeutendes Geldgeschenk, das uns aus dem Ausland zufloß, diente dazu, unsere Verpflichtungen zu erleichtern. Ebenso gelang es, einen Theil der 6procentigen Capitalien in 5procentige zu convertiren, unsere Handlungen in St. Petersburg, Moskau und in Sarepta selbst begannen wieder Ueberschüsse zu bringen, und im Innern unserer Verwaltung suchte man durch neue Arrangements der Salare Ersparnisse zu bezwecken, indem man nach dem alten Brüdergemeinprinzip eine jede angestellte Person nur mit dem zum Bestehen absolut Nothwendigen salarirte (denn auch Fehler der Art hatten zu dem raschen Wachsen der Schuldenlast mitgewirkt). So konnte man es als einen reellen Fortschritt zum Besseren ansehen, als die Jahresrechnungen von 1820 darthaten, daß endlich wieder Einnahme und Ausgabe sich balancirten, trotzdem, daß unsere Commissionshandlung in Astrachan 1818 mit bedeutendem Schaden aufgehoben worden war. Aber nur kurz war diese Freude, denn schon 1821 traf die Gemeine ein harter Schlag durch den Bankerott unseres Saratow'schen Com-

missionsgeschäfts, der alle uns zugeflossenen Unterstützungen und
Ersparnisse wieder verschlang. Von da an schien sich unserem
finanziellen Gemeinwesen immer mehr der Character der Halt=
losigkeit und Trostlosigkeit aufzudrücken; nichts wollte helfen, was
man selbst that, oder was andere für uns thaten, der Ruin war
unvermeidlich. Da ließ Gott der Herr das Ereigniß über uns
kommen, das vor Menschenaugen uns ganz niederschmettern und
vernichten mußte, nach Gottes wunderbarem Willen aber der Weg
sein sollte, uns aus dem lässigen Betrieb, in dem unsere äuße=
ren Geschäfte gerathen, aus einer gewissen Ueppigkeit, die trotz
aller Geldverlegenheit bestand, aus der Sicherheit und dem un=
richtigen Vertrauen auf fremde Hülfe, an die man sich fast ge=
wöhnt hatte, herauszureißen; ein Weg, der uns allerdings in
unsern Augen vernichtete und bemüthigte, aber auch in eine neue
Bahn wies; und dies Ereigniß war die Feuersbrunst von 1823.

Fünftes Capitel.

Die Außenposten Sarepta's.

Nachdem, was bereits über das Oeconomicum des Ganzen
gesagt worden, ist es unnöthig, viel von dem der Außenposten zu
berichten, die mit Sarepta in so organischem Zusammenhange
standen, daß das Leiden des Ganzen auch das der Glieder war
und umgekehrt die Glieder ebenfalls die Noth des Ganzen mit
hervorriefen.

In St. Petersburg hatten wir an Asmus Simonsen,

dessen Name noch heute die Firma unseres dortigen Hauses ist, einen Mann gewonnen, dessen Treue, Fleiß, Nüchternheit und Geschick unter Gottes Segen im Stande war, die Scharte der vergangenen Jahre wieder auszuwetzen. Auch er hatte mit mancher Noth und Sorge zu kämpfen, da er an der Diaconie der Sareptischen Gemeine in ihrer damaligen Lage keinen Rückhalt hatte. Vor manchem drohenden Schaden blieb er bewahrt. So hatte er durch das Bombardement Copenhagens durch die Engländer 1807 keine wesentlichen Verluste zu erleiden, ebenso blieb unser Haus, bei einem, 1810 vis-à-vis in den Casernen der garde du corps ausgebrochenem Brande, trotz der augenscheinlichen Gefahr verschont. Bei vieler Arbeit hatte er die Freude zu sehen, wie sich die unbedeckte Schuld unseres Geschäftes verminderte, sie aber ganz abzustoßen, war ihm nicht beschieden, indem er schon 1812, von allen denen, die ihn kannten, schmerzlich beklagt, aus dieser Zeit abgerufen wurde. Acht Tage nach seinem Tode folgte ihm ganz unerwartet seine Gattin, mit der er in inniger Liebe verbunden war, und ein gemeinsames Grab nahm Beide auf.

Sein Nachfolger Isaak Schmidt bekleidete diesen Posten bis zum Jahre 1818, in welchem er, dessen Geist nach wissenschaftlicher Thätigkeit verlangte, unsern Dienst verließ und zunächst in den der Petersburger Bibelgesellschaft, als Uebersetzer der h. Schrift in die Mongolische Sprache, trat. Von ihm übernahm P. Buck unsere Handlung.

Das Amt unseres Agenten bekleidete seit 1802 D. Cranz; wie schon erwähnt, füllte er durch seine nicht unbedeutende Rednergabe unsere Brüderkirche mit Zuhörern, und seine Umgangsgabe erwarb uns viele Freunde unter Hohen und Niederen. Als einer der ersteren ist der geheime Rath von Habitzl zu nennen, der in jeder Beziehung sich als ein Freund der Brüder auswies, und, sowohl während seines Dienstes an der Tutelexpedition für Ausländer, als auch nach seinem Austritt aus derselben unsere Agentur mit Rath und That unterstützte. 1802 war er auf der Durchreise durch Sarepta mit den Brüdern bekannt geworden, und bewahrte ihnen seine Liebe bis an seinen 1821 erfolgten Tod. — 1809 wurde D. Cranz von Anders abgelöst, welcher den Versuch machte, eine Knabenpension zu halten, aber seiner übrigen Geschäfte wegen bald davon absehen mußte. Nachdem J. Scheuerl 1812 und 1813 interimistisch diesen Posten verwaltet hatte, trat J. Mortimer ein, der fast 20 Jahre nach allen Seiten hin mit Treue und Geschick in diesem Amt diente. Trotz seines schlichten einfachen Wesens, oder vielleicht um deswillen, war er in den Familien der haute volée geachtet und geliebt und Mitglieder derselben besuchten nicht nur unseren Brüdergottesdienst, sondern schlossen sich auch der engeren Societät an. Es war überhaupt damals, von **Sr. Majestät dem Kaiser Alexander I.** ausgehend, ein regeres religiöses Leben in den höheren Kreisen der Gesellschaft zu bemerken, was sich unter andern in der lebhaften Betheiligung an der Bibelgesellschaft zeigte. Als der Generalsuperintendent Reinbott starb, wünschte Fürst Galitzin die erledigte Stelle durch Mortimer zu ersetzen, worauf aber von Seiten der Brüdergemeine nicht eingegangen werden konnte, weil sie es zu vermeiden sucht, sich irgendwie in die Angelegenheiten anderer Kirchenverfassungen zu mischen. Auch er predigte das Wort Gottes vor einer großen Zuhörerschaft, so daß der Raum nicht reichen wollte.

Von ähnlicher geistlicher Thätigkeit in Moskau ist wenig zu berichten, sie beschränkte sich eigentlich nur auf die dort wohnende Sareptische Hausgemeine. Seit Ike's Abberufung wurde kein eigentlicher Brüderprediger dort angestellt und die Brüder schlossen sich in Benutzung von Wort und Sacrament an die

Lutherische Kirche an. In späterer Zeit, 1810 dachte man, auf das Ansuchen christlicher Freunde in Moskau ernstlich an den Bau eines Brüderkirchleins, zu welchem auch bereits 3500 Rubel subscribirt waren, die Ereignisse der kommenden Jahre aber gaben uns nicht Gelegenheit, die Sache wieder aufzunehmen.

Bis zum Jahr 1803 stand G. A. Sörensen unserem dortigen Commissionsgeschäfte vor; das heranrückende Alter nahm ihm aber die Kraft, dasselbe, wie es nöthig war zu leiten. Auch eine Revision unseres Sareptischen Handlungschefs Abraham Lorenz hatte nicht die gewünschte Wirkung. Sörensen's Nachfolger C. A. Tornow hatte es, da er bereits als Subaltern im Haus gedient, schwer, seine Stellung zu behaupten, zumal die durch den Krieg herbeigeführten ungünstigen Verhältnisse allseitig auf die Gemüther drückten. Von Jahr zu Jahr wurden die commerciellen Aussichten trüber, indem der Erwerb der Commissionsgeschäfte nicht hinreichte, die Bedürfnisse des Hausstandes zu decken und ausländische Waaren für den Handel nicht zu bekommen waren.

Was die Lage unserer Moskauer Geschwister noch drückender machte, war der Mangel an Einigkeit. Schon zu Sörensen's Zeit war Lucas Stöckly, ein Mann des Friedens, als Hausliturg dorthin geschickt worden, aber nach wenig Jahren kehrte er, die Hoffnung seinen Zweck zu erreichen aufgebend, nach Sarepta zurück. In gleichem Amt kam Andr. Warnke, der Mann einer leiblichen Schwester von Tornow's Frau 1808 nach Moskau, aber auch durch seine Thätigkeit änderten sich nicht die vorgefundenen Verhältnisse, so daß beide Brüder um ihre Abberufung baten und sie auch erhielten. Tornow kehrte 1810 nach Sarepta zurück und wurde durch J. Fr. Hüssy, der eine kurze Zeit Vorsteher der ledigen Brüder in Sarepta gewesen war, ersetzt.

Schon öfters ist auf den Wunsch der Gemeindirection in Sarepta hingedeutet worden, daß es möglich sein möchte, eine zweite Brüdergemeine in Rußland anzulegen, von welchem Plan wir im nächsten Capitel ein Weiteres zu berichten haben werden. Hauptsächlich hatte man dabei die in unsern deutschen Gemeinen so oft als zweckmäßig erprobte Versetzung junger Leute im Auge, die, in Städte zu schicken, man nicht den Muth hatte, und die doch, wenn sie lebenslang an demselben Ort blieben, nicht gediehen. Nun stieß dicht an den Garten unseres Moskauer Hauses ein großer viereckiger Platz, der früher einem Herrn Schilling gehört hatte, und dann in den Besitz eines Fürsten Gagarin übergegangen war. Von letzterem wurde derselbe in den achtziger Jahren des vorigen Jahrhunderts den Brüdern zum Kauf angeboten und man kann nicht leugnen, daß er zur Anlegung einer Stadtgemeine außerordentlich geeignet war, indem er schon an sich ein förmliches abgeschlossenes Quarré bildete. Man wollte sich aber in der Sache nicht übereilen, konnte auch wegen des Preises nicht einig werden, und so kam es, daß, als man sich 1792 zum Kaufe entschloß, ihn bereits eine Fürstin Galitzin gekauft hatte, die ihn 1802 einem Herrn Malzow käuflich überließ.

Als im Jahre 1810 unsere Moskauer Freunde uns nicht nur Anerbietungen zum Bau einer Kirche, sondern auch zur Salarirung eines Predigers machten, nahm man den Plan wieder auf, und wenn man auch jetzo bereits vom Anbau einer förmlichen Gemeine absah, so glaubte man jenen Platz zur Versetzung einer oder der anderen Sareptischen Familie benutzen zu können, um dadurch das Moskauer Hausgemeinlein zu verstärken. Mitte Mai des Jahres wurde der Kauf abgeschlossen, und die Brüder nahmen eine Stelle von 12,000 Quadratfaden mit sämmtlichen Baulichkeiten, Obstbaumpflanzungen und Orangerieen für den reis von 22,000 Rubeln in Besitz. Bald darauf erhielten wir uf eine Eingabe hin von der Regierung die Versicherung, daß ie uns in unserm Donationsbrief gewährte Kirchen- und Abga= enfreiheit sich auch auf diesen neu angekauften Platz erstrecke.

Aber schon in den nächsten Jahren mußte man erkennen, aß weder der Platz an sich, noch die auf demselben befindlichen Orangerieen, für deren Besorgung man keinen geeigneten Mann atte, besondere Vortheile gewähren, doch aber die Zinsen tragen verde, wenn man eine kleine Fabrikanlage, Zeugweberei oder dem hnliches darauf etablire. Bald aber ging man auf den Gedan= en über, ihn wo möglich, jedoch mit Reservirung einer geeigneten Stelle für den Bau einer Kirche, wieder zu verkaufen.

Da kam das Jahr 1812. Die Franzosen zogen in Moskau in, die Stadt gerieth in Flammen und am 5. September wurde auch unser Etablissement von denselben ergriffen, und was sie ver= chonten, von den Feinden ausgeplündert. Vor dem Einrücken der letzteren waren unsre Geschwister aus der Stadt auf's freie Feld geflohen, aber auch da wurden sie der wenigen Habseligkei= ten, die sie mitgenommen hatten, beraubt. Als sie am andern Morgen es wagten, in die Stadt zurückzukehren, fanden sie ihre zwei steinernen Häuser ausgebrannt, Ställe, Hintergebäude, die Bäckerei, welche Tornow's Schwiegervater Heinke auf den neuen Platz gebaut hatte, und die Orangerie in Asche liegend. Die vermauerten Keller waren erbrochen, die Handlungsbücher verbrannt. Ein hölzernes Gebäude fanden sie noch unverletzt, in dem sie sich zwar bergen konnten, dasselbe aber mit 150 obdach= losen, zu Bettlern gewordenen, Menschen theilen mußten. Da sie nun völlig rath- und hülflos waren, beschloß die ganze Haus= gemeine, um den Angstscenen zu entgehen und ihr Leben zu ret= ten, sich mit einigen ihrer Freunde auf den Weg nach Sarepta zu begeben, die Aufsicht aber über den Platz und das noch stehende

Haus ihrem Gärtner und Hofaufseher zu übergeben. Wiewohl
die Ausgänge der Stadt scharf bewacht wurden, gelang es ihnen
doch, zu entkommen, indem sie den Zeitpunkt benutzten, als sich
die französischen Wachen von den Thoren in den Kreml zurückgezogen hatten. Im rauhen Spätherbst, unter unsäglichen Beschwerden und Nöthen flüchteten sie; Hüffy's Frau, die, schwer
erkrankt, alle Leiden mit der größten Geduld trug, wurde in einem
Dorf Subogba, 200 Werst diesseits Moskau, wo man etwas
rasten wollte, selig vollendet und von ihm daselbst begraben.
Mitte November kamen die übrigen Flüchtlinge, von Hunger er-
schöpft, in Lumpen gekleidet, die mitleidige Seelen ihnen unterwegs geschenkt hatten, in Sarepta an.

Nachdem die Gemeindirektion mit Hüffy die nöthige Rücksprache genommen, kehrte dieser Anfang Januar des nächsten
Jahres nach Moskau zurück. An den Wiederaufbau in der früheren Ausdehnung war nicht zu denken, denn auf Unterstützung von
der hohen Landesregierung wagte man nicht zu hoffen, da die
Noth allenthalben groß war. Nachdem unser Platz mit einem
Schutzzaun umgeben war, wurden die steinernen Gebäude mit
einem Nothdach versehen, ja sogar der Ausbau des einen begonnen und in demselben Jahr noch ausgeführt, da man hoffen
konnte, durch die damals hohen Miethen sich bezahlt zu machen.
Letztere konnten für unser Haus jährlich 3000 Rubel betragen,
während ein Theil des Gebäudes für unsre Geschwister reservirt
wurde. Durch die Gnade **Ihrer Majestät der Kaiserin** wurden
vom Findelhaus auf den Platz unsers Hauses 25,000 Rubel vor-
gestreckt; Unterstützungen flossen den Brüdern aus unsern deutschen Gemeinen, ja sogar aus England durch Vermittelung
Joseph Hamel's (des späteren Akademikers und Staatsraths)
der sich damals dort aufhielt, zu. Den Credit und das Vertrauen hatten sie durch das Unglück nicht eingebüßt, denn schon

1814 betrug der Status der ihnen anvertrauten Gelder, größtentheils in Commissionswaaren, 160,000 Rubel. Auch den Muth hatten die Brüder nicht verloren; Hüffy war rastlos thätig, und das Haus wurde besser als zuvor eingerichtet.

Als Hüffy 1814, um sich wieder zu verheirathen, nach Sarepta kam, beschloß man, das Bäckerhaus in der Weise wieder auszubauen, daß die obere Etage zu einem Betsaal verwendet, das Souterrain zu Miethwohnungen eingerichtet würde. Hüffy, der ein treuer, redlicher, manchmal etwas unüberlegter, und andrerseits sich selbst mißtrauender Mann war, erklärte nach seiner Rückkehr, von Moskau aus, (was er schon bei seinem Besuch zu thun beabsichtigt, aber unterlassen hatte,) daß er sich nicht im Besitz der Gaben und Fähigkeiten fühle, dieser Sache weiter vorzustehen, und bringend bitte, man möge einen Bruder aus Sarepta zur Revision schicken. Der Diaconie-Vorsteher L. Gammern, welcher 1815 zu diesem Zweck, von dem jungen Tr. Blüher begleitet, nach Moskau kam, fand die Lage unsers Etablissements doch nicht so schlimm, als man nach Hüffy's Berichten fürchten mußte, im Gegentheil waren die Einrichtungen umsichtig und zweckmäßig getroffen; mit dem Verkauf des Platzes zu eilen, schien nicht rathsam. Auch konnte man hoffen, daß bei der Vergütung der Verluste Anderer durch die Krone, auch unser gedacht werden würde, da man die Angabe unsers Schadens von uns gefordert hatte; und nach dem allgemeinen Reglement würden dann etwa 40,000 Rubel auf unsern Theil kommen. Hüffy war diese Revision zu großer Ermunterung, er faßte neuen Muth, zumal er an Tr. Blüher einen geschickten und zuverlässigen Gehülfen für die Buchhaltung gewonnen hatte. Als letzterer aber 1816 als Mitchef im Geschäft thätig sein sollte, zog Hüffy es vor, nach Sarepta zurückzugehen. Heinke blieb als Hausvater in unserm Etablissement, mit dem speciellen Auftrag, den Verkauf des Maljow'schen Platzes zu bewerkstelligen. Da er sowohl wie Blüher Männer von erprobter Sparsamkeit waren, verstanden sie es, die nöthigen Einschränkungen, Abschaffung des Fuhrwerks, des zu großen Personals u. s. w. vorzunehmen. Als Heinke durch Alter und Kränklichkeit veranlaßt, austrat, übernahm Tr. Blüher 1820 als Chef die Handlung, und von der Zeit an kam wieder Gedeihen in die Sache, da auch die commerziellen Verhältnisse sich günstiger stellten.

Jene, vom Findelhaus auf unser Grundstück vorgeschossene, Summe hatte den Brüdern aber das Dispositionsrecht für den Verkauf des Platzes beschränkt. Als bei der Anwesenheit des Kaisers in Moskau das Gouvernement eine Commission niedersetzte, welche die dem Findelhaus verpfändeten Häuser nach ihrem wahren Werth tariren sollte, gelang es uns, auf diese Taration hin die Schuld beim Findelhaus abzustoßen, sie auf das Haus zu übertragen und dadurch den Platz frei zu bekommen. In zwei Parzellen wurde derselbe 1818 und 1819 glücklich und ohne großen Schaden verkauft, so daß unser Etablissement wieder auf den Raum reducirt war, den es vor Ankauf des Schilling'schen, Gagarin'schen, Galitzin'schen und Maljow'schen Territoriums gehabt hatte.

In Saratow starb 1804 nach treuem und gesegnetem Dienst in unsrer Commissionshandlung Mathias Adam. Man sah sich genöthigt, bis 1809 die Stelle interimistisch zu besetzen (durch Döppert), während welcher Zeit auch Jf. Schmidt als Commis dort thätig war. Das Geschäft war klein, brachte aber Nutzen, auch wurde in diesen Jahren unser Grundstück durch Ankauf vergrößert. Während Franz Kühl unser Commissionär war, bedrohten mancherlei Gefahren unser Besitzthum, dreimal allein im Jahr 1810 war es den Flammen von Nachbargebäuden ausgesetzt. 1816 brach der schon oben erwähnte Banquerott aus, dem bedeutende jährliche Defecte vorausgegangen waren. J. A. Wernitz, bisher in der Colonie Norka, siedelte nun mit seiner dort gegründeten Weberei nach Saratow über und versah zugleich den Posten unsers Commissionärs und Agenten bei der Gouvernementsregierung. 1819 betraf unser Geschäft, das wieder aufzublühen begann, das Unglück, daß durch Brand sämmtliche Hinter- und Seitengebäude in Asche gelegt wurden, das Vorderhaus zwar stehen blieb, aber doch mit den Waarenvorräthen bedeutenden Schaden litt. Zum Aufbau fehlten die Mittel, es blieb also auch hier nur der Verkauf des Grundstückes übrig, das aus zwei Baustellen nebst Gartenplatz bestand; ebenso hatte man den Muth verloren das Commissionsgeschäft für Rechnung der Gemeine weiter zu betreiben. Darum war es der Gemeindirektion sehr gelegen, als 1821 Joh. Loretz, Sohn des schon früher verstorbenen Vorstehers, sich erbot, dasselbe auf eigne Rechnung zu übernehmen und den Verkauf unsers Grundstücks zu besorgen. Nach mannigfachen Schwierigkeiten und Unterhandlungen kam letzterer 1827 zu Stande, nicht ohne Verlust für unsre Gemeine. Das Geschäft blieb in Privathänden bis 1855, da die Gemeindirektion wieder einen Versuch machte, eine Commissionshandlung in Saratow zu errichten; doch zog man 1863 vor, dieselbe dem bisherigen Administrator nach seinem Wunsch käuflich zu überlassen.

Geistliche Thätigkeit von Seiten der Brüdergemeine hatte hier längst aufgehört.

Mit Astrachan stand Sarepta wohl auch in commerziellem Verkehr, jedoch war derselbe anfänglich zu unbedeutend, um einen eignen Commissionär dort anzustellen, zumal unsre dortigen Geschäfte durch Freunde Sarepta's, wie Rentel, Brenner besorgt werden konnten. Als diese jedoch starben oder weggezogen waren, war die Gemeindirektion nicht abgeneigt, wenn die Geschäfte es erforderten, dort einen Bruder zu etabliren, da sie es ebenfalls für ihre Pflicht hielt, solchen Brüdern, die sich in unsern Handlungsgeschäften bewährt hatten, zu einer selbstständigen Anstellung zu verhelfen.

Als Kühl 1809 nach Saratow berufen und dadurch der mit Jf. Schmidt dort dienende L. v. Moos zur Disposition gestellt wurde, glaubten die Brüder, daß der Zeitpunkt gekommen sei, in Astrachan einen eigenen Commissionsposten zu errichten und v. Moos erhielt die Berufung dahin. Da er aber vor seinem Antritt eine Reisegesellschaft nach Deutschland begleiten, sich dort verheirathen, und einer zweiten Gesellschaft als Führer hieher dienen sollte, verzögerte sich sein Eintritt bis 1811. Obgleich während dieser Zeit die Verhältnisse sich so verändert hatten, daß man jetzt von diesem Plan am liebsten abgesehen hätte, ließ sich die Sache doch nicht füglich rückgängig machen, v. Moos zog nach Astrachan, hatte aber dort mit vielen Schwierigkeiten zu kämpfen. Bei einem Feuer, welches 1812 auch sein gemiethetes Haus ergriff, gelang es ihm zwar, einen Theil seiner Commissionswaaren und eigene Effecten zu retten, ein großer Theil ging aber theils durch den Brand, theils durch Diebstahl verloren. Es war dies der vierte Brandschaden, den Sarepta in diesem Jahr zu erleiden hatte. Diesem Schaden folgten in den nächsten Jahren pecuniäre Verluste verschiedener Art, so daß die Gemeindirektion sich genöthigt sah, 1818 auch diesen Posten mit bedeutender Einbuße aufzuheben. Von Moos führte das Geschäft auf eigene Rechnung weiter.

Sechstes Capitel.

Anlegung einer zweiten Brüdergemeine in Rußland.

Bei dem Plan, eine zweite Brübergemeine in Rußland zu gründen, hatten die Brüder nicht ausschließlich Moskau im Auge, sondern sie wandten bald ihre Blicke nach einer Seite hin, auf die sie schon im ersten Anfang Sarepta's hingewiesen waren, nach der Ukraine.

1774 erhielten sie nämlich einen Brief von dem Aeltesten einer kleinen deutschen Gemeinde, Wisching, in der Ukraine, welcher folgendes enthielt: Ihre Stifter, aus Kärnthen gebürtig, aber wie sie glaubten, von Mährischen, nach Tyrol ausgewanderten, Brüdern abstammend, seien, durch Umtriebe der römisch-katholischen Geistlichkeit vertrieben, 1755 von der Römischen Kaiserin (Maria Theresia) nach Siebenbürgen geschickt worden. Nachdem ihre Gemeinde sich dort 13 Jahre aufgehalten habe, aber ähnlicher Verfolgungen wegen nach der Wallachei entwichen sei, habe sie 1770 der Graf Rumänzow auf seinen Gütern in Kleinrußland in Wisching aufgenommen. In dem Bewußtsein ihrer Abstammung hätten sie sich schon vor einigen Jahren brieflich nach Herrnhut gewendet und Gemeinschaft gesucht. Da sie jetzt von einem durchreisenden Offizier die Nachricht erhalten hätten, daß in Sarepta eine evangelische Gemeine sei, so wünschten sie zu erfahren, welcher Art die Gemeinschaft derselben sei, ob lutherisch, calvinistisch, menonitisch oder arianisch. Hätten sie dies erfahren, so wollten sie uns auch wissen lassen, wie es ihnen ginge, „für diesmal wären sie noch wohl in dem Herrn."*) Anfang 1775 wurde

---

*) In unserem Sareptischen Gemeinarchiv finden sich einige interessante Handschriften aus den Jahren 1644 nnd 1657, die ihr Glaubensbekenntniß

ihnen dieser Brief von Bischof Nitschmann beantwortet, wo⸗
1776 eine Antwort ihrerseits erfolgte. Damit schien damals
Connex mit ihnen abgebrochen worden zu sein. 1797 aber
hielten die Brüder von Br. J. Wigand, der in St. Peters⸗
die Bekanntschaft zweier Deputirten jener Gemeine, Wald⸗
und Hofer, gemacht hatte, (sie hielten sich wegen der Erlan⸗
der Militairfreiheit dort auf), ausführlichere Nachricht, woraus
ergab, daß diese Gemeinde sich nach Jacob Hutter, (den S⸗
ter ihrer Gemeineeinrichtung, der in Inspruck verbrannt wo⸗
ist,) Huttersche Brüder nenne, eine Abtheilung der Menoni⸗
gesellschaft sei, sich aber von diesen dadurch unterscheide, daß
in Gütergemeinschaft leben, unsern Brüder- und Schwesternhä⸗
entsprechende Institute haben, die sie Schulen nennen, und ü⸗
haupt ähnliche Gemeineeinrichtungen wie wir, eine Conferenz
Aeltesten, Gemeinrath und sonstige Gemeinämter, hätten.
Abendmahlslehre scheine die reformirte zu sein, sie hätten
eigne Ordination, die sie auch zu erhalten suchten. Br. Wig⸗
wurde mit oben erwähntem J. Waldner näher bekannt,
trat in einen erbaulichen und herzlichen Briefwechsel mit ihm,
bis zu Wigand's Tod fortdauerte. Wenn die Brüder in
repta sich auch im tiefsten Grund des Glaubens einig mit ⸗
fühlten, und ihnen viele unsrer Brüderschriften mittheilten, so
es doch nie zu einer eigentlichen Verbindung mit ihnen, da⸗
Verwerfung der Kindertaufe das Trennende zwischen uns b⸗
jedoch war man durch diese Bekanntschaft auf jene Gegenden
merksam geworden und wandte sich mit Vorliebe der Ukrain⸗

Den Gedanken, der 1782 auftauchte, in der Gegend
Saratow einen Platz zur Anlegung einer Gemeine zu suchen,

---

enthalten, auch ein sehr langes Lied in Streckversen, welches ihre Sch⸗
erzählt.

man aus verschiedenen Gründen bald auf; vielmehr glaubte man nach den Nachrichten, die man im Lauf der Zeit gesammelt hatte, in dem ganzen westlichen Theil des Russischen Reichs von der Krim bis Smolensk eher Gelegenheit zu haben, Seelen zu finden, denen mit der Predigt des Wortes vom Kreuz und einer geistlichen Pflege gedient sein würde. Nicht nur dachte man an jene kleine Gemeine der Hutter'schen Brüder in Wisching, an die uns bekannten Freunde in Charkow und Pultawa, an die vielen Deutschen in Kiew, Cherson, Krementschug, in der Krim u. s. w., sondern auch an die zahlreiche lutherische Gemeine bei Ostrogoschty (Riebensdorf) im Woronesch'schen Gouvernement, an eine andere Niederlassung von Ausländern in Weiß-Rußland und an die Orte am Dniepr, wohin sogar viele unsrer Pfleglinge aus der Lettischen und Esthnischen Nation übergesiedelt worden waren. Die wenigsten dieser Leute hatten Prediger, sie entbehrten alles geistlichen Zuspruchs und so war es wohl denkbar, daß ihnen eine, wenn auch noch so mangelhafte Bedienung von einem zu suchenden Centralpunkt aus, willkommen sein würde. Ferner war es, wie mehrmals erwähnt ist, unsre eigne Jugend, der wir die Möglichkeit einer Ortsveränderung wünschten, und endlich wäre eine solche Zwischenstation zwischen Sarepta und Deutschland für die zu uns Reisenden von großem Nutzen gewesen, um die bedeutenden Reisekosten zu verringern, die der Weg über St. Petersburg mit sich brachte.

Aus all diesen Gründen faßten die Brüder 1791 den Beschluß, sobald sich eine Gelegenheit dazu böte, einen zu solchem Zweck passenden Bruder auf Recognoscirung in diese Gegenden zu schicken, bis dahin zogen sie durch den Oberstlieutenant G. v. Buxhövden in Charkow möglichst specielle briefliche Nachrichten ein. Dieser meldete uns, daß, nicht weit von Charkow, in sehr vortheilhafter Lage zwei alte Klostergüter seien, die verlassen und zum Kauf ausgeboten worden seien. Ein Fluß sei in der Nähe, Acker= und Wiesenland, alles in besserer Qualität, als in unsrer Steppe, und Quellwasser; eines von ihnen, zwar nicht zu kaufen, sondern von der Krone zu pachten, und zwar unverzüglich, rieth er uns bringend an. — So vortheilhaft nun auch alle Aussichten waren, so wollte man doch nicht eher ernstlich in der Sache vorgehen, bis Jemand von uns selbst an Ort und Stelle gewesen wäre. Jedoch berieth man den Plan fleißig weiter, correspondirte deshalb mit der Unitätsdirektion und empfahl ihn der 1801 zu haltenden Unitätssynode der Brüder zur Berathung.

Die Gelegenheit, einen Deputirten nach den besprochenen Gegenden zu schicken, fand sich im nächsten Jahr, als Bruder Chr. Hasse den Versuch machte, durch die Ukraine nach Deutschland zu reisen. Im September 1802 begleitete ihn Joh. Wigand, der inzwischen Sareptischer Vorsteher geworden war, auf dieser Reise. Leitende Gedanken bei dieser Unternehmung waren: Man wünsche einen Platz zu finden, von dem aus man Aussicht habe, das Reich Gottes zu befördern, und eine Colonie anzulegen, deren personaler Zuwachs nicht allein aus Sarepta oder Deutschland, sondern auch aus dortiger Gegend ihr zuflösse. Am liebsten würde man Kronsland nehmen, da dies aber jetzt in dortiger Gegend selten sei, so müsse man es darauf antragen, von Privatbesitzern Land zu kaufen, an Ausdehnung höchstens 400 bis 500 Dessjätinen, da man nicht in Ackerbau, sondern in Professionen seinen Erwerb suchen wolle; jedoch möge es das nöthige Areal an Wiesen, Weiden und zur Anlage von Gemüsegärten haben. Ein Fluß oder Bach zum Betrieb von Mühlen, gute Trinkquellen, Steinbrüche und Lehmlager seien wünschenswerth. Seine Lage sei nicht zu nah und nicht zu fern von Städten, jedoch, der Communication wegen, an der Landstraße aufzusuchen.

Wigand berührte auf seiner Reise Charkow, Pultawa,

und nach einem Besuch in den Menonitendörfern und bei dem Herrn v. Kapnist in Trubaitzi, Kiew. Nachdem er Hasse noch bis an die Grenze begleitet hatte, trat er seine Rückreise an, auf welcher er die wichtigsten Nachrichten, unsern Plan betreffend, sammelte. Am 20. December traf er wieder in Sarepta ein und stattete über die Resultate seiner Nachforschungen Bericht ab.

In Bezug auf unsre geistliche Thätigkeit sei es ziemlich gleich, wo wir in West=Rußland eine Gemeine anlegten, indem wir überall in geringerer Entfernung, als die der Saratowschen Co= lonieen von Sarepta betrüge, ein geeignetes Feld finden würden. Was die äußerlichen Bedingungen beträfe, so fänden sich in der ganzen Ukraine von Charkow bis Kiew keine größeren, passenden Complexe von Kronsländereien, man würde also von Edelleuten Land kaufen müssen. Am geeignetsten schienen ihm drei Plätze an der rechten Seite des Djnepr: 1. die Gegend im nordwest= lichen Theil des Gouvern. Nowo Rosiisk; besonders um Nowo= mirgorod oder Elisabethgrad. 2. Plätze nordwestlich im Kiewschen oder 3. im Schitomirschen Gouvernement.

Der Generalgouverneur in Kiew, Fürst Kurakin, hatte dem Br. Wigand erklärt, daß es ihm ein Vergnügen sein würde, den Brüdern mit einem Stück Land in der Ukraine zu dienen, und durch unsern Agenten D. Cranz in Petersburg erfuhren wir, daß der Minister Fürst Kotschubey ihm gesagt habe, **Se. Majestät der Kaiser** wolle, wenn am Djnepr kein Krons= land vorhanden sei, solches den Eigenthümern abkaufen und den Brüdern geben. Da die Sache im Publikum bekannt wurde, boten verschiedene Privatleute uns Land zum Kauf an, z. B. der Herr Reichscontrolleur von Campenhausen, der uns zwei Stücke, das eine in Taurien bei Feodosia, das andere bei Bach= mut in der Ukraine zur Disposition stellte.

Trotz all dieser günstigen Aussichten mußte aber leider dieser

Plan aufgegeben werden. Einerseits war man der Meinung, daß die Regierung, wenn sie uns bei diesem Unternehmen entgegenkäme, bedeutende Leistungen von uns erwarten würde (wie man sich schon damals in manchen Kreisen wunderte, daß Sarepta industriell nicht Größeres leistete); und da mußte uns die Unitätsdirektion erklären, daß sie nicht in der Lage sei, uns mit den bedeutenden, dazu erforderlichen, Geldmitteln zu unterstützen, noch auch mit der uns nöthigen Verstärkung an Personal zu versehen, zumal die Landesregierung in Sachsen auf die Auswanderungen aufmerksam geworden war und sie zu erschweren suchte. Andrerseits glaubte man (und das war die Meinung der Sareptischen Gemeindirektion), daß die Regierung zufrieden sein würde, wenn sie unsern guten Willen im Kleinen sähe, indem man ähnlich wie in Sarepta etwa mit fünf Ansiedlern den Anfang machte. Da aber bei der damaligen Finanznoth unserer Gemeine die Mittel nicht vorhanden waren; da bei genauerer Prüfung die nothwendigen Männer für Gründung eines neuen Etablissements in Sarepta nicht zu finden gewesen wären; da der Ausgang der Sache noch ein sehr zweifelhafter war, und im günstigsten Fall unsere Schuldenlast noch gesteigert haben würde; da endlich eine direkte Aufforderung von der Regierung, die man erwartet hatte, nicht erfolgte: so glaubte man für die Zeit den Plan aufgeben zu müssen.

Zum letzten mal tauchte er auf im Jahr 1823, als lutherische Christen aus Odessa schriftlich darum einkamen, man möge, um sich ihrer geistlich annehmen zu können, in ihrer Nähe eine Brüdergemeine anlegen, zu welchem Zweck wir 1800 Dessjätinen Land am Djnester von der Krone würden erhalten können. Das Schicksal aber, das in diesem Jahr Sarepta betraf, nahm der Direktion allen Muth, diesem Plan weiter nachzudenken; man ließ ihn ganz fallen.

Unsere frühere Verbindung, die wir in jenen Gegenden hatten, ging indessen fort. Die Geschwister Nieberstetter, die bei dem Herrn Wasili v. Kapnist in Trubaißi sich aufhielten, nahmen sich nach besten Kräften der Erweckten in und um Charlow und Pultawa persönlich an, während sie mit anderen in erbaulichem Briefwechsel standen.

1811 wurden sie von den mit Wigand bekannt gewordenen Aeltesten der Hutter'schen Brüder, Waldner und Hofer besucht, und erwiderten 1814 diesen Besuch; obgleich man in herzlicher Liebe sich verbunden fühlte, kam es jedoch von keiner Seite zu größerer Annäherung, da jeder Theil bei seiner Erkenntniß beharrte. 1816 kam Nieberstetter nach Sarepta zurück, und so war unsre Thätigkeit für das Reich Gottes in jenen Gegenden beschlossen. Denn, wenn auch B. Bachstein, auf den Wunsch des Herrn v. Kapnist, in seiner Einsamkeit auf seinen Gütern in der Krim einen Bruder zum Trost und zur Aufmunterung zu haben, sich dahin begab, so nahm er doch keine andre Stellung, als die eines Gesellschafters und später Verwalters ein, ohne Gelegenheit zu geistlicher Thätigkeit zu erhalten. Ebenso berührte 1821 Bruder Köhler besuchsweise die Gegend um Odessa, kam mit vielen Erweckten zusammen, bewirkte aber keinen eigentlichen Zusammenschluß derselben.

Siebentes Capitel.

Thätigkeit der Brüder in den Saratow'schen Colonieen.

Die Blüthezeit unsers Diasporawerks in den deutschen Colonieen bei Saratow war vorübergegangen; wenn auch nicht zu läugnen ist, daß sowohl Rudolphi in Catharinenstadt, als auch Stöckly in Popowka noch in Segen standen, so wurden doch die Kreise ihrer Thätigkeit immer enger. Mehrere unserer geistlichen Arbeiter besuchten daselbst (Rondthaler 1802, Gregor 1805, Cranz 1809, Parep 1812), wurden mit ihren Amtsbrüdern bekannt und predigten, von ihnen aufgefordert, auf ihren Kanzeln; aber trotzdem, daß manche dieser Prediger von uns ausgegangen waren, wie Kohlreiff, Früauf, Diedrich, bestand zwischen ihnen und uns nicht mehr das enge Verhältniß, das wir mit Jannet und v. Moos, die beide 1803, und mit Seiffarth, der 1804 in seines Herrn Freude eingegangen war, gehabt hatten. Was der Grund davon war, läßt sich schwer sagen; Thatsache ist, daß dies Werk von ihnen nicht auf die Weise gepflegt und unterstützt wurde, wie früher, ohne daß eigentliche Mißhelligkeiten zwischen den betreffenden Persönlichkeiten sich gezeigt hatten. So wurde es nach und nach von uns selbst zu Grabe getragen, wozu unsrerseits der Mangel an passenden Männern mitgewirkt haben mag.

Stöckly's in Popowka hatten 1803 das Unglück, in ihrem Haus von Räubern überfallen zu werden; den alten Mann betäubten sie durch einige mörderische Schläge auf den Kopf, der Frau zerschlugen sie den Arm und das Gesicht, warfen Beide aus dem Bett, banden sie an einen Pfeiler in der Stube, und bedeckten sie mit Betten, um ihren Hülferuf zu ersticken. Als durch das Anschlagen des Hundes Leute herbeigerufen wurden, ergriffen die Mörder mit den wenigen geraubten Sachen die Flucht. Durch die ihnen schleunig gebrachte Hülfe erholten sich die alten Leute so weit, daß sie nach einiger Zeit nach Sarepta zurückkehren konnten.

Ein Unfall ähnlicher Art betraf den Br. Chr. Fr. Gregor 1805 bei Gelegenheit einer Besuchsreise in den Colonieen, wenn auch die Gefahr nicht den gleichen Grad erreichte. Als er mit Pastor Jauch, nahe bei Sewastianowka, in einem Wald spazieren ging, wurden beide von zwei Russischen Räubern angefallen, hart geschlagen, bis auf das Hemd ausgezogen und an Bäume fest= gebunden. Es gelang ihnen jedoch bald, sich loszumachen, und möglichst unbemerkt in das Pfarrhaus zurückzukehren, ohne an Leben und Gesundheit Schaden genommen zu haben. Diese Be= gebenheit besang später Pastor Jauch in einem lateinischen Ge= dicht, das er Chr. Fr. Gregor zuschickte, das sich aber leider nicht bis auf unsre Zeit erhalten hat.

Steinmann, Stöckly's Nachfolger, war durch Alters= schwäche verhindert, seinem Posten, und besonders dem merkantilen Theil desselben, so vorzustehen, wie es nöthig gewesen wäre. Die Spinnerei, die man mit so viel Mühe eingerichtet hatte, drohte weniger lucrativ zu werden, da in eben den Colonieen, in denen wir unsre Einrichtung hatten, sich Russen ansetzten, welche die Arbeitslöhne steigerten, was bei der allgemeinen ökonomischen Lage, in der wir uns befanden, nicht unbedenklich war. Eine Reise des Vorstehers des Brüderhauses in Sarepta, Gottfried Müller, diente dazu, diese Gefahr abzuwenden; auch erhielten wir von dem Dirigirenden des deutschen Comptoirs in Saratow das Versprechen, daß wir, bei einer billigen Erhöhung des Lohnes, zu der wie uns gern verstanden, vor Concurrenz geschützt werden sollten. 1809 bereiste J. A. Wernitz im Auftrage unserer Vorsteher die Colonieen, um unsre Spinnereien kennen zu lernen, und zog im nächsten Jahre nach Norka, dem Hauptsitz derselben, um eine kleine Weberei für Rechnung unsrer Gemeinhandlung einzurichten. Da von Seiten der Colonisten ihm sehr bereitwillig ein Bauplatz eingeräumt wurde, kam er noch in demselben Jahr mit der Einrichtung seines Hauses zu Stande. Wenn er auch anfänglich in Bezug auf sein Geschäft viel Hindernisse und Schwierigkeiten fand, zumal man fürchten mußte, daß die Spinnereien ganz eingehen würden, weil das importirte Englische Maschinengarn sich fast billiger stellte, so fanden doch seine Webereiwaaren ihrer Solidität und Güte wegen bald Absatz, das Geschäft vergrößerte sich nach und nach und brachte guten Gewinn. Wie oben gesagt, siedelte er später mit seiner Weberei nach Saratow über und das Haus wurde uns von dem Herrn General-Superintendenten Feßler abgekauft.

Die Societäten waren im Abnehmen begriffen, die Alten starben aus oder hatten den Muth verloren, ferner Spott und Hohn zu tragen; der jüngeren Generation war die Sache, als etwas Ueberkommenes, gleichgültig geworden. Manche wußten wohl vom Heiland zu reden, aber das Leben aus Gott war ihnen fremd. Steinmann's Nachfolger, Döppert, verließ Popowka und zog nach Lesnoi Karamüsch, wo er ein Haus kaufte, und unsre Commissionsgeschäfte betrieb. Seine geistliche Thätigkeit erstreckte sich hauptsächlich auf die Kinder.

Rudolphi in Catharinenstadt hatte anfänglich auch den Auftrag erhalten, eine Spinnerei anzulegen, es war aber nicht dazu gekommen, sondern er hatte sich durch Besorgung der Commissionsgeschäfte und chirurgische Praxis seinen Unterhalt verdient. An Pastor Huber, der 1807 in Catharinenstadt eintraf, fand er einen treuen Freund, wie das im vorigen Abschnitt mitgetheilte

Urtheil Hubers über Rudolphi beweist. 1810 baute er von den Ersparnissen früherer Jahre ein eigenes Häuslein, da er fortwährend Schwierigkeiten wegen der von ihm gemietheten Logis hatte, in welchem er auch seine Tage 1818 beschloß. Sein Wohnen in jener Gegend war nicht vergeblich gewesen; an Erweckten fehlte es nicht, denen aber häufig eine tiefere Gründung in der Gnade Christi zu wünschen war; die verbundene Gesellschaft in Boiroux war im Zunehmen begriffen.

Als in demselben Jahre J. M. Döppert, Alters halber um seinen Abruf bat, ward dem bisherigen Pfleger der ledigen Brüder, C. Chr. F. Lessig, die geistliche Thätigkeit auf beiden Seiten der Wolga übergeben, das früher getrennte Feld wieder vereinigt. Er aber hatte nur eine kümmerliche Nachlese vergangener Jahre. Der Diasporaplan, der früher in Gemeinschaft mit so manchen ehrwürdigen Predigern angebaut und zur Blüthe gebracht worden war, glich jetzt einem verwahrlosten Garten, in dem nur noch einzelne Bäume fortvegetirten. Es fehlte an Einigkeit und gegenseitigem Vertrauen, auch die Pastoren hatten zu wenig Gemeinschaft unter einander, als daß eine Kohle die andere hätte wärmen und entzünden können. Mit Lessig's Tod 1821 hatte unsere Diasporathätigkeit in den deutschen Colonieen ein Ende, man besetzte seine Stelle nicht wieder, und Wernitz, der von Saratow nach Lesnoy Karamüsch zog, erhielt nur den Auftrag die Commissionsgeschäfte zu übernehmen und zu besorgen. Einige Versuche, die in späterer Zeit gemacht wurden, die geistliche Thätigkeit wieder aufzunehmen, brachten keine Resultate.

Achtes Capitel.

Die Mission unter den Kalmücken.

Bei der Schilderung der Missionsversuche unter den Kalmücken im vorigen Abschnitt hatten wir, des Zusammenhanges wegen, etwas in diesen hineingegriffen, da mehrere dort erzählte Züge der Thätigkeit des Br. Loos eigentlich in die ersten Jahre dieses Zeitraums .fallen. Im Uebrigen geschah in der ersten Hälfte desselben wenig für diesen Zweck; Loos setzte seine jeweiligen Besuche in der derbötischen Kalmückenhorde (die sich z. B. im Jahre 1810 auf neun Monate ausdehnten) fort, hat aber keine schriftlichen Nachrichten von seiner Thätigkeit hinterlassen, was wohl zu bedauern ist. Häufig diente er anderen Brüdern, die in Handelsgeschäften zu den Kalmücken gingen, als Dollmetscher, wobei er seines Hauptzweckes wohl nicht vergessen haben wird. Ganz unthätig war man aber auch in Sarepta nicht. Br. Wendling hatte eine Schule zu halten angefangen, in welcher er Kalmückische Kinder in der deutschen Sprache unterrichtete; freilich wurde dieselbe nach Art dieses Volks sehr unregelmäßig besucht und hat wenig in die Augen fallende Früchte gebracht. Nach Wendlings Tod wurde sie von B. Gensen und später von Loos fortgesetzt.

Einen neuen Impuls aber bekam das Missionswerk durch die Londoner Missionsgesellschaft, und sie war das Werkzeug des Herrn, eine neue Thätigkeit unserer Gemeine hervorzurufen, ein Werk zu beginnen, welches, wenn nicht unüberwindliche Hindernisse in den Weg getreten wären, die herrlichsten Früchte hätte bringen können.

Das erste, was auf Veranlassung dieser Gesellschaft geschah, war der Versuch einer Revision und Emundirung der, bis jetzt übersetzten, Stücke aus der Harmonie der vier Evangelisten, welche die Brüder Reitz, J. Schmidt und Gregor vornahmen. Als 1808 eine direkte Aufforderung des bekannten Pastor Steinkopf in London an die Brüder kam, die Uebersetzung der Evangelien in die Kalmückische Sprache zu beginnen, und nachdem die für die Druckkosten nöthigen Mittel zugesagt worden waren, wurde J. Schmidt, der als Commis in Saratow placirt war, hieher berufen, und machte sich mit allem Fleiß an das Werk. In drei Monaten hatte er das Evangelium Matthäi vollendet, das einer gründlichen Revision durch Reitz und Gregor unterzogen und als gelungen befunden wurde. Die Fortsetzung konnte aber erst später 1813, als Schmidt sich in Moskau aufhielt, vorgenommen werden. Wenn auch für jetzt noch keine direkte Missionsthätigkeit beginnen konnte, da die Zahl der Brüder, die Lust und Geschick zu diesem Beruf hatten, nur sehr klein war, so konnte doch wenigstens vorgearbeitet werden; einen Samen hatte der Herr sich noch erhalten, und das Band war nicht zerschnitten, das die ältere Mission mit der neuen vom Jahr 1815 verbinden sollte; es galt nur, die Zeit des Herrn zu erwarten.

Aber eben in dieser Zeit wollte der Herr uns zeigen, wie er uns auch könne Früchte ernten lassen von einem Boden, der weder von uns, noch von sonst Jemand bebaut worden war; wie er, wenn es sein Wille ist, die Schafe, die zu seiner Heerde kommen sollen, selbst herbeiführen will. Sarepta, das erst einmal das Glück gehabt hatte, eine Heidin als getaufte Christin in seine Mitte aufzunehmen, sollte, rings von Heiden umgeben, die das Heil verschmähten, die Gnade haben, Nichtchristen einer verwandten Nation durch die h. Taufe dem Herrn und sich einzuverleiben. Das ging so zu.

Die im Orenburgschen Gouvernement nomadisirenden, muhamedanischen Kirgisen waren 1806 in solche Armuth gerathen,

daß sie ihre eigenen Kinder an die Bucharen und andere Grenz-
völker verkauften, um nicht vor Hunger zu verderben. Dadurch
kam die Russische Regierung auf den Gedanken, solche Kinder
aufzukaufen und in der christlichen Religion unterrichten zu lassen.
Sie wollte sich jedoch dabei nicht an die griechische Kirche binden,
sondern bot sowohl den Schottischen Missionaren in Carras am
Kaukasus, als auch uns Kinder dieser Nation an, mit der Zusicherung, daß wir volle Freiheit haben sollten, sie zu belehren
und zu taufen. Diese Nachricht, die wir sogleich durch den ge-
heimen Rath v. Habitzl, dem sie Fürst Kotschubey mitgetheilt
hatte, erhielten, erfüllte die Gemeine mit hoher Freude. Ein
Eingabe, in welcher wir um Antheil an dieser Vergünstigung
baten, wurde dem Minister präsentirt und von demselben gebilligt.
Damit aber schien es fürs Erste sein Bewenden zu haben, denn
auch im nächsten Jahr hörte man nichts mehr von dieser Angelegenheit, und wir hatten die Hoffnung fast aufgegeben, als plötzlich 1808 durch eine kaiserliche Ukase vom 27. Mai, welche die
St. Petersburger Zeitung publicirte, allen Russischen Unterthanen
freien Standes erlaubt wurde, Kirgisische Kinder zu kaufen. Der
achte Artikel dieser Ukase lautete: „Der Sareptischen Gemeine
sowie anderen derselben ähnlichen, wird der Kauf und Eintausch
nach dieser Regel erlaubt. Sie können mit Einwilligung dieser
Gemeine in ihre Verfassung aufgenommen werden, und alle ihr
Rechte genießen, wenn sie wünschen, den christlichen Glauben anzunehmen. Die Ortsobrigkeiten werden bei der Erwerbung der
Kirgisenkinder verpflichtet sein, diesen Gemeinen alle mögliche
Hülfe zu verschaffen." Darauf hin wandten sich die Brüder an
den Gouverneur des Orenburgschen Gouvernements, v. Friesel
und erhielten von ihm die nöthige Auskunft; er versprach, ihnen
zu ihrem Zweck behülflich zu sein, jedoch wäre nothwendig, daß
Jemand von Sarepta aus nach Orenburg geschickt würde, um

dort die Kinder zu übernehmen und sie hieher zu bringen. Nun traf es sich aber sehr schön, daß bereits ein lediger Bruder, Carl Wunderlich, welcher mit einem Herrn Dr. Tauscher eine naturwissenschaftliche Reise nach der Bucharei machen wollte, bis Orenburg gekommen war. Dort zerschlug sich der Reiseplan und Tauscher kehrte nach Moskau zurück. Br. Wunderlich aber benutzte die Gelegenheit, dort den Ankauf einiger Kirgisenkinder für 500 Rubel zu besorgen, (welche Summe ihm der uns befreundete Fürst Wolchonsky vorschoß) und brachte sie im December hieher. Es waren vier Mädchen von zehn Jahren und darüber, Namens Denka, Kalpika, Aitschina und Permes. Bei ihrer Ankunft waren sie, so freundlich man ihnen auch entgegenkam, scheu wie das Wild, bald aber gewann man ihr Vertrauen; zwei von ihnen wurden im Schwesternhaus, zwei in Familien des Ortes untergebracht*). Nach einem Jahr hatten sie so viel von der deutschen Sprache gelernt, daß man ihnen etwas begreiflich machen, und sie sich selbst zur Noth erklären konnten. Da man besonders bei den beiden Mädchen, welche im Schwesternhaus wohnten, bemerken konnte, daß sie nicht gleichgültig und gefühllos blieben, wenn ihnen etwas von ihrem Schöpfer und Erlöser erzählt wurde, so hatte man kein Bedenken, im folgenden Frühjahr 1810 sie den Geschwistern zur Fürbitte als Taufcandidaten zu empfehlen und den Taufunterricht mit ihnen zu beginnen. Die Fassungskraft der Kinder war zwar eine verschiedene, das aber konnte man wohl merken, daß sie die ihnen gepredigten Wahrheiten nicht nur mit dem Verstand, sondern auch mit dem Herzen auffaßten, auch war an ihnen ein gefühlvolleres und weicheres Wesen als vorhem zu bemerken. In der Ueberzeugung,

---

*) Die Lage der Kirgisen änderte sich aber bald, so daß die Brüder, als sie nach 2 Jahren noch 10 Kinder kaufen wollten, die Nachricht erhielten, daß keine Aussicht mehr dazu sei.

daß der Geist Gottes an ihren jugendlichen Herzen nicht vergeblich thätig sei, legte man den Tauftag auf den Charfreitag des Jahres 1810, den 15/27. April.

Um 4 Uhr Nachmittags versammelte sich die Gemeine zu dieser heiligen Handlung in der Kirche, die zu dieser Feier vorbereitet war. Den Liturgen gegenüber war ein weiter freier Platz gelassen, in welchem vier weißbehangene Tabourete standen, um welche sich halbkreisförmig die Sitze der Gemeine reihten. Der Tisch des Lehrers war entfernt, zwischen den zwei Stühlen der ministrirenden Liturgen und jenen Tabourets stand die Taufwanne. Alle diese Geräthe sowie der Pobest und der Raum vor den Sitzen der Lehrer waren mit weißen Tüchern bedeckt. Als alle Taufzeugen versammelt waren, traten die vier Kinder in anliegenden weißen Talaren, die mit dem dunkeln Schwarz ihres Haares seltsam contrastirten, mit schmalen rothen Bändern gegürtet, aus dem Nebenzimmer, begleitet von den geistlichen Arbeiterinnen der Schwestern in deren Abendmahlstracht, und ließen sich auf die ihnen bestimmten Sitze nieder. Darauf erschienen die Liturgen, Gregor und Cranz, im weißen Abendmahlstalar, und nahmen ihre Plätze ein, während der Musikchor zu singen begann: Sei tausendmal von uns gegrüßt, Lamm Gottes, Tilger unsrer Sünden! u. s. w., worauf die Gemeine respondirte: Der Grund, drauf ich mich gründe, ist Christus und sein Blut! u. s. w. Nach der Taufrede, welche Br. Gregor hielt, in der die Herzen auf die wichtige Handlung vorbereitet wurden, sang die Gemeine: Vollführe deinen Liebesrath und neige unsre Herzen, zu sehn die Wunder deiner Gnad aus deinem Tod und Schmerzen! worauf der Anfang der Taufliturgie gebetet wurde. Nachdem eine kurze Ansprache an die Kinder gehalten worden, erhoben sie sich, und beantworteten unter vielen Thränen die 5 Fragen des Tauf-Formulars. Darauf fielen die Täuflinge auf die Kniee und Br. Gregor

ein inbrünstiges Gebet über sie, das die Gemeine mit dem
sang des Verses beschloß: Das Wasser, welches auf den Stoß
Speers aus Jesu Seite floß, sei euer Bad, und all sein
ut erquicke euch Herz, Sinn und Muth. Während dieses Ge-
gs traten die Kinder herzu und knieten an der Taufwanne
der; sie erhielten nun ihre neuen christlichen Namen Denka
Salome, Aitschina — Johanna, Permes — Martha,
lpika — Maria, und wurden durch dreimalige Ueberströ-
ng von beiden Liturgen im Namen der heiligen Dreieinigkeit
Jesu Tod getauft. Nach den Worten: So seid ihr nun mit
risto begraben durch die Taufe in seinen Tod u. s. w. fielen
Täuflinge auf das Angesicht, während die Gemeine sang:
risti Blut und Gerechtigkeit u. s. w. Nun soll sein Tod und
den u. s. w. Dem Lamm gebühret Alles gar, weil es für
geschlachtet war: es hat die Sünde weggebracht, und uns
tt angenehm gemacht. Nach dem Kuß des Friedens, der ihnen
ihren geistlichen Pflegerinnen ertheilt wurde, ward der Segen
Herrn auf sie gelegt, und so die heilige Handlung beschlossen,
allen Denen, die ihr beigewohnt hatten, in unvergeßlichem
enken geblieben ist und nur den Wunsch rege machte, noch
rs dies Wunder der Gnade an unserm Ort sehen zu können.

Was das weitere Schicksal dieser vier Kinder betrifft, so ging
eine, Johanna, schon nach einigen Jahren selig heim, Maria
athete einen fremden Colonisten und verließ 1821 unsre Gemeine,
lome, an den noch lebenden Bruder Carl verheirathet, ging 1851
der Zeit, Martha blieb im ledigen Stand und entschlief 1860.

———

Die Kalmückenmission hatte, wie gesagt, während der letzten
geruht; Neitz war hoch bei Jahren, Gregor stand an der
itze der Gemeine, konnte sich also nicht einem einzelnen Zweig
r Thätigkeit speciell widmen, und Jf. Schmidt, der wohl

die beste Kenntniß der Sprache hatte, sich auch lebhaft für die Nation interessirte, besaß keinen eigentlichen Missionstrieb; dazu kam, daß der Blick auf unsre ökonomische Lage in damaliger Zeit alle Unternehmungen verbot, die Kosten verursachten. Letztere Bedenken wurden gehoben, als 1813 von Seiten der Londoner Missionsgesellschaft die Anfrage an die Brüder in Sarepta gestellt wurde, ob sie Willens seien, wenn sie (diese Gesellschaft) alle Kosten der Ausrüstung und den Unterhalt der Missionare auf sich nähme, solche unter die Kalmücken sowohl, als auch unter die übrigen asiatischen Heiden zu senden? Diese Missionare sollten jedoch nicht als im Dienst der Londoner Mission stehend, oder von ihr abhängig angesehen werden, sondern Missionare der Brüdergemeine bleiben. Nach reiflicher Ueberlegung ging die Gemeindirektion auf diesen Plan ein, und als die Sache bekannt gemacht wurde, meldeten sich sogleich die Brüder J. G. Schill, Loos, Chr. Hübner und J. G. Felisch, als bereit, in diesen Dienst zu treten. Der letzte verließ denselben jedoch schon in dem nämlichen Jahr, da ihm das Erlernen der Sprache zu schwer fiel.

Bei diesem Wiederanfang des Werkes hatten diese Brüder den Vortheil, daß sie durch die Munificenz der Gesellschaft in den Stand gesetzt waren, sich ganz ihrem Beruf widmen zu können, ohne für ihren Unterhalt sorgen zu müssen, was, wie wir sahen, den früheren Missionsversuchen Eintrag gethan hatte. Der alte Vater Neitz war erbötig, ihnen den nöthigen Unterricht in der Sprache zu geben, und Loos war derselben so weit mächtig, daß er sie sprechen konnte. Für die erste Zeit mußten sie sich demgemäß in Sarepta aufhalten, später sollten sie in eine der Kalmückenhorden ziehen, von denen man die Torgutische bei Astrachan speciell ins Auge faßte, die gesitteter war und bei der man weniger Hindernisse zu befürchten hatte, als bei den Derböten, deren Fürst ein sehr bigotter Mann war. Gleichzeitig beschäftigte sich Js. Schmidt in St. Petersburg mit dem Druck des Evangeliums Matthäi.

Im Mai des Jahres 1815 erhielten die Brüder Schill und Hübner den Auftrag, in Begleitung des Bruders Loos, der nach einiger Zeit zurückkehrte, sich in die Torguter Horde zu begeben und erhielten zugleich eine schriftliche Instruction für ihre Handlungsweise, Leben und Wandel. Ein förmliches Lehren würde für den Anfang schon der mangelnden Sprache wegen nicht möglich sein, auch vielleicht zu viel Aufsehen erregen, sie sollten also zunächst suchen, sich in der Sprache zu vervollkommnen, und sich damit begnügen, in der Stille dann und wann ein Wort von Jesu Tod anzubringen, und durch ihren Wandel zu leuchten. Aeußerliche Geschäfte, durch die sie den Kalmücken verpflichtet würden, sowie des ärztlichen Practicirens sollten sie sich enthalten, da die Erfahrung gezeigt hatte, daß dieser Beruf leicht den Missionsberuf beeinträchtigt. Einen Empfehlungsbrief des Vorstehers an Herrn v. Wäselow, den Pristaw oder russischen Regierungsbeamten in der Horde, und einen gleichen kalmückischen an den Fürsten Tjumen gab man ihnen mit. Zu gleicher Zeit hatte Fürst Galitzin, der Kultusminister, an 5 Kalmückenfürsten Briefe durch den Secretair der Bibelgesellschaft, nebst 10 Exemplaren des Evangeliums Matthäi gesendet, und ließ uns durch unsern Agenten melden, daß unseren Brüdern im Namen des Kaisers und des Ministers jede Art von Unterstützung zu Theil werden sollte.

Am 18. Mai wurden die Missionare nach ihrem Bestimmungsort abgefertigt und kamen dort glücklich an. Späterhin ergab es sich, daß dies nicht die Torguter Horde, auf welche wir durch das Loos gewiesen worden waren, sondern die der Choschuten sei, daß aber merkwürdiger Weise diejenigen, an denen die

Missionare Früchte sahen, als Fremdlinge aus den Torguten, sich in der Choschuter Horde aufhielten. Letztere stand 300 Werst südlich von Sarepta, 70 von Astrachan, auf dem linken Wolgaufer. Der Fürst derselben, Tjumen, nahm sie sehr freundlich auf, da sie ihm von dem Minister empfohlen waren, und er sich durch das Geschenk jener mit orientalischem Luxus gebundenen Evangelien sehr geehrt fühlte, und forderte sie auf, sich in jeder Verlegenheit an ihn zu wenden; er gab ihnen die förmliche Erlaubniß sich unter seinen Unterthanen aufzuhalten und verschaffte ihnen einen Sprachlehrer. Diese Zuvorkommenheit schützte sie aber nicht gegen den bald sich regenden Verdacht der Priester, die meinten, wenn es ihnen nur um die Sprache zu thun sei, so brauchten sie sich nicht um ihre Götter zu kümmern. Als einem Lama ein Evangelienbuch gegeben wurde, sagte er zweideutig: So! Das ist eure Lehre! Die ist zu fein für unsere Augen. Andere sprachen emphatisch: Es ist gewiß, daß unsere Religion und die eure die höchsten und schönsten Religionen sind. 1816 starb plötzlich Tjumen, ein gutmüthiger und achtungswerther Mann, der zwar der Verbreitung der christlichen Lehre keine Hindernisse in den Weg legte, sie aber doch auch nicht gern sah. Bedenklich war ihm das Austheilen der Evangelien und er bezeichnete Diejenigen, welche sie empfingen, als leichtsinnig, was manche abhielt, sie anzunehmen. Kaum war er gestorben, so waren in wenig Tagen 40 Exemplare vergriffen, aber gar bald brachten Einzelne die Bücher wieder, da ein alter Gellong, Arschi, durch seine Gelehrsamkeit unter den Kalmücken berühmt, von Astrachan gekommen war, um der Sache zu steuern; man nahm sie zurück, weil sie sonst hätten vernichtet werden können. Andere waren standhafter, und erduldeten lieber Schläge, als daß sie die Bücher herausgegeben hätten.

Im Herbst kam der älteste Sohn und Nachfolger Tjumen's, Serbetschab aus St. Petersburg und trat in so fern in die Fußtapfen seines Vaters, indem er den Brüdern nichts geschehen ließ, sonst aber die Ausbreitung des Evangeliums mit größerer Energie zu verhindern suchte. Die Gellonge, die früher öfters zu den Missionaren gekommen waren, zogen sich nun immermehr von ihnen zurück, manche nannten sie sogar Betrüger und Verräther. Sie aber setzten bis auf Weiteres das Studium der Sprache mit ihrem kalmückischen Lehrer, Dschalzen, fort.

Js. Schmidt hatte während dessen in St. Petersburg ein kurzes Traktätchen in kalmückischer Sprache geschrieben, welches die wesentlichen Lehren unseres Glaubens enthielt.*) Wenn Serbebschab, dem dasselbe überreicht wurde, auch zugestehen

---

*) Da der Styl desselben der orientalischen Denkart accomodirt ist, wird es nicht uninteressant sein, einen Auszug daraus mitzutheilen.

Das ganze, in Sünden gefallene Menschengeschlecht entfernte sich nach und nach von dem Angesicht des einzigen höchsten Gottes, bis am Ende die Kenntniß seiner aufhörte, und sie von seinem Angesicht ganz und gar getrennt wurden. Das Gift, die Frucht der bösen Lust, durchdrang auch ihr Fleisch und Blut, wodurch unendliche Leiden erwuchsen. Eine jede Creatur pflegt im Leiden einen Erretter zu suchen, ein Mensch der unter der Krankheit liegt, verlangt den Arzt. So! das von Leiden unterdrückte Menschengeschlecht suchte auf alle mögliche Weise vergebens einen Höheren, Gewaltigeren, der sie von dem Schaden nach Leib und Seele befreien möchte. Einige verehrten Sonne und Mond, einige machten sich ihren Burchan (Gott) aus Holz, Silber und Gold, und so entstanden vermeinte Götter aller Art. Das auf der ganzen Erde wohnende Menschengeschlecht saß in Finsterniß versunken. So sah es der Unermeßliche, Barmherzige, Einzige, Höchste, der Burchan in seinem Elend, und durch großes Mitleiden wurde er gedrungen, sie aus dem Meer der Finsterniß herauszuziehen und zu heilen. Da aber wahrhaftig keine Möglichkeit ist für eine sündliche Creatur, sich dem heiligen Gott zu nahen, wo sollte unter ihnen der gefunden werden, der die erzürnte Gerechtigkeit Gottes beruhigen konnte. Da wurde der höchste Gott selbst des Höchsten Frucht (Sohn) und kam von dem Thron des Vaters auf die Erde. Denn die höchste erleuchtende Kraft (der heilige Geist) ließ sich auf eine sehr reine

mußte, daß es gut geschrieben sei, so ließ er es doch bei einmaligem, bedächtigen Lesen bewenden. Ueberhaupt scheint es ebensowenig wie das Evangelium Eingang bei den Kalmücken gefunden zu haben.

Eine traurige Störung kam in diese Mission dadurch, daß einer der Missionare, Hübner, der trotz seiner zurückhaltenden Art beim Fürsten gern gesehen war, der Versuchung zum übermäßigen Genuß geistiger Getränke nicht widerstehen konnte. Bei Gelegenheit eines kalmückischen Festes offenbarte sich diese seine Sünde auf eine solche Weise, daß er augenblicklich von seinem Posten abgerufen werden mußte. Schill begleitete ihn im Ja-

---

Jungfrau nieder, die ward schwanger, und da die Zeit kam, gebar sie die in Fleisch und Blut erschienene Frucht des Höchsten, Jesus Christus.

Er, die Frucht des Höchsten, lehrte durch wonnevolle Worte das Menschengeschlecht, wie liebevoll der höchste Gott gegen sie sei. Darum sprach er: Kommt her zu mir alle, die ihr unter der Last niedergedrückt seid, ich will euch selig machen. So erquickte er ihr Gemüth, und alle leiblich Kranke, die ihm begegneten, heilte er. Damit war es aber noch nicht vollendet, sondern, weil die Gerechtigkeit Gottes noch nicht befriedigt war, gab er sich selbst zu einem gewissen Opfer für das vor ihm und nach ihm lebende Menschengeschlecht. So nahm er die Sünde desselben auf seinen reinen, heiligen Leib, und nachdem er unendliche Leiden erduldet, gewann er es, daß dasselbe von den unvermeidlichen Qualen der Hölle befreit wurde, — und Er der Allbeherrscher. Fragst du, wo ist die Thür zur Seligkeit? Jesus spricht: Ich bin wahrlich die Thür. Er ist der Theilhaber der ewigen Seligkeit, Licht, Wahrheit, Weg, Thür und ihr wahrhaftig tröstender Beschützer. Solche sind auch des höchsten Vaters liebende Kinder. Die erleuchtende Kraft des höchsten Antlitzes (der h. Geist) leitet sie in alle Wahrheit der Religion und ist ihnen ein rechter, pflegender und lehrender Bakschi (Lehrer).

Wenn nun ein Mensch zu der deutlichen Ueberzeugung gelangt ist, daß in seinem Gemüth und Körper kein guter Gedanke ist, sondern nichts als Sünde und böse Lust, — ein solcher ist nicht fern vom guten Wege. Zum Gleichniß: Ein an schwerer, hitziger Krankheit ohne Verstand Darniederliegender weiß von seiner Krankheit nichts; wenn er aber seine Krankheit inne wird,

nuar 1818 nach Sarepta und kehrte mit dem alten Bruder Loos in die Horde zurück.

Wunderbar sind Gottes Wege! bei dem, was er thun will, kommt Zeit und Raum nicht in Rechnung; nachdem unsere Brüder bereits wieder mehrere Jahre gearbeitet und keine Frucht gesehen hatten, mußte der nächste Impuls zum Offenbarwerden und Reifen einer Frucht nicht von ihnen, sondern von St. Petersburg aus gegeben werden. Das hing so zusammen.

Ende des Jahres 1817 waren zwei Edelleute aus dem Burätischen Stamm der Mongolen (Ostmongolen), Namens Nomtu

---

pflegt man zu sagen, er ist im Besserwerden. Während er in der Hitze phantasirt, sagt er: Ich brauche keinen Arzt; sobald der Verstand zurückkehrt, begehrt er desselben. Wahrlich! auf gleiche Weise ist es mit dem, durch den Sündenschaden in Fühllosigkeit und Finsterniß versunkenen Verstand der Menschen; erst wenn sie den Schaden der Sünde gewahr werden, suchen sie einen Reiniger ihres Gemüths. Wahrlich! Darum ist Jesus Christus vom Thron des höchsten Vaters gekommen, um der Reiniger und Arzt solcher Schäden des Gemüths zu sein. Darum, welcher Mensch in seinem Herzen die Wurzel aller bösen Lust zu sehen bekommt, der eile ohne Verzug und beuge sich nieder zu den Füßen Jesu und bete: Ach du! der du auf diese Welt gekommen bist, alle Sündenbeladene selig zu machen, du bist auch mein Heiland geworden, außer dir ist nichts, ich bete dich an. Ja werde du, und sei du durch alle künftigen Zeiten mein Licht, meine Hoffnung, mein Glauben, meine Seligkeit.

Eines solchen Menschen Glaubensgebäude ist nicht auf lockern Sand gebaut, sondern auf einen unbeweglichen, festen Felsenstein, den Eckstein Christus. Und wenn der Herr der Sünde alle Lust dieser Welt, wie Regen, herbeiführte, und schickte aus den vier Gegenden des Windes alle hassenden, neidenden und schwarz denkenden Feinde der Religion Jesu, so wird es doch vergebens sein, das Glaubensgebäude zu stürzen. Darum stützt euch blos auf die Kraft des höchsten, einigen Heilands und Gottes, Jesu Christi, und nicht auf die eigene, so werdet ihr in dieser Zeit von allen Sünden gewiß befreit und in der künftigen Zeit theilnehmen und eingehen in die ewige, höchste, unausdenkbare Seligkeit.

und Badma auf Veranlassung der St. Petersburger Bibelgesellschaft und mit Zustimmung des Fürsten und Lama's ihres Stammes vom Baikalsee in Sibirien nach St. Petersburg gekommen, um dort das Evangelium Matthäi in ihre Sprache, die von der westmongolischen abweicht, zu übersetzen. Unser Bruder Jj. Schmidt war derjenige, der sich am meisten mit ihnen beschäftigen mußte und eben dadurch befähigt wurde, in die mongolische Denkart und Sprache tief einzudringen. Bei ihrer Arbeit wurden diese Männer von der Wahrheit der christlichen Religion überzeugt und einer von ihnen, Badma, kurz vor seinem Tode 1822 (er litt an der Auszehrung) griechisch getauft. Sie nun sandten 1818 an ihren Fürsten einen Brief, in welchem mit überzeugenden Worten der Wunsch ausgesprochen war, daß die Erkenntniß Jesu Christi auch in ihrer Nation sich verbreiten möchte. Eine Copie dieses Briefes wurde an unsere Missionare geschickt, die nicht verfehlten, ihn allgemein bei Hohen und Niederen bekannt zu machen. Gewaltiges Aufsehen rief er in der Horde hervor; solche Bekenntnisse aus dem Munde von Mongolen waren unerhört; Zweifel, Staunen und schlecht verhehlter Aerger zeigte sich; aber einen aus der Nation ergriff der Inhalt des Briefes mit so wunderbarer Gewalt und Lebendigkeit, daß ihm der erste Anstoß zu seiner Bekehrung zugeschrieben werden muß. Dieser Mann war Sodnom. Da er der Mittelpunkt der derzeitigen Missionsthätigkeit wurde, müssen wir etwas Näheres von ihm und seinen Verhältnissen hören.

Sodnom war kein Choschute, sondern stammte aus einer Adelsfamilie des Songarenstammes in der Torguter Horde, da aber seine Familie verarmt war, wohnte er seit 20 Jahren unter den Choschuten. Er war von mittlerer Größe, von ächt nationalschöner männlicher Gesichtsbildung, von wohlgestaltetem starken Körperbau; aus seinem Blick und seinen Mienen leuchtete ein guter Verstand, ein nachdenkender Geist, ein sanftes und heiteres Gemüth hervor. Klugheit und edle Einfalt, Festigkeit und tiefes Gefühl waren Grundzüge seines Charakters. Als er jenen Brief der Buräten las, sagte er: „Diese Worte sind nicht so hin, sondern aus Ueberzeugung geschrieben; die Verfasser denken nicht so, wie die hiesigen Kalmücken, denen es gleichgültig ist, ob sie den Irrthum für die Wahrheit ergreifen. Fragt man unsere Gellonge nach der Bedeutung unserer Schriften, so antworten sie: der Sinn der Religion ist sehr tief. Was nützt mir aber eine Schrift, deren Sinn mir zu tief ist? Was ich lese, muß ich verstehen. Ich wundere mich nicht, daß die beiden Buräten so gesinnt sind, und wünsche nur sehr, daß sie hierher kämen, damit ich mit ihnen selbst reden könnte." Doch, als fürchte er zuviel gesagt zu haben, setzte er nach einer Weile hinzu: „Es wäre freilich nicht recht, wenn ich ein Zweifler an meiner Religion werden wollte; doch, ist der Stamm gleich Wahrheit, so können doch viele Aeste Irrthum sein." Seit dem kam er öfters in das Zelt der Brüder, mußte aber schon jetzt den Spott seiner Landsleute tragen. Daß das, was er bereits von Erkenntniß besaß, ihm denselben vergessen lehrte, beweist folgende Aeußerung aus jener Zeit. Als ihm erzählt wurde, daß die heidnische Nation der Eskimo's einen unserer Missionare ermordet habe, daß aber trotzdem andere Brüder sich hätten willig finden lassen, als Sendboten zu demselben Volk zu gehen, bemerkte er mit Innigkeit: Es muß etwas leichtes sein, um Jesu willen sein Leben hinzugeben.

Auch im folgenden Jahre 1819 blieb sein Herz darauf gerichtet, in der Erkenntniß und Erfahrung des Heils in Christo weiter zu kommen. Folgenden Brief schrieb er an die obenerwähnten Saissange der Buräten in St. Petersburg.

„Den tugendsamen, hochwohlgebornen, im Unterricht der

heiligen Religion erfahrnen, im Grunde des Gemüths gereini[g]ten Herren Saissang Nomtu und Babma.

In diesem großen Reich kamt ihr in die Nähe und zu d[en] Füßen des erhabenen, großen Kaisers, nach der Stadt Peter[s]burg, wo die so nöthige Seligkeit aller Lebenden mit Fleiß g[e]sucht wird; und fandet dieselbe — wie ein Pfeil das Ziel — mit eurem festen, treffenden Verstand und durch das, im Mittl[en] den unbeweglich feste Gemüth. Ihr genießt nun den Arscha[n] (den SegenStrank) und seib gesegnet durch die heilige Religio[n] des einigen, höchsten, seligen Burchans, Jesu Christi. Eu[er] Schreiben in euer Land: von dem wahrhaftigen, geraden W[eg] des Heils durch festen Glauben, ohne zu straucheln, kam auch [zu] uns, und viele haben es gesehen, ohne daburch aufgemuntert [zu] werden. Nur ich schlechtes Wesen, das, ob mein Wissen glei[ch] sehr gering ist, doch weiß, daß unsere Werke uns wie der Sch[at]ten nachfolgen.*) — (habe es in mich aufgenommen.) „Mei[n] Gemüth ist aber unrein und darum die Kenntniß der Inbrun[st] sehr gering; beswegen weiß ich nicht das Rechte zu treffen u[nd] mein Herz ist getheilt. Mit Inbrunst bitte ich, daß ihr eines [so] Schlechten, wie ich bin, euch erbarmen und mir in einem Schr[ei]ben den Inbegriff und Grund, recht deutlich erklärt, verleih[en] wollet. Zu jeder Zeit euer, euch Ruhe und Freude wünschend[er] Sobnom."

„Im Erd=Tiger=Jahr, den 23. des Kuhmonats geschrieben.

Zu seiner großen Freude erhielt er die Antwort der Bur[ja]ten, in welcher es unter anderem heißt:

„Nachdem wir die Grundsätze der falschen Religion verla[s]sen, ist nun der wahre, einige, höchste Herr, die Fülle der S[e]ligkeit aller Himmel, unser Vater. Unser einiger, höchster He[rr]

---

*) Hier ist der Satz fallen gelassen.

ist Christus, denn der höchste Burchan, Vater und Sohn, ist ein Wesen. Von diesem kommt die erleuchtende Kraft (der h. Geist), die allen Menschen das Verständniß öffnet. Diese drei sind die Fülle der Gottheit in einem Geist. Von den Schachdschamuni= schen und Dalailamaischen Systemen ist nicht das geringste mit dem Evangelium zu vergleichen oder zu vereinigen. Wenn man dies so denkt und versteht, wenn man überzeugt wird, so gelangt man zu der wahren, einfältigen Inbrunst des Gemüthes. Wir wünschen Euch das Wachsthum in der schönen Gesinnung bis zur unaufhörlichen und vollkommenen Freude, und wünschen Eure innigen Freunde und Brüder zu bleiben. Euer Euch Ruhe wün= schender Babma, Saissang des Stammes Chargane und Nomtu, Saissang des Stammes Chuwasae."

Diesen Brief erhielt Sobnom, nachdem seine Erkenntniß bereits zugenommen hatte, zugleich mit der Uebersetzung des Evan= geliums Johannis. Ein Zeuge dieser Scene schreibt davon: „Es war ergreifend, ihn zu beobachten, als er diesen Schatz (das Evangelium), dessen Inhalt ihm bereits aus einem geschriebenen Exemplar bekannt war, in die Hand bekam. Ohne von irgend etwas Anderem Notiz zu nehmen, vertiefte er sich in den Inhalt verschiedener Stellen, und nachdem er sie gelesen, legte er das Buch in den Schooß und schien sich tieferm Nachdenken zu über= lassen. Mit Thränen in den Augen und auf eine Art, die keinem Zweifel an der Wahrheit seiner Worte Raum gab, versicherte er dann, daß es sein ernster Sinn sei, ein völliges Eigenthum Jesu zu werden, und daß er zur Förderung seiner Erkenntniß sich auf den Beistand des Geistes Gottes verlasse. Seine liebste Lektüre war Capitel 17, das hohepriesterliche Gebet des Herrn." Denn schon war in ihm das Bedürfniß nach Gemeinschaft mit Gläubi= gen recht lebendig geworden, und trieb ihn, folgende kurze Zeilen nach Sarepta zu schreiben:

„Den tugendsamen Religionslehrern in der angenehmen Stadt Sarepta wünsche ich Ruhe und Friede."

„Hiedurch nahe ich mich Euch aus der Ferne. Da durch den Segenswunsch des untrüglichen, wahrhaftigen Wortes des einigen höchsten Gottes ein kleines Samenkorn in mein Herz gefallen ist, so bitte ich sehnsuchtsvoll, zu meiner ferneren Erleuchtung Euch meiner anzunehmen, vor dem Angesicht des Höchsten stets meiner zu gedenken, und mich seiner Gnade zu empfehlen. Sodnom."

Bald darauf brachte er mit freudigem Herzen den Missionaren die Nachricht, er habe nun einen vertrauten Freund aus seiner Nation gefunden, mit dem er sich offen unterhalten könne. Dieser habe zu ihm gesagt: ich bin zwar im Dienste des Fürsten und hänge von ihm ab, aber darum möchte ich doch meine Seele nicht verloren gehen lassen.

Im Anfang hatte Sodnom seine früheren Freunde, Hausgenossen, Verwandte, ja seine Frau zu seinen erbittertsten Widersachern. Nach und nach ließ diese Feindschaft nach und sie hörten ruhig und mit Aufmerksamkeit zu, wenn er ihnen in seiner Kibitke aus den Evangelien vorlas. Seine Neigung, sich nach Außen zu wenden, Anderen zu predigen, nahm mehr ab, er fand Veranlassung, sich noch mehr, wie früher, mit sich selbst und der Erlangung seines eigenen Seelenheils zu beschäftigen; er fing an, sich selbst nicht mehr in dem Grade zu trauen, wie vordem, und meinte einmal: Es wäre wohl gut, wenn wir etwas entfernt vom großen Haufen wohnten; denn wie kann der Funke der Wahrheit, der im Herzen fängt, zur Flamme werden, wenn von allen Seiten Wasser darauf gegossen wird. Dabei aber blieb er unbeweglich fest bei dem, was er einmal ergriffen hatte. Als ein Kalmück ihn höhnisch fragte: Willst du noch in deinen alten Tagen eine andere Religion lernen? erwiderte er rasch mit der Gegenfrage: Werde ich in meinen alten Tagen nicht sterben?

Die Universalität des Evangeliums zeigte sich auch in den Unterhaltungen mit Sobnom, welcher häufig erklärte, die oder jene Stelle sei ganz eigentlich für seine Nation geschrieben. Er hatte sich früher viel mit den kalmückischen Religionsschriften beschäftigt und konnte darum andern gut Rede und Antwort stehen. Unsre Gelehrten, sagte er, reden viel von dem tiefen Sinn unsrer Schriften; was nützen mir aber die Schätze, die auf dem Grund des Weltmeers liegen? ich habe in ihnen noch nie etwas gefunden, das mit dem Zuruf Jesu zu vergleichen wäre: Kommt her zu mir Alle, die ihr mühselig und beladen seid, ich will euch erquicken. Das sind tröstliche und wahrhaftige Worte. Ein unschätzbares Geschenk war ihm die Uebersetzung der Apostelgeschichte, die er 1820 erhielt. Daß sein Glaube nicht auf Menschenwort stand, bewährte sich, als in diesem Jahr die Nachricht kam, daß jener Burät Nomtu, der nach Sibirien zurückgekehrt war, in das Heidenthum zurückgefallen sei, was sich übrigens später als ein falsches Gerücht auswies. Welch nachtheiligen Einfluß hätte der Rückfall eines Mannes, der in der Erkenntniß hoch über Sobnom stand, zu dem er als zu einer Autorität aufblickte, haben können, wenn Sobnom nicht das Wort Gottes zum Grund gehabt hätte.

An Chr. Dehm hatten unsre Missionare schon 1819 einen neuen Genossen gewonnen. Sie konnten jetzt wohl bemerken, daß auch bei andern Kalmücken sich Neigung und Liebe zu dem Evangelium, und Verlangen nach dem Heil ihrer Seele zeigte, aber bald wandten sie sich wieder ab. Manche sahen in Krankheiten eine Strafe Gottes, daß sie das Evangelium verschmäht hatten, andere beteten sogar zu solchen Zeiten zu Jesu, und gingen doch wieder hinter sich. An Spott fehlte es auch nicht. Jedoch war

unverkennbar, daß in Dschimba, dem Bruder Sobnom's, u
in den Frauen beider eine Veränderung vorging, indem sie w
nigstens den sonntäglichen Erbauungen mit Ehrerbietung beiwo
ten, und den Lektionen aus den Evangelien mit gespanntester A
merksamkeit zuhörten.

Fürst Serbedschab war in seiner eigenen Religion nic
weniger als bigott; einen Lama setzte er geradezu ab, und
Zahl der Gellonge verminderte er von 800 auf 250; alles stau
über solche nie gesehene Eingriffe, — aber man unterwarf s
So wenig Neigung er hatte, sich über Gegenstände der christlic
Religion mit den Missionaren zu besprechen, so las er doch
Apostelgeschichte, die er in einigen Exemplaren hatte, mit A
merksamkeit, und soll gegen seine Umgebung geäußert haben: L
fleißig in diesen Schriften, es steht nichts Schlechtes darin, v
mehr sind sie schön zu lesen. Auf religiösem Felde fürchtete
weniger von der Mission, als auf politischem, und daher schr
sich die Feindschaft mit der er von Anfang des Jahres 1820
gegen die Brüder auftrat.

Als diese ihm zum neuen Jahr gratulirt hatten, erkundi
er sich in sehr bestimmten Ausdrücken nach dem Zweck ihres A
enthaltes in seiner Horde, und schloß sein Examen mit den W
ten: Geht lieber nach Frankreich und lehrt dort die Leute, wel
Sünde es ist, sich gegen seine Obrigkeit zu empören; dort hat m
die Früchte davon gesehen, daß der gemeine Mann aufgek
wird. — Seine Erbitterung wuchs nun von Tag zu Tag, und
hielt Rath mit seinen Freunden und Vertrauten, wie er der A
breitung des Evangeliums Einhalt thun könne.

Diese Widrigkeit Serbedschab's, die immer mehr herv
trat, einerseits, und die Förderung Sobnom's im Glauben u
Erkenntniß andererseits, bewog die Gemeindirektion in Sarep
sich wieder in zwei Eingaben an die Regierung zu wenden, u

war erstens um Empfehlungs- und Schutzbriefe an die kalmückischen Fürsten, und zweitens für unsere Mission um eine förmliche Concession zu bitten, die wir immer noch nicht hatten. Letztere Eingabe enthielt 6 Punkte, nämlich: die Bitte um Erlaubniß 1. Etablissements zur Verkündigung des Evangeliums unter den Kalmücken einzurichten. 2. Die Gläubiggewordenen mit den Sacramenten zu bedienen und die bei den Brüdern gebräuchlichen Kirchenordnungen einzuführen. 3. Schulanstalten in diesen Plätzen anzulegen. 4. Ein Stück Land zum festen Wohnsitz der Brüder zu kaufen. — Obgleich wir 5. nach unsern Pribilegien nicht unter die Civil-Gerichtsbarkeit der Russischen Behörden gestellt sind, so bitten wir uns doch den besonderen Schutz derselben aus. 6. Keine Veränderung der Unterthanenpflichten solle mit der Bekehrung verbunden sein, nur möchten die Bekehrten vor den Bedrückungen und Verfolgungen der Gellonge einigermaßen geschützt werden.

Auf diese Eingabe sowohl, als auf eine Bittschrift hin, die wir nach der uns von **Sr. Majestät dem Kaiser** allergnädigst gegebenen Erlaubniß, an **Höchstdenselben** zu richten wagten, wurden wir zur Geduld verwiesen, indem man keine positive Antwort geben könne, bis die Verhandlungen mehr äußerlicher Art zwischen den verschiedenen Ministerien beendigt seien. Ueberhaupt schien aus dem, was man erfuhr, hervorzugehen, daß förmlich autorisirte Missionen uns zu gestatten, die Regierung nicht rathsam fände, sondern daß unser Gesuch vielleicht dahin modificirt werden könnte, daß wir Erlaubniß erhielten, Colonieen, die unter dem Ministerium des Innern stehen würden, unter den Kalmücken anzulegen, und daß die, zu diesen gezählten, Personen getauft und in den Zustand christlicher Colonisten hineingeleitet werden dürften. Bald aber verlor sich auch diese Aussicht und den Brüdern wurde Hoffnung gemacht, durch specielle Concessionen die Taufe einzelner Bekehrter erlaubt zu erhalten.

Während dieser Verhandlung war die Lage unsrer Missionare und besonders Sobnom's und seiner Familie immer mißlicher geworden; man sah deutlich, daß von Seiten der Kalmücken ein entscheidender Schlag gegen das Werk geführt werden sollte; Serbebschab sagte den Brüdern auf das Unumwundenste, daß er ihre Entfernung aus seiner Horde wünsche. Daraufhin beschloß Br. Schill in Begleitung Sobnom's eine vorläufige Untersuchungsreise in die Torguter Horde zu machen, um zu sehen, ob sich dort ein Feld der Wirksamkeit für uns eröffne. Von diesem Plan sah er jedoch ab, als der Fürst sich nicht nur weigerte, dem Sobnom einen Paß auszustellen, indem er vorgab, daß dieser nicht sein Unterthan sei, sondern auch denselben aus seiner Horde verwies. Es blieb ihm nun, da für letzteren der weitere Aufenthalt zu gefahrvoll gewesen wäre, nichts übrig als jene Reise aufzugeben und statt dessen mit Sobnom nach Sarepta zu gehen, um dort Rath und Hülfe zu suchen. Nachdem sie sich 10 Tage hier aufgehalten und das Nöthige besprochen hatten, kehrten sie in die Horde zurück, um Sobnom's und Dschimba's Familie abzuholen, der man für die Zeit ein Asyl auf dem Sareptischen Land geben wollte.

Während dessen war der Fürst nach Astrachan gegangen, die Kalmücken hatten Loos und Dehm ungestört gelassen, sich aber augenfällig von ihnen zurückgezogen und jede Berührung mit ihnen zu vermeiden gesucht. Als die Brüder, die sich auf Russisches Kronsland begeben hatten, mit Vorbereitungen zu ihrem Abzug beschäftigt waren, machten sie ganz unerwartet die Bekanntschaft zweier Kalmückenfamilien, die zwar zur Derböter Horde gehörten, aber hier wohnten; die Hausväter waren leibliche Brüder und hießen Zürüm und Oeske. Ersterer wandte sich an Sobnom und sagte zu ihm: ich habe euch vor mehr als 10 Jahren kennen gelernt und die Zeit über viel von euch gehört. Ich weiß, daß ihr ein Mann seid, der mit Bedacht zu Werke geht, und glaube, daß ihr die Wahrheit erkannt habt; ich will euch hierin nachfolgen. Da es schon spät Abends war, nahm ihn Sobnom mit in seine Kibitke, wo er die Nacht über blieb und sich einige Capitel aus den Evangelien vorlesen ließ. Als beide Familienväter am folgenden Morgen zu den Missionaren kamen und ihnen erklärten, sie wünschten mit ihren Familien in zwei Kibitken zu uns zu ziehen, wurden sie ernstlich in Bezug auf ihren Zweck geprüft, und da man fand, daß nicht wohl äußerliche Absichten zu Grunde liegen konnten, gestattete man es ihnen. Schon nach einigen Tagen brachte Zürüm ein Kästchen, in welchem er seine Götzen und Amulette verwahrte. Ich brauche sie, auf die ich einst mein Vertrauen setzte, nicht mehr, sagte er, denn ich will allein auf Jesum und den himmlischen Vater vertrauen. Uebrigens war ihm wohl bewußt, welchem Geschick er sich durch die Trennung von seiner Nation aussetzte; auch Sobnom's Lage war ihm nicht unbekannt, denn er sprach einmal zu diesem: Fast alle Menschen sind so erbittert gegen euch, daß sie euch in Stücke zerhauen möchten, und doch bleibt ihr immer ruhig. Gewiß habt ihr einen mächtigen Beschützer.

Es war bereits September geworden, als die Gesellschaft, 23 Personen stark, aufbrach; länger als 4 Wochen waren sie mit ihren Heerden unterwegs und langten endlich, nachdem sie über die Wolga gesetzt waren, in Sarepta an. Mit der größten Theilnahme und Liebe wurden sie hier aufgenommen, denn so viel Kalmücken man auch täglich vor Augen hatte, solche hatte man noch nie beisammen gesehen. Eine unbeschreibliche Freude gewährte es den Geschwistern, und einen eigenthümlichen, ergreifenden Eindruck machte es, diese Fremdlinge in ihrer Sprache, aber nach den wohlbekannten Weisen unsrer Choralmelodien unserm Heiland Lob und Preis singen zu hören. Eine halbe Stunde von Sarepta entfernt, wurde ihnen zuerst ihr Lagerplatz angewiesen; da es aber dort an Viehfutter gebrach, und sie außerdem den mannigfachen Zudringlichkeiten und Plackereien ihrer Landsleute ausgesetzt waren, vertauschten sie nach 8 Tagen denselben mit einem Platz auf unserer kleinen Wolgainsel; für die Brüder, die bei ihnen wohnen sollten, begann man eine hölzerne Wohnung aufzublocken. Während Br. Schill im October noch einmal in die Cheschuter Horde ging, um die Brüder Loos und Dehm, welche noch dort geblieben, und in ihrer Wirksamkeit und Thätigkeit auf den Unterricht der Kinder eingeschränkt worden waren, abzuholen, war Sodnom mit Treue und Erfolg geschäftig, „die neuen Leute" in der Erkenntniß der Heilswahrheiten zu fördern; auch seine Kinder waren brauchbare Gehülfen, da sie die andern im Lesen unterrichten konnten. An ihnen wurde das Wort des Apostels (1. Cor. 7, 14) zur Wahrheit, nicht nur, daß sie häufig unaufgefordert die, in die kalmückische Sprache übersetzten, geistlichen Liederverse sangen, sondern selbst das kleinste zweijährige Kind Sodnom's kniete bisweilen aus freiem Antrieb nieder, und lallte aus den oft gehörten Versen die Worte nach, die es aussprechen konnte.

Erst im December 1821 konnten die Brüder ihr Haus beziehen, und weihten es mit Gebet und Flehen zum Predigtplatz. Alle Abende wurden von ihnen Gottesdienste gehalten, am Morgen pflegte Sodnom in seiner Kibitke ein Capitel der h. Schrift zu lesen, wozu sich auch die Mitglieder der andern Familien einfanden. Wegen des sehr angeschwollenen Flusses konnten die Missionare nicht zur Feier der Christnacht nach Sarepta gehen, sie verbrachten daher diesen Abend im kalmückischen Kreis, wobei ihnen der Gedanke sehr lieblich war, daß eben Hirten, wie unsre Kalmücken es waren, die ersten Menschen sein mußten, denen die Geburt des Heilands verkündet wurde. Am nächsten Tag aber gelang es ihnen, mit ihren Pfleglingen durch das Treib= eis hinüber zu kommen, und mit der Gemeine den ersten Weih= nachtsfeiertag, wie auch den Jahreswechsel zu begehen. Wiewohl die Kalmücken natürlich nichts von den Vorträgen verstanden, so sah man ihrer ehrfurchtsvoll andächtigen Fassung wohl an, wie sie wenigstens des Segens der Gemeinschaft theilhaft zu werden wünschten.

1822 erhielten sie auch die Uebersetzung der Evangelien des Marcus und Lucas, so daß sie jetzt die vier Evangelien und die Apostelgeschichte in ihrer Sprache lesen konnten. Aus letzterem Buch machte die Stelle des 20. Capitels, die den Abschied des Apostel Paulus von der Gemeine zu Ephesus schildert, auf Zü= rüm einen tiefen Eindruck. Er sagte: Es ist furchtbar schön, was Paulus hier zu den Gläubigen spricht: „Ich bezeuge feierlich an dem heutigen Tag, daß ich ohne alle Schuld bin, wenn irgend einer von euch sollte verloren gehen, denn ich habe euch nichts vorenthalten, daß ich nicht verkündigt hätte alle den Rath Got= tes." Auch wir haben täglich Gelegenheit, das Wort zu hören, darum fällt alle Schuld auf uns. — Es war überhaupt auffällig, wie Zürüm, der von Natur in seinen Geistesgaben beschränkt und stiller Art war, bei Gelegenheit, seiner Nation gegenüber, Zeugniß ablegte mit einem Geist und einer Kraft, wie sie ihm sonst nicht eigen war.

Der Dienst unserer Brüder an den Kalmücken war kein leichter, denn, wenn auch in der Nähe von Sarepta, waren sie vielen Entbehrungen und des Wolgastromes wegen gelegentlich Gefahren ausgesetzt. Loos war unermüdet mit den Kindern be= schäftigt, welche ihm durch ihren Verstand und musterhaften Fleiß unbeschreibliche Freude machten, während Schill und Dehm selbst noch tiefer in die Kenntniß der Sprache einzubringen suchten. Nachdem sie mit ihren Pfleglingen Ostern in Sarepta gefeiert hatten, hielten sie am 3. April die letzte Versammlung in ihrem Winterhäuschen und zogen dann auf den ihnen angewiesenen Lagerplatz an den Gesundbrunnen, da das Steigen der Wolga ihnen den Aufenthalt auf der Insel nicht mehr gestattete. Wie im vorigen Jahr hatten hier die Kalmücken und besonders die Derböten viel von den Plackereien ihrer heidnischen Landsleute zu leiden, die öfters aus der Horde hier anwesend waren. Oeske wurde einmal auf dem Weg nach dem Mineralbrunnen überfallen, und hart geschlagen, um ihn zur Verläugnung seines Glaubens zu bringen; er duldete jedoch alles, ließ sich sogar, ohne sich zur Wehr zu setzen, sein Pferd wegnehmen, zu dem ihm aber die in Schönbrunn wohnenden Sareptaner wieder verhalfen. An Sob= nom wagten jene sich weniger, weil er nicht zu ihrem Stamm gehörte, auch fürchteten sie seine geistige Ueberlegenheit und ließen sich nicht leicht mit ihm in Disputationen ein. Aber eben auch in dieser Stärke erkannte Sobnom seine Schwäche, denn als Zürüm ihm einmal klagte, daß er so schwer das ihnen Ge= sagte fassen und behalten könne, erwiderte er ihm: Unser Haupt= fehler besteht darin, daß wir gern recht viel behalten möchten, um Andre belehren zu können, während wir doch von ganzem Herzen danach verlangen sollten, aus dem Worte Gottes für un= ser eignes Herz Segen zu schöpfen. — Schon jetzt aber hatte dieser kleine Jüngerkreis Sichtungen zu bestehen, indem eine alte Wittwe, die sich angeschlossen hatte, in das Heidenthum zurückfiel, weil sie in ihm bessere Tage für ihr Alter hoffte und der Ueber= redung ihrer heidnischen Verwandten nicht widerstehen zu können glaubte.

Nachdem wir sehnsuchtsvoll auf Entscheidung unseres An= suchens bei **Sr. Majestät dem Kaiser** gewartet hatten, wurden wir im Sommer des Jahres durch unsere Agenten benachrichtigt, daß die officiellen Papiere, unsere Missionsthätigkeit betreffend, uns durch unsern Tutor, den Dirigirenden des Saratowschen Tutelcomptoirs zugestellt werden würden. Schon dieser bis dahin ungewöhnliche Weg, uns die auf unsre Bittschriften folgenden Entschließungen der **hohen Krone**, die sonst stets entweder direkt oder durch unsern Agenten an uns gekommen waren, zuzumitteln, ließ uns ahnen, daß unsern Wünschen noch nicht entsprochen worden sei. Acht Tage später traf das Antwortschreiben der Regierung ein, dessen Inhalt war: „Es sei nicht möglich, der Sareptischen Gemeine die Erlaubniß zu ertheilen, aus ihren Mitgliedern Missionare unter die Kalmücken zu schicken, um sie zum christlichen Glauben zu bekehren, weil das Recht hiezu nicht in dem 1797 **Allerhöchst** uns verliehenen Gnadenbrief enthalten sei. Die Taufe jener Kirgisenkinder könne nicht als praecedens angesehen werden, da diese Nation zu den Grenzbewohnern und nicht zu den Stämmen gehöre, die im Innern des Reichs nomadisiren. Uebrigens sei man willig, wenn die Sareptische Gemeine sich darauf einschränken wolle, vorläufig die Bibel zu verbreiten, den Betreffenden Recommandationsschreiben an die Befehlshaber der Kalmückischen Horden zu geben" u. s. w. Ganz denselben Bescheid erhielten die Schottischen Missionare in Carras.

Wer ein Herz für das Werk des Herrn und die Ausbreitung seines Reiches auf Erden hat, kann den Schmerz ermessen, den diese Nachricht in unsrer Gemeine, und insonderheit bei Denen, welche diesem Werk näher standen, hervorrief. „Nach mehr als siebenjähriger Aussaat", heißt es in einem Brief aus der damaligen Zeit, „war der Samen aufgegangen, und wir hatten gegründete Hoffnung, die Früchte der Arbeit einzuernten, dem Herrn seinen sauern Schmerzenslohn einzubringen, und nun war diese herzerhebende Aussicht vernichtet. Unser Inneres war zermalmt und mehr betrübt, als Worte zu schildern vermögen. Wir können nichts thun, als in Thränen die Hand auf den Mund legen und den anbeten, dessen unerforschlicher Weisheit allein es bekannt ist, wie sein Missionsgarten bebaut werden soll."

In tiefer Wehmuth kehrten die Missionare nach dieser Mittheilung am Abend dieses Trauertages aus Sarepta in ihre Kibitke zurück. Nach einer in Kummer durchwachten Nacht konnten sie sich erst am nächsten Morgen entschließen, die bittere Pflicht zu erfüllen, ihren Kalmücken die traurige Botschaft mitzutheilen. Nachdem man mit ihnen gesprochen und ihnen gesagt hatte, wie denen, die Gott lieben, alle Dinge zum Besten dienen müssen, machte man ihnen den Regierungsbefehl bekannt. Sobnom, der die ganze Tragweite desselben mit dem ersten Blick erfaßte, brach in lautes Weinen aus. Zürüm blieb ruhig und gefaßt und sagte, sich an das eben erwähnte Wort Gottes anklammernd: Ohne den Willen des Herrn kann nichts geschehen; wenn es auch durch Feuer und Wasser künftig gehen sollte, so kann ich doch jetzt der Traurigkeit nicht Raum geben; diese Nachricht kommt mir vor, wie ein bloßer Traum. Sobnom erwiderte ihm: Du überlegst die Sache nicht gehörig, wie sie eigentlich ist. Wurden wir nicht bisher dem Herzen nach gepflegt und gewartet, wie ein Kind von seiner Mutter. Täglich wurde uns das Wort Gottes erklärt, wir wurden ermahnt und zurechtgewiesen! das Alles soll aufhören, wir sollen allein stehen! was wird aus uns Armen werden!

Zunächst blieben die Missionare noch bei ihnen, erbauten sich mit ihnen aus dem Wort Gottes, und unterrichteten die Kinder.

Die Gemeindirektion glaubte jedoch, trotz alledem noch nicht die Hoffnung aufgeben zu dürfen. Es war den Brüdern auf inofficiellem Weg versichert worden, daß, wenn die hohe Landes-

regierung auch nicht in der Lage gewesen wäre, die direkte Er=
laubniß geben zu können, so würde ihnen doch in den einzelnen
Fällen eine indirekte Concession für die Taufe Neubekehrter, nach
Anzeige der Personen, des Namens, nach schriftlicher Mittheilung
ihres Wunsches, in der Brüderkirche getauft zu werden, nicht ver=
sagt werden. Zugleich hofften sie, daß Sobnom und die Uebri=
gen, wie andere hier in Sarepta arbeitende Kalmücken ihr Brot
haben und auf unserm Land wohnen könnten, ohne daß von den
Regierungs- oder Kalmückischen National=Behörden dagegen Ein=
spruch gethan werden würde, da in dem kaiserlichen Rescript doch
nur das Missioniren in den Horden nicht gestattet worden sei,
und die Regierung sich erboten hatte, was das Austheilen der
h. Schrift beträfe, ihnen nach besten Kräften behülflich zu sein.
Durch eine solche präparatorische Thätigkeit, durch die zu diesem
Zweck zu machenden Reisen, würden sie mit der Lage der einzel=
nen Horden näher bekannt werden und erfahren, wo das meiste
Verlangen nach Gottes Wort sei, wo man am ersten auf Schutz
rechnen könne, und wo für künftige Zeiten vielleicht ein passender
Platz zu einem Missionsetablissement zu finden wäre. Es war
weder unmöglich, ja nicht einmal unwahrscheinlich, daß eben dies
der uns vom Herrn für unsre Thätigkeit vorgezeichnete Weg sein
könnte und sollte.

So wurde denn beschlossen, und Br. Schill und Br.
Zwick*) (ersterer freilich mehr aus Gehorsam als aus Neigung,
da die eben gemeldeten Ereignisse seinen Muth ganz niedergeschla=
gen hatten), waren Willens, in diesem Jahre 1823 eine Reise
durch die Horden zur Vertheilung der h. Schrift zu machen und

---

*) Zwick, damals Vorsteher der ledigen Brüder, hatte sowohl im Mis=
sions- als ethnographischen Interesse die kalmückische Sprache gründlich gelernt,
wie er dann auch später eine Grammatik und Wörterbuch derselben publicirt
hat. Die Beschreibung dieser Reise erschien im Druck, Leipzig bei Kummer 1827.

zwar zunächst zu den an den Ergheni-Bergen, später zu den am linken Wolgauer nomadisirenden Stämmen. Im Mai des Jahres reisten sie ab und hielten sich drei Monate in den Horden auf. In den ersteren derselben, wie bei den Torguten, wurden sie, trotz der Empfehlungsbriefe der Regierung, aufs unfreundlichste aufgenommen, da die Fürsten sich verschworen zu haben schienen, keine Bücher anzunehmen oder austheilen zu lassen. Bei den Erketen fanden sie von Seiten der Befehlshaber Unterstützung, die Gellonge aber weigerten sich, trotzdem daß jene eigenhändig Bücher austheilten, solche anzunehmen, und im Volke waren natürlich nur Wenige, die zu lesen verstanden. In der Jandyk'schen, Baganzocher und Choschuter Horde wurden sie gut behandelt, und die Zahl der von ihnen abgegebenen Schriften belief sich auf mehr als 300. Davon aber konnten sie sich überzeugen, daß die Landeskirche mit ganzem Ernst die Mission in Angriff zu nehmen gesonnen sei, so daß es uns unwahrscheinlich wurde, unser Werk auch nur in den vorerwähnten Schranken fortsetzen zu können, und wir uns mit Pauli Wort Phil. 1, 18 trösten mußten.

Sobuom's Frau, die während dessen in dem kleinen Kalmückendörfchen am Gesundbrunnen selig entschlafen war, hätten wir gern durch das Begräbniß auf unserm Gottesacker unserer Gemeine zugezählt, die heiße Witterung erlaubte aber nicht die Leiche hieher zu bringen, sie wurde also an Ort und Stelle christlich beerdigt. Die äußerliche Lage jener christlichen Kalmücken ward von Tag zu Tag mißlicher, indem bereits Reclamationen der derbötischen Fürsten, bezugs ihrer Unterthanen eingelaufen waren, gegen welche sie zu schützen wir keine Macht hatten. Einigermaßen hätte dies geschehen können, wenn wir sie wieder auf unsrer kleinen Insel hätten überwintern lassen; ehe dies aber in Ausführung zu bringen war, konnte mancherlei dazwischen kommen; auch hatten wir beim Blick auf die daraus entstehenden kosten nicht den Muth, ernstlich daran zu denken, da wir durch die große Feuersbrunst (s. nächstes Capitel) von allen disponiblen Mitteln entblößt waren. Schill war bereits um Ablösung von seinem Posten eingekommen, Dehm war schwer erkrankt, und Loos in den Jahren, die ihn zum förmlichen Invaliden machten; es lag also vor Augen, daß das Werk seinem Ende entgegeneilte. Dazu kam, daß Sobnom unter der Hand bei dem Protopopen in Zaritzyn um die Taufe nachgesucht hatte, um aus der trostlosen Zwitterstellung herauszukommen, wobei wir nur bedauerten, daß er Bedenken getragen hatte, offen mit uns davon zu sprechen. Da auch Zürüm gleichen Willens war, um den fortgesetzten Reclamationen seines Fürsten zu entgehen, wurde beiden ein Platz in der Nähe eines Chuttors (Vorwerks) bei Zaritzyn zum Aufenthalt zugesichert, zugleich mit dem Versprechen, daß sie ihrer nomadisirenden Lebensart nicht zu entsagen brauchten. Ehe es aber zum Aufbruch dahin kam, hatten einige von ihnen Gelegenheit, in Leiden die Festigkeit ihrer Ueberzeugung zu beweisen.

Der Fürst der Derböter Horde Dschamba, kam im October von Zaritzyn hieher und ließ sich zu einem Besuch bei den Kalmücken am Gesundbrunnen anmelden. Da er betrunken war, fing er bald Streit an, ließ die ihm gehörenden christlichen Familien mit Peitschenhieben zusammentreiben, und ihre Kibitken niederreißen, um sie in die Horde zu bringen. Da es aber am nöthigen Packvieh fehlte, begnügte er sich, auf die Vorstellungen des Bruders Loos, den Zürüm und Oeske mit gefesselten Händen an ein Kameel gebunden, vor sich herzutreiben. Unterwegs versuchte er zuerst durch Drohungen sie zu bewegen, ihrem Glauben, den sie muthig bekannten, zu entsagen, und da er auf diese Weise nichts ausrichtete, versprach er ihnen alles Liebe und Gute, wenn sie seinem Willen folgten. Endlich entließ er sie, ohne seinen Zweck erreicht zu haben, wieder zu ihren Familien und Hütten.

So vergingen 14 Tage, während welcher Zeit unsere Kalmücken die weiteren nöthigen Schritte bei der griechischen Geistlichkeit in Zaritzyn thaten, um in die Kirche aufgenommen zu werden. Am 27. October, als Alles zum Abzug bereit, die Wagen und das Packvieh beladen war, und auch die Missionare ihre Effecten zusammengepackt hatten, um nach der Abreise jener nach Sarepta zurückzukehren, erschien plötzlich am Rand der Berge ein Schwarm von 10—15 Kalmücken, überfiel unter Anführung eines Gellongs (Sandschi Aemtsche) die beiden Derböter Familien und mißhandelte sie mit den fürchterlichsten Plettenhieben*), ohne auf irgend welche Vorstellung von Seiten der Missionare zu achten. Diese, welche, wenn gleich durch einige deutsche Knechte vom Gesundbrunnen verstärkt, ihrer Uebermacht nicht gewachsen waren, mußten es mit ansehen, wie dem Zürüm eine Schlinge um den Leib geworfen und er von einem Reiter im wildesten Galopp die Anhöhe hinaufgeschleift wurde, wobei sein Körper jämmerlich zerschlagen und zerschunden wurde. Oben angekommen banden sie ihn auf ein Kameel und führten ihn mit sich fort. An Sobnom hatten sie sich nicht gewagt, weil er nicht zu ihrer Horde gehörte, Deske war mit einigen Wunden am Kopf davongekommen, und hatte sich nach dem Gesundbrunnen flüchten können. Die übrigen Glieder der Derbötischen Familien wurden wieder losgelassen, ihr sämmtliches Vieh aber (170 Stück Schafe) mit fortgetrieben.

Als man in Sarepta Nachricht von diesem Ueberfall erhielt, begab sich der Vorsteher und Polizeimeister in Begleitung von

---

*) Die Plette ist die gewöhnliche Reitpeitsche der Kalmücken, fingersdick und hart wie Holz, aus Leder geflochten.

einigen Kosacken sogleich an Ort und Stelle und traf noch einen Saissang an, der die zurückgebliebenen Leute und Effecten mit sich fort schleppen wollte. Da er sich und seine Begleiter durch keinen schriftlichen Auftrag des Fürsten legitimiren konnte, wurde er festgenommen, um als Räuber nach Zaritzyn abgeliefert zu werden, was jedoch auf die Fürbitte unserer Kalmücken, und um größeren Weitläufigkeiten zu entgehen, nicht geschah. Statt dessen wurden unsere Derböter und Sobnom von den Kosacken noch ein Stück Weges nach Zaritzyn begleitet, bis sie Gelegenheit fanden, sich an eine Karawane anzuschließen, unter deren Schutz sie glücklich an Ort und Stelle gelangten.

Zürüm war indessen unter den härtesten Mißhandlungen weiter geschleppt worden, bis sie zu ihrem Lagerplatz kamen, wo er es mit ansehen mußte, wie jene seine Pelze und Kleidungsstücke unter sich theilten, sein Vieh schlachteten und verschmausten; öfters holten sie ihn herbei und peitschten ihn auf das Grausamste. Unserm Polizeimeister, der den Schwarm einholte, gelang es nicht, ihn zu befreien, da die Zahl der am Lagerplatz versammelten Kalmücken mehr als 100 betrug. Jedoch überzeugte er sich, daß Zürüm noch lebe und dieser sagte ihm: er sei sehr entkräftet und könne nichts thun, als beten; es tröste ihn aber der Gedanke, daß Jesus Christus, sein Heiland, noch größere Qualen erlitten habe.

Da der ganze Ueberfall wohl mit Wissen, aber nicht auf Befehl des Fürsten geschehen war, wollte sich der Vorsteher des **Aimaks** (Familie) **Dortschi**, an den Zürüm abgeliefert worden war, mit der Sache nicht befassen, und erklärte, er könne diesen Handstreich nicht billigen, sei vielmehr mit dem Benehmen des Gefangenen zufrieden, denn er sähe, wie fest er an seinem Glauben hinge; er gehe einen geraden Weg, und das werde ihm auch in jener Welt zu Statten kommen. Da er bereits von den Russen angenommen sei, so sei das Beste, ihn zu entlassen. — Als die Uebrigen nicht darauf eingehen wollten, gab er jenem einen Wink, sich heimlich zu entfernen. Diesem folgte Zürüm augenblicklich, worauf ein großer Tumult im Zelt entstand, Niemand aber herauskam, ihn zu verfolgen. Am nächsten Morgen fand man ihn vor der noch verschlossenen Hausthüre des Brüderhauses liegend, so mit Wunden und Beulen bedeckt, daß kaum eine heile Stelle an ihm zu finden war, aber doch mit Lob und Dank gegen Gott erfüllt, daß er seinen Peinigern entronnen war. Er wurde, sobald er sich von seinen Wunden erholt hatte, unter Begleitung nach Zaritzyn gebracht.

Am 25. October war der Tag, an welchem Sobnom und sein Bruder Dschimba die heilige Taufe in der griechischen Kirche zu Zaritzyn empfingen, welcher Handlung die Brüder Schill und Zwick beiwohnten.

Wir müssen den Bericht von unserer Missionsthätigkeit unter den Kalmücken schließen, ohne genauere Auskunft über das Ergehen unsrer früheren Pfleglinge zu geben, da der uns aufbehaltenen schriftlichen Nachrichten nur wenige sind.

Die äußerlichen Verhältnisse gestalteten sich anders, als sie gedacht hatten. Das Wohnen in festen Häusern, die ganz andere Lebensart, zu der sie in ihrer neuen Lage genöthigt waren, die ihnen ungewohnten Beschäftigungen, riefen Krankheiten hervor. Da sie nicht mehr nomadisiren konnten, hatten sie ihre Heerden zu geringen Preisen verkaufen müssen und geriethen in Armuth. Von der Pflege und Weiterbildung ihres inneren Lebens wissen wir auch nichts zu sagen, nur hörte man, daß Sobnom einem alten Laster, dem Trunk, von dem er frei geworden zu sein schien, sich später wieder ergeben habe. Die beiden Derböter Familien hatten längere Zeit keine Aussicht, getauft zu werden, da sich die

Verhandlungen darüber hinzogen. Zürüm blieb, wohl in Folge jener Mißhandlung, kränklich und schwach.

1824 kam ein Schreiben der Russischen Bibelgesellschaft an die Sareptische Abtheilung derselben des Inhalts: Da die Comitee der Russischen Bibelgesellschaft vernommen habe, daß die hiesige Abtheilung eine bedeutende Anzahl von Exemplaren der h. Schrift in kalmückischer Sprache besitze, habe dieselbe, (da, nach der Meinung des Präsidirenden zur Bewirkung der größtmöglichen Verbreitung derselben unter Nichtchristen es nöthig sei, sie auf keine andere Weise, als durch Geistliche der griechisch-russischen Kirche auszutheilen,) beschlossen, daß die Sareptische Abtheilung die noch vorhandenen Exemplare an den hochwürdigen Bischof von Pensa in Saratow abgebe, mit dem Ersuchen, sie durch griechische Geistliche in Umlauf zu bringen. — Im Herbst des Jahres wurde dem Befehl Genüge gethan.

Von den früheren Missionaren begab sich Schill 1824 nach Deutschland und setzte später seine Missionsthätigkeit in Westindien fort. Dehm starb 1825 in Livland und Hübner beschloß sein Leben im Kaukasischen Gebirge. Der alte Bruder Loos ging 1829 in Sarepta heim. Während der Begräbnißrede sammelten sich viele Kalmücken hinter der Kirche und hörten dem Gesang der Verse zu, keiner aber schloß sich dem Leichenzuge an. Dem Testament des Entschlafenen gemäß, berief der Vorsteher, Br. Zwick, am Nachmittag sämmtliche Frauen der, auf unserm Land stehenden Kalmücken zu sich und theilte ihnen pro Familie 10 Pfund Mehl und kalmückischen Ziegelthee aus. Außerdem erhielten die Frauen feines schwarzes Zeug zu dem bei ihnen gebräuchlichen Zopf-Futteral, in welchem sowohl die natürlichen, als auch die durch Kunst verlängerten Haarzöpfe verborgen werden; welche Geschenke, als ganz aus dem Geist des Volks heraus gedacht, mit vieler Freude empfangen wurden.

Anfragen die unsrerseits 1849 und 1860 an die betreffenden Behörden gestellt wurden, ob es uns gestattet sei, die Missionsthätigkeit von neuem zu beginnen, wurden abschläglich beschieden. Eben so wenig waren wir im Stand, der 1852 in Tibet begonnenen Mongolenmission von irgend welchem Nutzen zu sein.

Neuntes Capitel.

Die große Feuersbrunst.

Es bleibt nun noch übrig, zum Schlusse dieses Abschnitts das furchtbare Ereigniß zu schildern, das Sarepta an den Rand des Unterganges brachte, die Feuersbrunst vom $\frac{9.\ August}{28.\ Juli}$ 1823.

Seit Anfang Juni zeichnete sich der Sommer durch eine so anhaltende Hitze und Trockenheit aus, wie sie die ältesten Einwohner kaum gesehen hatten. Häufig stand schon am Morgen das Thermometer auf 25 bis 30° R., und nur zweimal wurde diese Hitze durch Gewitter unterbrochen, die aber auch nur auf Augenblicke die Atmosphäre abkühlten. Die Sarpa war dergestalt ausgetrocknet, daß die wenigsten Gärten gewässert werden konnten. Bretter, die schon zwei Sommer hindurch zum Trocknen gestanden hatten, zogen sich in dieser Gluth um einen Zoll zusammen und das Holzwerk, aus dem die meisten Gebäude bestanden, war dürr und feuerfangend wie Zunder.

In der Mittagsstunde des 9. August, als die meisten Einwohner sich der, unter diesen Verhältnissen nothwendigen, Mittagsruhe überlassen hatten, erscholl plötzlich die Sturmglocke. Alles eilte nach dem Ort der Gefahr, einem Hintergebäude des Wullschlägel'schen Gehöftes. Wenn ein Mordbrenner den geeignetsten Platz zur Ausführung seiner Schandthat hätte aussuchen wollen, so wäre seine Wahl auf keinen andern, als diesen gefallen. Es war dort nach und nach ein Complex von Hintergebäuden entstanden, die so in einander geschoben und verbaut waren, daß die Stelle gleichsam ein Knotenpunkt war, von dem aus das Feuer nach allen Richtungen hin Nahrung fand. Da der Windzug nach Westen ging, so stand in kürzester Zeit die ganze Ladenstraße bis an das Handlungshaus in Flammen; und nicht nur dies, sondern die Lohe lief auch rückwärts gegen die Strömung, nach Osten und entzündete in einem Nu das vis-à-vis der Häuser der Sarpastraße, welche durch den Brand von 1812 verzehrt worden waren. An Löschmannschaft mangelte es, da der größte Theil der Einwohner mit Bergung seiner Habseligkeiten beschäftigt war.

Das von den Flammen ergriffene Quartier und die beiden westlich angrenzenden mußte man bald verloren geben; alle Aufmerksamkeit und Abwehr mußte sich auf zwei Gebäude richten, die die Brücke zu den übrigen nordwestlich und nordöstlich gelegenen Theilen des Ortes bildeten, die Lichtgießerei und den Gasthof. An beiden Punkten waren, so lange man Wasser in den Cisternen hatte, die Spritzen in unausgesetzter Thätigkeit. Die Löschenden, die fortwährend mit Wasser übergossen werden mußten, um die Hitze aushalten zu können, arbeiteten fast über Vermögen, aber man sah, daß sie Frucht schafften. Die Flammen verminderten sich, man erkannte die Gefahr als im Abnehmen begriffen, und pries sich glücklich, weil man glauben konnte, dem zerstörenden Element Grenzen gesetzt zu haben. Aber nur kurz war diese Freude.

Von Neuem ertönte traurig die Glocke. Ein Wirbelwind erhob sich, durch welchen sich die herrschende Strömung in Südwest umsetzte und die hoch auflodernden Flammen dem nördlichen Theile des Ortes zutrieb. Durch Flugfeuer war fast gleichzeitig die, vor dem Zarityner Thor gelegene Schlachterei und eine hinter dem Brüderhaus stehende, mit Heu gefüllte, Scheune in Brand gerathen, so daß von drei Punkten aus das Feuer in veränderter Richtung einbrach. Die ganze nordwestliche Seite stand nun in Flammen und wälzte ihre Gluthen herwärts. Bei der gänzlichen Erschöpfung der Mannschaft, bei dem nun sich zeigenden Wassermangel schwand alle Hoffnung auf Rettung der Gebäude; nur ihren Inhalt suchte man in Sicherheit zu bringen. Das ganze ausgedehnte Territorium des Brüderhauses, Gerberei, Schlachterei, Tischlerei, Bäckerei, Färberei, die Mehlambare, Ställe und Schoppen, das Vorsteherhaus, die Apotheke und Branntweinbrennerei wurden in die Gluth hineingezogen. Der Anblick des brennenden Sarepta war jetzt, als die Nacht hereinbrach, ein furchtbar majestätischer; es glich einem förmlichen Feuerberg, dessen Fuß an der Ecke der Sarpastraße begann und dessen Gipfel über dem Brüderhaus sich erhob.

Aber nun, als wir das Centrum unsrer Gemeine, unser liebes Gotteshaus, den Flammen preisgegeben sahen, als wir uns ganz ohnmächtig fühlten, etwas zu seiner Rettung zu thun, als die Gebete aus tiefster Herzensinbrunst um Gnade und Verschonen zum Herrn emporstiegen, — da fanden wir Erhörung bei dem, der Wolken, Luft und Winden giebt Wege, Lauf und Bahn. Der Wind legte sich und zugleich langte frische Mannschaft, von dem Besitzer des benachbarten Dorfes Otrada, Popow, hieher gesandt, an. Diese Leute wurden auf die Dächer der bedrohten Häuser placirt, und löschten den hie und da aufs neue beginnenden Brand. So kam das Feuer zum Stillstand, die hölzernen

Gebäude sanken in sich zusammen, die steinernen brannten innerhalb ihrer Mauern aus, und die Hauptgefahr war vorüber. Aber, so abgemattet sie auch waren, kam doch kein Schlaf in die Augen der Einwohner, es war ein stetes unruhvolles Wandeln zwischen den hell erleuchteten Ruinen, das, in einiger Entfernung gesehen, einen unheimlichen Anblick gewährte.

Im Anfang der Gefahr hatte man den größten Theil der Habe in die Kirche geflüchtet; als diese aber bedroht wurde, brachte man sie in das Gärtchen inmitten des Marktplatzes, wo alles bunt durcheinander lag und Vieles gestohlen wurde. Und selbst hier war sie nicht aus dem Bereich der Gefahr, als plötzlich ein Windstoß von Norden sie mit einem förmlichen Feuerregen übergoß, so daß es Mühe kostete, das Anbrennen zu verhindern. Ein Theil der Alten und Schwachen hatte sich mit seinen Effekten auf der Südseite des Ortes in der Steppe gelagert und war von dem noch unversehrten Theil der Colonie durch die Flammen abgeschnitten. Sie konnten keine andre Kunde von dem Fortschreiten des Feuers erhalten, als durch das Schlagen der Thurmuhr, aus dem sie abnehmen konnten, daß unsre Kirche noch stand. Wohl hatten sie nie in größerer Angst und mit größerem Interesse auf die Stundenschläge gelauscht.

Als am folgenden Tag die Sonne über der verwüsteten Stätte aufging, war der Anblick wohl ein trauriger zu nennen. Gegen zwei Dritttheil unsrer Gemeine lagen in Schutt und Asche. 37 Wohn- und Fabrikhäuser, unter ihnen die schönsten und ansehnlichsten Gebäude, und ungefähr 160 Neben- und Hintergebäude waren ein Raub der Flammen geworden, mehr als 350 Menschen ohne Dach und Fach. Die Abgebrannten lagen mit dem, was sie gerettet hatten, in Schluchten der Steppe oder uaf den Plätzen, an denen sie die Nacht verbracht hatten, und das

Erste war, sie in dem noch stehenden Dritttheil des Orts liebreich aufzunehmen.

Aber noch während der folgenden Woche war man vollauf mit Löschen beschäftigt; nicht nur, daß die Vorräthe der Tabacksfabrik in den Kellern glimmten, auch einige 1000 Pud frischer Lohe, das Getreide der Brennerei, des Gasthofs, des Brüderhauses konnte nicht so schnell gelöscht werden. Vierzehn Tage lang hatten die verstärkten Nachtwachen noch viel zu thun und blieben im Dienst, bis endlich ein durchdringender Regen kam, der unsrer Sorge ein Ende machte.

Aber auch Menschenleben waren zu beklagen. Der Hauswirth, in dessen Gehöft das Feuer durch nachläßiges Wegschütten heißer, mit Kohlen gemischter Asche (durch die Unvorsichtigkeit eines Tatarenknaben) entstanden war, verbrannte sich in selbstvergessener Treue beim Retten der, ihm von der Gemeine anvertrauten, Waaren dergestalt, daß er nach einigen Tagen an den Wunden starb. Eine alte Schwester entschlief wohl in Folge des Schreckens am Tage des Unglücks neben den, ihrer Hut anvertrauten, Effekten. Beide mußten in der Geschwindigkeit, nur von einigen Geschwistern begleitet, ohne Feierlichkeit beerdigt werden, da die von den ledigen Brüdern bewohnte Kirche nicht so schnell geräumt werden konnte. Für die große Zahl der letzteren ein geeignetes Unterkommen zu finden, war auch keine leichte Sache; nothdürftig wurden sie in dem steinernen Nebengebäude des Schwesternhauses untergebracht und begannen dort, so viel es der Raum erlaubte, ihre Gewerbe. Kost und Wäsche erhielten sie vom Schwesternhaus. Am 12/24. August, dem ersten Sonntag nachdem die Kirche geräumt war, predigte J. M. Nitschmann über den Text: Der Herr verstößt nicht ewig, sondern er betrübet wohl, aber er erbarmt sich wieder nach seiner Güte, denn er nicht von Herzen die Menschen plaget und betrübet. Klagel. Jer. 3, 31—33. Mit vielen Thränen vernahmen die Geschwister das Wort der Buße und des Trostes, das ihnen verkündet wurde, und ihnen ward bange um das Herz, wenn sie an die Zukunft dachten. War die Möglichkeit fernerer Existenz an dieser verwüsteten Stätte vorhanden, oder schien es geboten, einen Ort zu verlassen, der nicht nur von jetzt an, sondern schon seit Jahren seinem Ruin entgegenging? War jetzt der Abschluß gekommen? Viele der ledigen Brüder verließen Sarepta, da es ihnen an Arbeit und Beschäftigung fehlte, kehrten nach Deutschland zurück oder gingen in Russische Städte.

Wohl dachte die Gemeindirektion auch an eine solche Möglichkeit, aber ehe diese officiell ausgesprochen war, mußte sie alles thun, was in ihren Kräften stand, um das Bestehen des Ortes zu sichern. Schon in der Nacht vor dem Brand hatten die Brüder durch Estafette die Nachricht erhalten, daß der Minister des Innern, Fürst Kotschubey, auf seiner Reise in die Krim Sarepta besuchen wolle, und daß man sich zu seiner Aufnahme bereit halten sollte. Nun war er in der Nähe, an eine Aufnahme war nicht zu denken, daher wurde beschlossen, eine Deputation an ihn nach Dubowka zu senden, und in einer Adresse ihm unsre traurige Lage, unsern Verlust, der sich auf mehr als eine Million Rubel belief, vorzustellen, damit er den **Monarchen** davon in Kenntniß setze. Am 20. August a. St. begaben sich B. Reichel, H. Langerfeld und Zwick dahin und wurden einige Tage später, nach seiner Ankunft, sehr wohlwollend empfangen. Nach Durchlesung der Adresse und mündlicher Mittheilung unserer Verhältnisse, sprach Se. Excellenz die Versicherung aus, daß uns geholfen werden müsse, und fragte, wie viel wir bedürften? Nach Vortragung der Bitte um einen zinsfreien Vorschuß von 200,000 Rubel auf 20 Jahre, entließ er die Brüder mit der Versicherung seines gnädigsten Wohlwollens und dem

Versprechen ihre Sache auch mündlich Sr. Majestät dem Kaiser aufs wärmste zu empfehlen. Nach der Rückkehr der Deputirten wurde eine specificirte Aufnahme des Schadens vorgenommen, und deren Resultat an den Dirigirenden des Tutelcomptoirs eingesandt. Da an einen großartigen Aufbau in diesem Jahre nicht mehr gedacht werden konnte, so kam es uns hauptsächlich darauf an, unsern finanziellen Krebit bei unsern Gläubigern aufrecht zu erhalten. In diesem Bestreben unterstützte uns das Direktorium der Brüder-Unität auf die zuvorkommendste Weise und bald liefen auch Unterstützungsgelder von Seiten der deutschen Brüdergemeinen und andrer Freunde ein, durch welche den augenblicklichen Verlegenheiten gesteuert wurde.

Das günstige Herbstwetter kam den interimistischen Bauten zu Hülfe, so daß noch in demselben Jahr die Apotheke, Tischlerei und Brennerei in Thätigkeit kommen konnten. In ähnlicher Weise behalfen sich noch verschiedene Privaten, so daß zum Schluß des Jahres doch 20 Gebäude in wohnlichen Zustand versetzt waren. Die Frage wegen Fortbestehens unserer Gemeine überhaupt sollte erst auf der 1825 zu haltenden, allgemeinen Synode der Brüder-Unität entschieden werden; dagegen schien es schon jetzt selbstverständlich, daß die Diaconie der ledigen Brüder, von deren Aufhebung, ihres verschlechterten Standes wegen, schon in den früheren Jahren die Rede gewesen war, unmöglich fortbestehen könne, sondern als aufgegeben zu betrachten sei.

Vierter Abschnitt.

Die Zeit von 1823—1865.

Erstes Capitel.

Umgestaltung der äußerlichen Verhältnisse Sarepta's.

Wenn man den Grundriß Sarepta's vom Jahr 1774, der Zeit der Plünderung durch Pugatschew, vergleicht mit dem vom Jahr 1823 nach der Feuersbrunst, so kann man manche Aehnlichkeit zwischen beiden finden. Denkt man sich eine Linie diagonal dem Marktplatz, von N. nach S. durch Sarepta gelegt, so finden wir 1774 auf der östlichen Seite derselben den Grund oder Stamm der Ansiedlung. Die Kirche, das Schwesternhaus, das Brüderhaus, wenigstens in seinen Nebengebäuden, die Lichtgießerei sind hier zu finden, wie auch eine Reihe von Privathäusern, die die eine Hälfte der späteren Sarpastraße, diesem Bach parallel laufend, bilden. Jenseit jener Diagonallinie finden wir in den bereits abgesteckten Quartieren oder Vierteln, nur einige wenige, theils hölzerne, theils steinerne Gebäude, von denen der Gasthof das hauptsächlichste ist. Hofräume und Gärten für weitere Baustellen sind angemerkt, aber noch nicht angebaut. Der ganze Plan zählt 24 Hausnummern, denn weiter war man damals noch nicht gekommen. Der Grundriß vom Herbst des Jahres 1823 auf gleiche Weise in zwei Hälften zerschnitten, giebt ein äußerlich ähnliches Bild, nur mit dem Unterschied, daß der der Geschichte Kundige hinter jenem ersten Grundplan eine hoffnungsvolle Zukunft, vor dem letzteren aber die traurigste Vergangenheit liegen sieht. Auf der östlichen Seite finden wir die von damals uns bekannten Gebäude, aber durch Zuwachs vermehrt, wieder; die Kirche, zwei Schwesternhäuser, Wittwenhaus, eben jene Hälfte der Sarpastraße, und, mit ihr correspondirend, östlich von der Kirche eine andere, ebenso einseitige, Gasse, kleinere, vereinzelte Etablissements und Höfe an der Sarpa nicht mitgerechnet. Auch hier mag sich die Zahl der Hauptgebäude auf 24 belaufen. Die westliche Seite jener Linie, die westliche Hälfte des Orts ist leer. Etwa 14 Ruinen steinerner Häuser, die aus einem Chaos von Schutt und Trümmern emporstarren, deuten uns undeutlich an, wo Straßen und Quartiere gewesen. Die Ostseite enthält nur ein Dritttheil (nicht des Areals, sondern) der Summe der Häuser, welche vor dem Brand Sarepta ausmachten. Gerade in den westlichen Quartieren ist der Hauptsitz des gewerblichen Lebens, aber auf engen Raum zusammengedrängt, die Häuser ineinander geschoben, verbaut und ineinander verwachsen, wie eine nach und nach entstehende, durch bestimmte Grenzen (den Wall) eingeschränkte Colonie sich eben bildet. Dieser Theil war durch den Brand vernichtet und durch ihn war Sarepta so zu sagen um 50 Jahre zurückgeschoben worden; es hatte in seinen Bauten denselben Umfang, wie nach Pugatschew's Plünderung und doch war seine Lage eine ganz andere.

Während damals die Bevölkerung noch eine geringe war, und nach glücklicher Heimkehr in ihren, wenn auch verwüsteten, Häusern Obdach finden konnte, waren jetzt zwei Dritttheile der Bewohner ohne Dach und Fach. Durch die Plünderung waren wohl auch die nöthigen Fabrik- und Gewerbegeräthe und Instrumente vernichtet worden, jetzt aber waren mit denselben auch die Locale verschwunden. Während damals nicht Hände genug da waren, das Zerstörte wieder zu erneuern, war jetzt eine große Zahl Personen überflüssig geworden, die durch die Vernichtung der Etablissements auch ihr Brod verloren hatten, und es hier wieder zu finden, nicht hoffen konnten. Die meisten von ihnen gehörten dem Chor der ledigen Brüder an, das, wie es einst durch die Diaconie derselben eine ökonomische Hauptstütze der Gemeine gewesen war, nun ihr zur Last wurde; die Diaconie wurde aufgehoben (s. vor. Cap.), da die wenigsten Gewerbe wieder in Thätigkeit gebracht werden konnten, einestheils, weil sie sich bereits überlebt hatten, anderntheils, weil man nicht die Mittel hatte, sie wieder einzurichten. Der pecuniäre Verlust von 1774 war wohl schon ein sehr empfindlicher, aber doch, gegen die Mittel der zusammenstehenden Brüderunität abgewogen, ein verhältnißmäßig geringer zu nennen; das, was Sarepta 1823 verlor, war, durch die bis dahin aufgelaufenen Verluste gesteigert, so immens, daß auch dem Getröstetsten und Beherztesten der Muth sinken mußte. Denn, hätte man auch ganz vom Wiederaufbau absehen wollen, so war nicht einmal Aussicht, den auf uns lastenden Schulden gerecht zu werden, oder auch nur die Zinsen dieser Capitalien aufbringen zu können. Hätte Sarepta damals allein gestanden, wäre es mit seinen Mitteln auf sich beschränkt gewesen, so wäre ein Bankerott unvermeidlich geworden; denn wenn auch die Regierung uns nach besten Kräften unterstützte, so war doch diese Hülfe nicht hinreichend, um der Noth wirksam entgegen zu treten.

Hier nun war es das Zusammenstehen, das Verbundensein mit der Unität der Brüdergemeinen, das uns nicht sinken ließ. Nicht nur, daß wir durch Collecten sämmtlicher deutschen Gemeinen unterstützt wurden; nicht nur, daß das Oeconomicum der

Brüderunität alles that, was in seinen Kräften stand, uns wieder aufzuhelfen, — Geldmittel allein hätten da nicht hingereicht, — vor allem war es die moralische Unterstützung, die den gesunkenen Muth hob, brüderliche Theilnahme und Rath, die durch die That bewahrheitete Versicherung, daß auch die schwerste äußere Noth nicht im Stande sei, das Band zu zerreißen, das uns und all' unsere Brüder im übrigen Europa umschlang, das Band der Liebe.

Dies Gefühl der Verbundenheit gab uns Muth, Halt und Kraft, uns auf das Aeußerste einzuschränken, Genügsamkeit bis in's Kleinste zu üben, Beharrlichkeit zu beweisen, um nach und nach die angehäufte Schuldenmasse abzutragen. Mit einem Wort, wäre Sarepta keine Brüdergemeine gewesen, so wäre entweder 1823 ihr letztes Jahr gewesen, oder der Ort wäre nach und nach dahingeschwunden und so manchen andern Stätten gleich geworden, von deren früherem Wohlstand man gegenwärtig keine Ahnung mehr hat. Gottes Plan und Gottes Wille mit unserer Gemeine war dies aber nicht, wie unser heutiges Bestehen nach 100 Jahren beweist.

Wohl war schon der Schaden, den eine große Zahl von Privaten durch den Brand erlitten hatten, kein geringer, in bei weitem höheren Grade traf er aber das Gemeinwesen und die Gemeindiaconie. Der Verlust der letzteren, zu welchem auch der des Brüderhauses gerechnet werden muß, betrug fast 600,000 Rubel, von denen nur circa 115,000 durch die Quote der Collectengelder gedeckt waren. Durch die Gnade **der hohen Krone** erhielt Sarepta einen Vorschuß von 100,000 Rubeln, der nach Verlauf von 6 Jahren in Raten zu 10 % abgezahlt werden mußte. Die Summe der Unterstützungen, die unserer Gemeine im Lauf der Jahre 1823 bis 1848 von dem Oeconomicum der Brüderunität zuflossen, belief sich auf 163,000 Rubel. Das

Uebrige, wozu noch die Abzahlung der alten Schulden und die Unterhaltung des Gemeinhaushaltes kam, mußte nach und nach durch den Erwerb unserer Handlungen und Gemeingewerbe aufgebracht werden.

Daß es unserer Gemeine gelang, dies zu leisten, daß sie, während keiner ihrer Gläubiger etwas einbüßte, im Jahr 1862 schuldenfrei dastand, das haben wir, nächst dem augenscheinlichen Segen Gottes, einem Mann im Directorium der Brüderunität zu danken, dessen Andenken Sarepta unvergeßlich sein soll. Dies war Christlieb Reichel, Mitglied der Unitäts-Aeltesten-Conferenz im Vorsteher-Departement. Als 1824 Niemand mehr an die Möglichkeit glaubte, daß Sarepta aus seiner unglücklichen Lage gerettet werden könnte, war er es, der nicht nur die Hoffnung nicht aufgab, sondern, in bewunderungswürdiger Klarheit, (obgleich abwesend,) unsere Verhältnisse durchschauend, die mancherlei Schäden in der theoretischen und practischen Verwaltung aufdeckend, im Stande war, die Mittel anzugeben, wie dieser Noth gesteuert werden könnte; bis in das Kleinste drang sein Geist und Scharfblick ein, und im Größten wußte er Rath. Die Synode der Brüderunität, die 1825 zu Herrnhut gehalten wurde, ging ernstlich in die Berathung, ob es nicht gerathen sei, Sarepta ganz aufzuheben, da man befürchten mußte, daß ein weiteres Fortbestehen die Noth steigern und es endlich unmöglich machen würde, auf ehrliche Weise, ohne Bankerott, zu demselben Ende zu kommen. Chr. Reichel, der seit mehreren Jahren der Correspondent unserer Vorsteher im Unitätsdirectorium gewesen war, trat nun als unser Advokat auf, und bewies der Synode mit unwiderleglichen Gründen, daß einestheils die Möglichkeit eines Fortbestehens noch vorhanden sei, anderntheils aber einer Aufhebung unübersteigliche Hindernisse im Weg lägen. Man entschied sich darauf hin für das Fortbestehen. Aber nicht nur hat dieser Mann in jener Zeit der Noth uns die wärmste Theilnahme bewiesen, sondern bis 1852 ist er als unser Correspondent in unausgesetztem Verkehr mit unserer Gemeine geblieben, und hat uns mit seinem schätzbaren Rath beigestanden. Gott hat ihn auch die Freude erleben lassen, seine Bemühungen mit Erfolg gekrönt, das Ende unserer Bedrängniß und Noth zu sehen, indem unsere Schuldenlast zur Zeit seines Heimgangs sich in einer Weise vermindert hatte, wie er es kaum zu hoffen gewagt hatte.

Wenn wir, menschlich zu reden, Daniel Fick den ersten Gründer Sarepta's nennen, so können wir in gleicher Sprachweise dem Bruder Chr. Reichel den Beinamen eines zweiten Gründers oder Retters Sarepta's beilegen.

In einem Schreiben vom 30. März 1824 gab er die Grundzüge an, nach welchen beim Fortbestehen der Gemeine gehandelt werden müsse. Dasselbe sei nur möglich unter zwei Bedingungen: 1) wenn, für den Fall, daß anderweitig für Aufbringung der Zinsen der unbedeckten Schuld gesorgt werde, bei gehöriger Einrichtung Aussichten und Mittel vorhanden seien zu defectlosem Bestehen; 2) wenn die künftige Einrichtung und Verwaltung des Oeconomicums so beschaffen sei, daß nicht nur auf weitere Unterstützung zum Bestehen der Gemeine, als jene Garantie der Zinsen biete, keinerlei Rechnung gemacht werde, sondern daß vielmehr alles aufgeboten werde, soviel als möglich zur Minderung der Schuld beizutragen. Ferner sei es bei Verwaltung des Oeconomicums, (das bis jetzt in das der Administration des Ortsvorsteheramtes und in das der Administration der Gemeindiaconie getheilt gewesen, —) von größter Wichtigkeit, daß in beiden nur ein ungetheiltes Interesse vorwalte, die Aufrechthaltung und Besserung des ökonomischen Zustands der Gemeine.

Die Kronsabgaben möchten durch eine mäßige Erhöhung der

Grundzinsen, die Polizeiabgaben durch das von den Gewerbetreibenden zu entrichtende Schutz- und Handthierungsgeld, die Jurisdictionskosten wenigstens größtentheils aus den Jurisdictionseinkünften bestritten werden. Zur Deckung der übrigen Gemeinausgaben könnten die Gemeinbeiträge der Individuen, die Einnahme vom Land und der Ertrag der Gewerbs-Branchen das Erforderliche liefern.

Da die eingegangenen Collectengelder hauptsächlich zur Abtragung der Schulden verwendet werden müßten, und die Mittel zum Wiederaufbau sich fast nur auf die Krons-Vorschüsse beschränkten, so könnten keine Kosten auf Gebäude verwendet werden, bei denen nicht überwiegende Wahrscheinlichkeit vorhanden sei, daß dieselben sich ohne Defecte verzinsen könnten; und selbst, wo dies der Fall sei, könne nicht mehr und nicht kostbarer gebaut werden, als Nutzen und Nothdurft es erfordern.

Die Handlung der Gemeine müsse eine radikale Reform erleiden, da sie in ihrer großen Ausdehnung, trotz aller erscheinenden Ueberschüsse, doch seit Jahren nur Defecte verursacht habe, indem dies plus sich aus den mit ihr verbundenen Gewerbs-Branchen herschreibe. Letztere, Weberei, Tabacksfabrik u. s. w. mußten von ihr getrennt und als directe Branchen der Gemeindiaconie fortgeführt werden. Die Handlung selbst möge dann in einen gewöhnlichen Kaufladen umgewandelt werden, wodurch der Aufwand sowohl jetzt beim Wiederaufbau, als auch in Zahl und der Salarirung des Personals beschränkt werden würde. Familienhäuser zur Vermiethung an Private könne die Gemeindiaconie nicht wieder aufbauen. Die Diaconie der ledigen Brüder, welche bei einer Schuld von 100,000 Rubeln, selbst dann, wenn ihr die Verzinsung derselben abgenommen würde, keine Aussicht hat, sich defectlos zu stehen, wird aufgehoben, und ihr Passivum auf Gemeindiaconie übertragen.

Die Gemeindirection, welche die Richtigkeit dieser Grundzüge sowohl, als auch die Nothwendigkeit ihrer Ausführung erkannte, machte sich nun an's Werk. Diejenigen Geschäfte, die unter den oben angegebenen Bedingungen nicht weiter geführt werden konnten, wurden aufgegeben, oder, wenn Privatleute willig waren, sie käuflich zu übernehmen, denselben überlassen. Aber auch mehr versprechende Etablissements, wie die Apotheke, Schlachterei, Seifensiederei sah man sich genöthigt, aus Mangel an den zum Betrieb nöthigen Mitteln an Privatleute abzugeben. Die Tabacksfabrik wurde in die restaurirte Ruine der Brüderhaus-Bäckerei und Schlachterei verlegt. Da der bisherige Chef der Handlung, Th. Cattanéo, austrat, um ein Geschäft auf eigene Rechnung zu gründen, so übernahm der Diaconie-Vorsteher A. G. Hopf neben seinem Amt die specielle Leitung dieser Branche und verlegte seine Wohnung aus dem alten Pastoratsgebäude, in welches J. M. Nitschmann zog, in das Nebengebäude des Handlungshauses. Die Früchte dieser Veränderungen und Reformen zeigten sich bald, so daß die Jahresrechnungen von 1824 nicht verfehlten, die Argumente Chr. Reichel's auf der Synode von 1825 zu unterstützen, und den Mitgliedern derselben Muth und Zutrauen zum Fortbestehen Sarepta's einzuflößen. Als 1825 bei Gelegenheit der Krönung des **Kaisers Nicolai I. Pawlowitsch** ein Manifest erschien, welches unter anderem einen Artikel enthielt, der von dem Erlaß der Hälfte der noch schuldigen Rückzahlung von solchen Kronsvorschüssen handelte, die wegen erlittenen Feuerschadens gewährt worden waren, wandten auch wir uns um den Mitgenuß dieser Gnade an die betreffenden Behörden, erhielten aber abschlägigen Bescheid. Ein gleiches Schicksal hatte die Bitte um Verlängerung der Zahlungstermine.

Wenn nun auch, Dank jener zweckmäßigen Veränderungen

und Einrichtungen, unsre Schuldenlast von Jahr zu Jahr abnahm, so war diese Verminderung doch nicht immer eine stetige; häufig traten Rücksprünge ein und die Schuld wuchs; öfters aber waren damit Verbesserungen des Status bewirkt, die den Defect aufwogen. Von 1831 an nahmen die Leistungen unsrer Handlungen und Branchen merklich zu, doch vermehrte sich die unbedeckte Schuld durch den 1838 ausgebrochenen Bankerott unsres Astrachanischen Commissionspostens, trotz aller Unterstützungsgelder, bedeutend. Von da an aber verminderte sie sich rasch, so daß schon nach zehn Jahren die Reserven der Gemeindiaconie sie um 30,000 Rubel überstiegen.

Im Jahr 1862 war sie nicht nur gedeckt, sondern sämmtliche Geschäfte waren auch mit den nöthigen Fonds und Reserven versehen.

Zweites Capitel.

Die Außenposten Sareptas. — Thätigkeit in den Saratowschen Colonieen.

Abgesehen von den Unterstützungen, die aus dem Ganzen der Brüderunität uns zu Theil wurden, war unsre Commissionshandlung Asmus Simonsen und Comp. in St. Petersburg die Quelle, aus der uns die meiste Hülfe zufloß. Schon seit mehreren Jahren vor Beginn dieses Abschnitts hatte dies Geschäft einen neuen Aufschwung genommen, und wurde mit Glück und Geschick geleitet. Da es in gleichmäßig gutem Gange blieb, machte P. Buck, der Nachfolger J. Schmidt's, den Vorschlag, in Riga eine Commandite des Geschäfts zu eröffnen, worauf die Sareptische Gemeindirektion nach reiflicher Ueberlegung jedoch nicht eingehen zu können glaubte. Einestheils schien eine solche bedeutende Vergrößerung des Creditwesens den Brüdern bedenklich, anderntheils wurde von aufrichtigen Freunden aus localen Gründen davon abgerathen. In gleicher Weise mußte ein später (1834) von Buck geäußerter Plan einer Geschäftscommandite in Kopenhagen aus ähnlichen Gründen von der Hand gewiesen werden.

1824 wurden unsre Petersburger Geschwister mit so vielen Anderen von Wassersnoth heimgesucht; an Waaren, Möbeln und Utensilien ging zwar viel verloren, jedoch wurde kein Menschenleben aus unserm Kreis gefährdet. Nachdem 1828 eine ähnliche Gefahr gedroht hatte, drang 1831 das Newa-Wasser bis an die Hauspforte, nahm dann aber wieder ab. Durch jene Wasserfluthen sowohl, als durch das Alter, war unser Handlungs- und Kirchen-Gebäude sehr baufällig geworden, was Br. Buck bewog, den Vorschlag zu machen, beide Häuser neu und zweistöckig aufzubauen, die Kirche mit einer Empore zu versehen u. s. w., was einen Aufwand von nahezu 100,000 Rubel erfordert hätte. Dies schien der Gemeindirektion Sarepta's für jetzt noch über ihre, kaum erstarkten, Mittel zu gehen, man verwies daher zur Geduld. Da man überhaupt in Sorge war, daß durch ein zu sehr vergrößertes Creditwesen der Handlung Gefahren drohten, so gereichte eine Revision, die der Direktor der Expedition des Oekonomicums der Brüderunität, Br. C. W. Just 1836 in unserm St. Petersburger Geschäft vornahm, zu großer Beruhigung, da er den Stand der Handlung zwar befriedigend und sicher fand, ihn aber durch Reducirung des Status und durch eine Reform des Creditwesens noch sicherer zu machen suchte.

Durch die Jahre sowohl, als auch durch das Fehlschlagen

mancher Lieblingsideen und Pläne war Br. Buck müde in seinem Dienst geworden, es war daher ein von ihm ausgehender Vorschlag, seinem bisherigen Commis, G. Zschoch, Antheil an der Leitung des Geschäfts zu geben, der Gemeindirektion nicht unwillkommen, um so mehr, da dieser schon damals als die Seele des Geschäfts anzusehen war. 1840 trat er in diese Stellung ein; aber schon 1845 erkrankten beide; Zschoch ging im Herbst des Jahres an der Schwindsucht aus der Zeit, Buck im December und beiden folgte im Januar 1846 J. M. Stephensen, dem die Procura übertragen worden war. Nachdem Br. Chr. Christiansen nur kurze Zeit die Leitung des Geschäfts übernommen, trat Bruder Fr. Morh, derzeitiger Vorsteher der Gemeine Sarepta, 1847 als Chef in die Handlung ein. Glücklicherweise hatten die Verhältnisse der vergangenen Jahre keinen wesentlichen Einfluß auf die Resultate der Handlung gehabt, die sich im Gegentheil immer günstiger gestalteten.

1849 konnte man ernstlich an den Neubau des immer mehr verfallenden Handlungsgebäudes denken, das auch durch seine äußere Erscheinung nicht mehr in die Reihe der, dasselbe umgebenden, Häuser paßte; auch sah man voraus, daß, wenn man selbst nicht daran dächte, die Stadtbehörde Veranlassung zum Neubau geben würde. Man begann also in diesem Jahr die Aufführung eines Gebäudes von drei Etagen, das außer den Räumen für Comtoir, Bude und Waarenlager auch hinlängliches Local für die Wohnungen zweier Chefs und sämmtlicher Commis des Hauses böte. In einem Nachbarhause fand man das nöthige Unterkommen während der Bauzeit, blieb auch in demselben vor einem drohenden Brandunglück bewahrt, und konnte am 27. März 1851 den Einzug in das neue Gebäude halten. In demselben Jahr erhielt auch der bisherige Commis Ed. Türstig die Berufung zum zweiten Chef der Handlung.

Auch in das neue Haus war Gott, der Herr, mit seinem Segen eingezogen; die Handlung gewann an Umfang und brachte entsprechende Resultate. Wenn auch der Krieg von 1854 und 1855 zeitweilige Stockungen im Handel verursachte, wenn auch unerwartete Bankerotte befreundeter Handlungshäuser nicht unbedeutenden Schaden brachten, so sah sich Asmus Simonsen und Comp. doch im Stand, neben den hieher abgeführten Ueberschüssen an freiwilligen Kriegssteuern sich stark zu betheiligen. Weil des gesunkenen Courses wegen Rimessen ins Ausland zu vermeiden waren, suchte man die Gelder im Inland anzulegen. Dies veranlaßte 1854 den Chef der Handlung, eine Fabrik von Stearin, Krapp und verschiedenen Säuren in Choroschowo bei Moskau zu pachten und späterhin käuflich zu übernehmen. Wenn hiebei auch ein sehr bedeutendes Anlagecapital nöthig war, und die guten Ueberschüsse der ersten Jahre auf innern Ausbau der Fabrik abgeschrieben werden mußten, also der Sareptischen Gemeindiaconie nicht direkt zu Gute kamen, so versprach doch das Geschäft einen mäßig guten Fortgang.

Noch bleibt uns übrig, einen Blick auf die zweite Seite unsrer Thätigkeit in St. Petersburg zu werfen. Wie aus der früheren Geschichte bekannt ist, hatte der im Interesse Sarepta's angestellte Agent sowohl das Amt der kirchlichen Bedienung der, sich dort aufhaltenden, Sareptaner, als auch eine freiere Thätigkeit in der sogenannten Societät. Als J. Mortimer 1832 um seine Ablösung bat, trat J. F. Nielsen an seine Stelle. Wie sein Vorgänger hatte er starken Besuch von heilsbegierigen Seelen, so daß die Räume zu eng wurden. Da außerdem unser Kirchenhaus, wie oben erwähnt, durch die Wasserfluthen sehr gelitten hatte, lag die Nothwendigkeit eines Neubaus sehr nahe, wurde aber eine Reihe von Jahren aus Mangel an Mitteln verschoben. Endlich 1841 erbot sich J. F. Nielsen, aus, ihm von Freunden geschenkweise zur Disposition gestellten, Mitteln, ohne daß Sarepta etwas von den Kosten zu tragen habe, einen Predigtsaal von größerer Länge und Tiefe, als der frühere war, zu bauen, worauf man nach Ueberwindung mancher Bedenklichkeiten einging. Am $\frac{25.\ Oct.}{6.\ Nov.}$ 1842 wurde die neue Kirche feierlich eingeweiht und dem Gebrauch übergeben, 1853 erhielt sie eine neue Orgel, die 1864 durch eine noch bessere ersetzt werden sollte.

Die Discretion gegen einen noch Lebenden verbietet, sich über denjenigen Theil seiner Thätigkeit auszusprechen, der sich auf die, nach innen sich richtende, Arbeit an den Seelen bezieht; soviel sei nur gesagt, daß der Herr sich nicht weniger zum Dienst dieses Dieners bekannt hat, als zu dem seiner Vorgänger. 1862 nöthigte ihn das Alter aus seiner Stellung auszuscheiden, welche seitdem Br. Th. Hans einnimmt.

Neben ihm waren verschiedene Brüder thätig, da es ihm bei zunehmendem Alter nicht möglich war, das weit gewordene Feld seiner Thätigkeit allein zu bebauen.

Noch ist zu erwähnen, daß bei den seit 1831 sich zeigenden Choleraepidemien unser Haus und seine deutschen Einwohner gnädig verschont geblieben sind, obgleich ihnen die Gefahr ziemlich nahe kam, und selbst einzelne ihrer Dienstboten im Haus von der Seuche weggerafft wurden.

Unser Commissionsgeschäft in Moskau wurde während der längsten Zeit des Abschnitts mit großer Vorsicht, Sparsamkeit und Treue verwaltet und zeigte einen guten Fortgang. Da unser Etablissement aber in einer Vorstadt liegt, so fand man den Vorschlag sehr gerechtfertigt, eine Bude in einer der belebteren Straßen des Centrums, dem Kaufhof gegenüber, zu miethen und das Geschäft dahin zu verlegen. Dies wurde 1828 ins Werk gesetzt und zeigte sich sehr vortheilhaft, zumal Br. Fr. Blüher dadurch in den Stand gesetzt wurde, den oberen Theil des Wohnhauses an Miether abzugeben. Dagegen sah man von dem Gedanken ab, das Haus mit dem Grundstück zu veräußern, wozu man eine Zeitlang neigte, da die Beschaffung eines günstiger gelegenen in Kauf oder Miethe zu viel Schwierigkeiten bot. Nachdem schon 1857 Br. Blüher um seine Demission gebeten hatte, aber zur weiteren Fortführung des Geschäfts sich willig hatte finden lassen, nahm er 1860 mit zunehmendem Alter seinen Abschied und überließ die Direktion der Handlung dem jetzigen Chef Fr. Clemens.

Auch diesem Geschäft und seiner Führung verdankt Sarepta vielen Nutzen. Die Grundzüge der Verwaltung waren Zuverlässigkeit, Solidität und vorsichtiges sich Fernhalten von gefährlichen Speculationen und weit ausschauenden Plänen. Jederzeit hatte die Gemeindirektion Grund, über dasselbe beruhigt zu sein und sich auf seine mäßigen aber sichern Resultate zu verlassen.

Zwei kleinere Commissionsposten entstanden in diesem Zeitabschnitt in der Nähe Sarepta's. Der eine wurde 1825 in Zaritzyn gegründet und ging 1831 in eine Commandite des, von J. Loretz in Sarepta übernommenen, Handelsgeschäfts über. Neben diesem etablirte sich 1857 ein zweites Sareptisches Magazin, E. Goldbach und Söhne. — In Dubowka ließ sich 1843 ein Sareptischer Privatmann nieder, von welchem 1853 die Diakonie der Gemeine das Geschäft käuflich übernahm, es aber 1863 wieder in Privathände abgab.

Seit längerer Zeit waren von Seiten der Sareptischen Handlung Abr. Lorenz und Comp. Reisen an die Kaukasische Linie (Militärcordon) gemacht worden, und hatten erfreuliche Resultate geliefert, indem Sareptische Fabrikate dort guten Absatz fanden. Ein uns bekannter Uhrmacher, Scholp, in Tiflis hatte später Waaren, wie Taback, Senf u. s. w. von hier bezogen, sie en gros an Armenier abgelassen, die dieselben en détail zu enormen Preisen verkauften. Dies brachte die Gemeindirektion auf den Gedanken, dort einen Detailhandel zu eröffnen und zu diesem Zweck reiste 1830 der Vorsteher der Diaconie, H. A. Zwick, von zwei jungen Leuten begleitet, dahin ab. Nach mancherlei Schwierigkeiten gelang es, dort einen Handel zu etabliren, der aber, nachdem er ein vierjähriges krankes Dasein gefristet hatte, mit Schaden aufgehoben werden mußte, und nicht wieder aufgenommen wurde.

In Astrachan hatte sich 1826 Benj. Loretz als Commissionär auf eigne Rechnung etablirt. Als 1830 die Cholera mit so beispielloser Heftigkeit ausbrach, daß täglich durchschnittlich 200 Menschen starben, und von den 40,000 Einwohnern Astrachans 7000 erlagen, machte er sich, da auch seine Frau durch diese Krankheit vollendet worden war, mit seinen drei Kindern auf den Weg hieher, um diesem Schreckniß zu entfliehen. Aber noch nicht drei Stationen von Astrachan entfernt, wurde auch er ein Opfer der Seuche. Sein ihn begleitender Commis brachte die Waislein glücklich nach Sarepta, von wo sie zunächst zum Zweck einer Art Quarantaine an den Gesundbrunnen versetzt wurden. Aug. Tornow, Commis der hiesigen Handlung, wurde nach Astrachan geschickt, um die Inventur des Nachlasses zu besorgen; er fand an dem Weg die Grabstätte unseres Bruders Loretz ziemlich verwüstet vor, und brachte sie wieder einigermaßen in Ordnung. Die Waaren, welche, nach einem unterdessen geschehenen Diebstahl durch Einbruch, übrig geblieben waren, wurden einem Bekannten zur Verwahrung übergeben, bis Tornow, seines Engagements ledig, den Posten übernehmen konnte. Aber auch dieser starb schon 1834, nachdem er in einem langen Prozeß mit der Stadtbehörde verwickelt gewesen war, welche Einsprache gegen unsre Handelsprivilegien that. Die Sache wurde schließlich auf Betrieb unsers Agenten in St. Petersburg durch direkten kaiserlichen Entscheid zu unsern Gunsten beendet, so daß auch die bereits eingezogenen Strafgelder (gegen 900 Rubel) wieder zurückgezahlt werden mußten.

Die Begebenheiten der vergangenen Jahre hatten die Gemeindirektion zu dem Entschluß gebracht, künftighin diesen Posten nicht mehr einem Privatmann zu selbstständiger Verwaltung zu überlassen, da sie, wenn ein solcher kein eignes Vermögen habe, wohl am Risico und an der Garantie, aber nicht am Nutzen participire, sondern ihn für Rechnung der Gemeine zu verwalten. Wenn es auch aus pecuniären Rücksichten für den Augenblick vortheilhafter gewesen wäre, ihn ganz aufzugeben, so war es doch zur Wahrung der eben bestätigten Privilegien nothwendig, ihn bald möglichst zu besetzen. Die Wahl fiel auf einen jungen Mann, der in unserm Petersburger Geschäft das beste Zeugniß hinsichts seiner kaufmännischen Talente und Kenntnisse, seines Eifers und Ernstes hatte, dessen Leidenschaft aber, wie man zu spät erfuhr, die Speculation war. Nach Verlauf von 2 Jahren ergab es sich, daß er bedeutende, unsrer Handlung gehörende, Gelder zur Deckung von Privatverlusten, die er sich durch Actienspeculationen zugezogen hatte, verwendet habe. Da es auf der Hand lag, daß er das Geschäft nicht fortführen konnte, reiste der damalige Vorsteher L. Menz mit einigen Brüdern hin, um es ihm abzunehmen, fand es aber bereits im Zustand völligen Bankerotts. Nach erfolgter Liquidation wurde dieser Posten, da man derzeit keine passenden Personen an der Hand hatte, die ihn für Rechnung der Gemeine verwaltet hätten, in Privathände übergeben, in denen er bis 1847 blieb. Als der letzte Besitzer plötzlich an der Cholera starb, und aus dessen Nachlaß, bei einer, wenn auch nur kurzen, aber verständigen Verwaltung, sich die Rentabilität des Geschäfts ergab, machte die Gemeindirektion einen abermaligen Versuch, dasselbe für die Gemeine führen zu lassen und war so glücklich, in dem jetzigen Chef der Handlung, H. Niederer, den passenden Mann zu finden. Trotz kleinerer Unglücksfälle und größerer Gefahren, die ihm drohten, blieb dieser Commissionsposten nicht nur in seinen Resultaten sich gleich, sondern dieselben stiegen von Jahr zu Jahr, so daß man bis jetzt nicht Ursache gehabt hat, die Wiedereinrichtung dieses Geschäftes zu bereuen.

Noch in andrer Weise hatte unsre Gemeine Gelegenheit, zu dieser Zeit in Astrachan thätig zu sein. Da die Predigerstelle der dortigen kleinen lutherischen Gemeine nur zeitenweis besetzt war, so erging zu verschiedenen Zeiten an die Prediger unsrer Gemeine die Bitte, sie mit Wort und Sacrament zu bedienen, wozu man von Herzen gern willig war. J. M. Nitschmann reiste zu diesem Zweck 1827 und 1831, J. Chr. Bechler 1838 und 1839, C. W. Jahn 1854 dorthin. Eine Diasporathätigkeit hat in dieser Gemeine nie bestanden.

Letztere hatte auch, wie zum Schluß des vorigen Abschnitts bemerkt worden ist, in den Saratowschen Colonieen ganz aufgehört. Ein kleines Commissionsgeschäft bestand noch in Lesnoi-Karamüsch unter der Direktion des Bruders J. A. Wernitz. Als nach längerer Kränklichkeit dieser 1826 aus der Zeit ging, waren die Geschäfte hier sowohl, wie in Catharinenstadt, wo sie ein Freund der Gemeine besorgte, so unbedeutend geworden, daß man beschloß, beide Posten für Rechnung der Gemeine nicht weiter zu führen. Ersterer wurde jedoch von Privaten eine Zeitlang fortgesetzt, bis der letzte derselben, L. Schnepf, ihn mit dem in Saratow (1831) vertauschte.

Von geistlicher Thätigkeit unter den Colonisten überhaupt ist noch zu erwähnen, daß, wenngleich in den Jahren 1852 und 1853 uns wieder das Ansuchen gestellt wurde, eine Diasporathätigkeit auf diesem Feld von Neuem zu beginnen, man sich aus verschiedenen Gründen dazu nicht entschließen konnte, sondern lieber versuchen wollte, den bei uns wohnenden Colonisten zu dienen. Der damalige Prediger Jul. Conzer suchte die jungen Burschen um sich zu versammeln und nützlich zu beschäftigen, auch wurde eine kleine Bibliothek ihnen zur Benutzung gegeben. 1856 erbaute ihnen die Gemeine ein neues geräumiges Schulhaus, und ein anderes Gebäude wurde dem Zweck gewidmet, in demselben erkrankte Glieder ihrer Gemeine, die ihre Familien nicht am Ort hatten, sowie überhaupt fremde Patienten zu pflegen. Der Plan, eine eigentliche innere Mission oder wenigstens Büchercolportage bei ihnen einzurichten, kam nicht zur Ausführung.

Drittes Capitel.

Innere Gemeingeschichte.

Ebenso wie das Ereigniß des 9. August 1823 den ökonomischen Zustand unsrer Gemeine tief herabdrückte, so hatte es auch eine nachhaltige Wirkung auf das, was man den äußerlichen Wohlstand des inneren Gemeinlebens nennen könnte.

Manchem unbefangenen Leser dieser Geschichte mag die große Anzahl der Personen aufgefallen sein, die besonders im Anfang die Gemeindirektion Sarepta's ausmachten, und dem unsers innern Lebens Unkundigen kann dies als ein gewisser Luxus erschienen sein, während wir es nur als eben jenen Wohlstand bezeichnen möchten. Blicken wir Beispiels halber in das Jahr 1782 zurück: Damals stand Johann Nitschmann als Gemeinhelfer und

Prediger an der Spitze, ihm zur Seite Näbel als Ehechorpfleger. - Seelsorger der ledigen Brüder war Weitenauer und dessen Gehülfe Chr. Fr. Gregor. Gleiches Amt verwalteten bei den ledigen Schwestern Anna Lund und S. Nitsche, bei den Wittwen E. Nitschmann. Im Oeconomicum waren thätig Daniel Fick als erster Vorsteher, Jac. Loretz als Mitvorsteher, Chr. Hasse als Vorsteher der Gemeindiaconie, (zeitenweis von einem Gehülfen unterstützt); dazu kam Tiedemann als Justitiar der Prawlenie (Gerichtes). Vorsteher der Diaconie der ledigen Brüder war G. A. Sörensen und in gleichem Amt in der Diaconie der ledigen Schwestern E. Jestinsky, mit ihrer Gehülfin J. Stephan. Im ganzen also ein Personal von 13 bis 14 Personen. Und fassen wir den Dienst an der Gemeine in weiterem Sinne, so finden wir an den, damals noch nicht zahlreich besuchten zwei Schulen, je drei Personen angestellt; in Summa also gegen 20 Personen. Die so starke Besetzung der Aemter hatte ihren Grund in der bedeutenden Geschäftslast, die auf den Einzelnen lag, und die sich bei weitem mehr auf das Specielle bezog, als heutigen Tages. Dazu kam, daß, im ökonomischen Theil besonders, einzelne Glieder häufig auf Reisen und daher abwesend waren, und zu solchen Zeiten, wie auch in Krankheits- und Todesfällen, von anderen vertreten werden mußten, die in ihre Geschäfte eingeleitet waren. Die Kosten der Unterhaltung eines solchen Personals konnte aus dem Ertrage der Gemeingewerbe, die zu diesem Zweck gegründet waren, bestritten werden, so daß also durch diesen Wohlstand niemandem eine Last erwuchs.

Vergleichen wir mit diesem Stand der Dinge denjenigen, welcher nach jener Feuersbrunst eintrat, so finden wir ihn, zunächst aus Mangel der Sustentationsmittel auf's äußerste reducirt und verkümmert. Die Aemter des Gemeinhelfers, Ehechorpflegers und Predigers waren dem Br. Joh. M. Nitschmann übertragen, das des Gemeindiaconie-Vorstehers, des Brüderhausvorstehers, ja sogar das des Seelsorgers der ledigen Brüder dem Br. H. A. Zwick, der allerdings zeitenweis einen Gehülfen hatte. Ortsvorsteher und Justitiar zugleich war J. H. Langerfeld. Die Aemter im Chor der ledigen Schwestern waren ebenfalls einfach besetzt, und die Knabenschule mußte sich mit zwei, ja zu Zeiten mit einem Lehrer begnügen, während in der der Mädchen wenigstens zwei Lehrerinnen dienten. Man hatte also eine Reduction der Zahl der Dienenden auf weniger als die Hälfte vornehmen müssen. Wenn auch in jenen Zeiten unsere Gemeine sehr abnahm, indem viele der Nahrlosigkeit wegen oder aus anderen Gründen sie verließen, wenn auch die Gewerbe der Gemeine sehr verringert und in engern Grenzen eingeschlossen waren, so wurde doch zu manchen Zeiten die geringe Zahl des Personals sehr merkbar empfunden, und dieser Mangel durch die anerkannte Tüchtigkeit der Betreffenden nicht immer aufgewogen. Unverkennbar ist, wie in einer Reihe von Jahren ein schwerer Druck auf den Leitern der Gemeine lag, da es nicht blos galt, in den ökonomischen Nöthen den Muth nicht sinken zu lassen, sondern auch mit Ernst und Strenge anzukämpfen gegen Gefahren, die von innen unserer Gemeine drohten.

Wenn auch das schwere Unglück, das uns betroffen, nicht verfehlt hatte, auf viele Gemüther einen tiefen Eindruck zu machen, wenn auch der ernstere Theil wohl erkennen mußte, daß dieser Schlag nicht von ungefähr gekommen, sondern anzusehen sei, als Aeußerung der züchtigenden und strafenden Hand Gottes, so schien doch bei vielen diese ernste Mahnung bald fast vergessen zu sein. Nicht nur zeigte sich, besonders bei dem heranwachsenden Geschlecht ein Mangel an Verständniß und Sinn für unsere Eigenthümlichkeiten, als die einer Brüdergemeine, sondern auch offenbare Laster und Sünden traten mehr hervor, als vordem. Eine Periode dieser Zeit trug in gewissen Kreisen als Signatur den Stempel einer Gemeinheit und Rohheit, wie sie vorher und nachher sich, Gottlob! nicht wieder gezeigt hat. Diese kurze allgemeine Erwähnung einer hinter uns liegenden, unserer Gemeine nicht geringe Gefahr drohenden, Zeit möge genügen, da sie, wenn auch Decennien dazwischen liegen, uns doch noch zu nahe steht, um dem Schreiber zu gestatten, in's Einzelne zu gehen. Aber Stoff zum Dank soll sie uns bieten, zum Dank gegen den Herrn, der uns aus Gnaden glücklich durch sie hindurch geführt hat.

Daß unter solchen Verhältnissen den geistlichen Arbeitern der Gemeine die Führung ihrer Aemter oft sehr sauer wurde, war natürlich; um so mehr ist es zu würdigen, daß die meisten von ihnen lange Jahre auf ihrem Posten blieben, ohne um Ablösung einzukommen. Die Wenigsten jedoch haben ihre Tage hier beschlossen. Zu letzteren gehörte J. H. Langerfeld, der 1834 nach 17jährigem Dienst in hiesiger Gemeine entschlief. Er war der letzte Administrations- oder Ortsvorsteher, da nach seinem Tode sein Amt mit dem des Diaconie-Vorstehers verbunden wurde. Da aber die Geschäfte für einen Mann zu umfangreich zu sein schienen, so wurde L. Menz als Mitvorsteher in beiden Aemtern berufen, um im Falle der Vacanz oder Abwesenheit des Vorstehers seine Stelle zu vertreten, und einst, gut eingeleitet, sein Nachfolger zu werden. Bald erkannte man jedoch, daß eine derartige Verwaltung der combinirten Aemter viele Schwierigkeiten und Hindernisse habe, und daß doch schließlich ein Vorsteher, mit Hülfe eines, der russischen Sprache mächtigen, Secretairs im Stande sein würde, beide Aemter zu umfassen. Die darauf zielenden Vorschläge wurden der 1836 gehaltenen Synode zur Entscheidung vorgelegt, zur Ausführung bestätigt und in Folge dessen erhielt H. A. Zwick einen Abruf zu ähnlichem Dienst in Deutschland, während L. Menz in die Stelle eines Orts- und Gemeindiaconie-Vorstehers einrückte.

Als Deputirter zu eben dieser, in Herrnhut gehaltenen, Synode war I. M. Nitschmann von unserer Gemeine gesandt worden und beschloß mit diesem Dienst seine 18jährige, gesegnete Thätigkeit an derselben. Er hat das Zeugniß, daß er verstand: „sehr freundlich mit den Seelen zu reden, die Schwachen zu tragen, aber auch um das Haus des Herrn zu eifern, und mit ganzem Ernst zu strafen."

Er besaß die Liebe, die alles glaubt, alles hofft, alles duldet. Der Character seines Großvaters, des seligen Bischofs Johann Nitschmann, war auch der seinige, den ein Zeitgenosse mit folgenden Worten schildert: „Herzlich, väterlich, liebreich, erbaulich, offen, ungezwungen, ein liebevolles Herz gegen den Heiland und gegen seine Brüder." Er genoß nicht nur als ein Kind unserer Gemeine, sondern auch in seinem Amte als ein Vater derselben die Liebe Aller. Die Tüchtigkeit und Treue, die er in seinem hiesigen Dienst bewiesen, machte ihn fähig über größeres gesetzt zu werden. Als Mitglied der Aeltesten-Conferenz der Brüderunität beschloß er 1862 in Berthelsdorf, nach 45jährigem Dienst in der Brüdergemeine, seine Tage.

Sein Nachfolger im Amte des Gemeinhelfers war der Bischof Chr. Fr. Bechler, welcher, nachdem er 30 Jahre in Amerika im Dienste der Brüdergemeine gestanden, hieher berufen wurde, und 10 Jahre den Posten bekleidet hat, nach den Gaben, die ihm der Herr verliehen hatte. Er war ein Mann von nicht geringer Gelehrsamkeit und kunstverständiger Liebhaber der Musik. Seiner Versicherung nach ist er glücklich unter uns gewesen, und würde seine Lebenstage auch hier beschlossen haben, wenn ihn nicht das deutsche Vaterland mächtig gezogen hätte. 1848 wurde er zur Unitätssynode von der Gemeine deputirt und hinterließ in seinem Amte seinen bisherigen Gehülfen, den Prediger C. W. Jahn. Dieser, wie J. M. Nitschmann, ein Sareptaner und Sohn unseres Gemeinarztes, hatte 1832 seine erste Anstellung in unserer Gemeine, als erster Lehrer der Schule und Mit=Prediger erhalten. 1835 trat er ganz in dies Amt ein, mit dem nach Bechler's Abruf das des Gemeinhelfers verbunden wurde. 1854 zu einem Mitglied des Unitätsdirectoriums erwählt, wurde er nach kurzer Zeit vom Herrn heimberufen. Auch er hat das Zeugniß eines treuen und gesegneten Dieners unserer Gemeine. Julius Lonzer, welcher 1847 in's Predigtamt eintrat, inter=imistisch auch das des Gemeinhelfers bekleidet hat, widmete sich mit großem Eifer der Direction unserer Schulen, die während seiner Amtsführung blühten und mehr als 30 Schüler und Schülerinnen von auswärts hatten.

Die Amtsnachfolger dieser Männer im letzten Decennium mögen nur namentlich erwähnt werden. G. Th. Reichel über=nahm 1855 das Gemeinhelferamt, wurde 1858 von H. G. Fur=tel abgelöst, dem aber schon 1859 H. Müller folgte. Das Amt eines Mit=Predigers verwaltete von 1852 bis 1857 G. B. Müller, von dem es Fr. Peter übernahm, nach dessen Abruf 1863 der jetzige Gehülfe im Predigtamt A. Glitsch.

Diejenigen Vorsteher der Gemeine, welche wieder hoffnungs=vollere Zeiten sahen und herbeiführen halfen, waren Fr. Morh und Fr. W. Schulze=Röchling. Ersterer trat 1840 ein, und ging, nachdem er sich auf mannigfache Weise um unsere Gemeine und Commune verdient gemacht hatte, wie oben erwähnt, in unsere Handlung Asmus Simonsen u. Comp. als Chef über. Letzterer erreichte durch seine rastlose Thätigkeit, durch seine Sorge für Alles und Jedes, die bis in das Kleinste ging, ebenfalls er=freuliche Erfolge. Abgearbeitet und dienstesmüde kam er 1857 um seine Ablösung ein, die ihm aber in anderer Weise zu Theil wurde, da der Herr selbst ihn 1858 aus dem Arbeitsjoch ausspannte und in seine Freude eingehen ließ. Sein Nachfolger war bis zum Jahre 1864 G. Th. Büttner, den der jetzige Vorsteher E. Th. Groche ablöste.

Noch zwei Männer müssen erwähnt werden, die sich ebenfalls durch ihren Dienst an unserer Gemeine verdient gemacht haben. Fast 40 Jahre war C. Jahn, der Nachfolger Seybels, als Arzt unter uns thätig. Schwächlich dem Leibe nach zeichnete er sich durch seine geistige Kraft und seine ganze Characteranlage vor vielen seiner Mitbürger aus. Verständige Besonnenheit, ausdauernde Unverdrossenheit, Hingabe, Aufopferung, Gewissenhaftigkeit, ein außerordentlich ausgeprägter Sinn für das Recht, bei Heiterkeit und Unbefangenheit des Gemüths, machten ihn der ganzen Gemeine schätzenswerth. Nicht nur in Abwartung seines Berufs, in welchem er tüchtige Kenntnisse mit practischer Erfahrung verband, sondern auch in williger Uebernahme mancher Gemeinämter zeigte er seinen Christen- und Brudersinn. Sein scharfblickender Geist, sein gesunder Verstand, gereichte der Direktion der Gemeine vielfach zum Nutzen. Daß er die uns drückenden Finanznöthe auf treuem Herzen trug, beweist ein ausführlicher Aufsatz von seiner Hand, in welchem er verschiedene Mittel zur Abhülfe vorschlug. Fast war er erblindet, als der Herr ihn abrief, und sein Schwiegersohn Joh. Eck im Amt ihm folgte. Auch dieser war allgemein geliebt wegen seiner Diensttreue, Uneigennützigkeit und Wohlthätigkeit gegen die Armen nah und fern, über welcher er fast das Seinige vergaß. 1856 ging er heim.

Endlich sei hier noch gedacht des Todes zweier Männer, die früher in nahen Beziehungen zu Sarepta gestanden haben. 1847 starb in St. Petersburg der, aus der Geschichte der Kalmückenmission uns wohlbekannte Is. Jac. Schmidt, der nach seinem Austritt aus userm Dienst als Secretair der Petersburger Bibelgesellschaft seine Stelle fand, und später als Orientalist zum Mitgliede der kaiserlichen Akademie der Wissenschaften und zum wirklichen Staatsrathe ernannt wurde. Bis an seinen Tod blieb er ein Mitglied unserer Gemeine.

Der zweite ist Joseph Hamel, (Sohn des früheren Polizeiaufsehers Chr. Hamel,) welcher sich ebenfalls durch nicht gemeine Talente und einen eisernen Fleiß im naturwissenschaftlichen und gewerblichen Fach zu der Würde eines Akademikers und Staatsraths aufschwang. Er starb 1862. Wenn in den letzten Jahren seine Beziehungen zu unserer Gemeine auch lockerer geworden waren, so bewies er derselben doch sein Interesse und seine Liebe, durch ein, in seinem Testament unseren Schulen vermachtes, nicht unbedeutendes Legat. Wie schon oben erwähnt, gehörte das Institut unserer Schulen auch zu denjenigen Theilen des Gemeinwesens, die durch die Folgen der Feuersbrunst schwer zu leiden hatten. Die nöthigen Lehrer aus dem Auslande kommen zu lassen, — dazu fehlten die Mittel; sie aber hier zu finden, war um deßwillen schwierig, da alle etwa dafür Befähigten dahin strebten, in Stellungen zu kommen, die ihnen ein häusliches Etablissement gestatteten, was beim Schuldienst, der geringen ihm zufließenden Einnahmen wegen, unthunlich war. Denn so gering auch die Schulgelder waren, fanden sich doch viele Eltern außer Stand, nur diese zu erlegen, was zeitenweis zu dem Gedanken drängte, diese Institute nach Art der Dorfschulen durch einen Lehrer und eine Lehrerin besorgen zu lassen, was aber glücklicher Weise nur für kurze Zeit in Ausführung kam. Schon 1826 waren die Bürger willig, das Schulgeld zu erhöhen, so daß doch wenigstens zwei Lehrer und zwei Lehrerinnen im Dienst blieben. Da das Schullokal der Knaben zugleich mit dem Brüderhause niedergebrannt war, wurde es zunächst in die stehengebliebene Färberei und 1827 in das, als Brüderhaus fungirende, Nebengebäude des Schwesternhauses verlegt, wo es bis auf den heutigen Tag geblieben ist. 1832 hatte die Knabenschule den Vortheil, daß C. W. Jahn als Lehrer eintrat und so wieder drei Classen constituirt werden konnten. Zu verschiedenen Zeiten kam es zur Einrichtung einer sogenannten „Tagesanstalt", durch welche den Kindern die Möglichkeit geboten wurde, unter den Augen der Lehrer zu arbeiten; ein 1837 gefaßter Plan, zwei Pensionen für Knaben und Mädchen zu gründen, kam nicht zur Ausführung. Dagegen kam eine Kleinkinderschule als Präparationsclasse für die eigentliche Schule zu Stande, die sich als sehr zweckmäßig erwies und noch heute im Leben steht. 1848 erging von dem Dirigirenden des Deutschen Comtoir's in Saratow die Anfrage an uns, ob wir in unsere Schule fähige Colonistenknaben zur Ausbildung annehmen würden. Der damalige Schulinspektor Jul. Lonzer ging lebhaft auf diese Idee ein. Da man, aus schon früher genannten Gründen, von einer eigentlichen Pension absehen mußte, beschränkte man sich darauf, Knaben in Familien des Ortes, Mädchen bei der Vorsteherin des Schwesternhauses in Kost und Logis zu geben, und ihnen den Besuch unserer Schule zu gestatten. Schon in demselben Jahr wuchs die Zahl der fremden Schüler auf 16, im nächsten auf 32 und 1850 auf 34 Personen. Diese Einrichtung hatte für uns den Vortheil, daß uns ein Mangel unserer Schule klar zum Bewußtsein kam, nemlich der eines Russischen Sprachlehrers. Die Landessprache war bis dahin wohl grammatikalisch und in dieser Beziehung gründlich gelehrt worden, so weit eben die an der Schule angestellten deutschen Lehrer in die Sprache einzubringen vermochten, und es ist auffällig, wie trotz der Mangelhaftigkeit dieses Unterrichts manche der Schüler so weit kamen, sie sich später selbstständig weiter bilden konnten. Die mannichfachen Versuche, die nun gemacht wurden, durch Anstellung [von] gebildeten Nationallehrern dem Mangel abzuhelfen, wiesen, [mit] wenig Ausnahmen, geringe Erfolge auf, denn wenn auch [einiger]weis die russische Umgangssprache den Kindern geläufig [wu]rde, so fehlte es doch vielfach bei Lehrenden und Lernenden an [der] klaren Auffassung der grammatikalischen Regeln dieser schweren Sprache. Da aus verschiedenen Gründen die Lehrer oft [wech]selten, und man einsah, daß die Sache keinen Bestand haben [wür]de, wenn nicht ein Mann von der nöthigen sprachlichen Bildung zu diesem Zwecke geschult und in seinem Amte etablirt [wu]rde, sandte man 1861 einen unserer bisherigen Lehrer zur [nö]thigen Ausbildung nach St. Petersburg, der sich dort längere [Z]eit mit dem Studium der Sprache beschäftigte und dann als [Fa]chlehrer dieses Gegenstandes nach Sarepta zurückkehrte.

Doch schon 1853 begann die Zahl der fremden Schüler sich zu vermindern, theils weil diese Sache, wie so vieles Andere der Mode unterworfen ist, theils weil den Anforderungen in Bezug auf die Russische Sprache damals nicht hinreichend entsprochen werden konnte. Erst in den letzten Jahren bekamen wir wieder mehr Zuspruch von Außen. Um den Verlegenheiten, die wir besonders in unserer Mädchenschule häufig hatten, brauchbare Lehrerinnen zu bekommen, zu entgehen, kam die Sareptische Gemeindirection bei dem Unitätsdirectorium mit der Bitte ein, daß eine gewisse Anzahl Kinder unserer Gemeine in deutschen Instituten der Brüdergemeine unentgeldlich zu Lehrerinnen unserer Schule ausgebildet werden möchten, welche Bitte uns denn auch bewilligt wurde, so daß wir Hoffnung haben, daß auf diese Weise nach und nach für den Fortbestand gesorgt sein werde. Noch vor Schluß dieses Abschnittes hatten wir die Freude, das erste dieser Kinder im Dienst unserer Schule zu sehen.

Von fast gleicher Wichtigkeit war die, uns ebenfalls in dieser Zeit gemachte, Concession zu Gunsten unsrer Jugend, daß Knaben zur weiteren Ausbildung in Professionen, auf allgemeine Kosten in das deutsche Vaterland gehen könnten, um mit den dort erlernten Kenntnissen unsrer Gemeine nützlich zu werden.

In diese Zeit 1863 fällt auch der Besuch des Bruders G. Th. Reichel, Mitglied des Vorsteher-Departements in der Unitätsdirektion zur Revision unsrer bürgerlichen und finanziellen Verhältnisse. Seit 1802 war es der erste Besuch dieser Art, den wir erhielten; die leichter gewordene Communication mit Deutschland giebt uns jedoch Hoffnung, daß wir von nun an öfters Gelegenheit haben werden, Mitglieder des Direktoriums bei uns zu sehen. Unter seinem Präsidium wurden unsre, schon früher der Regierung präsentirten, neu revidirten, und dem Zeitbedürfniß gemäß umgearbeiteten, Gemeinordnungen dem Gemeinrath vorgelegt, und durch Unterschrift der Bürger als der Ausdruck ihres Willens und ihrer Gesinnung angenommen. Hausbesuche der Geschwister und Erbauung der Gemeine durch Predigt und Ansprachen füllten, nächst den Berathungen mit der Gemeindirektion, die Zeit seines Aufenthalts hinlänglich aus, und wir können der Zuversicht sein, daß dieser Besuch dazu beigetragen hat, das Vertrauen und die Liebe unter einander zu stärken.

An den Landesereignissen dieser Zeit nahm unsre Gemeine regen Antheil. Sehr bedauerten wir es, daß die Freude, im Jahr 1825 unsern Landesvater Kaiser Alexander I. Pawlowitsch bei uns zu sehen, nicht gewährt wurde, da Gott, der Herr, Ihn, bei Gelegenheit Seiner Reise durch Südrußland, aus dieser Zeit abberief. Da wir wußten, daß Se. Kaiserliche Majestät Sarepta sehen wollten, so waren die vorläufigen Beschlüsse gefaßt, die Vorkehrungen zu dem Empfang getroffen, das Schwesternhaus für die Aufnahme eingerichtet, als die betrübende Nachricht von seinem bscheiden kam. Als die Brüder vernahmen, daß Gott den nunehrigen **Kaiser Nicolai I. Pawlowitsch** bei dem Regierungstritt vor so manchen Gefahren gnädig beschützt habe, dankten Gott auf den Knieen für diese Bewahrung und leisteten mit erz, Mund und Hand den Eid unverbrüchlicher Treue. Die dresse der Sareptischen Gemeine, die ihr Agent Sr. **Kaiserlichen** ajestät übermitteln durfte, wurde gnädig aufgenommen und auf ihre Bitte, unsre, uns so schätzbaren, Privilegien durch **Kaiserliche** Unterschrift bestätigt.

In der Feier des Friedensfestes nach dem türkischen Krieg 29 schloß Sarepta sich den Miteinwohnern des Landes an. n 10. November wurde in der Predigt über Psalm 122, 6—9 redet, am Abend ein Gebetsgesang für Land und Obrigkeit gesungen, und das Fest mit der Illumination des Ortes und dem brennen eines kleinen Feuerwerks beschlossen.

Als 1850 unser **allergnädigster Kaiser** die Jubelfeier seiner jährigen Regierung beging, brachten ihm die Bischöfe der Brüderkirche in unserm Namen durch eine Adresse den Ausdruck unsrer nkbarkeit und die Glückwünsche unsrer Herzen dar, was Se. iserliche **Majestät** veranlaßte, uns durch Se. Excellenz, den inister Grafen **Kiselew**, **Höchst desselben** Dank und Wohllen gnädigst aussprechen zu lassen. — An der Bedrängniß des ndes durch den Krieg mit den Westmächten 1853 nahm Sarepta schuldigen Antheil und suchte auch durch sein Scherflein dem terland zu Hülfe zu kommen.

Mit dem Schreiben, welches wir 1855 bei der Thronbesteigung unsers jetzt regierenden **Kaisers Alexander II. Nikolajewitsch** durch unsern Agenten einreichen ließen, in welchem wir wohl unser Beileid über das Hinscheiden des in Gott ruhenden **onarchen**, als auch die Glückwünsche zur Thronbesteigung aussachen, — verbanden wir die unterthänigste Bitte um Aller-

23*

höchste Bestätigung der uns gnädigst verliehenen Privilegien. Darauf erhielten wir sowohl durch unsern Agenten, als auch durch den Dirigirenden des deutschen Comptoirs in Saratow die Nachricht, daß im Namen Sr. **Kaiserlichen Majestät**, durch den Herrn Minister Grafen Kiselew, uns die Versicherung gegeben werde, daß Sarepta sich auch ferner des Schutzes und der uneingeschränkten Privilegien und Prärogativen erfreuen solle, von denen bereits ein Theil in die Gesetzsammlung aufgenommen sei. Die Krönungsfeier und das Friedensfest im nächsten Jahr begingen wir durch Gottesdienst und Predigt. Am Abend war Illumination des Ortes, bei welcher sich besonders die Kirche durch reichen Schmuck farbiger Lampen, sowie durch einen mit beziehungsreichen Transparenten geschmückten, großartigen Obelisken, auszeichnete.

Das Platzgärtchen umgaben gegen 1000 bunte, in Guirlanden aufgehangene Papierlaternen.

Auch an stilleren, unsre Gemeine specieller angehenden Festen und Jubiläen fehlte es in dieser Zeit nicht. 1829 feierten die ledigen Schwestern die Gründung ihres Hauses vor 50 Jahren, und im folgenden Jahr mit sämmtlichen Brüdergemeinen das hundertjährige Bestehen ihrer Chorverbindung. Eine gleiche Feier wurde den ledigen Brüdern 1841 zu Theil, und als an ein allgemeines Kirchenfest schlossen wir uns der Protestantischen Christenheit in der 300jährigen Gedächtnißfeier der Uebergabe der Augsburgischen Confession an, im Jahr 1830.

In der Begehung unsrer Gottesdienste und in deren Verschönerung wurden wir unterstützt durch den Aufschwung, welchen unsre Gemein-Musik in einer Reihe von Jahren nahm. Mit kleinen Kräften wurde, nach langer Ruhe, wieder angefangen, und durch Fleiß und Mühe gelang es, auch in nicht speciell-kirchlichen Feiern die geistlichen Tonwerke älterer und neuerer Zeit der Gemeine vorzuführen. In den Jahren 1850 bis 1862 wurden nicht weniger als 43 Concerte, zum Theil mit großer Orchesterbegleitung, unter denen sich Händel's Messias, Graun's Tod Jesu, Mendelssohn's Paulus, Elias und Athalia, Mozart's Requiem, Haydn's Schöpfung und andere größere Werke befanden. Auch unsere älteren Posaunenchöre wurden 1853 durch Schenkung von zwei Ventilposaunenchören ersetzt.

Einen äußerlichen Schmuck erhielt 1847 unsre Kirche durch das Geschenk von messingnen Kronleuchtern und Wandleuchtern, an Stelle älterer, die, eisern, und in sehr ungraziöser Form den Saal mehr verunziert als geschmückt hatten. 1864 war das von A. L. Brandt gemalte Altarbild durch einen schwäbischen Maler Hummel aufgefrischt oder eigentlich umgemalt, ob nach dem Sinn des alten Meisters ist fraglich. Jedenfalls trat es aus einem geheimnißvollen Clair-obscur mehr ins Licht.

In der letzten Hälfte dieses Abschnitts bekam unsre Gemeine einen Zuwachs von einer Seite, von der wir es wohl nie vermuthet hätten. Von unsern Geschwistern der deutschen Diaspora in Polen fühlten sich mehrere angeregt, hieher zu ziehen, um unter uns zu wohnen. Jedoch konnten nur einige von ihnen ihr Unterkommen hier finden, während andere durch äußerliche Verhältnisse, durch die Art ihrer Geschäfte, verhindert wurden, diesen Wunsch auszuführen. Einige von ihnen kehrten nach kurzem Aufenthalt wieder nach Polen zurück.

Viertes Capitel.

Industrie und Gewerbe.

Manche ungünstige Umstände und Verhältnisse machten die Jahre nach der Feuersbrunst in Bezug auf die Industrie unsers Ortes schwer. Der Absatz unsrer Produkte fing an zu stocken, und man durfte sich nicht mehr, wie früher, darauf beschränken, Käufer am hiesigen Ort zu erwarten, oder die Waaren durch unsre Commissionäre zu vertreiben, sondern man mußte sich andre Abzugsquellen aufsuchen. Zu dem Zweck wurden alljährlich Reisen nach der Kaukasischen Militärlinie gemacht, die nicht gefahrlos waren, aber uns Gelegenheit boten, unsre Produkte gut zu verwerthen. Später wurde, wie wir sahen, der Versuch gemacht, einen Commissionsposten in Tiflis anzulegen, der aber mißglückte.

Die Webereien, die früher ein Haupttheil der Fabrikation unsers Ortes gewesen waren, gingen in dieser Zeit immer mehr zurück; die des Brüderhauses war durch den Brand zerstört, die des Schwesternhauses beschränkte sich anfangs auf den Betrieb zweier Stühle und wurde später aufgehoben; von denen, welche im Besitz von Privatleuten sich befanden, gewährten in der ersten Zeit zwei, in den letzten Decennien unsers Jahrhunderts nur eine ihrem Besitzer die nöthigen Vortheile und auch dies zuletzt nicht in hinreichendem Maß. Die Zeit bis 1830 war eine im Allgemeinen schwere; besonders war die Möglichkeit des Bestehens mancher Privatleute zweifelhaft, während die Fabriken der Gemeindiaconie, wie Gerberei, Tabackfabrik u. s. w. mehr Hoffnung gaben. In manchen Geschäften waren wir überflügelt worden, und der Geldmangel hatte den Beginn neuer, nicht ganz sicherer und erprobter, Erwerbszweige*) unmöglich gemacht. Da die Fortführung des Handlungsgeschäfts oder Kaufladens auch in seiner reducirten Form aus Mangel an Personal viel Schwierigkeiten machte, so ging man gern auf den Gedanken ein, ihn käuflich einem Privatmann zu übergeben und Joh. Loretz übernahm ihn 1831 auf eigne Rechnung. Dasselbe hätte man damals am liebsten auch mit anderen Gewerben, z. B. der Gerberei gethan, da der Verwalter derselben nicht die passende Person dazu, und einen anderen zu bekommen, keine Aussicht war; später aber freute man sich, daß es nicht geschehen war, indem dies Geschäft, wie auch mehrere andere der Gemeindiaconie gehörende, seit 1832 aufs neue aufblühten und Jahre lang reichen Ertrag brachten.

Eine, dem Collegienrath Herrn Fabejew, (welcher 1837 im Auftrag des Ministeriums des Innern alle Colonieen im Saratow'schen Gouvernement besichtigte,) vorgelegte, statistische Uebersicht unsrer gewerblichen Thätigkeit ergibt freilich, daß wenn auch einzelne Gewerbe zu starker Entwickelung und Blüthe gekommen waren, doch die Industrie im Allgemeinen im Rückgang begriffen sei. Die Sareptischen Tabacke, die sonst in allen Theilen des Reichs geschätzt wurden, waren durch neuere Fabrikate verdrängt worden. Selbst der Tabacksbau, den man zuerst in Sarepta getrieben hatte, war in den nördlichen Theilen des Gouvernements in Aufnahme gekommen und wurde dort des geeigneteren Klimas wegen mit mehr Erfolg betrieben.

Die Färberei, die früher sämmtliche Farben für unsre Baumwollenfabriken lieferte, hatte man beim Eingehen des letzteren Erwerbszweigs auf eine Farbe, die blaue, reduciren müssen.

---

*) In manchen Professionen fanden wir jedoch damals noch keine Concurrenten. So wurde unser Buchbinder 1825 expreß von dem Gouverneur nach Saratow beschieden, um ihm einige Bücher zu binden.

Fast das einzige Gewerbe, das sich stetig hob, innerlich consolidirte und verbesserte, und auch äußerlich sich ausbreitete, war die, schon im vorigen Abschnitt erwähnte, Senffabrik, welche von C. Reitz auf dessen Schwiegersohn J. C. Glitsch übergegangen war. 1825 bekam sie ihre erste Vergrößerung durch ein neues Göpelwerk; 1840 und 1847 wurden noch einige Manegen dazu gebaut. Da mit zunehmender Güte des Fabrikats sich auch die Nachfrage mehrte, wurde 1856 von den beiden Söhnen des J. C. Glitsch, an welche das Geschäft nach dessen Tod (1852) übergegangen war, die erste Dampfmaschine unsers Orts, in einem, in den vergangenen Jahren errichteten, vieretagigen Fabrikgebäude aufgestellt, und durch, nach eigner Erfindung construirte, Apparate sowohl ein noch besseres Fabrikat erzielt, als auch der wachsenden Nachfrage genügt. Der Betrieb einer zweiten Senffabrik, die 1849 von A. Knobloch angelegt wurde, war der älteren weniger durch Concurrenz im Vertrieb des Fabrikats, als durch die Vertheuerung der Einkaufspreise des Rohmaterials schädlich; auch blieb sie nur ein kleineres Geschäft, bis 1864 das, durch Brand zerstörte, alte Fabrikgebäude durch ein steinernes ersetzt wurde, das bestimmt ist, ebenfalls den Dampf zum Motor zu bekommen.

Die Wassermühlen, die schon in früherer Zeit mehr der Nothwendigkeit wegen beibehalten worden waren, zeigten sich immer mehr als ein schädliches Eigenthum, indem bei dem kostspieligen Bau und Unterhaltung des Dammes und der Schleußen, sowie bei dem immer häufiger eintretenden Wassermangel, so gut wie kein Gewinn von denselben zu ziehen war. Wenn auch in drei fortlaufenden Jahren 1827 bis 1829 und später 1854 viel Wasser vorhanden war, so mußte man dies doch nur als Ausnahmsfall ansehen, da in anderen Jahren die Sarpa kaum hinreichte, die an ihr liegenden Gärten mit dem nöthigen Wasser zu versehen. Da es uns schien, als ob dieser Wassermangel zum Theil durch Dämme vermehrt worden sei, die unsre Nachbarn bei dem Dorf Zaza geschlagen hatten, und wir das Prioritätsrecht auf das Wasserdominicum zu haben glaubten, wurde ein Prozeß angestrengt, der lange Jahre dauerte, uns aber doch nicht zu unserm Zweck verhalf.

1831 wurde die Mühle zum Kauf ausgeboten, blieb aber im Besitz der Gemeine, da Niemand Zutrauen zu diesem Geschäft hatte; erst 1860 wurde von einem Privatmann der Versuch eines Wiederausbaus des bis dahin leer stehenden Gebäudes gemacht. Auch die früher mit der Mühle verbundene Mehlhandlung war aufgehoben worden. Einige Roß- und Windmühlen waren indeß in Gang gekommen, deren Resultate sich lohnender zeigten.

Von neuen, in diesem Zeitabschnitt gemachten industriellen Versuchen ist zunächst zu erwähnen der Bau der Ricinuspflanze und die Gewinnung des Castoröls aus derselben. Durch eine Notiz in „Haurowitz, Topographische Beschreibung des Saratow'schen Gouvernements" aufmerksam gemacht, und durch helfende Freunde mit Mitteln versehen, hatte Carl Alexander Metzger 1837 dies Geschäft angefangen. Die Pflanze gedieh bei Gartencultur und das aus dem Saamen gewonnene Oel war von solcher Güte, daß die Commission der Industrieausstellung in St. Petersburg dem Fabrikanten ein Geschenk von 2000 Rubeln (Banko) als Ermunterung zum Weiterbetrieb zukommen ließ. Leider aber war diese Industrie eine, den übrigen Zeitverhältnissen nach, verspätete, indem dieses Oel bereits in solchen Quantitäten aus dem Ausland eingeführt worden, daß Metzger mit den gesunkenen Preisen nicht concurriren konnte und die Fabrikation aufgeben mußte.

Ebenso wollte der Anbau des Chinesischen Indigo sich nicht rentiren, da es bei sonstigem Gedeihen der Pflanze im Gartenland den Betreffenden an der nöthigen Anweisung mangelte, den Farbestoff nutzenbringend zu extrahiren. Potasche durch Calcinirung von Steppenkräutern zu gewinnen, wurde 1850 versucht, jedoch ohne den gehofften Nutzen.

1855 machte Br. Fr. Langerfeld den Versuch einer Zuckergewinnung aus Holcus saccharatus, der ein vorzügliches Fabrikat lieferte und anfänglich Nutzen versprach. Die Erfahrung mehrerer Jahre aber zeigte, daß Boden wie Clima unsrer Gegend der Pflanze nicht günstig seien, indem sie einestheils aus ersterem zu viele Salztheile aufnahm, anderntheils häufig durch frühe eintretenden Frost stark litt; außerdem hatte die Fabrikation die Unbequemlichkeit, daß sie sich, weil man das Material nur frisch mit Nutzen verarbeiten konnte, auf wenige Wochen des Jahres nach der Erntezeit beschränken mußte. Nach vierjährigen Versuchen sah man sich genöthigt, auch dies Geschäft eingehen zu lassen.

Was die uns verliehenen Regalien, die Bierbrauerei und Branntweinbrennerei betrifft, so wurde erstere, weil wir uns beim Vertrieb nur auf uns und die bei uns herbergenden Fremden beschränken mußten, nur in geringem Umfang betrieben und war kaum im Stand, die Kosten und Verzinsung des Anlagecapitals zu tragen. Die Brennerei lieferte trotzdem, daß man mit größter Gewissenhaftigkeit keinen Branntwein über unsre Grenze verführte, gute Resultate, aus dem einfachen Grund, daß das Fabrikat ein reines war, und schon um die Ausführung zu verhindern, zu ziemlich hohen Preisen verkauft wurde, so daß dies Geschäft auch dazu diente, etwaige Defecte der Brauerei zu decken. 1845 dachte man aus höheren, moralischen Gründen, um sich nicht fremder Sünden schuldig zu machen, ernstlich daran, dies Gewerbe aufzuheben und den Branntweinschank ganz einzustellen. Abgesehen aber von den Rücksichten der Nützlichkeit standen die moralischen Gründe auf beiden Seiten in der Wage, indem man fürchten mußte, daß bei Aufhebung eines polizeilich beaufsichtigten Schanks gar leicht Winkelschenken entstehen könnten, oder daß gar Fremde dadurch veranlaßt werden würden, hart an den Grenzen unsers Landes dergleichen Etablissements anzulegen. Wenn man andrerseits von Aufhebung des Schanks absah, so war es gleichgültig, ob das Material für denselben hier oder anderwärts verfertigt würde. Man beschränkte sich daher auf die möglichste Controlle zu Verhinderung des Mißbrauchs. Als aber in den letzten Jahren durch die neuen gesetzlichen Bestimmungen uns das Recht genommen wurde, das für den Bedarf der Colonie Nöthige abgabenfrei zu fabriciren, und nur dann das Gewerbe lohnend schien, wenn man es ins Große triebe, was uns principiell widerstand, so sahen wir darin einen deutlichen Wink, die Brennerei nun aufzugeben, in der Hoffnung, daß der Segen Gottes uns in anderer Weise für diese Einnahmequelle entschädigen werde.

Zur Erneuerung von Gewerben für Rechnung des Brüderhauses wurde 1852 ein Versuch gemacht, der aber nur kurzen Bestand hatte; ebenso war der Wiederaufbau des niedergebrannten Brüderhauses, als solches, ein frommer Wunsch geblieben, denn die Ruine desselben, die, wie die übrigen Ruinen dieser Diaconie, durch Kauf an die Gemeinbiaconie übergegangen waren, wurde 1844 und 1845 wieder ausgebaut und zum Local der Prawlenie (Gerichts), sowie zur Wohnung des Vorstehers und Justitiars eingerichtet. 1856 wurde das letzte Zeugniß des furchtbaren Brandunglücks entfernt, indem' die Mauern der zweiten Etage des abgebrannten Ortsvorsteherhauses abgetragen und das Haus zweistöckig zur Wohnung der beiden Prediger und des Gemeinarztes auf- und ausgebaut wurde. Das, bis jetzt von den ledigen Brüdern bewohnte, Nebengebäude des Schwesternhauses wurde im folgenden Jahr dieser Diaconie von der Diaconie der Gemein(e) abgekauft, und der Hof hinter demselben zur Benutzung der Schuljugend zweckmäßig erweitert.

Auf den Wunsch der hohen Krone war 1836 ein Versuch unternommen worden, in unserm Ort einen artesischen Brunnen zu bohren, um zu erfahren, ob die Anlegung eines solchen in unsern Steppengegenden überhaupt möglich sei. Im August des Jahres wurden vor dem Vorwerksthor die Arbeiten begonnen, zu welchen ein Bohrmeister aus Riga mit den nöthigen Apparaten hieher befohlen worden war. Dieser drang bis auf eine Tiefe von 250 Fuß vor, fand aber nicht das gesuchte Wasser. Jedoch würden wir die Sache weiter verfolgt haben, wenn die Kosten der Arbeit, wie wir geglaubt hatten, von der hohen Krone getragen worden wären. Dies geschah jedoch nicht und so schien es bei der großen Unwahrscheinlichkeit des Erfolges, auf welche die Erdlagerungen hinwiesen, ein zu gewagtes Unternehmen, weiter darin vorzugehen. 1838 wurden daher die Arbeiten eingestellt und in späteren Jahren kauften wir den Bohrapparat zum Eisenwerth von der Krone.

Die Unterhaltung unserer Quellenleitungen war für uns von größerer Wichtigkeit, da sie uns, bei den zwar ebenfalls bedeutenden Kosten, doch einen sicheren Nutzen brachte. 1827 wurde die lange Leitung von Schönbrunn nach Sarepta, die man der Kostspieligkeit wegen gern hätte eingehen lassen, erneuert, da es sich herausstellte, daß der Ertrag der Vorwerks-Quellen im Lauf von 50 Jahren sich fast um die Hälfte vermindert hatte.

Die Landwirthschaft war in diesem Zeitabschnitt nur mäßig betrieben worden, obgleich die Theuerung in den Jahren 1833, 34, 39, 55, 56 uns darauf hinwies, das Möglichste zu thun. Der Erfolg war selten ein lohnender, zumal da außer den ungünstigen Witterungsverhältnissen in manchen Jahren die Heuschrecken bedeutenden Schaden brachten, wenn auch z. B. 1843 ihnen ganze Heere von Rosenstaaren (pastor roseus) nachzogen und der Noth einigermaßen abhalfen. Grundstücke, die man nach Bedürfniß bewässern konnte, wie die 1843 in der unteren Tschapurnick angelegten Kartoffelfelder, brachten reichliche Ernten. Der Heuertrag unsrer Wiesen war, da die Nutzviehheerde der Commune sehr angewachsen war, auch in den besten Jahren nicht ausreichend für den Bedarf, und ebenso waren wir bei beständiger Schonung unsres Forstes auf Holzverkauf angewiesen. Anpflanzungsversuche von Wald, Alleen u. dgl. gediehen nur an bewässerbaren, dem Viehtrieb nicht ausgesetzten Stellen. Die Nutzviehheerde der Commune wurde 1838 durch Ankauf von Ostfriesischem Vieh wesentlich verbessert, erlitt aber durch die, in den Jahren 1840 bis 1842, 1848, 1857 und 1859 grassirende Rinderpest vielen Schaden. Auch die wiederbegonnene Schafzucht wollte nicht gedeihen.

Ein schon vor 30 Jahren gehegter Wunsch ging in letzter Zeit in Erfüllung, indem Sarepta eine Post- und Brief-Expedition erhielt, durch welche, wie durch die unsern Ort passirenden elektrischen Telegraphen, und die seit 1861 ins Leben getretene Passagier-Dampfschifffahrt auf der Wolga unsre Verbindung mit dem Ausland eine leichtere und lebendigere geworden ist.

Endlich ist noch zu erwähnen, daß 1864 von einigen Privaten eine Heilanstalt gegründet wurde, in welcher als Heilmittel gegen Hals- und Lungenbeschwerden, Kumiß oder Tschigan (gesäuerte Pferdemilch) diente; welche, wenn sie in gleicher Solidität fortgeführt wird, und manche zum Theil in Klima und Oertlichkeit liegende Mißverhältnisse abgestellt werden können, einen guten Prospect für die Zukunft bietet.

Fünftes Capitel.

Unglücksfälle und Gefahren.

Wenn unsre Gemeine beim Blick auf den letzten Zeitabschnitt ihres 100jährigen Bestehens auch nicht sprechen kann von Unglücksfällen, die sie in dem Maaß betroffen hätten, wie früher, so fehlte es doch nicht an Gelegenheiten, dem Herrn zu danken, daß er uns gnädig bewahrt hat. Vier Steppenbrände ungerechnet, die uns bedrohten, wie auch fünf Fälle, in denen die Gefahr bald nach ihrer Entdeckung erstickt ward, wurden wir durch Brand geschädigt: 1832, als ein Theil des Vorwerks an den Bergen; 1834, als ein Gehöft jenseits der Sarpa in Flammen aufging; 1835 schlug der Blitz in den Zaun eines Viehhofs und entzündete ihn mit den angrenzenden Gebäuden, während er 1850 beim Einschlagen in eine der gefüllten Senfambaren des J. C. Glitsch'schen Geschäfts nur durch Zerschmettern Schaden that. Ueberhaupt beschränkten sich die Brände dieser Zeit mehr auf Gebäude, die außerhalb unsers Walles standen. So brannte 1845 eine Knechtswohnung, 1848 eine Windmühle, 1849 eine Ziegelscheune, 1853 gar eine Kalmückenkibitke ab, ohne sonst weiter zu greifen; 1857 wurden die Hintergebäude eines Gehöftes vor dem Vorwerksthor in Asche gelegt; 1864 endlich kam in Schönbrunn während einer Sonntagspredigt Feuer aus, das zwei Höfe verzehrte, und bald darauf brannte im Centrum des Orts, fast an der nämlichen Stelle, an welcher 1823 das große Unglück seinen Anfang nahm, ein Stall ab, ohne daß die Gefahr sich weiter verbreitete.

Nur einmal wurden unsre Dämme und Gärten von Wassersnoth bedroht, als 1854 die Frühlingswasser die obere Verdämmung der Sarpa zu brechen drohten, doch wurde durch schleunige Hülfe das Unglück von den Gärten abgewendet.

Wenn gleich der Gesundheitszustand Sarepta's im Allgemeinen ein guter zu nennen ist, da durch natürliche Lage und Klima sowohl, als durch polizeiliche Aufsicht die Gelegenheit zu Verbreitung von Krankheitsstoffen sehr vermindert ist, so ließe sich doch eine ganze Reihe von Epidemien aufzählen, die in Sarepta grassirt haben. Scharlachfieber, Keuchhusten, Masern, Grippe, ja sogar Pocken stellten sich ein, ohne aber an uns die Bösartigkeit zu zeigen, die man sonst häufig findet.

Mit nicht geringen Schrecken aber wurde Sarepta erfüllt, als 1830 der Würgengel aus Süden, die Cholera sich nahte. In Astrachan war ein aus Persien gekommenes Boot mit acht Mann gelandet, die schnell hinter einander an dieser Krankheit starben. Unmittelbar darauf griff dieselbe auch in der Stadt um sich; die Frau unsers Commissionärs B. Loretz wurde, wie oben gemeldet, ihr Opfer, bald darauf er selbst auch auf der Flucht nach Sarepta. Diese Flucht vor der Cholera wurde rasch eine allgemeine, viele tausend Menschen kamen in kleinen Fahrzeugen die Wolga herauf. Nun blieb uns nichts übrig, als uns durch die in der Eile getroffenen Maaßregeln so viel wie möglich vor der Ansteckung zu schützen. Keinem vom Süden kommenden Durchreisenden wurde längerer Aufenthalt gestattet, als nöthig war, sich mit Essen und Trinken zu versehen. Durch ein Circularschreiben wurde den Geschwistern empfohlen, auf möglichst reine Luft in den Zimmern zu halten; in den Häusern mit Wachholderessig, vor denselben mit brennendem Theer zu räuchern; Vorsicht in Bezug auf Verkältung, Reinlichkeit, Mäßigkeit im Genuß von Früchten zu beweisen; vor Allem aber guten Muth zu behalten und dem zu vertrauen, der kein Haar ohne seinen Willen von unserm Haupt fallen läßt.

Im August brach die Krankheit auch in Zarihyn aus, so daß wir auch nach dieser Seite hin uns absperren mußten, was bei dem Andrang, der gerade von dorther kam, nicht leicht war. Je mehr wir nun von dem gewaltigen Sterben um uns hörten, um so mehr fühlten wir uns für die Verschonung zum Dank gegen den Herrn, unsern Gott, verpflichtet; war es doch, als ob die Thore Sarepta's, wie die der Kinder Israel in Egypten, mit Blut gestrichen seien (2. Mos. 12, 23.). Auch in Saratow zeigte sich die Cholera in so erschrecklichem Grad, daß die Stadt verlassen, die Buden geschlossen waren, und Handel und Wandel stockte. Bemerkenswerth war, daß an windigen Tagen die Krankheit weniger Opfer forderte, ja manchmal ganz pausirte, bei Windstille aber wieder begann.

Ende September kam die Zeit, da man sagen konnte, daß der Würgengel das Feld geräumt habe, aber die frischen und großen Gräber der Kirchhöfe zeugten von seinem Walten. Am 10. October konnten wir im Gottesdienst von ganzem Herzen anstimmen: Herr Herr Gott! barmherzig, gnädig und geduldig u. s. w.; denn, ob auch Tausende fielen zu unsrer Rechten und Zehntausende zu unsrer Linken, so war doch von uns, in den Grenzen unsres Orts, nicht eine Seele der Seuche erlegen, welches wahrhaftig ein Wunder der Barmherzigkeit Gottes ist, während die Russen, die, in unserm Dienst stehend, außerhalb wohnten, ihr nicht entgingen.

Als die Epidemie 1847 und 1848 wiederkehrte, war man nicht weniger vorsichtig, aber ruhiger und besonnener geworden. Zweckmäßig war die damals getroffene temporäre Schließung der Schankwirthschaft. Wenn sich auch Symptome der Krankheit zeigten, starb doch auch damals keiner von uns an derselben. Ein russischer Zimmermann, der in der benachbarten Poststation den Sarg für einen Cholerakranken gemacht hatte, brachte die Ansteckung mit sich, blieb aber in unsern Grenzen das einzige Opfer. Ebenso blieben wir auch im Jahr 1859, als die Cholera sich vielfach in der Umgebung zeigte, von derselben verschont.

Sechstes Capitel.
Interessante und wichtige Besuche.

Von Männern der Wissenschaft, die Sarepta besuchten, hier einen bequemen Halteplatz und gelegentlich ein Standquartier für längeren Aufenthalt fanden, und manchen Bewohnern durch Belehrung und Umgang zum Nutzen und Genuß waren, sind folgende zu nennen: Alexander von Humbold traf 1829 auf der Rückkehr aus Sibirien in Gesellschaft der Professoren Ehrenberg und Rose hier ein, und beschäftigte sich hauptsächlich mit geographischen Messungen, bei welchen ihm unser Uhrmacher und Mechanikus, David Hamel, durch Reparatur seiner, während der Reise schadhaft gewordenen, Instrumente behülflich war. Auch nahm er mit Interesse die naturwissenschaftlichen und ethnographischen Sammlungen des Vorstehers Zwick in Augenschein. 1830 passirte Professor Parrot, nach seiner Besteigung des Ararat, auf der Rückreise Sarepta, und 4 Jahre später hatten wir den Besuch des Professors Fr. Göbel aus Dorpat, der Excursionen in die Kirgisensteppe machte, und mit H. A. Zwick für spätere Zeiten in wissenschaftliche Verbindung trat. 1835 hatten wir das Vergnügen, die Professoren Eversmann und

Bunge bei uns zu sehen, die auf ihrer wissenschaftlichen Reise zunächst von hier aus den Bogdo Berg, jenseit der Wolga, besuchten.

Der seit 1838 sich mehrmals wiederholende Besuch des Enthmologen Kindermann aus Ungarn hatte die Folge, daß mehrere Sareptaner Interesse für dies Studium bekamen und dadurch nicht nur einen neuen Nahrungszweig erhielten, sondern auch durch diese Beschäftigung zur geistigen Bildung ihrer selbst und Anderer beitrugen. Der 1852 hier einsprechende Professor Claus schrieb eine Flora der Wolgagegenden, in welcher er nachwies, daß gerade Sarepta's Lage, Clima und Boden Ursache sei einer überaus großen Mannichfaltigkeit im Pflanzenreich, und in Folge davon an Insekten und anderen lebenden Wesen.

Nachdem Dr. Auerbach aus Moskau 1853 von hier aus eine Excursion nach dem Bogdo Berg gemacht hatte, traf 1854 eine Expedition hier ein, an deren Spitze der Akademiker Staatsrath von Bär stand, welche die Erforschung der Fischereiverhältnisse des Caspischen Meeres zum Zweck hatte und deren Frucht unter anderm die ebenso geistreichen als gründlichen „Caspischen Studien" Bär's waren. Er hielt sich längere Zeit an unserem Ort auf, machte auch Versuche mit künstlicher Fischzucht, zu welcher aber Ort und Gelegenheit nicht geeignet waren. 1856 berührte er auf der Rückreise ebenfalls Sarepta.

Der Besuch des bekannten russischen Ornithologen, Mag. Sewerzow, war für diejenigen, die mit ihm in Berührung kamen, von nicht geringem Interesse, da neben seiner Fachwissenschaft seine mannichfachen Abenteuer in der Gefangenschaft bei den Chiwinzen viel Unterhaltendes boten. Zu verschiedenen Malen hatten wir die Freude, den Generalsuperintendenten des Moskauer Bezirks, Huber, auf seinen Amtsreisen, die sich bis nach Sibirien ausdehnten, bei uns zu sehen, und von ihm durch kirchliche Ansprachen erbaut zu werden.

1862 traf Se. kaiserliche Hoheit Prinz Peter von Oldenburg hier ein, welcher auf seiner Reise nach Astrachan und Constantinopel, der großen Sommerhitze wegen nur kurze Zeit bei uns verweilte, doch aber das Sehenswürdigste des Orts in Augenschein nahm.

Einen würdigen Schluß der Geschichte unsers hundertjährigen Bestrebens bilden aber zwei Ereignisse, die in das Jahr 1863 fielen.

Ihre Majestät, unsre hochgeliebte Kaiserin und Landesmutter Maria Alexandrowna berührte auf ihrer Reise nach Livadia in der Krimm, da sie den Wasserweg benutzte, die uns benachbarte Stadt Zaritzyn. Obgleich wir wußten, daß **Ihre Majestät** auf einer Gesundheitsreise begriffen war, so konnten wir uns doch nicht des Gedankens entschlagen, daß es nicht nur schicklich, sondern auch pflichtgemäß sei, eine Deputation nach Zaritzyn zu senden, um, wenn es möglich sei, **der Kaiserin** selbst unsre Aufwartung zu machen, oder ihr doch durch eine, von unserm Prediger abgefaßte Adresse unsre Gefühle der Ehrfurcht und unsre Wünsche für ihr Heil und Wohlergehen kund zu thun. Als Glieder dieser Deputation begaben sich am Morgen des 9/21. August die beiden derzeitigen Prediger der Gemeine, H. Müller und A. Glitsch, der Vorsteher G. Büttner und der Justitiar A. Meinecke nach Zaritzyn. Nach mehrstündigem Warten unserseits erschien das Dampfschiff **Ihrer Majestät** (Lichoi, der Wilde), das von tausendstimmigem nicht enden wollendem Hurrah des Volkes begrüßt wurde. Die Kaiserin, in eine Blouse von gelber roher Seide gekleidet, einen Strohhut mit einfachem blauem Band auf dem Hut, stand an dem, dem Ufer zugekehrten, Bord und dankte mit freundlichem Kopfnicken.

Sehr bald wurden ihr die drei Deputationen, die vorgestellt zu werden wünschten, von dem Reisemarschall Graf Schuwalow gemeldet und sämmtlich angenommen. Am Schiffsbord stehend empfing **Ihre Majestät** zuerst die Zaritzyner Stadtdeputation, den Golowa (Stadthaupt) an der Spitze, der ihr, Namens der Stadt, Salz und Brot (eine Torte) nach russischer Sitte entgegenbrachte.

Sodann wurden wir präsentirt. **Die Kaiserin** wartete keine Anrede ab, sondern fragte gleich: Sie sind aus Sarepta? Bruder Müller erwiderte, daß wir nicht umhin gekonnt hätten, mit Freuden die Gelegenheit zu benutzen, um im Namen unsrer Gemeine Ihrer kaiserlichen Majestät die Gefühle unserer Ergebenheit und die herzlichen Wünsche für den glücklichen Erfolg ihrer Reise auszusprechen. **Ihre Majestät** fragte nun nach Entfernung unsers Orts von Zaritzyn, unsern bürgerlichen Verhältnissen u. s. w., worauf Ihr in Kürze geantwortet wurde. „Mein Sohn hat sich auch bei Ihnen aufgehalten", sagte sie mit großer Freundlichkeit, und wir konnten ihr mit warmen Herzen die Freude bezeugen, die uns der achtstündige Aufenthalt **Sr. Kaiserlichen Hoheit** bereitet hatte. Nachdem die einzelnen Glieder der Deputation nach ihrer Heimath, Stand u. s. w. befragt worden waren, entließ uns **Ihre Majestät** mit einem herzlichen Gruß an unsre Gemeine, der derselben im Abendgottesdienst desselben Tages ausgerichtet wurde.

Der Charakter dieser Audienz, die **die Kaiserin** stehend gab, und die gnädige, herzliche Freundlichkeit der Monarchin benahm uns alle Befangenheit und ließ uns im Augenblick fast vergessen, vor wem zu stehen wir die Gnade hatten. Die Unterhaltung in deutscher Sprache auf dem östlichsten Punkt der Reise schien **Ihrer Majestät** Vergnügen zu machen, wenigstens nach der Dauer zu schließen, durch welche die uns gewährte Audienz sich vor der der andern beiden Corporationen auszeichneten. Nach uns erschien die Griechische Geistlichkeit zu Abhaltung der üblichen Gebräuche.

Diesem Ereigniß war im Monat Juli ein ihm ähnliches vorangegangen, auf das **Ihre Majestät** sich in ihrer Anrede bezogen hatte.

Seit Gründung Sarepta's war es ein Wunsch der Gemeine gewesen, daß ein Glied der hohen **kaiserlichen** Familie die Grenzen unsers Orts betreten möge, um sich zu überzeugen, daß die viele, uns erwiesene Gnade und Huld nicht an Unwürdige und Undankbare vergeben sei. **Kaiser Alexander I.**, dessen persönliche Gunst und Gewogenheit wir besaßen, wurde zu unserm Schmerz 1825 durch sein unerwartetes Abscheiden verhindert, diesen Wunsch, wie er beabsichtigte, zu erfüllen. Unser jetzt regierender **Kaiser Alexander II.** war 1837 als Kronprinz auch in unser Gouvernement gekommen, aber nur bis Saratow vorgedrungen. Die Reise **Sr. Kaiserlichen Hoheit des Großfürsten Constantin Nikolajewitsch** 1857, welche, wie wir hofften, auch unsern Ort berühren sollte, war nicht zur Ausführung gekommen. Erst 1863 sollte uns diese langersehnte Freude zu Theil werden. Schon im Mai hatten wir die Anzeige von dem uns bevorstehenden hohen Besuch erhalten, und in Folge davon war sogleich nach Pfingsten Hand angelegt worden, um alle Vorbereitungen für den festlichen Tag zu treffen. Denn, wenn es auch nicht unsre Absicht sein konnte, durch künstliche Veranstaltungen Sarepta dem hohen Gast in einem Bild darzustellen, wie es eigentlich nicht ist, so war es doch nicht nur unser Wunsch, sondern auch unsre Schuldigkeit, unserm Oertlein einen festlichen Anstrich zu geben, um auch äußerlich die Freude zu bezeugen, die ein solcher Besuch uns bereitete. Die erste dieser Vorbereitungen war die Ausgrabung einer bequemen Auffahrt am Landungsplatz der Dampfschiffe jenseit der Sarpa, in der sogenannten „Schlangengruft", und die Anlegung eines neuen bequemen Fahrweges an die Wolga; bei der Steilheit des Ufers ein zwar mühsames und kostspieliges Werk, welches aber zugleich einem längst gefühlten Bedürfniß abhalf. Sämmtliche Häuser des Marktplatzes, auch viele in den einzelnen Straßen wurden abgeputzt, die Dächer neu gestrichen, die Straßenbrunnen, Planken und Barrieren in guten Stand gesetzt.

Zum eigentlichen Empfang waren an der neuen Wolgaauf= fahrt zwei hohe, weiße, mit Wimpeln versehene Flaggenstangen aufgerichtet, durch ein wehendes Tuch verbunden, welches dem Auge des hohen Gastes das erste Willkommen darbot. Am Eingang des Ortes, nach der Astrachaner Seite, hatte man zwei Ehren= pforten erbaut, mit transparenten Schriften versehen und mit Guirlanden umwunden. Außerdem sah man in sämmtlichen Straßen leichte Bögen zwischen Wimpelstangen, die ebenfalls mit frischem Grün und Fahnen geschmückt waren. Vor der Kirche erhob sich der Obelisk von 1856, mit angemessenen Transpa= renten versehen. Das Gärtchen in Mitten des Marktplatzes zierte ein mächtiger Stern, dessen Strahlen von 350 Lampen erleuchtet, einen prachtvollen Anblick gewährten und vor demselben waren drei Transparente in bogenförmiger Gestalt angebracht, die den Namenstag **Ihrer Majestät der Kaiserin** feiern sollten. Vor Allem prangte das neue Pastorat, das zur Aufnahme des **kaiserlichen Prinzen** bestimmt und zu diesem Zweck nach besten Kräften eingerichtet war, in festlichem Schmuck. Auf dem Podest der steinernen Treppe erhoben sich vier mit Guirlanden umwun= dene, weiße Säulen, welche eine Krone von Immortellen trugen. Das Innere des Gebäudes war neu tapezirt, und die Geschwister boten das Beste von Möbeln, Teppichen u. dgl. dar, die Zimmer zu schmücken.

Der Ankunftstag **Sr. kaiserlichen Hoheit** verzögerte sich aber 24 Stunden, und so geschah es, daß durch einen, zu dieser Zeit bei uns selten gesehenen, Landregen manche unsrer Vorbereitungen zu Nichte gemacht wurden, was uns wohl dauerte, aber doch unsre Freude nicht stören konnte. Nachdem am $\frac{\text{23. Juli}}{\text{4. Aug.}}$ gegen 11 Uhr Vormittags die Ankunft des Schiffes **Sr. kaiserlichen Hoheit** signalisirt worden war, wurden Hochdieselben am Landungsplatz von einer Deputation der Gemeine unter Vortritt des Vorstehers G. Büttner im Namen derselben begrüßt, und sodann in den bereit gehaltenen Equipagen durch eine Kosackeneskorte in unsern festlich geschmückten Ort geleitet. Erschien letzterer nun auch in Folge des Regens nicht in seinem gewöhnlich sauberen und netten Aussehen, so durchbrach doch gerade in dem Moment, als der **kaiserliche Prinz** unter dem Spiel der Nationalhymne in den Ort einfuhr und vor dem Pastorat hielt, die Sonne auf kurze Zeit die trüben Regenwolken, und leuchtete freundlich zum Empfang unsers Fürstensohnes. Auf der Schwelle des Hauses traten ihm die Prediger der Gemeine entgegen und begrüßten **Sr. kaiserliche Hoheit** mit einigen kurzen aber herzlichen Worten. In der Hausflur selbst empfingen weiß gekleidete Schulmädchen den **Fürsten** mit dem Gesang eines Segenswunsches, dessen Text ihm auf einem mit Blumen nett decorirten Körbchen überreicht wurde.

Dem Charakter unsrer Gemeine gemäß war es uns Bedürfniß, den festlichen Tag im Verein mit unserm hohen Gast vor Allem im Haus des Herrn zu feiern, unsre Freude war daher groß, als derselbe nach eingenommenem Frühstück der, dazu an Ihn ergangenen, Einladung Folge leistete. Die Gemeine hatte sich zu dem Zweck in der festlich geschmückten Kirche eingefunden, aus welcher, um mehr Raum zu schaffen, ein großer Theil der Bänke entfernt worden war. Mit dem feierlich freudigem Tedeum des alten Meisters Haydn wurde der Gottesdienst eröffnet. Br. Müller hielt ein ergreifendes, ansprechendes Gebet, und die Gemeine schloß mit dem Gesang des Kirchenverses: „Der ewigreiche Gott", welcher, wie wir später hörten, auf die hohen Gäste durch Melodie und Vortrag einen erhebenden Eindruck gemacht hat. Einen eigenthümlichen Anblick bot unser Gotteshaus bei dieser Gelegenheit durch die, in ihm Versammelten dar. Um den Tisch des Liturgus geschaart, der **hohe Prinz** mit seiner Suite, vor ihm die Glieder unsrer Gemeine, die Schwestern in ihrer eigenthümlichen Kopftracht; weiter im Hintergrund neben dem evangelischen Christen der russische Muschik (Bauer); neben dem muhamedanischen Tataren der kalmückische Gellong in seinem gelben Kaftan und flachen Hut. Wohl lag uns bei diesem Anblick der Gedanke nahe: o daß doch auch letztere Nichtchristen mit einstimmen könnten in das Gebet, das wir im Verein mit unserm **Kaisersohn** und für ihn aufsteigen ließen zu unserm himmlischen König!

Von der Kirche aus begab sich der **Prinz** in das bedeutendste Etablissement Sarepta's, in die Senffabrik der Gebrüder Glitsch und besichtigte sodann die kleine Sammlung sowohl hiesiger Naturalien, als Fabrikate und weiblicher Handarbeiten. Nachdem um 5 Uhr das Diner eingenommen war und **Se. kaiserliche Hoheit** sich nach demselben einige Zeit mit den dazu befohlenen Brüdern unterhalten hatte, erfolgte gegen Abend der Aufbruch zunächst nach dem Schiff, auf welchem der **Prinz** die Reise nach Astrachan am folgenden Morgen fortsetzte. Wir aber kehrten in unsre Häuser zurück, dankbar für die Freude, die Gott der Herr, uns bereitet, für den Schutz, den wir bisher erfahren, und dem **hohen Kaiserhaus** zu verdanken haben, indem wir den Segen des Allmächtigen auf den jungen **Kaisersohn**, dessen freundliches, leutseliges Wesen ihm aller Herzen gewonnen hatte, erflehten. Ohne jegliches Unglück oder Störung war der Tag verflossen, und unsre Freude durch nichts getrübt worden. Auch dafür sei dem Herrn Dank gebracht.

Mit diesem für die jetztlebenden Glieder der Gemeine Sa=
repta unvergeßlichem Bilde hatten wir den Plan, die Darstellung
der 100jährigen Geschichte Sarepta's zu schließen.

Der Herr aber hatte nach dem Rathschluß seiner Weisheit
und Liebe sich ein Schlußwort vorbehalten.

Fast gleichzeitig mit den Nachrichten von der Erkrankung
traf bei uns die Trauerkunde ein von dem am 12. April d. J.
zu Nizza erfolgten Heimgang des uns unvergeßlichen **Großfürsten
Thronfolgers Nicolai Alexandrowitsch, Kaiserliche Hoheit.**

„Alle Züchtigung, wenn sie da ist, dünket sie uns
nicht Freude, sondern Traurigkeit zu sein." (Ebr. 12, 11.)
— Das war unsere Erfahrung, das Band tiefsten Schmerzes,
welches uns mit unserm innig geliebten **Kaiser,** Seinem Haus
und Seinem ganzen Volk verband. —

Diese Erfahrung gab dem Gebet Flügel um die „friedsame
Frucht der Gerechtigkeit", um das Band der Gemeinschaft
des göttlichen Segens und Jesusfriedens in jenem großen Bunde
des Schmerzes und der Trauer.

Hatte das erste Jahrhundert des Bestehens Sarepta's in
seinem Verlauf gar oft und köstlich uns erfahren lassen: „Des
Königs Herz ist in der Hand des Herrn, wie Wasser=
bäche, Er neiget es, wohin Er will!" so predigte es in
seinem Scheiden gar ernst und bedeutungsvoll: „Der Könige Herz
ist in der Hand des Herrn, auch mit seinem letzten Schlag!"
„Er aber bleibet, wie Er ist, und seine Jahre nehmen
kein Ende." (Psalm 102, 28.) Nun Er ziehe die Hand nicht
von uns ab, und bleibe bei uns auch im neuen Jahrhundert, wie
Er gewesen ist mit unsern Vätern.

„Jesus Christus, gestern, heute, und derselbe auch in Ewigkeit"
Amen!

———

Anhang I.

Gegenwärtiger Zustand Sarepta's.

Sarepta ist mehr Stadt- oder Flecken-, als Dorf-ähnlich gebaut, doch mit dem Unterschied, daß die Häuser in den breiten Straßen, der Feuersgefahr wegen, nicht dicht neben einander, sondern in Zwischenräumen von 5—10 Faden von einander stehen. Den Mittelpunkt des Ortes bildet ein freier Platz, welchen Kirche, Vorsteheramt, Pastorat, Apotheke, Gasthof, ein Kaufladen, das Brüderhaus, Schwesternhaus, Wittwenhaus und einige Privathäuser begrenzen. In seiner Mitte hat man ein mit Akazien umpflanztes Gärtchen angelegt, in welchem, außer einem laufenden Brunnen, die Wasserkammer sich befindet, der Vereinigungspunkt der verschiedenen von der Kette der Ergheni-Berge in den Ort geführten Leitungen, von dem aus die zahlreichen, in den Straßen und Höfen stehenden, Quellbrunnen gespeist werden.

Diesen Marktplatz schneiden zwei parallele Straßen von Nord-West nach Süd-Ost, durch welche die Saratow-Astrachanische Land-Straße führt; rechtwinklig zu ihnen stehen im Süd-Westen drei und nach Nord-Osten zwei ebenfalls parallele Straßen, durch welche die Colonie, (die auf drei Seiten durch einen Wall mit Graben, auf der vierten durch den Sarpabach begrenzt wird,) in 9 Carrée getheilt wird. Jenseits der ursprünglichen Grenzen hat man sich weiter hinaus nach drei Seiten angebaut, und so sind vorstadtähnliche Quartiere entstanden. Die Wohnhäuser innerhalb des Walls sind meist Stein oder Fachwerk, (wenigstens darf in diesem Raum kein neues Holzgebäude errichtet werden,) und haben meistens Blechbedachung, einzelne sind noch mit Holz gedeckt. Die Straßen sind größtentheils mit Bäumen bepflanzt, auch finden sich neben und vor den Häusern Gärtchen, die dem Ort ein freundliches Ansehen geben. Beim Bau hat man mit Hinweglassung architektonischer Verzierungen auf Regelmäßigkeit, Solidität und Vermeidung alles Feuergefährlichen gesehen. Die Anzahl der Gebäude beläuft sich auf 85 steinerne und 221 hölzerne Wohnhäuser und Nebengebäude. Von diesen sind zum öffentlichen Gebrauch bestimmt, eine steinerne Kirche mit Glockenstuhl, Stadtuhr und Orgel. Ein steinernes zweistöckiges Gebäude zum Aufenthalt lediger Mannspersonen, und zum Gebrauch der Kirchenschule für Knaben, das Brüderhaus. Ein gleiches Gebäude für das weibliche Geschlecht, das Schwesternhaus. Ein drittes, ähnliches, für verwittwete Frauen, das Wittwenhaus. Ein großes, zweistöckiges steinernes Gebäude, die Wohnung der beiden Pastoren und des Arztes. Ein einstöckiges steinernes Haus, in dem das Local der Prawlenie, des Rentamts und die Wohnungen des Vorstehers und Justitiars sich befinden. Endlich ein großes hölzernes Haus, das Local einer Elementarschule für die Kinder der hier dienenden Fremden.

Die Anzahl der Mitglieder der evangelischen Brüdergemeine in Sarepta betrug am 1. Januar 1865 231 männliche, 239 weibliche, in Summa 470 Personen. Außer diesen wohnt noch eine bedeutende Zahl fremder Personen, die in Diensten stehen, jenseits des Walles. Wenn ihre Summe, des öftern Wechselns wegen nicht genau angegeben werden kann, so beläuft sie sich doch durchschnittlich auf 500 bis 550 Personen.

Der Sarpabach, an welchem Sarepta gelegen ist, wird durch einen Schleußendamm gespannt, über den die Landstraße führt. Aus dem Bassin des Baches werden durch Pumpen und Schöpfräder die zahlreichen, an ihm liegenden, Gemüse- und Tabacksgärten gewässert. Diese Gartencultur beschäftigt viele Einwohner, die wenigsten aber betreiben sie als Lebensberuf. Diese Wenigen sind Tabacksbauer, die einen Taback ziehen, welcher zwar zur Verarbeitung in der Fabrik wenig gebraucht werden kann, von unsern Nachbarn, den Kalmücken, aber gern gekauft wird, da er sehr kräftig und stark ist. Da jedoch die Tabackspreise häufig wechseln, bietet er ein nur ungewisses Brot.

Durch vielfach versuchten Feldbau hat es sich ergeben, daß unser Klima demselben nichts weniger als günstig ist; zwar gehen diese Versuche noch fort, und geben dann und wann günstige Resultate, lohnen aber im Allgmeinen nicht die Mühe und Kosten.

Die Versuche zu großartigerer Betreibung der Viehzucht sind seit längerer Zeit ganz eingestellt worden, da einestheils beim Rindvieh die häufig grassirende Rinderpest große Heerden sehr riskant macht, anderntheils die Concurrenz der nomabisirenden Stämme um uns die Preise herabdrückt. Für Schafzucht haben wir ebenfalls kein passendes Areal.

Demgemäß sind die Einwohner hauptsächlich auf Gewerbe, Fabriken und Handel angewiesen, zu welchem Zweck ja auch die Regierung Sarepta angelegt wünschte. Welche Gewerbe seit der Erbauung Sarepta's getrieben worden sind, findet man in vorstehender Geschichte; hier sollen nur diejenigen erwähnt werden, die noch im Betrieb stehen.

Das größte derselben ist die durch Dampf getriebene Senffabrik der Gebrüder Glitsch, die jährlich 20,000 bis 25,000 Pud (à 40 Pfund) Körner verarbeitet. Außer dem daraus gewonnenen Senfmehl in sieben bis acht Sorten ist das aus den Körnern gepreßte fette Speiseöl ein gesuchter Artikel. Das Rohmaterial wird von den Bauern der umliegenden Dörfer, ja selbst von vielen Kalmücken gebaut.

Eine zweite Dampffabrik für Senf, die mit einer kleinen mechanischen Werkstatt verbunden werden soll, hat der Unternehmer A. Knobloch vor Kurzem auszubauen begonnen.

Die Tabacksfabrik, welche die erste der Art im Saratow'schen Gouvernement war, ist in Folge der gewerblichen Verhältnisse zurückgegangen. Da durch die Concurrenz die Preise bedeutend gedrückt sind, sie aber der amerikanischen Tabacke bedarf, welche sie aus dem Ausland beziehen muß, so kann sie, weil sie ihren Absatz fast nur in den Hauptstädten des Landes hat, bei ihrer jetzigen Anlage nicht gedeihen.

Die Lichtgießerei und Seifenfabrik erfreut sich eines guten Vertriebs, besonders, nachdem unsre Nachbarn, die Kalmücken, angefangen haben, diesem Artikel mehr nachzufragen.

Die Bäckerei liefert außer den eigentlichen Bäckerwaaren, Brot, Kuchen u. dgl., eine Auswahl von Confecten und Conditoreiprodukten, die aber, weil in den größeren Städten Magazine der Art vorhanden sind, weniger Absatz nach Außen finden, als vordem.

Die Sareptische Apotheke erfreut sich mit Recht eines guten Rufes, da sie den Ruhm hat, den besten Apotheken des Gouvernements an Vollständigkeit und Güte der Medicamente gleich zu stehen, wo nicht sie zu übertreffen. Mit ihr sind kleine Fabrikanlagen verbunden, in denen verschiedene officinelle Oele, wie Ricinus-, Pfeffermünz-, Krausemünz- und Cypressen-Oel, nicht weniger Dampfchocolade, Pomaden und andre ähnliche Artikel verfertigt werden.

Ein chemisches Destillationsgeschäft von Fr. Langerfeld liefert sowohl den bekannten Sareptischen (Rigaischen) Balsam, wie auch ätherisches Senföl und andere Destillate in vorzüglicher Güte.

Mehrere Naturalien-Handelsgeschäfte bestehen seit einigen Jahren, welche Pflanzen, Insekten, Thier- und Vogelbälge ins Inland und Ausland versenden. Im vergangenen Jahr wurde sogar eine bedeutende Anzahl lebender Steppenthiere in den zoologischen Garten nach Moskau abgefertigt *).

Von sonstigen Gewerben sind zu nennen, eine Gerberei, die jährlich 1000 bis 2000 Stück Sohlleder liefert, eine Töpferei, Ziegelbrennerei, zwei Uhrmachereien, zwei Tischlereien und zwei Stellmachereien; eine Schlosserei, eine Schmiede, zwei Kupferschmieden und Klempnereien, zwei Schuhmachereien, eine Schneiderei, die nach Außen viel Kundschaft hat, eine Schlachterei, eine Weberei, eine Strumpfweberei.

Seit mehreren Jahren wird auch die Kunst der Photographie mit Eifer und Geschick betrieben.

Endlich sind außer einem Gasthof und Standhof noch drei Waarenhandlungen, eine größere und zwei kleinere zum Detailverkauf zu erwähnen.

Die Wassermühle am Sarpabach ist des Wassermangels wegen nur zeitenweis in Thätigkeit, während eine Windmühle nach Umständen im Gang ist.

Zur Vertreibung der hier gewonnenen Produkte, sowie be-

---

*) Mehrere Sareptaner sind Mitglieder verschiedener in- und ausländischer naturwissenschaftlicher Gesellschaften; einer derselben ist Besitzer eines kleinen, meist ornithologischen Kabinets.

hufs des Handels hat Sarepta in St. Petersburg (Asmus Simousen u. Comp.), in Moskau (Sörensen u. Comp.), in Samara (J. Christensen), in Saratow (H. Knobloch), in Dubowka (H. Christensen), in Zaritzyn (B. Loretz und E. Goldbach und Söhne) und in Astrachan (H. Nieberer) Commissionshandlungen.

Die Verwaltung der inneren kirchlichen und bürgerlichen Angelegenheiten wird von der „Conferenz der Aeltesten" besorgt. Diese besteht aus einem Bischof oder (derzeit) Presbyter, der zugleich Pastor der Gemeine ist und den Namen des „Gemeinhelfers" führt, dessen Gehülfen, einem Diaconus, der außer dem Dienst im Predigtamt das eines Schulinspektors bekleidet, einem Direktor der finanziellen Verwaltung und dem Seelsorger der ledigen Männer (Brüderpfleger).

Die Handhabung der inneren Jurisdiction, sowie die gerichtliche Vertretung nach Außen hat die Prawlenie (Gericht), die nach §. 4 unsrer Privilegien in gleichem Rang mit den Stadtmagistraten hat, und der besonderen persönlichen Tutel des Dirigirenden des deutschen Comptoirs für die Ausländer der Colonieen empfohlen ist, sonst aber unmittelbar unter dem Ministerium der Reichsdomänen steht, und das Recht besitzt, mit demselben unmittelbar durch unsern accreditirten Agenten in St. Petersburg zu verhandeln. Zusammengesetzt ist die Prawlenie aus folgenden Personen: dem Vorsteher der geistlichen Angelegenheiten (Bischof oder Presbyter), dem Direktor oder Vorsteher der finanziellen Verwaltung, dem Justitiar und drei Gerichtsbeisitzern.

Zu der Gemeindirektion im weiteren Sinn ist zu zählen das Collegium der Aufseher, das zum Theil gewählt, zum Theil ernannt wird, und sowohl ein Beirath des Vorstehers in finanziellen Angelegenheiten ist, als auch die Aufsicht über Moral und Sittenzucht in der Gemeine hat.

Eine vierte Corporation ist der ebenfalls gewählte G[…] rath, der über rein communelle und gewerbliche Angeleg[…] sein Gutachten, resp. sein Veto zu geben hat.

Unsre Sareptische Gemeine ist ein freier Verein, an […] sich niemand durch Gelübde oder etwas dem Aehnliches[…] kann, sondern welchen zu verlassen jedem frei steht.

Zugleich aber hat die Gemeine laut unsern Privileg[…] Recht, solche, die nach den Grundsätzen der Sittlichke[…] welche wir uns einverstanden haben, nicht handeln wolle[…] in anderer Beziehung störend auf den Frieden der Geme[…] ken, zu entlassen. Da fast keine Polizeistrafen unter u[…] geübt werden, so ist dies, wenn man es so nennen kann, […] zige Strafe, die verhängt werden kann, aber auch nu[…] äußersten Fällen verhängt wird, nach dem Wort des […] 1. Cor. 5, 13, ohne daß jedoch Reuigen die Rückkehr […] abgeschnitten wäre.

Die Bedürfnisse und Leistungen, welche die Mitglie[…] Sareptischen Brüdergemeine gemeinschaftlich zu bestreiten […] sind folgende: 1. Die Abgaben an die Krone, wie Gru[…] u. dgl. 2. Gehalte an Vorsteher, Geistlichen, Schullehr[…] Arzt. 3. Gerichts-, Administrations- und Polizei-U[…] 4. Straßen- und Brückenbau und Unterhaltung, Ausgab[…] Nachtwache, Feuerlösch-Anstalten und Wasserleitung. […] 5. Erziehung mittelloser Waisen und Unterhaltung solch[…] men, die außer Stand sind, das zu ihrem Durchkommen […] zu verdienen *).

Diese Ausgaben, welche sich auf circa 8000 bis 10,0[…]

---

*) Im Uebrigen haben wir den 2. Thessal. 3, 12 ausgesp[…] Grundsatz. Weder von einer sogenannten „Heilandskasse", noch davo[…] der Einzelne auf Kosten des Ganzen lebte, ist bei uns die Rede.

bel jährlich belaufen, werden bestritten 1. aus dem Erwerb derjenigen Geschäfte, welche für Rechnung der Gemeine betrieben werden, 2. aus dem Ertrag dessen, was der Einzelne für die Benutzung des Landes zu Feld- und Gartenbau, und 3. endlich als persönlichen Beitrag entrichtet, welcher letzterer von Zeit zu Zeit regulirt wird, um im richtigen Verhältniß zur Ausgabe und Einnahme zu bleiben.

Das uns von der Krone verliehene Land enthält 15,820 Dessätinen; als urbar und steuerpflichtig werden 4443 gerechnet, von denen aber nur 824 Ackerland, 184 Heuschläge, 874 Forst ausmachen; das übrige ist theils Weideland, theils ganz unbrauchbar.

Unsre Gemeine ist ferner eine religiöse Verbindung, die nicht außer, sondern in der evangelischen Kirche steht. Was die Lehre betrifft, so bleibt die h. Schrift Alten und Neuen Testamentes unsre alleinige Richtschnur und Regel; wir bekennen uns insbesondere zu dieser Lehre, wie sie in der Augsburgischen Confession, dem ältesten Bekenntniß der evangelischen Kirche, ausgesprochen ist. Eine in kleineren Kreisen anwendbare Kirchenzucht suchen wir unter uns aufrecht zu erhalten, durch Ermahnung, Warnung und Strafe. Die bei uns geübte specielle Seelsorge und Seelenpflege, welche den Zweck der geistlichen Anfassung der Herzen hat, macht ihre Anwendung möglich. Diese Seelenpflege besorgt bei den verheiratheten Gliedern der Gemeine der Gemeinhelfer nebst seiner Frau, bei den ledigen eine dazu bestimmte Person aus ihrem Stand und Geschlecht, ebenso bei den Wittwen. Personen gleichen Standes und Geschlechts bilden eine Verbindung, die wir „Chor" nennen, welche den Zweck hat, ein jedes dieser Lebensverhältnisse dem Herrn, unserm Gott, zu heiligen. Durch die, in denselben bestehenden Ordnungen soll einem jeden Chor die, ihm gebührende, Achtung gesichert und alles beseitigt werden, was die Sittenreinheit verletzen und mit einem keuschen Wandel nicht übereinstimmend sein kann. Zum Bewußtsein kommt diese Zusammengehörigkeit den Gliedern der Chöre durch die Feier ihrer speciellen Erinnerungsfeste oder Gedenktage, und den damit verbundenen Genuß des h. Abendmahls in ihrem engeren Kreise.

Unser äußerlicher Ritus in den Gottesdiensten weicht von dem der lutherischen Kirche ab, und neigt sich, da wir uns der größten Einfachheit befleißigen, mehr der reformirten Kirche zu. Der ministrirende Prediger bedient sich nur bei Spendung der Sacramente der besonderen Amtskleidung, eines weißen Talares. Außer der sonntäglichen Predigt, welcher das Gebet der Kirchenlitanei vorangeht, wird alle Abend um 7 Uhr ein Gottesdienst gehalten, der abwechselnd aus Lektionen erbaulicher Berichte aus der Christen- und Heidenwelt, aus Singstunden, in denen die, der Gemeine bekannteren, Gesangbuchsverse, nach Wahl des Liturgen frei aneinander gereiht, ohne Buch gesungen werden, aus Liturgieen, die aus dem Buch gesungen werden, und aus kürzeren Ansprachen besteht. Das h. Abendmahl wird alle vier Wochen gefeiert, jedoch ist niemand zu dieser regelmäßigen Theilnahme verpflichtet. Ihm geht eine Beichtrede voraus, mehrmals im Jahr auch specielle Unterredungen der einzelnen Seelen mit ihren resp. Pflegern. Der Ritus bei diesem Sacrament ist im Wesentlichen der der evangelischen Kirche, nur mit dem Unterschied, daß Brot und Wein durch Diaconen den Communicanten gebracht und ersteres zu gleicher Zeit von der ganzen Gemeine genossen wird, worauf die Prosternation erfolgt. Wie bei Gelegenheit anderer Feste geht dem h. Abendmahl gewöhnlich ein Liebesmahl voraus, in welchem, während des respondirenden Gesangs der Gemeine und des von Instrumentalmusik begleiteten Sängerchors, Thee und Milchbrote gereicht werden. Die Liebesmahle sind uns ein Symbol der Verbundenheit der Herzen, und dem Gebrauch der altapostolischen Kirche entnommen.

Außer den hochheiligen Festen, die wir mit der gesammten Christenheit begehen, haben wir noch eine Reihe Gedenktage, welche sich theils auf besonders wichtige Ereignisse in der Geschichte der ganzen Brüder-Unität, theils auf die Stiftung der einzelnen Chöre beziehen, theils localer Natur sind.

Die Erziehung und Bildung der Jugend ist unsrer Gemeine überaus wichtig, da auf ihr die Hoffnung der Zukunft beruht. Unsre Kirchen- oder Ortsschule ist getheilt in die der Knaben und Mädchen, und wird unter der Inspektion des zweiten Predigers von vier Lehrern und drei Lehrerinnen besorgt. Wenn sie zunächst auch nur für die Kinder unsrer Gemeine bestimmt ist, so nehmen wir doch bereitwillig, wenn der Raum es gestattet, Kinder unsrer evangelischen Mitchristen in dieselbe auf, die entweder in Familien des Ortes oder im Schwesternhaus Kost und Logis erhalten können.

Diese Schulen sind nicht Elementar-, sondern wesentlich Bürgerschulen, da in ihnen außer den Elementen auch die wissenschaftlichen, sowohl philologischen als Real-Fächer vertreten sind. Außer diesen beiden Schulen besitzen wir noch eine Kleinkinderschule und die Elementarschule für die Kinder der, bei uns dienenden, Colonisten.

Sarepta aber sieht sich nicht an als eine isolirt stehende Gemeine, sondern als im engen Zusammenhang mit dem Ganzen der Brüder-Unität. Ueber das Wesen dieser sich hier zu verbreiten würde zu weit führen, es soll daher nur dasjenige gesagt werden, was sich auf Sarepta bezieht.

Alle Brüdergemeinen auf dem Europäischen Continent, in England und Amerika bilden ein Ganzes, das seine Generalverwaltung in den Synoden, die von allen Gemeinen beschickt wer-

ben, hat. Auf biesen wird burch die Deputirten ein Verwaltungs=
rath gewählt, die Unitäts=Aeltesten=Conferenz (ober das Direkto=
rium), aus zwölf Mitgliedern bestehend, in drei Departements
gesondert, das der Erziehung, das der Finanzen und das der
Mission. Durch dies Direktorium stehen wir mit dem Ganzen
in engster Verbindung, die einmal geistlicher Art ist. Von ihm
erhalten wir Nachrichten und Berichte über die Lage und den Stand
des Ganzen, wie der einzelnen Gemeinen, von ihm können wir
Rath und Hülfe erwarten in Fällen der Noth und des Unglücks.
Diesem Direktorium haben wir, wie sämmtliche Brüdergemeinen,
die direkte Wahl und Bestimmung unsrer Prediger und Vor=
steher überlassen, indem wir uns mit der indirekten Wahl
durch Deputirte zur Synode und durch sie mit der Wahl der
Unitäts=Aeltesten=Conferenz begnügen.

Aber noch nach einer anderen Seite stehen wir in engem
Zusammenhang mit dem Ganzen der Brüder=Unität.

Das allgemeine Finanzwesen sämmtlicher Gemeinen bildet
ein Ganzes, dessen Credit für die einzelne Gemeine bürgt, wobei
jedoch wohl zu merken ist, daß weder die Unität noch die
Verwaltung einer Gemeine für den Credit eines ein=
zelnen Mitgliedes einsteht.

Wenn auch eine jede Gemeine und so auch Sarepta gehalten
ist, aus eignen Mitteln ihren Haushalt zu bestreiten, so hat sich
nie in Zeiten der Noth, wie unsre Geschichte vielfach beweist, das
Direktorium der Brüder=Unität geweigert, für uns durch ihren
Credit und direkte Unterstützungen einzutreten, wie auch wir es
für Pflicht achten, mit unsern überschüssigen Mitteln uns dem
Ganzen nicht zu entziehen. So lange die Brüder=Unität besteht,
kann keine einzelne Gemeine zu einem eigentlichen Bankerott kom=
men, da sie von den übrigen gehalten wird, und diese durch das
Direktorium den, von den einzelnen Gemeinen als solchen einge=

gangenen, Verpflichtungen gerecht werden. Aus diesem Verhältnisse schreibt sich das Zutrauen, welches bis jetzt die Finanzgeschäfte Sarepta's genossen haben und noch genießen. Wie man schon aus dem Bestehen der Commissionsposten ersieht, ist die Angehörigkeit an die Gemeine Sarepta nicht an das Wohnen in unserem Ort gebunden.

Außer den Verwaltern der, für Rechnung der Gemeine geführten, Commissionshandlungen finden sich an verschiedenen Orten des Reichs Sareptaner, die für eigne Rechnung Handel und Gewerbe treiben, und von uns als Mitglieder unsrer Gemeine angesehen werden.

| Jahre | \multicolumn{4}{c}{Vermehrung} | \multicolumn{4}{c}{Verminderung} | Summe der Einwohner in den Schlußjahren der Decennien | Differ. |

Jahre	durch Geburt	Differ.	durch Zuzug	Differ.	durch Tod	Differ.	durch Abzug	Differ.	Summe der Einwohner in den Schlußjahren der Decennien	Differ.
Abschnitt I.										
1765—1774	32	—	6	—	26	—	6	—	190	—
Abschnitt II.										
1775—1784	58	26	184	178	61	35	10	4	334	144
1785—1794	96	38	257	73	91	30	50	40	458	124
1795—1802	92	4	179	78	99	8	39	11	497	39
	246	214	620	614	251	225	99	93	497	307
Abschnitt III.										
1803—1812	128	36	150	75	126	27	124	85	525	28
1813—1823	118	10	111	39	165	39	141	17	448	77
	246	0	261	360	291	40	265	166	448	—
Abschnitt IV.										
1824—1833	107	11	30	81	116	59	84	57	385	63
1834—1843	125	18	58	28	138	22	56	29	374	11
1844—1854	156	31	72	14	103	35	72	16	427	53
1855—1864	142	14	123	51	113	10	95	23	470	53
	530	284	284	173	470	179	307	12		
	1054		1145		1038		677			

Die Vermehrung der Gemeine stieg in den ersten neun Jahren von 6 auf 190 (Durchschnittszahl 21) und von da an stetig weiter bis zum Jahr 1801, da die Seelenzahl 501 war (also Wachsthum im Durchschnitt 9 pro Jahr). Nach einem Rücksprung auf 491 Personen vermehrte sie sich bis 1811 auf 527 das Maximum. Von 1812 bis 1841 trat eine Verminderung auf 368 Seelen ein (Jahresdurchschnitt 5). Von 1842 bis 1864 hob sie sich auf 470 (Durchschnittszahl 5). Die Differenzen der Zunahmen fallen in den drei ersten Zeitabschnitten bis auf 77 (Verminderung), dann heben sie sich bis 53.

Bewirkt wurde die Vermehrung 1) durch Geburten, deren Zahl von 2 an steigend, bei beständigem Wechsel in den verschiedenen Jahren im Jahr 1787 die Zahl 10 zum ersten mal überstieg, häufig aber wieder darunter sank. Nur drei Jahre haben mehr als 20 Geburten aufzuweisen, 1810, 1862, 1864. Doch fiel die Zahl seit 1834 nicht mehr unter 10. Durchschnittszahlen im ersten Abschnitt sind 3 bis 4; im zweiten 9; im dritten 12; im vierten 17. Die Durchschnittszahl der Geburten im Jahrhundert ist $10\frac{1}{2}$.

2) Die Vermehrung durch Zuzug von auswärts ist ebenfalls in den einzelnen Jahren eine wechselnde; der stärkste Zuzug 1771 betrug 66 Seelen Durchschnittszahl des ersten Abschnitts 20; des zweiten 19; des dritten $10\frac{1}{2}$; des vierten fast 6.

Die Verminderung durch Tod blieb bis 1782 unter 10. 1811 erreichte sie die Zahl von 20, hielt sich aber meist zwischen diesen beiden Zahlen, und sank in einzelnen Jahren unter 10. Die Zahl 21 hat sie nicht überschritten. Durchschnittszahl des ersten Abschnitts 3; des zweiten 9; des dritten 14; des vierten 15. Allgemeine Durchschnittszahl des Jahrhunderts 10.

Die Verminderung durch Abzug solcher sowohl, die durch Berufung oder nach freiem Willen in die deutschen Brüdergemeinen zurückkehrten, als auch solcher, die sich ganz von uns trennten, hielt sich bis 1802 mit wenigen Ausnahmen jährlich unter 10. Dann überstieg sie diese Zahl und erreichte 1810 die Höhe von 29, das Maximum. 1824 nach der großen Feuersbrunst betrug sie 26. Sonst blieb die jährliche Verminderungszahl meist in den Einern. Durchschnittszahl des ersten Abschnitts $\frac{2}{5}$; des zweiten 4; des dritten 13; des vierten fast 10. Durchschnittszahl des Jahrhunderts $6\frac{1}{2}$.

Das Verhätniß von Geburten und Todesfällen stellt sich folgendermaßen: Abschnitt I. 16 : 13. Abschn. II. 41 : 42. Abschn. III. 41 : 44. Abschn. IV. 53 : 47. Allgemeine Durchschnittszahl 50 : 49.

Das Verhältniß von Zuzug und Abzug ist folgendes: Abschnitt I. 31 : 1; Abschn. II. 58 : 11; Abschn. III. 87 : 88; Abschn. IV. 58 : 103. Allgemeine Durchschnittszahl 64 : 38.

Register.

A.

Abagay, Kalmückenlama stirbt 73.
Abschiedsaudienz der Brüder Layritz und Loretz bei Catharine II. 16. des Br. Fries beim Grafen Orlow 27.
Acoluthen eingesegnet 83.
Adam, Math., Commissionär in Saratow 227.
Adresse an Kaiser Alexander I. 245. an den Fürsten Kotschumbey 323, an Kaiser Nicolai I. 355, zur Feier seiner 25jährigen Regierung 355, an Kaiser Alexander II. 355.
Aeltestenconferenz 81.
Amt, dreifaches, in Petersburg 229.
Anders, D., Versuch einer Knaben-Pension in Petersburg 264.
Ankauf eines Platzes in Moskau 266.
Ankunft der ersten Verstärkungsgesellschaft 52.
Annalen von Sarepta 89.
Arschi, Gellong 292.
Arslan Beg, Kabardinischer Fürst 103.
Asmus Simonson 232, 259, 262.

Astrachan 271, 341, 343.
Audienz der Brüder Layritz und Loritz bei der Kaiserin Catharina II. 13. des Br. Fries beim Reichskanzler 21, bei Catharina II. 23, des Bischofs Reichel bei Alexander I. 244.
Auerbach, Dr. 370.
Aufenthalt des Erzbischofs Joseph in Sarepta 152.
Aufhebung der Brüderhaus-Diaconie 324.
Ausbildung von Kindern und Lehrknaben in Deutschland 353.
Auswanderung unter den Colonisten der Bergseite 201.

B.

Bachstein, B., 279.
Babma 296.
Bär, Staatsrath von, 370.
Bajarlacho, Fürstin, 183.
Bambur 69, 71.
Bauten 48, 63.
Becher, J. G., 54, 101.
Bechler, J. Ch., 343, 348.
Befestigung Sarepta's 9.

Begräbniß des Bruders Loos 317.
Begrüßung der Kaiserin Maria Alexandrowna 371.
Beketow, Gouverneur von, 36, 44, 71, 110.
Besuch bei der Chanin 69, Grabsch's bei Heraclius II. von Grusien 220, des Prinzen Peter von Oldenburg 371, des Großfürsten Constantin Nicolajewitsch 373, in der Jäkä Zocher Horde 180.
Besuche, interressante, 111, 369.
Bestätigung der Privilegien 131, 132, 133, 355.
Bewilligungs-Ukase 250.
Bibelausgabe lettisch und esthnisch 6.
Bibelgesellschaft 247.
Bieberstein, Marschall von, 152.
Bittschreiben 19, 128.
Blüher, Chr. Gottlieb, 227, Traugott, 269, 270.
Bobberg, von, 36, 52.
Bohrversuche, arthesische, 364.
Böhler, Petrus 24.
Brand von Moskau 267, in Saratow 271.
Brandt, A. L., 29, 54, 56, 58, 60, 108, 165.
Brenner 271.
Brey, J., 27, 165.
Brief von Rentel 33, von Sobnom 298, von Babma 300.
Broberg, L., 27.
Brüderhütte am Sarpabach 42.
Buck, Peter, 263, 336, 337.
Buck in Moskau 339.
Bunge, Professor, 370.
Busch, Chr. G., 29.

Burhörden, General von, 207, Ludwig von 238.
Bückle, Jacob, 206.
Büttner, G. Th., 350, 371.

C.

Campenhausen, von, 277.
Cattanéo, Th., 334.
Charakteristik der älteren Gemeinarbeiter 159.
Cholera 367.
Choroschowo 338.
Christianbauern 100.
Christiansen, Chr., 337.
Churgum Zeitschi 191, 192.
Central-Wasserkammer 150.
Claus, Professor, 370.
Clemens, Fr. 340.
Collegium musicum 158.
Colonna 56, 57.
Comenius, Amos, 1.
Commission zur Beurtheilung der Lehre 13.
Commissionsposten 227.
Concerte 357.
Constituirung der Gemeine 79.
Cranz, D., 156, 158, 203, 240.

D.

Dankfest für die Genesung der Kaiserin Catharina II. 83.
David, Christian in Livland 6.
Dehm, Chr. 301, 306, 317.
Demetrius, Erzbischof, 13.
Derböter Horde 69.
Diaspora-Thätigkeit 195.
Diez, Baron, 112.
Dilthey 23.

Döppert, J. M., 282.
Donationsbrief 60.
Donbukow 115.
Dschalzen 293.
Dschamba 313.
Dschimba 302, 316.
Dschirgal 171.
Dubowka 340.
Durchreise von Gesandschaften 151.
Durchzug der chanischen Horde 70.
Durow 34.

E.

Eck, Johann, 158, 350.
Ehrenberg, Professor, 369.
Eichhof 156.
Eingaben an die Regierung 302.
Einrichtung von Schulen 88.
Einweihung des Brüderhauses 162, des Schwesterhauses 162, des Wittwenhauses 162.
Empörung der chanischen Horde 71.
Ende der Diaspora-Thätigkeit in den Colonieen 283.
Entweichung der Kalmücken 72.
Epidemieen 257.
Erlaubniß zum Missioniren verweigert 309.
Eversmann, Professor, 369.
Expeditionen in den Kaukasus 101, 208, 211.

F.

Fabricius, Ludolf 201.
Ferber 19.
Feßler, Dr., 242, 243, 245.
Feuersbrunst, große, 318.
Feuersbrünste 254, 255, 256, 366.
Feuersgefahren, drohende, 149.
Fick, Daniel, 17, 27, 36, 54, 55, 69, 70, 80, 81, 115, 117, 161, 165.
Fischerei, Streitigkeiten, 88.
Flucht der Moskauer Geschwister 268, vor Pugatschew 113.
Frank, Balthasar, 2.
Freischule für Colonistenkinder 205.
Friedensfeste 163, 259, 355.
Fries, Peter Conrad, 17.
Friesel, Gouverneur von, 287.
Frühauf 156.
Furkel, H. G., 349.

G.

Gabriel, Archimandrit, 23.
Gabung, operirt, 178.
Gagarin, Fürst, 165.
Galitzin, Fürst, 111, 244, 247, 264, 291.
Gammern, Leonh. 165, 237.
Gefahren, drohende, 75.
Gefangenschaft der Brüder Graßmann, Schneider und Midsch 4, der Brüder Lange, Hirschel und Kund 4, der Brüder Gutsleff, Hölterhof, Fritsch und Dr. Kriegelstein 7.
Gemein-Archiv 159, -Bibliothek 159, -Commercium 65, -Musik 357, -Deconomicum 78, -Ordnungen und Statuten 82.
Gensen, B., 284.
Georgi, Professor, 111.
Gerey 77.
Gersdorf, Abr. von, 225.
Gesundbrunnen 142, 145.

Glitsch, J. C., <u>247</u>, <u>251</u>, <u>360</u>, A., <u>349</u>, <u>371</u>.
Gmelin, Professor, 111.
Gnadenheimsuchungen <u>154</u>.
Göbel, Professor, 369.
Gottesacker abgesteckt <u>65</u>.
Grabsch, Gottl., <u>99</u>, <u>208</u>.
Grabin, Arvid, beim Patriarchen von Constantinopel <u>5</u>, Gefangenschaft <u>5</u>, Unterredung mit dem Archimandriten Theobowsky <u>5</u>.
Gregor, Christian, <u>89</u>, Chr. Friedrich <u>156</u>, <u>158</u>, <u>168</u>, <u>179</u>, <u>240</u>.
Gren, Lars, <u>60</u>.
Groche, C., <u>350</u>.
Gruhl, Georg, <u>99</u>, <u>211</u>.
Grünauer, Em., <u>246</u>.
Grundballen zum ersten Haus gelegt <u>38</u>.
Grundsteinlegung zum großen Kirchensaal <u>84</u>.
Grützmacher <u>57</u>.
Güldenstädt, Professor, 111.

H.

Hamel, Christian, 90, Joseph, <u>268</u>, <u>351</u>, David <u>369</u>.
Habitzl, geheime Rath von, <u>263</u>, <u>286</u>.
Handwerksconferenz <u>81</u>.
Hans, Th., <u>339</u>.
Häsler <u>164</u>.
Hasse, Chr. H., <u>56</u>, <u>69</u>, 80, <u>81</u>, <u>161</u>, Joh. Heinrich, <u>156</u>, Christian, <u>156</u>.
Haus an der Sarpa bezogen <u>40</u>.
Hausbesitz in Petersburg und Moskau <u>26</u>.
Häuser, die vier ersten, bezogen <u>54</u>.
Heilanstalt <u>365</u>.

Heimgang des Großfürsten Thronfolgers <u>377</u>.
Heinke <u>269</u>.
Helferkonferenz <u>81</u>.
Herbergen für Colonisten <u>205</u>.
Heller, S., <u>247</u>.
Hölterhof <u>7</u>, <u>56</u>.
Hofer <u>274</u>.
Hokonetz, Maurus, 2.
Hopf, A. G., <u>241</u>, <u>334</u>.
Hornung <u>228</u>.
Hoy, N. L., <u>27</u>, 80, <u>165</u>.
Huber, Pastor, <u>204</u>, <u>282</u>.
Hübner <u>291</u>, <u>317</u>.
Hüffel, Joh., <u>26</u>, <u>108</u>.
Humboldt, Alex. von, <u>369</u>.
Hüssy, C., <u>29</u>, <u>54</u>, J. Friedr. <u>265</u>.
Hutter, Jacob <u>274</u>.

J.

Jäschke, M., <u>168</u>, <u>202</u>, <u>209</u>.
Jahn, C., <u>350</u>, Carl Wilhelm <u>343</u>, <u>349</u>, <u>352</u>.
Janke <u>169</u>.
Jannet, Pastor, <u>32</u>, <u>51</u>, <u>57</u>, <u>60</u>.
Ibbikirim <u>209</u>.
Jestinsky <u>81</u>.
Ile 229, <u>264</u>.
Industrielle Thätigkeit 360.
Jubelfeier der Schwestern <u>356</u>, der Brüder <u>356</u>.
Just, C. W., <u>336</u>.
Iwan von Czernitschew <u>11</u>. <u>25</u>.

K.

Kapnist, Peter von, <u>207</u>, Wasili von, <u>279</u>.
Kindermann, Entymolog <u>370</u>.
Kirchensaal in Petersburg <u>108</u>.

Kirchenmusik 158.
Kirgisenkinder 287.
Kiselew, Minister Graf, 356.
Klahn, Nic., 228.
Kleinkinderschule 352.
Knaben-Anstalt 157.
Knobloch, A., 360.
Köhler 279.
Köhler, Hofrath von, 12, 20, 30, 36, 38,
Kohlreiff 230.
Kotschubey, Minister Fürst 277, 286.
Krönung Nicolai I. 332.
Krönungsfeier und Friedensfest 356.
Kühl, Franz, 270.
Kurakin, Fürst, 277.
Kurgäste 143, 144.
Kutschera, Joseph, 99, 101.

L.

Landwirthschaft, Baum- und Viehzucht 65. 139.
Lange, Dollmetscher, 54, Schwester 60.
Langerfeld, Joh. Heinrich, 195, 247, 323, 347, Franz 362.
Leyritz, P. E. 13.
Leidensgeschichte, kalmückisch, 173.
Lessig, J. Chr. 283.
Lieven, Fürst, 248.
Lonzer, Jul. 344, 349, 352.
Lorenz, Abr., 65; 80.
Loretz, Johannes 13, Joh. Jacob 158, 161, Benjamin 341.
Loos, Joh. Gottl., 187, 191, 284, 291, 306, 317.

Loskiel, 128, 229.
Lowitz, Professor. 111.
Lund, Anna, 81.

M.

Mädchen-Anstalt 157.
Maltsch, Just. Friedr., 90, 92.
Malzow 266.
Medem, General von, 102.
Meinecke, A., 371.
Menges, 207.
Menz, L., 342, 347.
Metzger, C. A., 361.
Michelson, Oberst, 115.
Missionsversuch unter den Lappländern und Samojeden 4, unter den Kalmücken 90, 168, 284, 291, 305.
Mortimer, Joseph, 264, 338.
Mory, Fr., 337, 349.
Mosdok, 224.
Moos, Pastor von, 205, L. von, 272.
Mücke, Gottl., 251.
Müller, Burkh. G., 26, 154, 156, 160, Gottfried, 281, G. B., 349, H., 349, 371.
Mussin Puschkin 226.

N.

Namenstag der Kaiserin Catharina II. 83.
Neitz, Conrad, 69, 72, 90, 97, 156, 168, 173, 179, 182, 183, 251.
Neubau in Petersburg 337.
Neubauer 29.
Niederer, H., 343.
Niederstetter 208, 279.
Nielsen, J. F., 338.
Nitsche, Sus, 81.
Nitschmann, David der Jüngere, 3,

Johann, 48, 69, 80, Johann Martin 240, 332, 343, 348.
Nomtu 295.

O.

Oekonomische Nöthe und Verluste 128, 259.
Oertel 169.
Oeste 304.
Ordination der Brüder Fick, Räbel und Lorenz 83.
Ordnung der ökonomischen Verhältnisse 53.
Orgel eingeweiht 164.
Orlow, Graf, 13, 56.
Ostermann, Graf, sein Abschiedswort 4.

P.

Pallas, Professor, 111.
Panbschulischew, Gouverneur, 250.
Panin 111.
Parey, Andr. Friedr., 240.
Parrot, Professor, 369.
Pasor, Herr von, 206.
Pauly, J. Fr., 236.
Peter, Fr., 349.
Petersen, Chr., 173, 179.
Pfeiffer 168, 174, 179.
Plaschnick, Prediger, 4.
Plünderung durch Pugatschew 113, 118.
Popow 320.
Popowka 199.
Post- und Brief-Expedition 365.
Potemkin, Fürst, 128.
Predigtsaal, neuer, in Petersburg 339.
Pugatschew, Aemilian, 111.

Q.

Quandt, Joh. Chr., 238.
Quarantaine-Maßregeln 257.

R.

Räbel, Chr. Fr., 27, 80, 171.
Rasbilowsky, Thomas, 164.
Rathschläge Christl. Reichel's 332.
Recognoscirungsreise an den Terek 106.
Reichel, Joh. Friedr., 225, Benjamin, 240, 244, 247, 323, Christlieb, 331, 334, G. Th., 349.
Reinbott, General-Superintendent, 264.
Reise der ersten Ansiedler 27, des Br. Fick an die Achtuba 36, der Br. Zwick, Schill und Heller an die Achtuba 247, der Br. Wigand und Hasse in die Ukraine 276, der Br. Schill, Hübner und Loos in die Torguter Horde 291.
Rentel, N., 30, 271.
Repnin, Fürst, 144.
Revision in Moskau 269, in Petersburg 336, in Sarepta 354.
Rismann, L., 88.
Röchling, Fr. W. Schulze-, 349.
Rokyta, Joh., am Hofe des Zaren Iwan Wasiljewitsch IV. 2.
Rose, Professor, 369.
Rosenberg, General von, 48, 71.
Rudolphi, Anton, 168, 201, 203, 282.
Rückkehr von der Flucht 120.
Ruff, Joh. L., 207.
Rumänzow, Graf, 273.

S.

Saratow, Commissionshandlung, 270.
Sarepta 47.
Schäden, innere, 239.
Schaplin 72.
Schatelowitz 212.
Schenkungsurkunde 61.
Scheuerl, Joh., sen. 110, 195, Joh., 240, 264.
Schiffbruch bei Fetscherskoi 59.
Schikär 174.
Schill, G., 247, 291, 305, 306, 311, 317.
Schmidt, Chr. Friedr., 246, Isaak Jacob, 247, 263, 351.
Schneesturm bei Komilschenskoi 56.
Schnepf, L., 343.
Schönbrunn 66, 139.
Schreiben Zinzendorf's an den heiligen Synod 5, des Direktoriums an den Metropoliten Demetrius 23, Heraclius II. an die Unitäts-Direktion 222, der Unitäts-Direktion an Heraclius II. 225, der russischen Bibelgesellschaft 317.
Schürzer, Jacob, 66.
Schule für Lehrknaben 158.
Schullehrerseminar in Wollmarshoff 6.
Schulwesen 351.
Schutzbrief des Chans der Torguter Horde 6.
Schuwalow, Graf, 371.
Schwarz, Diedrich, 227.
Schweinitz, L. von, 243.
Seiffert 158, 168.

Senffabrikation 251.
Serbedschab 293, 302, 304.
Sewerzow, Mag., 370.
Seybel, Dr., 145, 158.
Silkes 140.
Societät in Petersburg 230.
Sobnom 296, 316.
Sörensen, G. A., 228, 265.
Solor Abschi 75.
Spangenberg 24, 225.
Stahlmann 83.
Steinmann 281.
Stephensen, J. M., 337.
Steppenbrände 149.
Stiftungsfest, erstes, 83.
Stöckly, Lucas, 199, 265.
Sura Papitsch 212.
Suter 57, 58, 69, 80, 83.
Suwarow 111.
Synode von 1769, 84, von 1825, 331, von 1836 347.

T.

Tataren an der Grenze Sarepta's 151.
Taufe des Kalmückenmädchens Bolgusch 170, von vier kirgisischen Mädchen 288.
Tauscher, Dr., 287.
Thal 231.
Thätigkeit in den Colonieen 280.
Tiedemann 238.
Tjumen, Fürst, 291.
Tochmut 68, 69, 70, 90, 94.
Tornow, C. A., 265.
Traktätchen, kalmückische, 293.
Treptow 31.
Türstig, Eb., 337.
Tschegem (Tschechen) 100.

U.

Ueberfall der verbötischen Familie 314.
Ueberschwemmungen 147, 149.
Uebersetzung der Evangelien 291, 307.
Ukase vom 4. Dec. 1762 11, vom 11/23. Febr. 1764 16, vom 27. Mai 1808 286.
Unfall der Geschwister Stöckly in Popowka 280, des Br. Gregor bei Sewastianowka 281.
Ungern-Sternberg, von, 52.
Unterhandlungen in der Ukraine 273.
Unterricht in der Landessprache 158, 353.
Unterstützungen nach dem Brande 330.
Usmeychan 212.

V.

Verbesserung der Schulen 156.
Verkauf des Maljowschen Platzes in Moskau 270.
Versammlungssaal, erster, eingeweiht 82.
Verstärkungs-Gesellschaften 48, 56, 57.
Viehseuchen 258.
Visitationen 89, 129, 238.
Völkel 83.
Vogel, S., 249.
Vorschlag Feßler's wegen der Stellung Sarepta's z. Consistorium 244.

W.

Wacker, Verona 81.
Wäselow, von, 291.
Wäsemskoy, Fürst, 132, Fürstin 144.
Wahl des Platzes an der Sarpa 35.
Waldner, J., 274.
Warnke, Andr., 265.
Wasiley Baskukow 27.
Wasserleitung 65.
Wassersnoth in Petersburg 336.
Watteville, Joh. von, 24.
Weber 231.
Weitenauer, P., 229.
Weller 65.
Wendling 284.
Wernitz, J. A., 271, 282, 343.
Westmann, Joh. Erich, 18, 28, 48, 80, 83.
Wier, Dr., 68, 97.
Wigand, J., 165, 228, 236.
Wilhelmi 156.
Willy, D., 198.
Wolchonsky, Fürst, 237.
Wullschlägel 319.
Wunderlich, Carl, 287.

Z.

Zarizyn 20, 340, 371.
Zebek Ubascha 72.
Zeitschi 192.
Zenben, Fürst, 175.
Zinzendorf, Graf von, 3, 6.
Zürüm 304, 315.
Zwick, A., 247, 311, 323, 341, 348.
Zschosch, G. 337.